Florian Jeßberger / Inga Schuchmann (Hrsg.)
Die Stammheim-Protokolle
Der Prozess gegen die erste RAF-Generation

Florian Jeßberger /
Inga Schuchmann (Hrsg.)

DIE STAMMHEIM-PROTOKOLLE

Der Prozess gegen die erste RAF-Generation

Ch.Links VERLAG

Auch als ebook erhältlich

Die Deutsche Nationalbibliothek verzeichnet diese Publikation
in der Deutschen Nationalbibliografie; detaillierte bibliografische
Daten sind im Internet über www.dnb.de abrufbar.

Ch. Links Verlag ist eine Marke der Aufbau Verlage GmbH & Co. KG

www.christoph-links-verlag.de
Prinzenstraße 85, 10969 Berlin, Tel.: (030) 44 02 32-0
Umschlaggestaltung: Kuzin & Kolling, Büro für Gestaltung,
Hamburg, Kamil Kuzin, unter Verwendung eines Fotos aus
dem Bundesarchiv (Plak 006-001-058)
Satz: Nadja Caspar, Ch. Links Verlag
Druck und Bindung: Druckerei F. Pustet, Regensburg
Gedruckt auf säurefreiem, alterungsbeständigem Papier

ISBN 978-3-96289-127-5

INHALT

Anhang

VORWORT

Der Stammheim-Prozess zählt zu den großen Strafprozessen des 20. Jahrhunderts. Vor Gericht standen die Protagonist*innen der sogenannten ersten Generation der Rote Armee Fraktion (RAF): Andreas Baader, Ulrike Meinhof, Gudrun Ensslin und Jan-Carl Raspe. Das Verfahren fand in den Jahren von 1975 bis 1977 vor dem Oberlandesgericht Stuttgart statt. Seither steht der Name des Stuttgarter Stadtteils Stammheim, in dem das Verfahren durchgeführt wurde, emblematisch für den Versuch des Staates, politisch motivierter (terroristischer) Gewalt in den Formen des Strafprozesses zu begegnen.

Über den Prozess ist viel geschrieben, viel gesendet worden. Manches ist gelungen, manches weniger. Jedenfalls hat die mediale Verdichtung des historischen Stoffes durch unzählige Bücher, Filme und Fernsehstücke eine ganz eigene »Stammheim-Saga« entstehen lassen. In dem vorliegenden Band kommen die Verfahrensbeteiligten erstmals selbst und ungefiltert zu Wort. Möglich wird so eine authentische Rekonstruktion des Prozessgeschehens – Stammheim kann »er-lesen« werden.

Präsentiert werden ausgewählte Passagen aus dem Protokoll der Hauptverhandlung. Dass die Hauptverhandlung überhaupt in einem durch das Gericht erstellten Wortprotokoll dokumentiert ist, ist ein Glücksfall. Denn anders als vor vielen ausländischen und internationalen Strafgerichten wird das Geschehen in deutschen Gerichtssälen grundsätzlich nur in einem sogenannten Ergebnisprotokoll festgehalten.

Der Text ist in Kapitel gegliedert, ohne die chronologische Grundordnung aufzugeben. Eine knappe Einführung entwickelt den zeitgeschichtlichen und juristischen Rahmen. In einem Prolog und einem Epilog sowie in knappen Überleitungstexten werden die einzelnen Abschnitte in den Gesamtzusammenhang eingeordnet. Ein umfangreicher Anmerkungsapparat erläutert zentrale Begriffe, gesetzliche Vorschriften, Personen und Ereignisse. Am Ende zahlreicher Anmerkungen finden sich Hinweise auf Quellen und vertiefende Literatur.

Das vollständige Protokoll der 192-tägigen Hauptverhandlung umfasst rund 14 000 Aktenseiten. Diesen Stoff auf 400 Buchseiten zu verdichten, war eine Herausforderung. Im Vordergrund unserer Bemühungen stand das Ziel, ein lebendiges Bild des Jahrhundertprozesses zu vermitteln, vor allem des Prozessgeschehens selbst, weniger seines Gegenstandes. Dies ist kein Buch über die RAF. Auch die Frage nach der juristischen Bewertung des Urteils oder einzelner Prozesshandlungen stellen wir uns hier nicht; wie es uns überhaupt nicht darum geht, Partei zu ergreifen oder gar darum, uns die von den Beteiligten zum Teil in absichtsvoll drastischen Worten getätigten Aussagen zu eigen zu machen. Entstanden ist eine höchst subjektive, gleichwohl authentische Auswahl von Textpassagen; Passagen, die wir für wichtig, die wir für repräsentativ oder die wir schlicht für interessant und lesenswert halten. Es ist unser Blick auf den Prozess, wie er sich nach vielen Jahren der Beschäftigung mit dem Material und dem Stoff herausgebildet hat. Wichtige Themen konnten bei der Auswahl nicht berücksichtigt werden, dies gilt etwa für weite Teile der Beweisaufnahme. Auch Passagen zur Frage der Beschränkung von Aussagegenehmigungen, deren Erteilung mitunter erst verwaltungsgerichtlich erstritten werden musste, oder zur Auseinandersetzung über die Frage der Aktenvollständigkeit konnten wir nicht aufnehmen.

Textliche Grundlage des vorliegenden Bandes ist das Sitzungsprotokoll, wie es als Bestandteil der Akte im Bundesarchiv vorliegt (BArch B 362/3441–3460). Redaktionelle Anpassungen haben wir nur zurückhaltend vorgenommen. Die Originalschreibweise (sogenannte alte Recht-

3445 / 156

2152

- 14 -

Band 102/Be

V.:

Aha, ein faschistisches Arschloch.

Angekl.B.:

Schließen Sie mich jetzt aus, ja?

Angekl.E.:

Und mich gleich mit, altes Schwein.

V.:

Frau Ensslin, ich darf Sie auf folgendes hinweisen - moment - daß sowohl Herr Raspe wie Frau Meinhof, wie Herr Baader darüber unterrichtet worden sind, daß Sie jetzt unter Aufhebung des vorherigen Ausschlusses die Möglichkeit haben...

Angekl.B.:

Ich stelle nochmal ausdrücklich fest, Prinzing, Sie sind ein faschistisches altes Arschloch.

V.:

Herrn Baader bitte das Wort abzustellen.
(An die Angekl. E.): Daß Sie die Gelegenheit haben, sich zur Person zu äußern.

Angekl.E.:

Wir sind verteidigungsunfähig, infolge dessen werden wir auch nicht teilnehmen, alte Sau.

V.:

Es haben sich die anderen Angeklagten - ja -, Frau Ensslin, es haben sich die anderen Angeklagten geäußert dahin, daß sie sich nicht zur Person einlassen wollen...

Angekl.E.:

Ich habe das eben gesagt...

V.:

Sie haben gestört. Ich habe vernommen, Sie haben mich, glaube ich, eine "alte Sau", habe ich es richtig gehört? Oder täusche ich mich. Ich möchte das festgestellt haben, trifft es zu?
Und, Herr Baader, Sie haben mich ein "faschistisches Arschloch" geheißen.

V.:

Frau Ensslin, an Sie noch das letzte Wort. Wollen Sie sich zur Person äußern?

Angekl. E.:

Altes Schwein.

Lichtbildaufnahme einer Seite aus dem Originalprotokoll im Bundesarchiv Koblenz.

schreibung) wurde beibehalten. Auch die im Original (in der Regel durch den Vorsitzenden des Strafsenats) vorgenommenen Korrekturen der ersten Abschrift haben wir für diese Zusammenstellung übernommen. Offensichtliche Rechtschreibfehler sind stillschweigend berichtigt. Wort-, Grammatik- und Zeichenfehler, die auf die Textgattung des Wortprotokolls zurückzuführen sind, wurden dagegen nicht korrigiert. Die dadurch bewirkte Beeinträchtigung des Leseflusses haben wir bewusst in Kauf genommen. Vereinheitlicht haben wir die Zeilenabstände und Einrückungen ebenso wie Zahlen und Datumsangaben. Hervorhebungen im Text (Unterstreichungen, Sperrdruck) haben wir entfernt. Auslassungen sind als solche durch eckige Klammern markiert. Durchweg vervollständigt und vereinheitlicht haben wir die im Protokoll abgekürzten Namen bzw. (Dienst-)Bezeichnungen der Rednerinnen und Redner. Die wenigen abgedruckten Anlagen zum Protokoll sind durch eine Doppellinie am Rand als solche kenntlich gemacht. Von uns hinzugefügte Überleitungstexte sind im Kursivdruck hervorgehoben. Ein Verzeichnis der Abkürzungen – die oftmals uneinheitliche Abkürzungstechnik im Protokoll haben wir überwiegend beibehalten – sowie ein Verzeichnis der in den Anmerkungen zitierten Literatur sind beigefügt.

Den Ausgangspunkt für die Zusammenstellung der Texte bildet die wissenschaftliche Gesamtedition der Materialien zum Stammheim-Prozess, die neben dem vollständigen Sitzungsprotokoll mit den Anlagen auch die Anklageschrift und das Urteil umfasst. Sie ist im Rahmen des Forschungs- und Dokumentationsprojekts »Der Stammheim-Prozess« entstanden, das von 2016 bis 2021 an der Fakultät für Rechtswissenschaft der Universität Hamburg unter Leitung bzw. Mitarbeit des Herausgebers und der Herausgeberin dieses Bandes durchgeführt wurde. Die rechts- und geschichtswissenschaftlich fundierte Erschließung des Materials für die Anfertigung der Gesamtedition hat die sachkundige Auswahl der Textpassagen für den vorliegenden Band überhaupt erst möglich gemacht. Zugleich erlaubt der freie Zugriff auf die digitale Gesamtedition (www.stammheim-prozess.de) jeder Leserin und jedem Leser dieses Bandes den Rückgriff auf die Originaldokumente.

An der Anfertigung der Gesamtedition waren zahlreiche Personen beteiligt, denen wir auch hier danken möchten. An erster Stelle zu nennen sind die Historikerin Prof. Dr. Gabriele Metzler (Humboldt-Universität zu Berlin), der Jurist Prof. Dr. Dr. Thomas Vormbaum (Fern-Universität Hagen) sowie der Hamburger Rechtsanwalt Kurt Groenewold, der als Zeitzeuge wichtige Einblicke in Hintergründe und Verlauf des Prozesses gab. Kurt Groenewold verdanken wir auch den Impuls, sich mit den Materialien des Stammheim-Prozesses überhaupt zu befassen. Besonderer Dank gebührt den Projektmitarbeiterinnen und -mitarbeitern Robin Averesch, Alia Ben-Halima, Momme Harrsen, Tobias Hinderks, Anna Körfer, Anna-Lena Kurz, Viktoria Peymann, Ruth Antonia Rosenstock, Johann Tonner, Verena Voß und Lilli Zankel. Auf der Schlussgeraden haben Tobias Beinder, Dr. Aziz Epik und Antonia Gillhaus die Arbeiten an der Gesamtedition unterstützt. Zu danken haben wir ferner der Fakultät für Rechtswissenschaft der Universität Hamburg sowie der Volkswagenstiftung, die das Forschungs- und Dokumentationsprojekt großzügig finanziell unterstützt hat. Ohne die gute Zusammenarbeit mit dem Bundesarchiv, das nicht zuletzt die Aktenstücke zur Verfügung gestellt hat, hätte sich das Vorhaben nicht realisieren lassen.

Bei der Anfertigung des vorliegenden Bandes hat uns erneut Antonia Gillhaus sehr unterstützt. Herzlich danken wir schließlich unserem Lektor, Christof Blome, für die ebenso umsichtige wie sachkundige Begleitung bei der Herstellung dieses Buches.

Berlin, im Juni 2021
F. J. und I. S.

EINFÜHRUNG

Die Entstehung der RAF

Die Rote Armee Fraktion ging aus der Protestbewegung von Studierenden, Hochschullehrer*innen und Intellektuellen hervor, die sich in den 1960er Jahren formiert hatte. Ihren Ausgang nahm die Studentenbewegung in West-Berlin, breitete sich jedoch rasch auch in andere westdeutsche Städte aus. Sie richtete sich zunächst gegen die Hochschulstrukturen, mit dem unmittelbaren Ziel einer Hochschulreform, und gegen die unterbliebene Auseinandersetzung mit der NS-Vergangenheit. Schon bald wandte sich der Protest auch gegen die geplante Notstandsgesetzgebung und ab 1966/67 zunehmend gegen die deutsche Beteiligung am Vietnam-Krieg. Innerhalb der Bewegung entwickelte sich der Sozialistische Deutsche Studentenbund (SDS) zu einer einflussreichen Gruppierung. Da die 1966 gebildete Große Koalition aus SPD und CDU/CSU im Bundestag einer nahezu machtlosen Opposition (FDP) gegenüberstand, rief der Vorsitzende des SDS, Rudi Dutschke, alle Bewegungen, die politisch links von der SPD standen, zur Gründung einer Außerparlamentarischen Opposition (APO) auf. In der Folge kam es zu gewaltsamen Auseinandersetzungen zwischen Polizei und Demonstrant*innen. Die Presse, allen voran die Blätter des Springerkonzerns, heizte die Stimmung weiter an. Am 2. Juni 1967 erreichte die Polizeigewalt bei einer Demonstration in Berlin gegen den Besuch des Schahs von Persien mit der Erschießung des 26-jährigen Studenten Benno Ohnesorg durch einen Polizeibeamten einen Höhepunkt.

Insbesondere die Kritik am Vietnam-Krieg führte zu einer zunehmenden Politisierung, aber auch Radikalisierung innerhalb der Bewegung.

Über den konkreten Konflikt hinaus bildete sie den Ausgangspunkt für eine grundlegende Imperialismus- und Kapitalismuskritik und die Solidarisierung mit revolutionären Befreiungsbewegungen.

In der Nacht des 3. April 1968 legten Gudrun Ensslin, Andreas Baader, Horst Söhnlein und Thorwald Proll in zwei großen Frankfurter Kaufhäusern Feuer. Diese Aktion fand in den Reihen der APO nicht überall Unterstützung. Ulrike Meinhof, Beobachterin im anschließenden Strafprozess, interpretierte die Brandstiftung in ihrer Kolumne (*Konkret* Nr. 14, 1968) als »Angriff auf die kapitalistische Konsumwelt« und stellte nüchtern fest, dass diese Konsumwelt durch den Warenhausbrand nicht verletzt worden sei; zudem, so Meinhof, spreche gegen Brandstiftung im Allgemeinen, dass dadurch »Personen gefährdet sein könnten, die nicht gefährdet sein sollen.« Ensslin hingegen, die mit ihren Komplizen rasch gefasst worden war, erklärte in Frankfurt a.M. vor Gericht, es sei ihnen nur um die Beschädigung von Sachen gegangen, niemand habe gefährdet werden sollen. Sie hätten aus Protest gegen die Gleichgültigkeit gehandelt, mit der die Menschen dem Völkermord in Vietnam zusähen.

Ensslin, Baader, Söhnlein und Proll wurden zu Freiheitsstrafen von je drei Jahren verurteilt. Nach 14 Monaten wurde ihnen zunächst Haftverschonung gewährt. Nachdem ihre Revision im November 1969 vom Bundesgerichtshof verworfen worden war, stand die Vollstreckung der Reststrafe von 22 Monaten an. Daraufhin setzten sich Baader und Ensslin zunächst nach Paris und Rom, später nach West-Berlin ab, um sich der Haft zu entziehen. Erst im April 1970 konnte Baader bei einer Verkehrskontrolle in Berlin erneut verhaftet werden.

Am 14. Mai 1970 gelang Baader die Flucht aus dem Strafvollzug. Im Rahmen der bewaffneten Befreiungsaktion, an der unter anderem Ulrike Meinhof beteiligt war, wurden mehrere Personen verletzt, eine davon lebensgefährlich. Die Befreiung Baaders gilt heute als Geburtsstunde der RAF. Nicht nur Baader und Ensslin, sondern auch Meinhof, die nun wegen der Beteiligung an einem versuchten Mord gesucht wurde, lebten von da an im Untergrund. Nachdem die drei sich mit anderen im Juni 1970 in einem palästinensischen Ausbildungslager in Jordanien in den Techniken des Guerillakampfes hatten unterweisen lassen, trat die Gruppe ab September 1970 mit Banküberfällen, Autodiebstählen und Einbrüchen in Rathäuser und Meldeämter zur Beschaffung von Pässen und weiteren Papieren in Erscheinung. Im April 1971 veröffentlichte die nun als Rote Armee Fraktion auftretende Gruppe die Schrift »Das Konzept Stadtguerilla«, in der aus ideologischer Sicht die Notwendigkeit entwickelt wurde, bewaffneten Widerstand zu organisieren. Die RAF verstand sich als Teil einer »revolutionären Weltarmee«, die gegen die Gesellschaft der noch jungen Bundesrepublik, welche als Fortsetzung des nationalsozialistischen Deutschlands begriffen wurde, gegen das kapitalistisch-imperialistische System, gegen die USA und den Krieg in Vietnam kämpfte.

Am 11. Mai 1972 kam es zum ersten von insgesamt sechs Sprengstoffanschlägen innerhalb von zwei Wochen: Im I.G.-Farben-Haus in Frankfurt a.M., dem Hauptquartier des 5. US-Korps, detonierten drei Sprengkörper, wobei eine Person getötet wurde. Am 12. Mai folgten Anschläge in München auf dem Parkplatz des Bayerischen Landeskriminalamts und in der Polizeidirektion Augsburg. Am 15. Mai explodierte eine Sprengvorrichtung unter dem Auto des Richters am BGH Buddenberg; seine Frau, die allein im Wagen saß, wurde schwer verletzt. Am 19. Mai detonierten zwei Sprengkörper im Verlagshaus Springer in Hamburg; drei weitere nichtdetonierte Sprengkörper wurden später im Gebäude gefunden. Am 24. Mai explodierten schließlich zwei Pkw auf dem Gelände des Hauptquartiers der 7. US-Armee und der US-Landstreitkräfte in Europa (USAREUR) in Heidelberg, wobei drei weitere Personen getötet wurden. Die Bilanz dieser »Mai-Offensive«: vier Tote, zahlreiche Verletzte und erheblicher Sachschaden. In sogenannten Kommando-Erklärungen bekannte sich die RAF zu allen Anschlägen.

Stammheim

Im Juni 1972 wurden zunächst Baader und Raspe zusammen mit Holger Meins, dann Ensslin und schließlich Meinhof festgenommen. Der vor dem Oberlandesgericht Stuttgart erhobene Anklagevorwurf gegen alle lautete Mord, versuchter Mord, Bildung bzw. Beteiligung an einer kriminellen Vereinigung, Herbeiführen von Sprengstoffexplosionen sowie schwerer Raub, davon in einem Fall mit Todesfolge, und Verabredung zum Raub. Hinzu kam der Vorwurf schweren Diebstahls gegenüber Baader, Ensslin und Meinhof sowie des Widerstandes gegen Vollstreckungsbeamte gegen Baader, Ensslin und Raspe. Die Anklagepunkte betrafen die genannten sechs Sprengstoffanschläge, die in der Zeit vom 11. bis 24. Mai 1972 verübt worden waren (»Mai-Offensive«), diverse Raub- und Diebstahlsdelikte zwischen September 1970 und Januar 1972, Straftaten im Zusammenhang mit der Festnahme der Angeklagten und schließlich die Gründung und Beteiligung als Rädelsführer (Baader, Ensslin, Meinhof) und als Mitglied (Raspe, Meins) an einer kriminellen Vereinigung.

Am 21. Mai 1975 begann die Hauptverhandlung vor dem 2. Strafsenat. In der schwäbischen Provinz, in Stammheim, prallte die ganze Normalität und Verstaubtheit der Nachkriegsbundesrepublik auf die Schroffheit einer selbsternannten Welt-Guerilla, die sich im globalen Klassenkampf gegen den Imperialismus des internationalen Kapitals Seite an Seite mit den sozialrevolutionären Befreiungsbewegungen im sogenannten Trikont wähnte. Dieses politische Selbstverständnis fand seinen juristischen Ausdruck in den Versuchen der Angeklagten und ihrer Verteidigung, ein völkerrechtliches Widerstandsrecht und das strafrechtliche Nothilferecht in Stellung zu bringen. Sämtliche Beweisanträge der Verteidigung, die in diesem Zusammenhang standen, wurden durch den Strafsenat abgewiesen. Daneben konzentrierte sich die Verteidigung vor allem auf drei Themenfelder: die Frage der Verhandlungsfähigkeit der Angeklagten, die Rechte der Verteidigung und die Frage der Befangenheit des Gerichts.

Kritische Aufmerksamkeit fand der Prozess nicht nur nur in den Rechts- und Sozialwissenschaften, sondern auch in der allgemeinen

Der Hochsicherheitstrakt im 7. Stock der Justizvollzugsanstalt Stuttgart-Stammheim. Hier waren die Angeklagten inhaftiert. Aufnahme aus dem Oktober 2002.

Öffentlichkeit. DER SPIEGEL schrieb: »Selten genug rückte ins Blickfeld des Verfahrens, ob und was der Prozeß an neuen Erkenntnissen für oder gegen die Schuld der Angeklagten erbrachte – fast immer verdrängt von den grellen Effekten einer verbissen ausgetragenen Fehde, die die Fronten zwischen den Prozeßbeteiligten versteinerte, der Wahrheitsfindung nicht dienen konnte und sich am Ende nur noch darauf zuspitzte, wer die meisten Federn ließ«.[1]

Nicht ohne Wirkung blieb der Stammheim-Prozess auf die RAF selbst. Die vielfach als überzogen empfundene Reaktion des Staates auf terroristische Gewalt wurde fortan selbst zum Bezugspunkt terroristischer Aktion: Versuche der Freipressung von Gefangenen und die Mobilisierung von »Sympathisanten« durch das Anprangern der Haftbedingungen (»Isolationsfolter«) überlagerten seit Beginn des Stammheim-Prozesses das »Welt-Guerilla«-Narrativ der RAF.

Nachdem die RAF 1992 mitgeteilt hatte, »Angriffe auf führende Repräsentanten aus Wirtschaft und Staat vorerst nicht mehr« vornehmen zu wollen, wurde im Frühjahr 1998, also 28 Jahre nach der Befreiung Andreas Baaders, schließlich die Auflösung erklärt: »Heute beenden wir dieses Projekt. Die Stadtguerilla in Form der RAF ist nun Geschichte.« Damit fand das Kapitel Rote Armee Fraktion, das in drei »Generationen« die Geschichte der Bundesrepublik geprägt hatte, nach über 30 Morden, zahlreichen Banküberfällen und Sprengstoffattenten ein Ende.

Ein »ganz normaler Straffall«?

War Stammheim nun ein »ganz normaler Straffall«, wie der Senatsvorsitzende Dr. Prinzing es formulierte? Oder ein »Schauprozess gegen revolutionäre Politik« und die »systematische Zerstörung aller rechtsstaatlichen Garantien«, wie Ulrike Meinhof und Verteidiger Otto Schily vor Gericht erklärten?

Andreas Baader, Gudrun Ensslin, Ulrike Meinhof, Holger Meins und Jan-Carl Raspe wurden beschuldigt, vier Menschen getötet und die Tötung weiterer 54 Menschen versucht zu haben. Ein Mordprozess also. Aber das war es dann auch schon mit der Normalität.

Anklagebehörde war der Generalbundesanwalt, der die Strafverfolgung aufgrund der besonderen Bedeutung des Falls übernommen hatte. Anklage erhoben wurde daher auch nicht, wie für Mordprozesse üblich, vor dem Schwurgericht, sondern vor einem Strafsenat eines Oberlandesgerichts. Noch vor Eröffnung der Hauptverhandlung wurden mehrere Verteidiger vom Verfahren ausgeschlossen, Verteidiger, von denen einige schließlich selbst zu Beschuldigten wurden. Als das Hauptverfahren eröffnet wurde, waren nur noch vier, bei Verkündung des Urteils nur noch drei der ursprünglich fünf Beschuldigten am Leben. In Rechtskraft erwuchs das Urteil nie, weil sich auch die verbliebenen drei Angeklagten vor der Entscheidung des Bundesgerichtshofs über die Revision das Leben nahmen. 192 Tage wurde verhandelt. Hunderte Zeug*innen wurden gehört. Die Vernehmung der Angeklagten zur Person, die eigentlich nach dem Aufruf der Sache, der Feststellung der Anwesenheit und der

Blick in den Gerichtssaal im neu errichteten und besonders gesicherten Gebäude in Stuttgart-Stammheim, April 1975.

Verlesung der Anklage zu Beginn einer Hauptverhandlung vorgesehen ist, erfolgte erst drei Monate nach Prozessbeginn. Über weite Strecken wurde die Hauptverhandlung in Abwesenheit der Angeklagten geführt. Mit dem 174. Verhandlungstag schied der Senatsvorsitzende Dr. Prinzing wegen Besorgnis der Befangenheit aus dem Verfahren aus. Der Gesetzgeber intervenierte in das laufende Verfahren mit einer Fülle von Gesetzesänderungen.

Die Verteidigung der Angeklagten war kompromisslos: »Totalopposition gegen die Strafgerichtsbarkeit« lautete die Losung. Das war das gute Recht der Angeklagten. Hier manifestierte sich zum ersten Mal eine Praxis, die später als Konfliktverteidigung bezeichnet wurde. Ein Stück weit zerrieben zwischen ihr und einer vordergründig um Normalität bemühten Strafjustiz wurden allerdings rechtsstaatliche Fundamente eines

Strafrechts, eines Strafprozessrechts, das nach den Einschnitten durch den nationalsozialistischen Gesetzgeber gerade erst wieder dabei war, auf die Beine zu finden.

Der niederländische Rechtsanwalt Pieter Bakker Schut, dem wir die nach wie vor gelungenste Studie zum Stammheim-Prozess verdanken, hat ganz recht, wenn er das Kapitel über die Hauptverhandlung mit »Die Inszenierung« überschreibt. Inszeniert wurde das Lehrstück »Politischer Terrorismus vor Gericht«; inszeniert haben sich alle Beteiligten.

Ein politischer Prozess?

Stammheim fügt sich ein in die Folge großer Strafprozesse des 20. Jahrhunderts. Es steht in einer Reihe mit dem Prozess gegen Robert Mulka und andere, der vor dem Frankfurter Landgericht wegen der Massentötungen in Auschwitz geführt wurde, mit dem Prozess gegen Erich Honecker und andere vor dem Landgericht Berlin wegen der Tötungen

Die Angeklagten und ihre Wahlverteidiger*innen (v. l. n. r.): Jan-Carl Raspe, Andreas Baader, Polizist, Ulrike Meinhof, Gudrun Ensslin (hintere Reihe), Rupert von Plottnitz, Marielouise Becker and Otto Schily (vordere Reihe). Gerichtszeichnung vom ersten Verhandlungstag, 21. Mai 1975.

an der deutsch-deutschen Grenze und wohl auch mit dem Prozess gegen Beate Zschäpe und andere vor dem Münchener Oberlandesgericht wegen der Morde des Nationalsozialistischen Untergrunds (NSU).

Stammheim ein politischer Strafprozess also? Der Begriff des »politischen Strafprozesses« ist mindestens ebenso schillernd wie der der »politischen Strafjustiz«. Von dieser ist dort die Rede, wo das politische Strafrecht, also das Strafrecht, das sich unmittelbar dem Schutz des Staates und seiner Institutionen verschrieben hat, das Staatsschutzstrafrecht, den Gegenstand der justiziellen Aktivität bildet. Hier geht es um Hochverrat, das heißt um Angriffe gegen den Bestand oder die verfassungsmäßige Ordnung des Staates. Gerichtsverfassungsrechtlich gewendet – also mit Blick auf die dafür innerhalb der Strafjustiz zuständigen Spruchkörper – sind politische Strafprozesse dann solche, die vor den dafür zuständigen Staatsschutzkammern geführt werden. Gegen einen solcherart eng und im Grunde technisch verstandenen Begriff der »politischen Strafjustiz« argumentieren jene, die das Strafrecht immer und ausnahmslos als Instrument der Verstärkung politischer Macht begreifen. Stellvertretend genannt sei der Strafrechtswissenschaftler Wolfgang Naucke, für den die »Machtnähe« gerade das Kennzeichen des Strafrechts überhaupt ist. So verstanden, ist jeder Strafprozess auch ein politischer.

Otto Kirchheimer schließlich hat uns in seinem 1961 erschienen Standardwerk einen Begriff der politischen Strafjustiz an die Hand gegeben, der dort ansetzt, wo Gerichte für politische Zwecke in Anspruch genommen werden und dadurch das Feld politischen Handelns ausgeweitet und abgesichert wird. Der politischen Strafjustiz gehe es darum, das politische Handeln von Individuen oder Gruppen einer gerichtlichen Kontrolle zu unterziehen. Maßgeblicher Anknüpfungspunkt für die Kategorisierung als »politisch« ist danach nicht das Handeln der Justiz selbst, das etwa durch politische Macht beeinflusst wird, sondern eine bestimmte Qualität der Handlungen, die den Gegenstand der justiziellen Aktivität bilden, politisches Handeln eben.

Stammheim – jedenfalls ein Stück Strafrechtsgeschichte. Ein Stück deutscher Geschichte.

PROLOG

Zwischen dem 11. und 24. Mai 1972 kommt es in Frankfurt a.M., Augsburg, München, Karlsruhe, Hamburg und Heidelberg zu einer Serie von Sprengstoffanschlägen, bei denen insgesamt vier Personen getötet und weitere verletzt werden. In sogenannten Kommando-Erklärungen bekennt sich die Rote Armee Fraktion dazu. Im Juni 1972 werden Andreas Baader, Gudrun Ensslin, Ulrike Meinhof, Holger Meins und Jan-Carl Raspe als mutmaßliche Täter*innen festgenommen.

Der anstehende Strafprozess erfordert erhebliche Vorbereitungen. Unter anderem wird unmittelbar neben der Haftanstalt in Stuttgart-Stammheim, wo die Angeklagten inhaftiert sind, für 12 Millionen DM eigens ein neues Gerichtsgebäude – die »Mehrzweckhalle« – errichtet.[2] Die Gefangenen bezeichnen ihre Haftbedingungen als »Isolationsfolter«.[3] Um ihre Forderungen, etwa die Zusammenlegung aller RAF-Gefangenen, durchzusetzen, treten sie ab 1973 mehrfach in Hungerstreik. Der dritte und längste davon dauert von September 1974 bis Februar 1975. Holger Meins überlebt ihn nicht; er stirbt am 9. November 1974 in der Untersuchungshaft an den Folgen der Mangelernährung. Für die anderen Gefangenen ist das Urteil klar: Das war Mord.[4]

Am 1. Januar 1975 treten zahlreiche Änderungen der Strafprozessordnung in Kraft, durch welche die Rechte der Angeklagten sowie der Verteidigung erheblich eingeschränkt werden, darunter das Verbot der Mehrfachverteidigung (§ 146 StPO), die erstmals eingeräumte Möglichkeit des Verteidiger*innenausschlusses (§ 138a StPO) und die Beschrän-

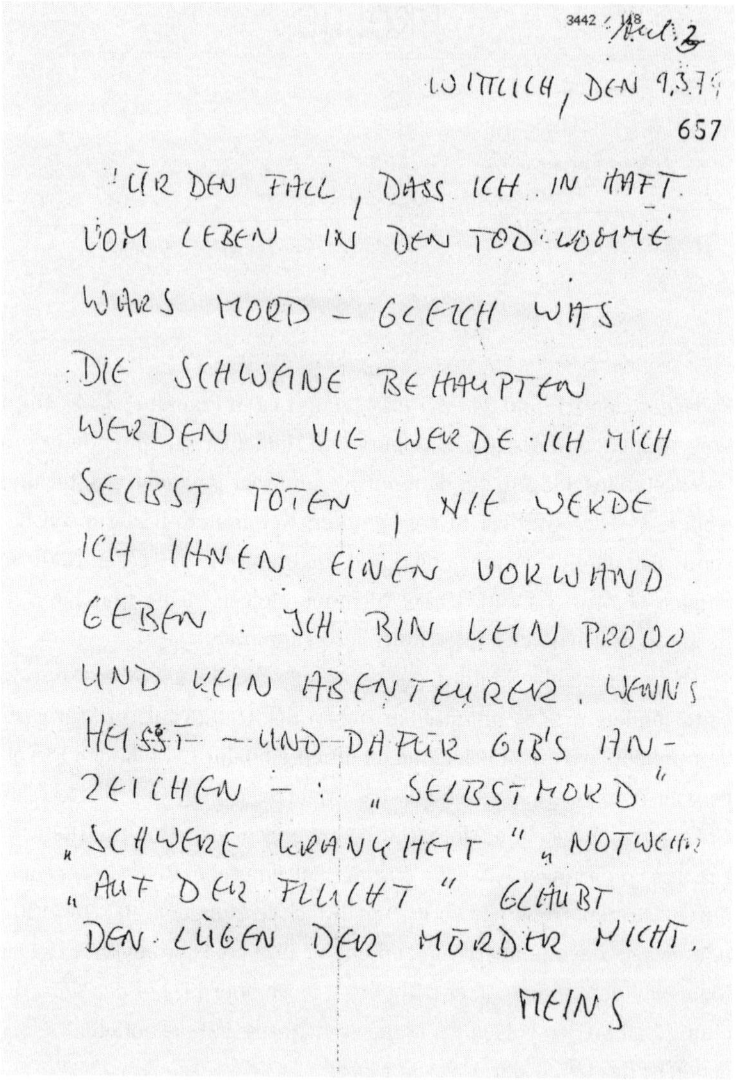

3442 / 148 Anl. 2

WITTLICH, DEN 9.3.74

657

FÜR DEN FALL, DASS ICH IN HAFT
VOM LEBEN IN DEN TOD KOMME:
WARS MORD – GLEICH WAS
DIE SCHWEINE BEHAUPTEN
WERDEN. NIE WERDE ICH MICH
SELBST TÖTEN, NIE WERDE
ICH IHNEN EINEN VORWAND
GEBEN. ICH BIN KEIN PROVO
UND KEIN ABENTEURER. WENNS
HEISST – UND DAFÜR GIB'S AN-
ZEICHEN –: „SELBSTMORD"
„SCHWERE KRANKHEIT" „NOTWEHR"
„AUF DER FLUCHT" GLAUBT
DEN LÜGEN DER MÖRDER NICHT.

MEINS

Handschriftliche Erklärung von Holger Meins vom 9. März 1974, die er bei seinem Verteidiger Dr. Croissant hinterlegt hatte (zu Protokoll genommen).

kung der zulässigen Anzahl von Wahlverteidiger*innen auf drei (§ 137 StPO). Da viele der Vorschriften ersichtlich im Hinblick auf das anstehende Stammheimer Verfahren beschlossen worden sind, werden sie als »Lex RAF« kritisiert.[5] Aufgrund der Neuregelungen muss auch die Verteidigung im Stammheim-Prozess, bisher als gemeinschaftliche Verteidigung aller Beschuldigter zugelassen (sogenannte Blockverteidigung), neu organisiert werden.

Im Frühjahr 1975, noch vor Beginn der Hauptverhandlung, werden die Rechtsanwälte Dr. Klaus Croissant, Kurt Groenewold und Hans-Christian Ströbele, die zunächst als gemeinsame Verteidiger aller Angeklagten, nach Inkrafttreten des Verbots der Mehrfachverteidigung lediglich als Verteidiger von Andreas Baader am Verfahren mitwirkten, wegen des Verdachts der Tatbeteiligung von der Mitwirkung im Verfahren ausgeschlossen; zugleich werden strafrechtliche Ermittlungsverfahren gegen sie eingeleitet.[6] Wenige Tage vor Beginn der Hauptverhandlung wird auch Rechtsanwalt Siegfried Haag, der Andreas Baader als einzig verbliebener Verteidiger seines Vertrauens beigeordnet ist, vorläufig festgenommen. Der beim Bundesgerichtshof beantragte Haftbefehl wird zunächst abgelehnt. Bevor der Haftbefehl im Beschwerdeverfahren schließlich doch erteilt wird, taucht Haag unter und schließt sich der RAF an.[7] Obwohl damit alle Vertrauensverteidiger von Andreas Baader noch vor Beginn der Hauptverhandlung aus dem Verfahren ausgeschieden sind (und es sich um einen Fall sogenannter notwendiger Verteidigung[8] handelt), kann die Verhandlung durchgeführt werden: Zur Sicherung des Verfahrens sind allen Angeklagten je zwei weitere Verteidiger beigeordnet – allerdings gegen den erklärten Willen der Angeklagten, weshalb sie von diesen als »Zwangsverteidiger« bezeichnet werden.

1
ERÖFFNUNG DER HAUPTVERHANDLUNG

Mittwoch, 21. Mai 1975
1. Verhandlungstag

Verhandlungsprotokoll
der öffentlichen Sitzung des Oberlandesgerichts
Stgt.-Stammheim, 21. Mai 1975
– Mehrzweckgebäude –
Beginn der Hauptverhandlung um 9.00 Uhr
2 StE (OLG Stgt.) 1/74

Anwesend:
Vorsitzender Richter am OLG Dr. Prinzing
– als Vorsitzender –
Richter am OLG Dr. Foth
Richter am OLG Maier
Richter am OLG Dr. Berroth
Richter am OLG Dr. Breucker
– als beisitzende Richter –
Richter am OLG Vötsch
Richter am OLG Dr. Nerlich
Richter am OLG Meinhold
Richter am OLG Freuer
– als Ergänzungsrichter[9] –
Bundesanwalt Dr. Wunder
Oberstaatsanwalt Zeis
Regierungsdirektor Widera

Staatsanwalt Holland
– als Vertreter der Bundesanwaltschaft –
Justizsekretär J.
Justizassistent z. A. C.
Justizassistent z. A. S.
– als Urkundsbeamte der Geschäftsstelle –
Anwesend sind ferner die auf Seite 2 und 3 aufgeführten Angeklagten und die auf Seite 11 genannten Verteidiger.

Strafsache gegen
1. den berufslosen Andreas Bernd Baader, geboren am 6. Mai 1943 in München, ohne festen Wohnsitz, Deutscher, ledig, zur Zeit in Untersuchungshaft in der Vollzugsanstalt Stgt.-Stammheim,
Pflichtverteidiger:
a) Rechtsanwalt Eberhard Schwarz, Stuttgart
b) Rechtsanwalt Siegfried Haag, Heidelberg
c) Rechtsanwalt Dieter Schnabel, Ditzingen
Wahlverteidiger:[10] ---
2. die Studentin Gudrun Ensslin, geboren am 15. August 1940 in Bartholomä, Krs. Schwäbisch-Gmünd, ohne festen Wohnsitz, Deutsche, ledig, zur Zeit in Untersuchungshaft in der Vollzugsanstalt Stgt.-Stammheim,
Pflichtverteidiger:
a) Rechtsanwalt Ernst Eggler, Karlsruhe
b) Rechtsanwalt Otto Schily, Berlin 15
c) Rechtsanwältin Marielouise Becker, Heidelberg
d) Rechtsanwalt Manfred Künzel, Waiblingen
Wahlverteidiger:
a) Rechtsanwalt Dr. Franz Josef Degenhardt, Hamburg
3. die Journalistin Ulrike Marie Meinhof, gesch. Röhl, geboren am 7. Oktober 1934 in Oldenburg/Old., ohne festen Wohnsitz, Deutsche, geschieden, zur Zeit in Untersuchungshaft in der Vollzugsanstalt Stgt.-Stammheim,

Pflichtverteidiger:
a) Rechtsanwalt Dieter König, Stuttgart
b) Rechtsanwalt Helmut Riedel, Frankfurt
c) Rechtsanwalt Karl-Heinz Linke, Karlsruhe
Wahlverteidiger:
a) Rechtsanwalt Rainer Köncke, Hamburg
b) Rechtsanwalt Dieter Hoffmann, Berlin
4. den Diplomsoziologen Jan-Carl Stefan Raspe, geboren am 24. Juli 1944 in Seefeld / Tirol, ohne festen Wohnsitz, Deutscher, ledig, zur Zeit in Untersuchungshaft in der Vollzugsanstalt Stgt.-Stammheim,
Pflichtverteidiger:
a) Rechtsanwalt Stefan Schlaegel, Esslingen
b) Rechtsanwalt von Plottnitz, Frankfurt
c) Rechtsanwalt Peter Grigat, Stuttgart
Wahlverteidiger:
a) Rechtsanwalt Laubscher, Heidelberg
wegen Mordes u. a.

Vors.: Die Sitzung ist eröffnet. Ich darf zunächst vor Aufruf der Sache[11] einige technische Dinge erläutern. Sie hängen damit zusammen, daß wir, wie mit der Verteidigung besprochen, beabsichtigen, ein Wortprotokoll[12] anzufertigen. Das dient dazu, daß alle Beteiligten nachher das gleiche Prozeßmaterial zur Verfügung haben. Es werden also alle Gespräche und alle Ausführungen auf Band übernommen, die Bänder werden übertragen, werden möglichst rasch abgelichtet und verteilt. Ich hoffe, daß wir es schaffen, innerhalb von drei Tagen jedem der Prozeßbeteiligten dann die Ablichtung in die Hand zu geben. Danach sollen zwei Tage verbleiben, bis dahin müßten Beanstandungen des Inhalts des Protokolls bekannt gegeben werden. Danach würde das Band, wenn keine Beanstandungen kommen, gelöscht und erneut zu Aufnahmen verwendet.

Ich bitte um Verständnis, wenn ich darauf hinweise, daß die Bandaufnahme eine gewisse Sprechdisziplin erfordert. Durcheinanderreden bedeutet, daß wir kein Protokoll zustandekriegen, weil das eben nicht mehr verständlich ist. Daher muß ich darum bitten, was ja ohnehin dem § 240 StPO[13] entspricht, jeweils sich zu Wort zu melden und abzuwarten, bis ich das Wort erteile. Ich muß also grundsätzlich z.B. erklären, Herr Rechtsanwalt Sowieso und Sowieso, damit auch das Protokoll weiß, wer nun im Augenblick spricht.

[...] Ich darf jetzt die Frage an die Herren Verteidiger stellen, ob das Einverständnis, ein Wortprotokoll herzustellen, nach wie vor existiert? Ich sehe keine Beanstandungen. Dann können, wenn zu den technischen Angelegenheiten keine Fragen gestellt werden sollen? Auch das scheint nicht der Fall zu sein? [...]

VORS.: Schön, damit komme ich zum Aufruf der Strafsache gegen Andreas Baader, Ulrike Meinhof, Gudrun Ensslin, Jan-Carl Raspe. Dem Gericht sind die Angeklagten durch den Anhörungstermin vom 12. Februar 1975 persönlich bekannt. Als Verteidiger sind erschienen, ich darf der Reihe nach aufführen:

Herr Rechtsanwalt von Plottnitz, Herr Rechtsanwalt Riedel, Frau Rechtsanwältin Becker, Herr Rechtsanwalt Schily, Herr Rechtsanwalt Schwarz, Herr Rechtsanwalt Schnabel, Herr Rechtsanwalt Künzel, Herr Rechtsanwalt Grigat, Herr Rechtsanwalt Eggler, Herr Rechtsanwalt Linke, Herr Rechtsanwalt König und Herr Rechtsanwalt Schlaegel.

2 VERTEIDIGUNG I (AUSSCHLUSS)

RA von Plottnitz: Ich habe folgenden Antrag zu stellen und zwar überreiche ich zunächst einen Schriftsatz des Kollegen Croissant vom 21. Mai 1975.

Siehe Anlage 2 b zum Protokoll

Ein Schriftsatz durch den sich der Kollege Dr. Croissant als Verteidiger für den Herrn Raspe legitimiert. Ich habe ergänzend hierzu den Antrag zu stellen, Herrn Rechtsanwalt Dr. Croissant unverzüglich als Verteidiger zur Hauptverhandlung zuzulassen und ihm den Zutritt zum Sitzungssaal zu gestatten. Das ist der erste Antrag.

Der zweite Antrag, die Hauptverhandlung zu unterbrechen, bis sich Herr Dr. Croissant als Verteidiger von Herrn Raspe im Sitzungssaal befindet. Einen solchen Antrag bräuchte man normalerweise nicht zu begründen, da jedoch der Kollege Dr. Croissant als Verteidiger von Herrn Baader, als früherer Verteidiger von Herrn Baader, von einem Ausschlußverfahren bereits betroffen ist. Zur Begründung, ganz kurz folgendes:

RA von Plottnitz verliest nunmehr die Begründung aus Anlage 2 a.

Anlage wird zu den Akten übergeben. [...]

Anschließend überreicht auch Rechtsanwalt Riedel einen Schriftsatz des Rechtsanwalts Groenewold, in dem sich dieser für die Angeklagte Meinhof legitimiert und ebenfalls beantragt, zur Hauptverhandlung zugelassen zu werden. Rechtsanwältin Becker teilt schließlich mit, dass Entsprechen-

des auch für Rechtsanwalt Ströbele in Bezug auf die Angeklagte Ensslin gelte.

VORS.: Ja. Die Bundesanwaltschaft wird Stellung nehmen wollen. Sind Sie in der Lage das sofort zu tun, oder wollen Sie zuerst die Schriftsätze einsehen.

BA DR. WUNDER: Ich möchte gleich Stellung nehmen. […]

RA VON PLOTTNITZ: Herr Vorsitzender, wir hatten beantragt, die Hauptverhandlung zu unterbrechen, bis den Kollegen, die sich als Verteidiger soeben legitimiert haben, Zutritt zum Sitzungssaal gestattet worden ist.

VORS.: Ja.

RA VON PLOTTNITZ: Wir meinen das also die, daß auch nicht eine Sekunde gewartet werden darf, was den Zutritt dieser Kollegen angeht. Die Kollegen haben bereits Anspruch darauf, zu hören und Stellung zu nehmen, zu dem was die Bundesanwaltschaft jetzt zu sagen gedenkt. Also ich beantrage ausdrücklich nochmal die Hauptverhandlung jetzt kurz zu unterbrechen, bis sich diese Kollegen im Sitzungssaal befinden. Die Kollegen haben, genauso wie die Mandanten, für die sie sich legitimiert haben, hierauf einen unmittelbaren prozessualen Anspruch.[14] […]

RA SCHILY: Wenn sich ein Verteidiger meldet, liegt eine Vollmacht vor in einem, dann hat er das Recht zum Auftritt in der Verhandlung. Wenn das nicht mehr der Fall ist, dann weiß ich, dann machen wir den Laden zu.

VORS.: Das sind ausgeschlossene Rechtsanwälte, die hier alle benannt werden, das macht wohl die Sache etwas anders, als so wie sich …

RA SCHILY: Aber Herr Vorsitzender, ich wüßte nicht, daß z. B. der Kollege Dr. Croissant für Herrn Raspe ausgeschlossen ist. Wenn Sie mir einen solchen Beschluß vorlegen, bitteschön. Den kenn' ich nicht. Aber vielleicht haben Sie so einen Beschluß, ich weiß es nicht, ich kenn' ihn nicht.

VORS.: Ich auch nicht.

RA Schily: Ja ja, dann muß er doch in den Saal, das ist doch ganz selbstverständlich.

Vors.: Herr Rechtsanwalt Riedel.

RA Riedel: Herr Vorsitzender, ich habe einen Antrag gestellt, ebenso wie der Kollege von Plottnitz und die Mitverteidigerin Becker und bevor das Gericht erwägt, die Vorschriften des §138 [StPO] folgende[15] heranzuziehen, zur Überprüfung darüber, ob den Anträgen stattzugeben ist, oder nicht, bitte ich doch das Gericht erst einmal, die davorstehende Vorschrift den §137 [StPO][16] anzusehen und zu prüfen, ob sich daraus nicht ganz klar eindeutig und unabwendbar ergibt, daß das sofort zu veranlassen ist, was der Kollege Schily soeben nochmals betont hat, nämlich das Zulassen, und zwar auf der Verteidigerbank, der Kollegen die sich soeben legitimiert haben.

Vors.: Herr Rechtsanwalt, das Gericht steht vor der Frage, ob die Ausschließung, die ausgesprochen ist, wie bereits in ihren Anträgen zum Ausdruck kommt, sich auch bezieht auf das, was jetzt die weiteren Verteidiger vorhaben.

RA Riedel: Herr Vorsitzender, das ist nicht die Frage.

Vors.: Und dazu bedürfen wir der Stellungnahme der Bundesanwaltschaft, was sie für eine Meinung dazu hat und wir werden diese Stellungnahme auch einholen und dann entscheiden darüber.

RA Riedel: Herr Vorsitzender, das ist nicht die Frage, die dem Gericht in erster Linie gestellt worden ist, sondern das ist die sekundäre Frage, aber die primäre Frage ist doch, der Antrag, den wir gestellt haben, sofort die Anwesenheit auf der Verteidigerbank, der Kollegen zu gestatten. Das ist die primäre Frage.

Vors.: Gewiß ...

RA Riedel: Die sekundäre Frage ist, ob unter Umständen, das was Sie sagen, nämlich das schon stattgefundene Ausschlußverfahren, im Bezug auf die Verteidigung von Andreas Baader, irgendwie Auswirkungen auch auf die Mandatsübernahme, wie sie soeben beantragt worden ist hat, nicht wahr. Aber die primäre Frage, bleibt doch und das ergibt sich aus §137 [StPO], die sofortige Zulassung, auf der ich auch bestehe und wo ich auch jetzt nochmal ausdrücklich beantrage, daß das Gericht eine Entscheidung herbeiführt, nicht wahr. Wie auch immer, das Gericht hat zu entscheiden, was beantragt ist und kann diese Entscheidung nicht aufschieben und mit der sekundären Frage anfangen.

VORS.: Schön, Sie haben also meine Maßnahme, die besagt, daß wir zuerst die Stellungnahme einholen, beanstandet,[17] darüber wird das Gericht befinden, wir werden uns dazu zurückziehen.

RA VON PLOTTNITZ: Herr Vorsitzender, vielleicht noch ein Satz dazu. Wenn den Kollegen, wie beantragt, nicht unverzüglich der Zutritt, als Verteidiger und die Zulassung als Verteidiger gewährt wird, dann würde das in der Tat auf eine Rechtsbeugung[18] hinauslaufen. Diese Kollegen sind nicht ausgeschlossen worden als Verteidiger für die Mandanten, für die sie sich jetzt gemeldet haben. Sie wissen so gut wie die Verteidigung, daß z. B. in Presseberichten zu lesen war, daß die Autoren des Ausschlußgesetzes, das Gesetz als unvollständig empfinden, deshalb, weil es etwa nicht verhindert, daß in einem Verfahren gegen mehrere Beschuldigte ein Verteidiger sich legitimieren kann, als Verteidiger eines weiteren Beschuldigten im Bezug auf den er noch nicht ausgeschlossen war.

Wir können natürlich in der Tat, wie der Kollege Schily gesagt hat, die Strafprozeßordnung überhaupt nicht mehr zur Grundlage des, zu derartigen Minimalfragen nicht mehr zur Grundlage dieser Hauptverhandlung machen, dann aber würde ich empfehlen tatsächlich einen Bundeswehrgeneral zum Vorsitzenden des Gerichts bestellt und einige Offiziere als Beisitzer und in der Tat den Laden zuzumachen.

VORS.: Herr Rechtsanwalt von Plottnitz, ich weiß nicht, ob Sie nicht Ihre Begründung etwas überziehen. Den Vorschlag bezüglich des Vorsitzes durch einen Bundeswehrgeneral und den Ausdruck Rechtsbeugung, wenn wir nicht Ihrer Rechtsansicht folgen würden, den weise ich entschieden zurück.

RA SCHILY: Aber Herr Vorsitzender, über solche einfachen Dinge sollte doch eigentlich Klarheit herrschen. Ich meine, man kann über viele

Dinge, wenn zwei Juristen im Saal sind, sind zwei Meinungen, das ist ja dieses Sprichwort, was mitunter verbreitet wird. Aber bei solch einer einfachen Frage, wenn sich jemand als Verteidiger legitimiert, legt eine Vollmacht vor, da müßte doch eigentlich Klarheit herrschen, man kann jetzt nicht sagen, mit irgendwelchen Ausweichbewegungen an dieser klaren Rechtstatsache vorbeisteuern, das geht nicht, Herr Vorsitzender, und Sie kennen ja den Ausschlußbeschluß, das nehm' ich ja an, daß Sie ihn kennen. Daß der Ihnen zur Kenntnis gelangt ist und da steht nun eindeutig drin, wenn man noch lesen kann, liest man es. In der Strafsache gegen Andreas Baader wird der Kollege Dr. Croissant von der Verteidigung ausgeschlossen und sonst gar nichts, kein Jota mehr und kein Komma mehr und der Kollege von Plottnitz hat hier ganz klar zum Ausdruck gebracht, dem kann ich mich nur anschließen. Der Mann, der ja nun am besten Bescheid wissen muß über das Zustandekommen dieser Norm, über den Ausschließungstatbestand, nämlich Herr Bundesjustizminister Vogel[19], der hat ja öffentlich bekanntgegeben, gesagt, ja das fehlt da noch darin und wir überlegen, ob wir vielleicht noch eine Ergänzung vornehmen müssen, um sozusagen da eine Lücke zu schließen, die man meint, sehen zu sollen. Das ist ja der Punkt und Sie können sich ja wohl nicht darüber hinwegsetzen, über diesen klaren Tatbestand. Und da können also auch jetzt nicht gesagt werden, ja wir müssen jetzt hier hin und her argumentieren, sondern zunächst einmal muß der Kollege Dr. Croissant und die anderen Kollegen in den Saal und dann wie gesagt, werden wir mit Interesse hören, was die Bundesanwaltschaft dazu zu sagen hat.

VORS.: Herr Rechtsanwalt Sie werden dem Gericht die Möglichkeit geben, ohne daß Sie glauben, daß das ein Verstoß gegen irgendwelche Rechte von Ihrer Seite wäre, sich das zu überlegen, ob die Herrn den Anspruch haben sofort, hier zugelassen zu werden. Ich habe das zunächst nicht angeordnet und das ist beanstandet worden, das Gericht wird jetzt darüber befinden. Was Sie dazu sagen, sind Begründungen, die Sie bereits vorher schon vorgebracht haben.

RA SCHILY: Ja, dann bitte ich sofort um einen Gerichtsbeschluß.

VORS.: Das geschieht. Wir ziehen uns zurück zur Beratung.

Pause von 9.35 Uhr bis 9.45 Uhr. In dieser Pause erscheint Frau H. (Protokollführerin der Rechtsanwälte).

Fortsetzung der Verhandlung:

VORS.: So, ich bitte Platz zu nehmen. Der Senat hat beschlossen, daß jetzt zunächst die Bundesanwaltschaft Gelegenheit erhält, Stellung zu nehmen. Würde sie die Gelegenheit nicht haben und würden wir gleich den Wünschen der Verteidiger entsprechen, so wäre die Entscheidung, die beantragt ist, bereits vorweggenommen. Bitteschön, Herr Bundesanwalt.

BA DR. WUNDER: [...] Aus den Gründen, die in den Ausschlußverfahren gegen die Herrn Rechtsanwälte Dr. Croissant, Groenewold und Ströbele, als Verteidiger Baaders, bereits vorgetragen sind, beantrage ich neue Ausschlußverfahren einzuleiten und die Anwälte gemäß §138c Abs. 3 StPO ihrer Rechte aus dem §147, 148 StPO[20] sofort zu entheben. Im übrigen gebe ich zu den polemischen Ausführungen keine Erklärungen ab, bitte aber diese Protokollteile den zuständigen Anwaltskammern zuzuleiten.[21]

VORS.: Dankeschön. [...]

Der Senat zog sich um 10.00 Uhr zur Beratung zurück.

Wiedereintritt des Senats um 10.47 Uhr.

VORS.: [...] Hier hat der Senat beschlossen:

> Die Rechtsanwälte Dr. Croissant, Groenewold und Ströbele dürfen aus Rechtsgründen in diesem Verfahren keinen der Angeklagten verteidigen.

Zur Begründung:

Die genannten Anwälte sind durch Beschlüsse des Oberlandesgerichts Stuttgart von der Verteidigung des Angeklagten Baader ausgeschlossen worden. Dieser Ausschluß erstreckt sich nach Wortlaut und Zweck der Vorschrift des §138a StPO[22] auf das gesamte Verfahren, hindert auch also an der Verteidigung aller Angeklagten dieses Verfahrens. Nach der derzeitigen Regelung sind die Verteidiger lediglich in der Lage, Mitangeklagte dieses Verfahrens in einem anderen Verfahren zu verteidigen.

Es ist noch zu bemerken, daß der erste Strafsenat des Oberlandesgerichts Stuttgart, der den Ausschluß ausgesprochen hat, keinen Anlaß hatte, einen anderen Angeklagten in den Ausschlußbeschlüssen als Herrn Baader zu erwähnen, einfach deshalb, weil die betroffenen Verteidiger nur Herrn Baader verteidigten. [...]

BA Dr. Wunder: Herr Vorsitzender, ich bitte um Unterbrechung der Sitzung, weil wir gegen diese Rechtsauffassung des Senats große Bedenken hegen und ergänzende Erklärungen vorbereiten möchten. [...]

Der Senat zog sich um 11.15 Uhr zur Beratung zurück.

Fortsetzung um 13.35 Uhr in derselben Besetzung von heute morgen. [...]

Bundesanwalt Dr. Wunder verlas den Antrag, der als Anl. 5 dem Protokoll beigefügt ist.

Die verlesene Gegenvorstellung[23] der Bundesanwaltschaft enthält die Anträge, den soeben verkündeten Beschluss aufzuheben, die Akten zur Einleitung eines erneuten Ausschlussverfahrens gegen die Rechtsanwälte Dr. Croissant, Groenewold und Ströbele dem zuständigen 1. Strafsenat[24] des OLG Stuttgart vorzulegen, bis zu dessen Entscheidung die Hauptverhandlung zu unterbrechen und in der Zwischenzeit die Verteidigungsrechte der drei Rechtsanwälte ruhen zu lassen. Zur Begründung führt die Bundesanwaltschaft aus, dass der Wortlaut der Ausschlussvorschrift § 138 a StPO eine Erstreckung der Ausschlusswirkung auf andere Beschuldigte nicht zulasse und die Entscheidung des 2. Strafsenats daher nicht von der Vorschrift gedeckt sei. Da aber die Ausschlussgründe auch in Bezug auf die übrigen Angeklagten bestünden, seien bei dem zuständigen Senat erneute Ausschlussverfahren einzuleiten.

RA Schily: (nicht zu verstehen) ... Stellungnahme abgeben?

BA Dr. Wunder: Danke schön.

Vors.: Bitte. Herr Rechtsanwalt Schily.

RA Schily: Ich darf vielleicht in Ergänzung der Ausführungen von Herrn Bundesanwalt Dr. Wunder verlesen, wörtlich, aus einem Beschluß des Bundesjustizministers und der Länderjustizminister bzw. Senatoren.

Die Länderjustizminister und der Bundesjustizminister haben in der Zeit vom 5.–7. Mai 1975 eine Tagung abgehalten, und in Punkt 2 der Tagesordnung ist folgende Entschließung gefaßt worden – ich zitiere daraus –:

»Die Justizminister und Senatoren der Länder haben die Frage erörtert, ob die bestehenden gesetzlichen Vorschriften zur Verhinderung des Mißbrauchs von Verteidigerrechten ausreichen. Sie sind der Auffassung, daß die Vorschriften über die Ausschließung im Sinne einer besseren Wirksamkeit überprüft werden sollen. Unzulänglichkeiten haben sich besonders darin gezeigt, daß die Ausschließung sich nicht (wiederholt) sich nicht auf die Verteidigung von Mitbeschuldigten erstreckt.«

Das ist die Erklärung der Justizminister und des Herrn Bundesjustizministers, in dessen Hause ja dieses Gesetz entworfen worden ist, nämlich dieser Ausschließungstatbestand, der dann ab 1. Januar in Kraft getreten ist, und wenn das keine authentische (wiederholt) wenn das keine authentische Interpretation dessen ist, was jetzt im Gesetz steht, dann weiß ich nicht mehr, was eigentlich authentisch sein soll, und der Senat kann sich doch nicht einfach hier über den Wortlaut des Gesetzes und über diese offiziellen Verlautbarungen aus dem Bundesjustizministerium hinwegsetzen. Das – glaube ich – wäre wohl in keiner Weise vertretbar.

VORS.: Danke schön. Weitere Stellungnahmen seitens der Herren Verteidiger? [...]

3
VERTEIDIGUNG II (»ZWANGSVERTEIDIGER«)

VORS.: Herr RA König, bitte sehr. Bitte Mikrophon. Protokoll ist eingestellt drüben? Geht nicht über Mikrophon. Da klappt irgendwas nicht. Haben Sie vielleicht bei Ihnen den Knipser falsch bedient?

RA RIEDEL: Bevor der Herr Kollege König das Wort ergreift, ...

VORS.: Ja, Herr RA Riedel. Die Tatsache, daß das Mikrophon gestört ist, rechtfertigt natürlich nicht, daß Sie jetzt das Wort ergreifen.

RA RIEDEL: (Nicht zu verstehen)

VORS.: Im Augenblick hat Herr RA König das Wort erteilt bekommen, und ich bitte ihn auch ... Aber ich lege jetzt Wert darauf, daß die Worterteilung, die gegeben worden ist, auch erfüllt werden kann.

RA RIEDEL: ... bitte ich um Entscheidung darüber, ob es mir verweigert wird, dazu vorab eine Erklärung abzugeben. Die Absicht, daß Herr König sprechen will, veranlaßt mich dazu, vorab eine Erklärung abzugeben.

VORS.: Einverstanden.

Nach geheimer Umfrage[25] verkündet der Vorsitzende den Beschluß:

Der Senat hat beschlossen, Herr RA König hat zunächst das Wort.

RA KÖNIG: Der Herr B. Anwalt hat zur Begründung ...

ANGEKL. BAADER: Herr RA König Sie haben auch grundsätzlich nichts zu sagen[26] [...] spricht nicht in meinem Namen und meinem Auftrag.

VORS.: Gut. Das wird zur Kenntnis genommen. Herr RA König, bitte schön.

RA KÖNIG: Ich darf vielleicht vorab erklären, ...

Angekl. Baader ist nicht zu verstehen.

Vors.: Im Augenblick, Herr Baader, hat Herr RA König das Wort. Es ist kein Grund gegeben, daß wir Ihnen jetzt zuhören. Sie werden nachher Gelegenheit haben, sich dazu zu äußern. Bitte, Herr RA König.

RA König: Um Herrn Baader zu beruhigen: Ich spreche nicht für ihn, ich verteidige Frau Meinhof und nicht Herrn Baader. Zur Sache selber: Der Herr B. Anwalt hat sich zur Begründung seiner Gegenvorstellung und seines Antrags teilweise auf Antragsschriften in Bezug auf die Ausschließung der Herren Croissant, Ströbele und Groenewold berufen. Ich kenne diese Anträge nicht.

Zwischenruf der Angekl. Meinhof; nicht über Mikrophonanlage.

RA König: Ich habe diese Anträge bisher auch nicht zugestellt bekommen. Ich glaube deshalb, daß zur Vervollständigung ...

RA Riedel nicht zu verstehen.

Vors.: Herr RA, es hat im Augenblick, Herr RA König ... Herr RA König hat jetzt das Wort, und ich bitte Sie, sich dran zu halten, daß ich hier das Wort zu erteilen habe. Der Senat hat, nachdem Sie meine Verfügung beanstandet haben, das bestätigt. Herr RA, bitte sehr.

RA König: Ich bitte deshalb darum, zur Vervollständigung dieses Antrages uns die Antragsschriften zur Kenntnis zu bringen.

Vors.: Ist in Ordnung.

RA von Plottnitz: ... veranlaßt mich, zunächst mal den Antrag zu stellen, daß das, was Frau Meinhof zur Erklärung des RA König gesagt hat, wörtlich zu protokollieren und anschließend verlesen zu lassen.[27]

Vors.: Mich veranlaßt Ihr Verhalten als RAe, daß ich Sie darauf hinweise, daß wir hier eine Verfahrensordnung haben, die auch für Sie gilt. Danach erteilt der Vors. das Wort. Ich habe das Wort Herrn RA König, der sich als erster gemeldet hat, erteilt. Es wurde beanstandet. Es ist dann entsprechend vom Senat beschieden worden. Sie müssen sich an diese Verfahrensordnung halten.

RA Schily: Wenn ein Angekl. den Eindruck hat und den Eindruck haben muß, daß durch die Wortmeldung eines aufgezwungenen Verteidigers ihm Nachteile im Verfahren entstehen, dann ist es sein gutes

Recht, eine solche Wortmeldung zu unterbrechen und darauf hinzuwirken, daß dieser aufgezwungene Verteidiger diese Erklärung nicht abgibt.

VORS.: Herr RA ...

RA SCHILY: Es ist sein selbstverständliches und gutes Recht, und an die Prozeßordnung, an die halten wir uns sehr wohl.

VORS.: Dann müssen Sie nicht vom guten Recht sprechen. Wir verstehen das auch ein bißchen, was die Prozeßordnung besagt, und wir glauben, daß der Verfahrensgang, wie ich ihn eben angezeigt habe, wohl der richtige ist. Frau Meinhof, Sie wollten eine Erklärung abgeben. Bitte schön. [...]

ANGEKL. MEINHOF: Ja, das ist einfach. Hört man das?

VORS.: Schlecht. Wir wollen mal sehen, daß Ihr Mikrophon auch in Gang kommt.

ANGEKL. MEINHOF: Gut. Es handelt sich bei diesen Herren um Zwangsverteidiger.[28] Keiner von denen hat im geringsten das Recht ...

VORS.: Halt. 's läuft nicht über Band. Frau Meinhof, entschuldigen Sie bitte, es läuft nicht auf Band. Wir müssen's ja auf's Protokoll bekommen. Es ist nicht meine Schuld.

ANGEKL. MEINHOF: Lassen Sie mich mal ausreden! [...]

VORS.: 's tut mir leid, daß das Band nicht läuft; ich hätte es lieber reibungslos, daß es draufkommt. Ist das jetzt gewährleistet? Bitte Frau Meinhof, wenn Sie doch nochmals beginnen wollen.

ANGEKL. MEINHOF: Ja, es ist einfach. Es handelt sich bei diesen Zwangsverteidigern um Instrumente der B. Anwaltschaft.

PROTOKOLLFÜHRER: 's geht immer noch nicht.

ANGEKL. MEINHOF: ... aufgezwungen worden. Staatsschutzverteidiger, die sich in einem Abhängigkeitsverhältnis von der B. Anwaltschaft befinden, bei denen bei jeder Äußerung davon auszugehen ist, daß sie gegen uns gerichtet ist, und natürlich überhaupt dazu keine Legitimation unsererseits dazu besteht; und das ist zu protokollieren.

VORS.: Ist das auf's Protokoll gekommen?

PROTOKOLLFÜHRER: Nein. [...]

VORS.: [...] Ist hier niemand von der Technik da, daß dieses Ding da klappt? Jetzt tut's ja! Hatten Sie den Knopf nicht an, den Drücker, Frau Meinhof?

Ja, Frau Meinhof, das war eine lange Erklärung. Wenn Sie wörtlich ... d. h. keine lange Erklärung, aber für's wörtliche Protokollieren müssen wir's schon festlegen, was Sie nun wünschen, was ins Protokoll wörtlich kommt. Würden Sie das langsam ins Protokoll diktieren, was Sie hier wörtlich festgehalten wissen wollen? [...]

ANGEKL. MEINHOF: Es handelt sich bei diesen Verteidigern um Zwangsverteidiger, die als Instrumente der B. Anwaltschaft ohne jede Kompetenz, abhängige Staatsschutzverteidiger sind, d. h. ihrer Funktion in diesem Prozeß nach Vertreter der Anklagebehörden und der Staatsschutzabteilung. Keiner von ihnen ist legitimiert, auch nur ein Wort in unserem Namen und in unserem Auftrag zu sagen. Sie haben dazu keine Legitimation. So.

VORS.: Bitte, wenn Sie es mitbekommen haben, verlesen Sie.

PROTOKOLLFÜHRER: Der Schluß fehlt mir.

VORS.: Wenn Sie irgendwo nicht mitgekommen sind ...

ANGEKL. MEINHOF: Außerdem ist zu protokollieren, daß die Manipulation an diesen Mikrophonen darauf schließen läßt, daß sie deswegen vorgenommen worden ist, um das, was wir hier sprechen, abzuhören. Auch das ist zu protokollieren, selbstverständlich.

VORS.: Ja. Was soll denn in einer öffentlichen Verhandlung für ein Interesse bestehen, abzuhören?

ANGEKL. MEINHOF: Dann erklären Sie, warum die Mikrophone manipuliert sind. [...]

VORS.: [...] Darf ich jetzt bitten, vorzulesen, was Frau Meinhof wörtlich abgegeben hat? Wo Sie nicht mitgekommen sind, werden wir sehen, daß wir Ergänzungen kriegen. [...]

PROTOKOLLFÜHRER: Es handelt sich bei diesen Verteidigern um Zwangsverteidiger, die als Instrumente der B. Anwaltschaft ohne jede Kompetenz, abhängige Staatsschutzverteidiger sind. ...

VORS.: Das scheint mir ein bißchen kurz zu sein. Da war doch noch ein bißchen mehr dran. Frau Meinhof, vielleicht helfen Sie dem Herrn Protokollführer noch. Ich meine, wir können's auch von Band abnehmen, wenn Sie damit zufrieden sind. Wir lassen einfach das Tonband zurücklaufen. Lassen Sie sich's nochmal vorspielen, was war, dann haben wir's ganz genau.

An dieser Stelle wurde die Aufnahme kurz unterbrochen, da die Erklärung der Angekl. Meinhof auf dem Band zu suchen war. [...]

Hierauf wurde nach zweimaligem Vorspielen der Erklärung der Angekl. Meinhof diese vom Protokollführer vorgelesen und von den Beteiligten genehmigt. [...]

RA von Plottnitz: Herr Vorsitzender, dieses halbstündige Intermezzo ...

Vors.: Eine halbe Stunde hat's nicht gedauert, aber bitte ...

RA von Plottnitz: Naja. In etwa. In etwa. Ich nehm's auch ... 's kommt ja auch auf die Minute nicht drauf an. Auf jeden Fall war's lang genug.

Man hat ja angefangen damit, daß grade hier ein Zwangsverteidiger, der meiner Mandantin zugeordnet ist, hier versucht hat, das Wort zu ergreifen, und ich meine, egal, wie es jetzt technisch, ob's in der Zukunft technisch besser geht oder nicht, auf jeden Fall ein Weg gefunden wäre, derartige mißliche Unterbrechungen zu vermeiden, daß klargestellt wird, daß keiner der Zwangsverteidiger, zumindest sage ich das, es ist ja im Plural bei meiner Mandantin von Zwangsverteidigern zu sprechen, daß keiner dieser Zwangsverteidiger seitens des Gerichts, sei es auch aus eigener Machtbefugnis heraus, in diesem Verfahren die Gelegenheit bekommt, auch nur ein Wort zu den Vorgängen, die hier ablaufen, zu sagen; denn alles – das ist klar –, was meine Mandantin gesagt hat und unmißverständlich; denn alles, was sie tun, alles, was sie sagen oder in rechtlich relevanter Weise unterlassen, widerspricht den Interessen der Mandanten und ist gegen deren ausdrücklichen Willen gerichtet. Wie ein Verteidiger, der sich noch ... der diesen Namen verdient, in der Lage überhaupt ist, etwas Derartiges zu tun, was gegen den erklärten Willen gerichtet ist, das ist mir unverständlich. Bitte deshalb, Sorge zu tragen, daß so etwas überhaupt nicht mehr geschehen kann. Dann sind wir dieser ganzen Schwierigkeiten und auch diesen Verzögerungen auch enthoben.

VORS.: Selbstverständlich wird diesem Antrag in keiner Weise stattgegeben. Wir haben hier keine »Zwangsverteidiger«, sondern Herren, die sich als Pflichtverteidiger hier mit allen Rechten der Verteidigung befinden und diese Rechte auch wahrnehmen, und zwar unverkürzt. Im übrigen darf ich mein Erstaunen darüber zum Ausdruck bringen, daß Sie dieses Wort »Zwangsverteidiger« so selbstverständlich übernehmen. Es sind Kollegen von Ihnen. [...]

RA SCHILY: Ich wollte dazu sagen, daß das Wort Zwangsverteidiger einen Sachverhalt korrekt und präzise beschreibt. Und wenn der Herr Vorsitzende der Meinung ist, daß wir hier dies als irgendeine obskure, da sage ich dann wirklich, obskure Kollegialität über die Wahrnehmung der Interessen unserer Mandanten stellen, dann sind Sie im Irrtum. Dann sind Sie in einem vollständigen Irrtum begriffen. Und wir stehen ja mit dieser Meinung gar nicht alleine. Es ist ja ein bekannter Strafverteidiger wie der Kollege Schmidt-Leichner. Nicht. Der hat doch sehr interessante Ausführungen zu diesem Problem gemacht in der Neuen Juristischen Wochenschrift.[29] Kann man ja nachlesen. Und das ist doch ein Vorgang, der sehr zu denken gibt.

Solange, es gibt ja den einzigen Ausnahmefall, wo vielleicht die Beiordnung eines Pflichtverteidigers angemessen sein könnte, wenn nämlich der Angeklagte sich partout weigert, überhaupt einen Anwalt seines Vertrauens zu benennen – vielleicht, weil er aus irgendwelchen Gründen dazu nicht in der Lage ist aus psychischen oder aus anderen Gründen –, das ist doch ein ganz anderer Fall. Aber hier ist das Wort korrekt: Zwangsverteidiger; und da wird keine Kollegialität verletzt, sondern da wird ein Sachverhalt korrekt beschrieben.

VORS.: [...] Sie wissen selbst, daß ohne diese sog. Zwangsverteidiger im Augenblick zumindest gegen einen der Angeklagten das Verfahren schon nicht mehr durchführbar wäre.

RA SCHILY: Ist eigentlich auch nicht durchführbar.

VORS.: Das ist Ihre Meinung.

RA Schily: Ja. [...]

Der Senat zog sich um 14.20 Uhr zur Beratung zurück.

Nach Wiedereintritt des Senats um 15.45 Uhr wurde folgendes verkündet:

Vors.: Der Senat hat folgendes beschlossen:

> Auf die Gegenvorstellung der Bundesanwaltschaft wird der heutige Antrag auf Ausschluß der Rechtsanwälte Dr. Croissant, Groenewold, Ströbele als Verteidiger der Angeklagten Raspe, Meinhof und Ensslin dem 1. Strafsenat des Oberlandesgerichts Stuttgart gemäß § 138 c Abs. 2 StPO[30] zur Entscheidung vorgelegt [...].

Der 1. Strafsenat des OLG Stuttgart schließt sich der zunächst geäußerten Auffassung des 2. Strafsenats an, dass bereits die ersten Ausschlussentscheidungen für das gesamte Verfahren und alle vier Beschuldigten wirken. Daher weist er den (nach dieser Ansicht überflüssigen) Antrag auf erneuten Ausschluss mit Beschluss vom 3. Juni 1975 zurück. Die Ausschlusswirkungen der Entscheidungen, die ursprünglich nur im Hinblick auf die Verteidigung von Andreas Baader ergangen waren, werden so auf die übrigen Angeklagten erstreckt, ohne dass diese dazu angehört werden.

Dienstag, 10. Juni 1975
3. Verhandlungstag

[...]

Vors.: Wir setzen die Sitzung fort, nach unserem Terminplan wie es vorgesehen war. Wir kommen heute, wenn keine Anträge zuvor gestellt werden sollen, zur Vernehmung zur Person.[31] [...]
Frau Rechtsanwältin Becker.

RA'in Becker: Wir stellen den Antrag, die Bestellung der Rechtsanwälte Manfred Künzel und Ernst Eggler als Pflichtverteidiger für Gudrun Ensslin aufzuheben.

Rechtsanwältin Becker verliest nunmehr die Begründung aus Anlage 1.

Anlage 1 wird zu den Akten genommen.

RA von Plottnitz: Ich habe mich zunächst der Begründung anzuschließen, die die Kollegin Becker hier gegeben hat, und für den Herrn Raspe zu beantragen:

Die Rechtsanwälte Grigat und Schlaegel zu entpflichten.

Ich kann eigentlich mit einem Satz nur ergänzen, was bereits gesagt worden ist, die Bestellung dieser Zwangsverteidiger dient nicht der Verteidigung der Gefangenen, sie ist eine Behinderung und eine sehr gravierende Beeinträchtigung der Verteidigungsrechte der Gefangenen. [...]

Vors.: Ich gehe davon aus, daß dazu Stellung genommen werden soll. Zumindest von Seiten der Bundesanwaltschaft. Die Herrn Verteidiger werden auch Stellung nehmen wollen. [...]

RA Künzel: Zunächst meine Bitte an das Protokoll, in Zukunft immer den Herrn Schily und die Frau Becker an erster Stelle aufzuführen. Dann eine Bemerkung zu dem Antrag der Sprecherin des Kollektivs.[32] An sich genügt der Hinweis auf die Entscheidung des Bundesverfassungsgerichts vom 21.10.1964 2 BvR 629/64[33] [...] zu der Frage der Antragsberechtigung der Sprecherin des Kollektivs und der betroffenen Angeklagten selbst, der Hinweis auf die Unzulässigkeit des Antrags. Nun zwingt mich aber die Art und Weise des Vortrags und die Behauptung, die hier aufgestellt werden, nun doch noch aus standesrechtlichen Gründen einige Bemerkungen zu sagen. Einmal, ich habe noch nie ...

Zwischenrufe.

Angekl. Ensslin: Du sprichst nicht für mich!

RA Künzel: Ich spreche nicht zur Frau Ensslin, in gar keiner Weise. Weil ich Sie ...

Zwischenrufe.

Angekl. Baader: Sie haben einfach die Fresse zu halten! [...]

Vors.: Also ich muß Sie jetzt darauf hinweisen, daß das Gericht ... Herr Baader, nehmen Sie es bitte zur Kenntnis. Ich bin befugt Ihnen zu sagen, daß das Gericht bei solch einem Verhalten gezwungen sein könnte, die Verhandlung zunächst mal ohne Sie fortzusetzen.[34] Das wäre uns sehr unlieb. Herr Rechtsanwalt, die Frage ist folgende.

Angekl. Baader spricht im Hintergrund weiter, es ist aber unverständlich, da es nicht über das Mikrofon geht.

VORS.: Herr Baader, Sie haben im Augenblick jetzt nicht das Wort und spielen Sie sich nicht so auf. Es hat gar keinen Wert.

Zwischenrufe.

Sämtliche Angeklagten springen auf, drängen aus ihrer Sitzbank und müssen von Justizwachtmeistern gehindert werden, den Saal eigenmächtig zu verlassen. Es entsteht laute Unruhe und tätliches Gedränge in der Bank der Angeklagten.

VORS.: Augenblick, nein, nein, es gibt keinen Auszug hier. Es gibt keinen Auszug hier.

Angekl. Baader spricht wiederum ohne Mikrofon, daher unverständlich.

VORS.: Herr Baader, das ist eine andere Frage. Tatsache bleibt, daß die Verteidiger, die Sie jetzt im Augenblick so angreifen, das Recht haben, zu einem Antrag der von Ihrer Seite, d.h. von den von Ihnen mit dem Vertrauen versehenen Anwälten gestellt worden ist, sich zu äußern. Dieses Recht werden Sie diesen Anwälten nicht nehmen können. Sie sind nicht imstande, Anträge von Ihrer Seite kommen zu lassen und der Gegenseite die Möglichkeit zu nehmen, sich dazu auch nur zu äußern. [...]

RA KÜNZEL: Darf ich noch zweierlei bemerken.

RA SCHILY: ... zu standesrechtlichen Fragen Stellung nehmen will.

VORS.: Das Recht steht ihm zu, Herr Rechtsanwalt. Also der Antrag ...

RA SCHILY: Moment, Sie haben doch immer gesagt, für wen sprechen Sie? Das haben Sie doch immer mir gesagt. Das haben Sie mir heute morgen vorgehalten. Mehrfach haben Sie mich gefragt, für wen sprechen Sie hier. Und nun, wenn der Herr Kollege Künzel erklärt, er spricht gar nicht für Frau Ensslin, sondern für sich oder für wen immer, ich weiß ja nicht fürs abstrakte Standesrecht, da gehts nun wieder andersrum.

RA KÜNZEL: Herr Schily, darf ich Ihnen das erläutern. Der Verteidiger hat ja im Prozeß seine eigene Stellung. Und er spricht Kraft eigenen Rechts nicht Kraft Worterlaubnis irgendeines Angeklagten. Nichtwahr. [...]

Ich habe nun alles Verständnis dafür, daß nach den gehabten Erfahrungen die Angeklagten selbst uns als Zwangsverteidiger abqualifizieren. Daß dies nun auch die Sprecher des Kollektivs tun, das ist im hohen Maße bedauerlich, nichtwahr. Herr Schily hat gesagt, es gäbe nun einen ganz konkreten ...

Gerede im Hintergrund, unverständlich.

[...] Herr Schily hat gemeint, es gibt einen ganz konkreten und richtigen Sachverhalt richtig wieder.

ANGEKL. BAADER: Ja verdammt noch mal, bringt uns jetzt raus hier.

REG. DIR. WIDERA: Die Bundesanwaltschaft beantragt ...

VORS.: Ja, Augenblick. Wir unterbrechen die Sitzung kurz, um uns die Maßnahmen hier gegen die Angeklagten zu überlegen. Die Angeklagten können hierbleiben.

Das Gericht zog sich um 9.55 Uhr zur Beratung zurück.

Nach Wiedereintritt um 10.00 Uhr wurde die Sitzung fortgesetzt.

VORS.: Ich bitte Platz zu nehmen. Herr Baader, wir wollen nochmals feststellen, daß Sie versucht haben, durch Dazwischenrufen, durch Verhindern der Worterteilung, Herrn Rechtsanwalt Künzel das Wort abzuschneiden. Sie haben dabei auch beleidigende Äußerungen verwendet. Bei Fortsetzung eines solchen Verhaltens wäre das Gericht gezwungen, Ihre Ausschließung für diesen Teil der Hauptverhandlung zu beschließen. Sie können sich dazu äußern. Sie können aber auch dazu schweigen und ab jetzt geordnet benehmen. Herr Raspe, Herr Baader ist am Wort, er war angesprochen.

ANGEKL. RASPE: Ich sage, das hängt davon ab, und das haben wir auch mehrfach gesagt, ...

VORS.: Herr Raspe, wir sind jetzt bei Herrn Baader, Herr Baader war angesprochen.

ANGEKL. RASPE: Das interessiert mich nicht.

VORS.: Sie waren im Augenblick ganz ruhig gewesen ...

ANGEKL. RASPE: Das hängt davon ab, und das haben wir mehrfach gesagt, ob wir hierbleiben ...

VORS.: Herr Baader hat jetzt das Wort, Herr Raspe.

Angekl. Raspe: Ob diese Typen da drüben reden oder nicht. Und solange dort drüben geredet wird …

Vors.: Es hat zunächst mal Herr Baader die Frage zu beantworten, Herr Raspe, zunächst mal ist jetzt Herr Baader dran, um die Frage zu beantworten …

Angekl. Baader: Was machen Sie denn hier für einen Quatsch.

Vors.: Wollen Sie sich dazu äußern.

Angekl. Baader: Sie wissen doch genau, daß jeder von uns für jeden anderen sprechen kann. Und daß das immer so war und daß das so ist, das wissen Sie genau. Also versuchen Sie doch nicht durch Ihre albernen Versuche uns hier auseinanderzudividieren. Er kann für mich antworten, und ich kann auch für ihn antworten. So einfach ist das.

Vors.: Entweder Sie wollen antworten, oder nicht.

Angekl. Baader: Ich stelle das jetzt noch einmal klar. Sie wollen doch eine Antwort von mir. Der Punkt ist nochmal, solange diese Zwangsverteidiger da drüben hier sprechen, uns aufgezwungen und gegen unseren Willen, solange werden wir stören. Und für diesen Teil, das heißt, so lange Sie sprechen, würde ich Ihnen dann auch vorschlagen, damit nicht diese Szenen hier, diese albernen, zustande kommen, also diese Rangeleien und Quälereien hier, uns für den Teil der Hauptverhandlung jeweils auszuschließen.

Vors.: Sie sagen also, Sie werden …

Angekl. Ensslin: Und damit Sie dieses Wir auch verstehen, wenn diese Schweine dort drüben, nochmals die Schnauze aufmachen …

Vors.: Wen haben Sie jetzt gemeint, mit der Schnauze.

Angekl. Ensslin: Geht es genau um diese Frage. Entweder sie oder wir.

Vors.: Wir nehmen also zur Kenntnis, Sie wollen, Herr Baader, um Sie dreht sich's im Augenblick, für den Fall, daß der Zwangsverteidiger, wie Sie ihn bezeichnen, nochmals sich zu Wort meldet, weiterhin stören.

Wollen die Herren Rechtsanwälte sich auch dazu äußern, zu der Frage, daß für die Fortsetzung dieses Verhaltens ein Ausschluß angedroht ist.

RA von Plottnitz: Ich habe zunächst mal hier erneut den Antrag zu stellen, uns eine halbe Stunde Gelegenheit zu geben, um gemeinsam mit den Mandanten die jetzig eingetretene Situation zu beraten.

Vors.: Nein, dem wird nicht stattgegeben.

RA von Plottnitz: Das ist ein unmöglicher Zustand, daß wir nicht diese Gelegenheit erhalten.

Vors.: Das wäre nochmals schöner, wenn Sie hier einen solchen Zustand, d.h. in dem Falle die Angeklagten, provozieren, daß dann anschließend auch noch eine Pause verlangt werden müßte, um darüber zu beraten.

RA von Plottnitz: Entschuldigung, provoziert wird allenfalls von denjenigen, die als Zwangsverteidiger von den Mandanten bezeichnet werden und sich dennoch hier das Recht herausnehmen, Erklärungen abzugeben.

Vors.: Herr Rechtsanwalt, darüber wollen wir uns nicht weiter heute unterhalten, wir werden auf dieses Thema sicher noch zurückkommen. Will sich die Bundesanwaltschaft im Zusammenhang mit dem … […]

Reg. Dir. Widera: Die Bundesanwaltschaft beantragt wegen der dauernden Störungen und wegen der Ankündigung, weiter zu stören, solange die Herren Pflichtverteidiger sprechen, für diese Dauer die Angeklagten aus dem Saal zu entfernen. […]

Angekl. Baader: Ich stelle jetzt also nochmal fest. Es ist Ihnen wichtiger, nochmal diese grundsätzliche Frage …

Vors.: Sie haben jetzt die Möglichkeit, sich zu der Frage des Ausschlusses zu äußern.

Angekl. Baader: Ja, lassen Sie mich doch reden. Diese grundsätzliche Frage der Subjektstellung des Angeklagten, das ist ja sozusagen Kernpunkt dieses Verfahrens und der Gesetzgebung um dieses Verfahren. Dazu stellen wir also einfach nochmal fest, daß es Ihnen wichtiger ist, die Zwangsverteidiger im Saal zu haben, als die Angeklagten. Das ist wesentlich und zu den Zwangsverteidigern haben wir zu sagen … Also die Zwangsverteidiger haben da sozusagen, aufzufordern, sofern Sie sich als Organe der Rechtspflege verstehen. Ja, daß sie in dieser

Funktion, sozusagen schweigend abtreten, denn das ist auch die einzige Möglichkeit, diese Funktion wahrzunehmen. Denn sollten sie hierbleiben, verhindern sie sozusagen den Fortgang der Verhandlung mit den Angeklagten. […]

VORS.: […] Das Gericht hat nach geheimer Umfrage beschlossen:

Die Angeklagten Baader, Ensslin, Meinhof und Raspe sind für Dauer der Äußerungsmöglichkeiten für die Rechtsanwälte, gegen die sich der Entpflichtungsantrag richtet, vom Verfahren auszuschließen.

Ich bitte die Angeklagten abzuführen. […]

RA KÜNZEL: Indem die Herren Kollegen, des Vertrauens der Angeklagten das Wort Zwangsverteidiger blindlings wiederholen, ist dazu nun folgende Bemerkung notwendig. Die Zivilprozeßordnung kennt keine Verteidiger mit größerem und geringerem Rechte. Wir haben nur Verteidiger und diese Verteidiger sind nach dem Gesetz verpflichtet, hier mitzuwirken …

BEISITZENDER RICHTER DR. FOTH: Sie meinen die Strafprozeßordnung, Herr Rechtsanwalt Künzel …?

RA KÜNZEL: Sicher. Nun gibt es … sicherlich ist richtig, daß das Vertrauen einer der Pfeiler ist, auf dem die Verteidigung beruht. Der andere aber ist die absolute Unabhängigkeit, die absolute Freiheit jedermann gegenüber. Nicht wahr, solange Sie sich nun nicht von Äußerungen wie der, daß die Verteidigerstrategie von den Gefangenen bestimmt werden, oder von Äußerungen wie der, daß der Anwalt der Aktivist der progressiven und revolutionären Tendenz der Geschichte ist, solange Sie dazu nichts sagen, meine ich, daß wir jedenfalls, das Moment der absoluten Unabhängigkeit den Mandanten gegenüber in höherem Maß erfüllen. Und zu dieser Freiheit noch dies, Frau Becker. Ich habe noch mit keiner Person der Bundesanwaltschaft oder des Gerichts über diese Verteidigerbestellung ein Gespräch geführt. Ich fühle mich absolut unabhängig dem Herrn Prinzing gegenüber und dem Herrn Bundesanwalt gegenüber und würde mich von keiner dieser Personen zu einer Marionette machen lassen. Nehmen Sie doch das bitte zur Kenntnis. Ich verkenne nicht, daß die Verteidigung, auch das eine

Moment enthalten muß, daß sie einheitlich, einheitlich operiert. Daß das nicht geschieht, haben nicht wir zu vertreten. Ich habe Ihnen das Angebot einer kollegialen Zusammenarbeit gemacht. Sie haben es ausgeschlagen, nicht wahr? Und werde demnächst ein Buch lesen, »Deutschland deine Strafverteidiger«, und wenn das ein ziemliches trauriges Buch wird, dann liegt's nicht unbedingt an uns.

Zum sachlichen Inhalt, aber dieses Antrags noch einmal ein Hinweis auf die Entscheidung des Bundesverfassungsgerichts, und ich meine, daß wir dann zur Prozeßordnung übergehen können. Das eine noch Herr Schily, nicht wahr, Zwangsverteidiger haben Sie gesagt, gibt einen konkreten Sachverhalt richtig wieder, wenn Sie so weitermachen, für mich, denn, daß wir uns hier einen ziemlich großen Zwang antun müssen, um so schweigend dem zuzusehen, was Sie hier machen, an prozessualen, pausenlosen Anträgen am laufenden Band. Ob das dem Kollektiv dient, weiß ich nicht. Daß es der Person, für die ich Beistand bin, möglicherweise schadet, da bin ich mir eigentlich sicher.

Vors.: Danke. [...]

Die Angeklagten werden um 11.10 Uhr wieder in den Saal geführt. [...]

Vors.: [...] Es hat jetzt die Bundesanwaltschaft das Wort, um sich zu diesen Anträgen, auf Entpflichtung der Pflichtverteidiger, die Sie heut' früh genannt haben, zu äußern. Bitte sehr.

Reg. Dir. Widera: Ich stelle also, erneut für die Bundesanwaltschaft, den von dem Herrn Vorsitzenden eben wiederholten Antrag, abzulehnen. Ich habe bereits gesagt, daß die Bestellung der Pflichtverteidiger dem Gesetz entspricht und auch den in diesem Verfahren ergangenen Entscheidungen des Bundesverfassungsgerichts.

Ich hab weiter schon gesagt, daß die Begründung der Anträge der Rechtsanwälte Becker, Schily, Riedel und von Plottnitz und die Begründung, die die Angeklagten Baader und Ensslin gegeben haben, für sich selbst sprechen. Die Angeklagten und die eben genannten Verteidiger reden davon, die Pflichtverteidiger hätten nicht das Vertrauen der Angeklagten. Andererseits bezeichnen die Angeklagten die Pflichtverteidiger als Schweine, die ihre Fresse oder ihre Schnauze zu halten hatten. Das ist genau der Ton, den sie ihren dort sitzenden Anwälten gegenüber, außerhalb der Hauptverhandlung, nachweisbar, wiederholt angeschlagen haben. Sie haben sie – jedenfalls schriftlich immer wieder – als Schweine, Säue, Arschlöcher, Lappen und abgefuckte Jungs bezeichnet. Das können sich die Anwälte des Vertrauens, nicht aber die Anwälte, die Pflichtverteidiger bieten lassen. Es ist eine Selbstverständlichkeit, daß der Vorsitzende in einem Großverfahren informatorische Gespräche mit bekannten Strafverteidigern führt, um abzuklären, ob sie zu einer ordnungsgemäßen Verteidigung bereit und mit Rücksicht auf sonstige berufliche Belastungen dazu auch in der Lage sind. Das ist den Angeklagten und den Verteidigern ihres Vertrauens in einem gegen den Vorsitzenden vor Beginn der Hauptverhandlung gerichteten Ablehnungsverfahren hinreichend deutlich gemacht worden. Wenn trotzdem eine Begründung, wie vorhin von Rechtsanwältin Becker verlesen gegeben wird, dann liegt es auf der Hand, daß hier nichts anderes geschehen soll, daß hier nichts anderes gemacht werden soll, als Stimmung. In dieser Hauptverhandlung geht es aber nicht darum, jemanden zu entpolitisieren. Das ist hier kein politischer Prozeß. Dieser Prozeß dient dazu, die von der Bundesanwaltschaft erhobenen Vorwürfe, wie sie der Anklage zu entnehmen sind, durch ein unabhängiges Gericht, überprüfen zu lassen. Hieran mitzuwirken, sind die Pflichtverteidiger als unabhängige Organe der Rechtspflege gemäß ihrer dem Gesetz entsprechenden Berufung bereit. Weiterer Voraussetzungen für eine Pflichtverteidigerbestellung bedarf es in diesem Verfahren genausowenig wie in jedem anderen Strafverfahren. Aber gerade das heutige Verhalten, der Angeklagten und der Verteidiger ihres Vertrauens, zeigt, wie notwendig es gewesen ist, Rechtsanwälte, die sich dem Gesetz und der Verfassung verpflichtet fühlen, als Pflichtverteidiger zu bestellen. Das ist die Begründung zu unserem Antrag.

VORS.: Danke. Herr Rechtsanwalt von Plottnitz.

RA VON PLOTTNITZ: Dazu eine Stellungnahme. Der Herr Regierungsdirektor Widera, hat gemeint, dieses Verfahren sei kein politischer

Prozeß. Dazu ist festzustellen, der Traum, die Hoffnung der Bundesanwaltschaft und offensichtlich auch des Senats, daß dieses Verfahren kein politischer Prozeß ist, der war schon in der Vergangenheit nicht so einzulösen und zu erfüllen und er wird auch in diesem Verfahren nicht einzulösen und zu erfüllen sein. Wir werden dazu noch mehr sagen, zu einem späteren Zeitpunkt. [...]

RA Schily: [...] Es entspricht auch Ihrem Auftrag, daß Sie sagen, hier handelt es sich nicht um einen politischen Prozeß. Und da stellen wir ja eben, ja doch, nicht zu unserer Überraschung, sondern wir finden das bestätigt, fest, daß das haargenau die Linie ist, die die Kollegen uns gegenüber, vertreten. Und daß es sich aber hier um einen politischen Prozeß handelt, Herr Regierungsdirektor Widera, das beweisen Sie uns doch jeden Tag hier. Jeden Tag, mit jeder Maßnahme, die Sie treffen und mit jedem Gesetz, das Sie eigens für diesen Prozeß schaffen und wenn wir schon bei Ihnen kein Gehör finden, dann findet vielleicht doch eine Bundesverfassungsrichterin bei Ihnen Gehör. Die jetzt jüngst auf dem rechtspolitischen Kongreß erklärt hat, das sei äußerst bedenklich, daß für diesen Prozeß hier Gesetze geschaffen werden. Das ist doch der Fall. [...] Da muß man sich doch mal fragen, ist das kein politischer Prozeß? Gerade das sind doch politische Überlegungen, hier, was hier im Prozeß geschieht, das wird in Bonn entschieden. Das wird doch in Bonn entschieden, und der Herr Vogel stellt sich einen Tag hin und sagt – nein, wir haben eine Lücke im Gesetz – und dann wird, paar Tage später gesagt, nein nein, ist doch keine Lücke und Auslegungsmonopol des Gerichts. Und wenn irgend etwas hier im Prozeß nicht so läuft, wie man sich in Bonn das denkt, ja dann wird eilig ein Gesetz eingebracht. Das ist doch, das sind doch die Tatsachen, Herr Bundesanwalt, Herr Regierungsdirektor Widera. Und Ihr Titel, wie gesagt, der paßt sich eigentlich auch sehr gut hier ein. Das ist doch ... da können Sie von Stimmung reden! Ja was heißt Stimmung in solchen Zusammenhang? Was ist hier für 'ne Stimmung? Die Stimmung der Unterdrückung, die ist hier vorhanden! [...]

VORS.: Auf den heute früh gestellten Antrag ist folgende Verfügung zu verkünden:

Der Antrag auf Rücknahme der Bestellung der Pflichtverteidiger Schwarz, Schnabel, Künzel, Eggler, König, Linke, Schlaegel und Grigat wird abgelehnt.

Mit dem Antrag geraten wir in die zentrale Problematik der Frage der Verteidigung in diesem Verfahren, und dies macht es notwendig, darzustellen, wie sich bisher die Maßnahmen, die Verteidigung betreffend, abgespielt haben. Dabei ist als Ausgangspunkt anzusehen der in der Rechtsprechung anerkannte Grundsatz, daß neben Wahlverteidigern, im Falle eines entsprechenden Bedürfnisses, auch Pflichtverteidigerbestellungen vorgenommen werden können.

[...] Als Vorsitzender muß ich alles tun, um den Ablauf der Hauptverhandlung zu sichern, daraus folgt, daß ich für stete Präsenz der Verteidigung zu sorgen habe. Risse diese Präsenz zu irgendeinem Zeitpunkt der Hauptverhandlung ab, so müßte diese, möglicherweise nach sehr langer Dauer, abgebrochen und wiederholt[35] werden. Welche technischen Schwierigkeiten, welche finanziellen Belastungen des Steuerzahlers[36] und vor allem welche rechtlichen Bedenken wegen der weiteren Dauer der Untersuchungshaft daraus erwüchsen, bedarf ebensowenig einer Begründung wie die Forderung, daß eine solche Situation eben deshalb vermieden werden muß. Es besteht daher, vorbehaltlich der Zulassung der Anklage, in dem bevorstehenden Großverfahren das unabweisbare Bedürfnis, mit der Bestellung von Pflichtverteidigern auch das Ziel der Sicherung des Verfahrens zu verfolgen.

[...] Wir haben Anlaß hinzuzufügen, daß es sich dabei, was das Gericht ganz bewußt so eingerichtet hat, um Verteidiger handelt, die nach der Erfahrung und Kenntnis des Gerichts mit diesen Verteidigern völlig selbständige Organe der Rechtspflege sind, in keiner Weise vom Gericht abhängig, und es besteht für uns nicht der leiseste Grund, anzunehmen, daß sie in irgendeiner Form von der Bundesanwaltschaft abhängig sein können. Es sind Verteidiger, deren Qualifikation außer Zweifel steht, und wir meinen und wollen das auch sagen, daß es hoch anzuerkennen ist, daß sich diese Rechtsanwälte als Organe der Rechtspflege trotz der zu erwartenden und nun auch eingetretenen Angriffe ihrer Berufspflicht entsprechend bereit gefunden haben, Pflichtverteidiger in diesem Verfahren zu sein, denn die Befolgung von Pflichtverteidigerbestellungen gehört zu den Berufspflichten der Anwaltschaft. [...]

Herr Baader, jetzt bitte, Sie wollten etwas sagen.

Angekl. Baader: Ich habe nur gerade festgestellt, daß einer dieser qualifizierten Verteidiger eingeschlafen war, wie schon häufiger in dem Verfahren.

Vors.: Herr Baader, sind Sie sich dessen sicher, was Sie gerade sagen?

Angekl. Baader: Ja, man kann das beobachten. Er sitzt in der zweiten Reihe, es ist der zweite von links.

4
VERTEIDIGUNG III (VERTRAUENSVERTEIDIGUNG FÜR BAADER?)

Mittwoch, 11. Juni 1975
4. Verhandlungstag

Rechtsanwalt Dr. Heldmann legitimiert sich als Verteidiger für Andreas Baader, dem damit erstmals wieder ein Anwalt seines Vertrauens zur Verfügung steht. Um sich in die umfangreichen Akten einzuarbeiten, beantragt Rechtsanwalt Heldmann eine Unterbrechung der Hauptverhandlung für einen Zeitraum von zehn Tagen.

VORS.: Der Senat hat folgendes beschlossen:

Die Anträge, die Verhandlung auf zehn Tage zu unterbrechen, werden abgelehnt.

Der Senat verkennt nicht, daß die vorgetragene Argumentation eindrucksvoll klingt. Sie geht aber an der Sache vorbei. Es geht hier überhaupt nicht um das Recht auf den Anwalt des Vertrauens bzw. um die Verkürzung dieses Rechtes, denn dieses Recht wird weder vom Senat noch sonst irgendwo bestritten und in keiner Weise angezweifelt. Dieses Recht ist auch Herrn Baader nicht streitig gemacht worden. Es ist aber selbstverständlich, daß sich dieses Recht auf den Anwalt des Vertrauens nur auf solche Anwälte beziehen kann, die nach der geltenden Rechtsordnung imstande sind, in einem Verfahren auch aufzutreten. Der Senat hat die Ausschlußgesetze nicht erlassen. Sie sind Hinderungsgründe. Das muß der Senat als geltendes Recht hinnehmen. Der Senat konnte und kann auch Herrn Baader, und nur darum geht es, nicht zwingen, sich rechtzeitig nach einem in seinen Augen geeigneten Anwalt umzusehen, als es sich nämlich schon früh abzeichnete, daß das Verbleiben seiner bisherigen Verteidiger Dr. Croissant und Groenewold nicht mehr gesichert war. Es muß wiederholt werden, was gestern gesagt worden ist, was eben auch in der Stellungnahme der Bundesanwaltschaft ausgeführt wurde, daß bereits die Verfügung vom 3. Februar 1975 diese Möglichkeit sehr deutlich ankündigte. Es ist damals nicht nur gesagt worden, daß die Verteidiger von Herrn Baader, Dr. Croissant und Groenewold, von Ausschlußvorschriften betroffen werden könnten, sondern auch schon auf Rechtsanwalt Ströbele hingewiesen worden, der damals Herrn Baader noch nicht verteidigt hat. Herr Dr. Croissant wurde schon am 12. März dieses Jahres vorläufig und am 22. April endgültig ausgeschlossen. Schon ab diesem Zeitpunkt hatte Herr Baader sich auf die Notwendigkeit, nach Ersatz umzuschauen, besinnen können. Wie gesagt, es ist eine Möglichkeit für ihn, auf die das Gericht nicht den geringsten Einfluß hat. Er konnte sich auf den Standpunkt zunächst stellen, ich kann abwarten was nun hinsichtlich der übrigen Anwälte, die schon in der Verfügung benannt worden waren, geschieht. Das mußte er selbst verantworten.

Angekl. Baader: Das ist doch falsch. Wozu denn, es war doch noch Haag da.

Vors.: Das mußte er selbst verantworten, er ist in dieser Beziehung seinen eigenen Entschlüssen gefolgt. Das hat nicht der Senat in der Hand. Dringlich war es auf jeden Fall, sich mit diesen Gedanken, ob Ersatz notwendig sein würde, zu befassen, denn es stand schon seit dem 4. Februar fest, daß der Termin dieses Prozesses am, (verbessert sich) der Beginn dieses Prozesses am 21. Mai sein sollte. Es folgte dann die Entscheidung bezüglich Herrn RA Groenewold. Er wurde am 27. März vorläufig und am 2. Mai endgültig ausgeschlossen, und auch von diesen Zeitpunkten an gerechnet wären noch weit mehr als die jetzt beantragten zehn Tage verblieben, um Vorkehrungen zu Besprechungen mit einem oder neuen, mehreren neuen, Verteidigern zu treffen. Wir haben nach jeder dieser Maßnahmen den Angeklagten gemeinsame Besprechungen bewilligt. Ausdrücklich mit dem Ziel, daß sie sich darüber unterhalten können, welche Folgerungen zu ziehen seien aus den Ausschließungsverfahren. RA Ströbele meldete sich mit Schreiben vom 4. April dieses Jahres, eingegangen am 12. April, als Verteidiger von Herrn Baader. Zu diesem Zeitpunkt lag schon der auch Herrn Baader zugestellte Beschluß des Bundesgerichtshofs vom 20. Januar 1975 vor, in dem gesagt wurde, verschiedene Umstände sprächen deutlich dafür, daß sich RA Ströbele, Zitat: »in die kriminelle Vereinigung als Mitglied eingefügt hat«. Es handelte sich immerhin um den 3. Strafsenat des Bundesgerichtshofs, der hier seine Meinung geäußert hat, die in all diesen Verfahren, mit denen wir es hier zu tun haben, von besonderer Bedeutung ist.[37] Dieser Beschluß, der Inhalt dieses Beschlusses, der Hinweis auf den Verdacht der Mitgliedschaft in Verbindung mit dem Hinweis der durch die Verfügung vom 3. Februar gegeben war, hätte, was nun die Bestellung des Herrn RA Ströbele als Verteidiger von Herrn Baader anlangte, doch zu früheren Vorkehrungen Anlaß geben sollen. Aber wie gesagt, das ist keine Beurteilung, die der Senat zu treffen hat. Er sagt nicht »müssen«, denn das ist die freie Entscheidung Herrn Baaders. [...] Tatsächlich ist der Antrag gegen Herrn RA Ströbele am 16. April eingegangen. Der Ausschluß ist am 13. Mai 1975 erfolgt und in diesem Zeitpunkt war auch der letzte der gewählten Verteidiger, Herr Rechtsanwalt Haag, schon untergetaucht. [...] Jedenfalls, der Senat hat keinen Grund zu zweifeln, daß Herrn Baader, dessen Kommunikation in dieser Richtung nicht beschränkt ist, insbesondere nicht im Hinblick darauf, daß er ein Radiogerät ...

ANGEKL. BAADER: Das ist hier nicht auszuhalten, diese Scheiße, verdammt noch mal.

VORS.: Herr Baader ...

ANGEKL. BAADER: (unverständlich)

VORS.: Herr Baader, nehmen Sie, Herr Baader nehmen Sie bitte Platz. Hören Sie. Herr Baader, im Augenblick haben Sie nicht das Wort. Jetzt im Augenblick begründe ich das. Sie haben nachher Gelegenheit, Stellung zu nehmen. Auch, wenn Sie wünschen, in dieser derben Form. Das stört in gar keiner Weise, aber im Augenblick können Sie es nicht tun. Jetzt hören Sie noch zu Ende zu, was zu sagen ist.

Der Senat hat keinen Zweifel, insbesondere auch im Hinblick darauf, daß Herr Baader zu diesem Zeitpunkt über ein Radiogerät verfügte, daß er das Untertauchen von Herrn RA Haag früher erfahren hat, als soeben hier gesagt worden ist, nämlich erst angeblich am 20. Mai. Mit der Kenntnis dessen, daß sämtliche Verteidiger des Vertrauens für Herrn Baader nicht mehr greifbar waren, war klar, daß höchste Eisenbahn geboten war, um Vorkehrungen zu treffen. Es ist aber seither schon wieder nahezu ein Monat verstrichen. Betrachtet man diesen Zeitablauf, so wird klar, daß Herr Baader nicht gehindert war, frühzeitiger nach einem Verteidiger seines Vertrauens umzusehen, als das jetzt geschehen ist, daß weit mehr Zeit, als die jetzt beantragten zehn Tage verblieben wären, wenn er rechtzeitig Vorkehrungen getroffen hätte, und es ist nicht richtig, wenn hier gesagt wird, Herr Baader habe, bevor er nicht mit Herrn Rechtsanwalt Schily Rücksprache nehmen konnte, keine Gelegenheit gehabt, sich nach einem Anwalt umzusehen. Er hatte weder Schreib- noch Besuchsverbot, das heißt, er konnte jederzeit geeignete Anwälte, die ihm geeignet erschienen, von sich aus anschreiben.

[...] Das war die Begründung dieser Entscheidung. Herr Baader, Sie wollten sich ... Ich darf Sie aber nochmals darauf hinweisen, daß die Vorschrift des § 257 [StPO][38] an sich nur Anträge und Begründungen im jetzigen Verfahrensstadium kennt. Betrachten Sie es also als Entgegenkommen, wenn Sie eine Erklärung abgeben.

Angekl. Baader: Dann werden Sie aber vermutlich wieder das Mikrophon ausdrehen lassen. Na ja, wenn Sie schon nicht Herr des Verfahrens sind, Herr der Mikrophone sind Sie jedenfalls. Das ist uns schon klar. Also zunächst mal, ich würde sagen, an der Tatsachendarstellung, die Sie hier gebracht haben, ist wirklich nichts richtig. Das ist das unglaublich Verwirrende, daß überhaupt nichts daran stimmt. Also daß wir überhaupt den ganzen Ablauf nicht erkennen können. Zunächst mal hatte ich keinerlei Möglichkeit, zwischen dem Ausschluß von Ströbele und dem Tag unmittelbar vor der Hauptverhandlung, irgendeine Art von Kontakt aufzunehmen, mit irgendeinem Verteidiger.

Die Möglichkeit bestand nicht. Ich habe das versucht, ich habe deswegen noch mit Ihnen telefoniert, und ich hatte auch absolut keine Vorstellung, wie ich einen Verteidiger finden sollte, ohne mit den Verteidigern, die schon im Zusammenhang, also in diesem Verfahren drin sind, zu sprechen, weil ich darüber einfach nicht informiert bin. Ich kann ja nicht einen beliebigen Anwalt nur aus der Rechtsanwaltsordnung raussuchen, der mich dann gar nicht verteidigen will. Das war eine Bedingung. Und Sie, Sie stellen das einfach, wie Sie die zeitlichen Abläufe durcheinanderbringen, das heißt, wie Sie, wie Sie das darstellen, es ist einfach konkret falsch, es gab keine Möglichkeit. Es sind nacheinander alle drei, also die drei Wahlverteidiger, ausgeschlossen worden und zwar, wie Buback[39] gesagt hat, es gibt da ein Zitat: »Zum taktisch günstigsten Zeitpunkt«.

VORS.: Entschuldigung, was ist mit den Mikrophonen los. Das ist schlecht verständlich, kann man das besser ... Herr Baader, Sie müssen den gleichen Abstand möglichst einhalten, sonst gibt es Schwierigkeiten.

ANGEKL. BAADER: Ja. Wie Buback gesagt hat, sind sie zum taktisch günstigsten Zeitpunkt ausgeschlossen worden, die Verteidiger, und dafür können Sie mich aber kaum verantwortlich machen. Der taktisch günstigste Zeitpunkt sollte mit Sicherheit bedeuten, oder bedeutete in diesem Zusammenhang, unmittelbar vor der Hauptverhandlung, um die Vorbereitung auf dieses Verfahren, das zwei Jahre dauern soll, und die drei Jahre in Anspruch genommen hat, oder wie es sich über drei Jahre erstrecken konnte, zu zerschlagen, das sind die Tatsachen. Und wenn also die Bundesanwaltschaft jetzt feststellt, daß die Anträge, für die sie die Dispositionen erst geschaffen hat, im Verlauf dieses Verfahrens, bis hin zur Gesetzgebung, gleich als Gerichtsentscheidung zu verstehen sind. Na ja dann drückt sich daran eigentlich auch nur der eigentliche Entscheidungsablauf aus. Denn es ist doch immerhin, es ist doch immerhin eine Tatsache, daß ich nicht annehmen konnte, oder ich konnte es vielleicht annehmen, weil das grundsätzlich so ist in diesem Verfahren, daß die Bundesanwaltschaft entscheidet, bevor überhaupt noch Gerichtsbeschlüsse das sozusagen propagandistisch absichern. Aber ich konnte doch nicht annehmen, daß die absurden Anträge von den Anwaltsausschlüssen mit dem zusammengeramschten Material, das wirklich, also das wirklich keiner Überprüfung standhält, was ohne weiteres, wenn sich die Gelegenheit ergibt, für uns ganz leicht auseinanderzupflücken ist. [...] Sie verlangen aber von mir, daß ich sozusagen in dem Moment, in dem die Bundesanwaltschaft den Antrag stellt, die Verteidiger auszuschließen, mich schon nach dem Nächsten umsehe. Das ist natürlich (verbessert sich), das ist bei der, das ist bei der, bei den Schwierigkeiten überhaupt einen Verteidiger zu finden, der in diesem Vert... Verfahren verteidigen kann und will und der die Verfolgungen, die an diesem Verfahren hängen, bereit ist, auf sich zu nehmen, ist das vollkommen unmöglich. Sie müssen, na ja geschenkt. [...]

RA HELDMANN: Ich möchte Sie bitten, mir den vollen Wortlaut Ihres hier verkündeten und begründeten Beschlusses möglichst, schnellst möglichst, zu geben, weil ich beabsichtige, beim Bundesverfassungsgericht anzufragen, ob eine derart absolute Mißachtung von Verteidigerrechten mit dem Restbestand unserer Verfassung vereinbar sei.

VORS.: Das heißt, Sie wollen eine Verfassungsbeschwerde einlegen.

RA HELDMANN: So ist es.

VORS.: So ist es einfacher formuliert.

RA HELDMANN: Gegen diesen Beschluß, ja.

VORS.: Das steht Ihnen zu. [...]

Die Verfassungsbeschwerde gegen die Ablehnung der zehntägigen Unterbrechung nimmt das Bundesverfassungsgericht später nicht zur Entscheidung an, da sie mangels dringenden schutzwürdigen Interesses bereits unzulässig sei.[40]

Am 4. und 5. Verhandlungstag beantragt die Verteidigung, drei Sachverständige zum Beweis dazu zu hören, dass die Angeklagten haft- und verteidigungsunfähig seien, die Haftbedingungen »nach den gesicherten Erkenntnissen der Isolationsforschung eine die menschliche Toleranzgrenze überschreitende sensorische Deprivation« darstellten sowie, dass diese »eine wissenschaftlich erprobte Methode der Folter« darstellten, »die Teil der Counter-Insurgency-Programme imperialistischer Staaten« sei. Außerdem beantragt die Verteidigung die Einstellung des Verfahrens. Der Senat lehnt den Einstellungs- sowie den Beweisantrag als unbegründet ab. Versuche der Verteidigung, den zur Frage der Verhandlungsfähigkeit der Angeklagten angehörten Sachverständigen Dr. Henck, Anstaltsarzt in Stuttgart-Stammheim, wegen Besorgnis der Befangenheit und fehlender Sachkunde abzulehnen, scheitern ebenfalls. Nach ausgedehnten und teils heftigen Auseinandersetzungen beauftragt das Gericht schließlich mit Beschluss vom 18. Juli 1975 eine Kommission aus Sachverständigen verschiedener Fachrichtungen mit der Begutachtung der Verhandlungsfähigkeit der Angeklagten.

5
»EIN GANZ NORMALER STRAFFALL«

Mittwoch, 30. Juli 1975
21. Verhandlungstag

[...]

VORS.: Ich bitte Platz zu nehmen. Wir setzen die Sitzung fort. Die Herren Rechtsanwälte Schnabel und Schlaegel haben mitteilen lassen, daß sie später kommen. Im übrigen volle Besetzung.

Ja, nach unseren Vorstellungen sollte es jetzt mit der Vernehmung zur Person weiter gehen. Herr Rechtsanwalt Riedel.

RA RIEDEL: Zuvor ist noch ein Antrag zu verlesen.

VORS.: Bitte. Ist der Antrag schriftlich, so daß, fertig formuliert, so daß wir's Protokoll abstellen könnten.

RA RIEDEL: Nein, ich würde drum bitten, daß das Band mitläuft und nach der üblichen Methode zu verfahren, daß ich hinterher das Konzept zur Verfügung stelle. Es wird also unter Umständen doch Abweichungen vom Konzept geben.

In der Strafsache gegen Andreas Baader, hier: Ulrike Meinhof

lehnt die Angeklagte Ulrike Meinhof den Vorsitzenden Richter am Oberlandesgericht Stuttgart, Dr. Prinzing wegen Besorgnis der Befangenheit[41] ab.

Rechtsanwalt Riedel verliest die Begründung des Antrags vom 30.7.1975. Zur Begründung wird namens der Angeklagten Meinhof folgendes vorgetragen:

Am 21. Mai 1975 veranstaltete das Deutsche Fernsehen (ARD) um 21 Uhr eine Sondersendung zum Beginn der Hauptverhandlung in Stammheim, deren Machart einen Vergleich mit Propagandasendungen gerade zu herausfordert. Im Rahmen dieser Sondersendung ließ sich auch der abgelehnte Richter interviewen. Dabei äußerte er sinngemäß, das Verfahren gegen die vier Gefangenen sei kein politisches Verfahren; es handele sich vielmehr um einen »normalen Straffall«. [...]
Hier geht es nicht wie beim »normalen Straffall« um die Verletzung bestehender Einzelnormen im konkreten Einzelfall bei prinzipieller Anerkennung der bestehenden Rechtsordnung. Vielmehr geht es hier auch nach der Anklageschrift um einen politisch-militärischen Kampf gegen die imperialistische Gesellschaftsform in der BRD, deren Rechtsordnung als Ausdruck der zugrundeliegenden sozio-ökonomischen Verhältnisse radikal, d. h. in den Wurzeln negiert wird.
Deshalb kommt es auch bei der Straffrage nicht wie beim »normalen Straffall« auf die Wiederherstellung dieser Rechtsordnung als Reaktion auf und Ausgleich für die konkrete Rechtsverletzung an.
Vielmehr begegnen die Staatsschutzorgane diesen Angriffen ebenfalls politisch-militärisch. Ihre Maßnahmen zielen nicht auf die Wiederherstellung dieser Rechtsordnung durch Bestrafung der Gefangenen ab.
Die Staatsschutzorgane bekämpfen den politischen Gegner, dessen Vernichtung, politisch und/oder existenziell wird intendiert. Dieses Ziel läßt sich mit den bestehenden Normen der normalen Rechtsordnung nicht vereinbaren. Dieses Ziel erzwingt und erklärt die Verletzung der eigenen Legalität.
Diese Mißachtung der vom Staat gesetzten Rechtsnormen durch eben diesen Staat beim Kampf gegen den politischen Gegner ist das, was von Seiten des Staates ein Strafverfahren zum politischen Verfahren macht.
Diese Preisgabe der eigenen Legalität äußert sich nicht nur in der Hauptverhandlung. Sie findet von Anfang an beim Kampf gegen den politischen Gegner statt. Sie findet ihren Ausdruck auch im jetzigen Verfahren, in der Art der polizeilich-militärischen Bekämpfung, die sich von der Strafverfolgung normaler Straffälle empirisch wie normativ unterscheidet, wie z. B.

- durch Ausbildung und Einsatz von Sondereinheiten mit Counter-Guerilla-Charakter – durch Zuordnung von Sonderkompetenzen und Installierung von Sonderabteilungen innerhalb der Strafverfolgungsbehörden –
- durch Erlaß von Sondergesetzen –
- durch Sonderbehandlung der Gefangenen –
- durch Beschränkung und – wo nötig – Ausschaltung der Verteidigung, personell wie inhaltlich –
- durch spezifische Öffentlichkeitsarbeit, Diffamierung, Diskriminierung und Disziplinierung –

Durch seine Interviewaussage hat der abgelehnte Richter sich schon vor der Hauptverhandlung trotz aller ihm bekannten Kritik an den Sondermaßnahmen gegen die Gefangenen öffentlich in der Beurteilung dieser Sondermaßnahmen festgelegt.

[…] Schon diese Aussage für sich betrachtet läßt nur den Schluß zu, daß der abgelehnte Richter sich als Appendix (Wurmfortsatz) der Staatsschutzbehörden, des BKA und seiner Gallionsfigur des Generalbundesanwalts Buback betätigt, wenn nicht gar begreift, daß der abgelehnte Richter den Versuchen der Staatsschutzbehörden nicht nur nicht entgegenwirkt, sondern sich aktiv daran beteiligt, die Gefangenen zu sog. gemeinen Verbrechern, das Verfahren auf die Erörterung strafrechtlicher Tatbestände zu reduzieren, daß der abgelehnte Richter eine Thematisierung der Rolle der BRD im internationalen Kapitalverhältnis, die spezifische Stellung der BRD zum US-Imperialismus, kurzum den Gegenstand der politischen Angriffe der RAF verhindern wird […].

Rechtsanwalt Schlaegel erscheint um 9.09 Uhr.

Regierungsdirektor Widera verläßt den Sitzungssaal von 9.11 Uhr bis 9.23 Uhr.

RA Riedel: Soweit die Begründung des Antrags. Ich bitte nun, der Mandantin das Wort zu erteilen, da sie gedenkt, den Antrag zu vervollständigen, die Begründung zu vervollständigen und weise vorab, auch wenn ich mich wiederhole, darauf hin, daß in diesem Stadium und bei Anträgen dieser Art rechtlich vorgeschrieben ist, sämtliche Ablehnungsanträge zu konzentrieren,[42] so daß bei Unterbrechungen und Wortabschneidungen der Mandantin die rechtlich gebotene Möglichkeit genommen wird, alles das, was an dieser Stelle von ihr an Ablehnungsgründen vorzutragen ist, anzubringen. Ich bitte deshalb, das Wort nicht zu entziehen und nicht zu unterbrechen.

VORS.: Ich darf zunächst feststellen, Sie haben durchweg verlesen, d.h. wir können davon ausgehen, daß nichts Zusätzliches zum Text gekommen ist.

RA RIEDEL: Nichts Wesentliches zum Text hinzugekommen.

VORS.: So daß also das nachher nicht ausdrücklich nochmals geschrieben werden muß, weil das viel Zeit kostet. Wir wären Ihnen sehr dankbar, wenn wir das Konzept gleich bekommen könnten, so daß es fotokopiert werden kann. Sie bekommen dann noch während der Erklärung Ihrer Mandantin das Konzept zurück. Was die Wortabschneidung, die Sie eben schon erwähnt haben anlangt, hängt es völlig davon ab, daß sich Frau Meinhof an die hier geltenden Regeln hält, nicht beleidigend zu sein und nicht völlig von der Sache abzuweichen. Das ist der einzige Grund, warum wir bisher eingegriffen haben.

Rechtsanwalt Riedel übergibt den Antrag zum Fotokopieren. Eine Fotokopie des Antrags wird als Anlage 1 zum Protokoll gegeben.

VORS.: Frau Meinhof, bitte.

ANGEKL. MEINHOF: Naja, ich will noch ein paar Punkte dazu sagen. Obwohl wir von unserem gesundheitlichen Zustand aus und vor allem nach der unglaublich brutalen Knebelung, die Prinzing gestern hier praktiziert hat, uns in der Situation finden, daß es uns allmählich sinnlos erscheint, hier überhaupt noch was zu sagen. Das heißt, daß jetzt einfach für uns die Frage aufsteht, ob wir überhaupt in diesem Verfahren noch bleiben. Prinzings Behauptung, dies sei ein normales Strafverfahren, ist eine Schutzbehauptung, um den politischen Charakter dieses Verfahrens, seinen politischen Zweck, ein Schauprozeß gegen revolutionäre Politik zu sein, durchzusetzen, bestreitet er ihn. Das Verfahren könnte seine konterrevolutionäre Funktion nicht entwickeln, ohne die Behauptung, es sei ein normales Verfahren. Sie soll

seine Vorgeschichte, die Systematik der Maßnahmen gegen die Gefangenen und gegen die Verteidigung mit dem Ziel, die Verteidigung zu entpolitisieren, die Gefangenen verteidigungsunfähig zu machen, auslöschen. Sie sanktioniert sogleich diese Maßnahmen, indem sie ihren politischen Charakter bestreitet, d. h. ihre Rationalität. Die Gefangenen sind in diesen drei Jahren systematisch verteidigungsunfähig gemacht worden und zwar alle Gefangenen aus der RAF. Die Bundesanwaltschaft hat die Verfahren in Hamburg[43], Saarbrücken[44] und Stammheim über drei Jahre verschleppt, weil sie weiß, daß nach drei Jahren totaler Isolation die Gefangenen verteidigungsunfähig sind. Sie hat darüber hinaus alles getan, was auch dem Tyrann des Vollzugs möglich war und ist, um uns der Fähigkeit, die die Voraussetzung dafür ist, den verfassungsmäßigen Subjektstatus des Angeklagten überhaupt nutzen zu können, die Fähigkeit, konzentriert zu arbeiten, zu zerstören. [...]
Wir finden den Eifer, mit dem Prinzing hier inzwischen jedes Wort zensiert, auch nur noch schamlos und lächerlich, bei der Dimension von Unterstützung und Rückendeckung zu jeder Form von Rechtsbruch, die er von der Regierung hat. Bei der Dimension der politischen Durchdringung dieses normalen Strafverfahrens durch die Exekutive und Legislative auf allen Ebenen. Die Relation seiner Kolional... Kleinlichkeit steht einfach in keinem Verhältnis zu der Tatsache, daß dieser Prozeß der erste politische Prozeß in der Bundesrepublik seit 1945 ist und in der internationalen Counter-Strategie des US-Imperialismus eine präzise bestimmte Funktion hat. Im Rahmen der Entpolitisierung des Verfahrens, der Zerschlagung der Verteidigung, die Gefangenen zu vernichten. Was sich in Prinzings brutalem Pragmatismus abbildet ist die Funktionalität der Maschine, die hier wirkt. Die Bundesanwaltschaft und das Gericht sind nicht intelligent genug, im Objekt ihrer Vernichtungsmaßnahmen auch das Opfer zu sehen. Die Bundesanwaltschaft und das Gericht sehen nur den Feind, den sie erschlagen wollen. Darin zeigt sich auch die grundsätzlich andere Bestimmung unseres Kampfes. Wir können im Faschisten auch das

Objekt seiner Umstände sehen und seines Apparats und d. h., es ist nicht daran vorbeizukommen, bei der Niveaulosigkeit der Behörde, die mangelnde Intelligenz. Es sind nicht wir, die den Fanatismus nötig haben, sondern Bundesanwaltschaft und Gericht sind fanatisch. Es ist aber auch klar, als Schaltstelle des innerstaatlichen Faschisierungsprozeßes zwischen den verschiedenen Institutionen, die ihn vorantreiben, wächst mit der Macht, die sie sich verschafft, die Borniertheit der Institution bzw. auf der personellen Ebene der Bundesanwälte, nimmt mit der Arroganz ihres öffentlichen Auftritts ihre Intelligenz rapide ab. Sie ist in der staatlichen Institution im Apparat als personelle Qualität des Funktionalen. Denn das Ziel des Apparats läuft auf ihre Zerstörung insgesamt raus, auf die Zerstörung von Intelligenz im Faschismus und sie ist dysfunktional, weil sie sich gegen den Apparat richten müßte. Staatsschutz und Intelligenz sind vollständig konträr. Wir empfehlen, sicher hoffnungslos, in den dienstlichen Äußerungen sich endlich mal inhaltlich zu unserer Ablehnung zu erklären. [...]
Und wir empfehlen Ihnen ernsthaft, endlich die inhaltliche Argumentation statt der stereotypen Nachahmung dessen, was die Bundesanwaltschaft hier in ihrer Ärmlichkeit, sicher im Bewußtsein ihrer Macht, anbietet. Was sie real anbietet, sind die Glacé-Handschuhe, von denen die Bundesanwaltschaft und das Gericht inzwischen sprechen, die Wunder hier apostrophiert hat. Und was damit gemeint ist, wissen wir. Das sind die Glacé-Handschuhe, mit denen inzwischen drei Gefangene, Katharina, Holger und Siegfried ermordet worden sind.[45]

VORS.: Gut, meine dienstliche Stellungnahme wird abgegeben sein bis ... Bitte, Herr Bundesanwalt.

BA DR. WUNDER: Herr Vorsitzender, grundsätzlich ist es so, daß zu Ablehnungsanträgen außerhalb der Hauptverhandlung Stellung genommen wird. Da hier jedoch teilweise vier wichtige und wie ich meine, allgemein interessierende Fragen angesprochen sind, bitte ich sofort und gleich hier die Stellungnahme der Bundesanwaltschaft entgegenzunehmen. [...]

Zunächst ein Wort zur Frage, ob es sich hier um ein politisches Verfahren handelt oder nicht. Es ist nichts anderes, als ein normaler Straffall, weil lediglich Straftatbestände des allgemeinen Strafrechts und nicht solche aus dem ersten Abschnitt des Besonderen Teils des Strafgesetzbuchs[46] herangezogen sind. Daß hier über die politische Motivierung einzelner Straftaten zu sprechen sein wird und gesprochen werden kann, ist eine Selbstverständlichkeit und kein Widerspruch zum vorher gesagten. [...]

Die Sitzungsvertreter der Bundesanwaltschaft sind hier im Sitzungsdienst unabhängig. Dies ist ein Ihnen unbekanntes Grundprinzip der Staatsanwaltschaft. Wir sind keine Befehlsempfänger oder die Erfüllungsgehilfen für irgendwelche Wünsche, woher auch immer sie kommen könnten. Die übrigen Ablehnungsgründe sind meiner Ansicht nach haltlos. Auf sie gehe ich nicht weiter ein. Abschließend noch: Auch dieser Antrag wird das weitere Verfahren nicht verhindern. Die Straftaten der Angeklagten kommen hier noch zur Sprache. Dies erfordert das Gesetz und das ist unvermeidbar. Mehr und mehr aber wird das Vorgehen der Verteidigung auch von denjenigen erkannt, die bis jetzt, die bis jetzt noch glaubten, es läge am Gericht und der Bundesanwaltschaft, wenn dieses Verfahren nicht von der Stelle kommt. [...]

RA Riedel: Darf ich dazu kurz erwidern.

Vors.: Herr Rechtsanwalt, das Recht haben Sie, bitte.

RA Riedel: [...] Es ist noch einmal darauf hinzuweisen, daß die Verteidigung nicht so naiv ist, zu meinen, sie könnte hier mit Anträgen der hier vorgetragenen Art verhindern, daß das Verfahren in ein anderes Stadium irgendwann mal eintreten wird. Es ist auch genauso abwegig, anzunehmen, daß dieser Zeitpunkt, nur um irgendwelche zeitlichen Folgen eintreten zu lassen, also den Zeitraum möglichst groß zu machen und lang hinzudehnen, bis man zufällig zur Person kommt, Absicht der Verteidigung sei. Ziel und Zweck des Vorgehens der Verteidigung hier ist einzig und allein die Tatsache, daß die Notwendigkeit besteht, bestimmte Zusammenhänge klar zu machen und diese

Zusammenhänge sind versucht worden, darzustellen in Form dieses Antrags und außerdem ist es das gute Recht eines jeden Angeklagten, das vorzutragen, was er meint, einem Richter oder dem Gericht vorwerfen zu müssen.

VORS.: Gut. Damit wird die Verhandlung unterbrochen.

Der Antrag auf Ablehnung wird als unbegründet zurückgewiesen. Noch am selben Verhandlungstag wird ein Zwischenbescheid der Internisten Prof. Müller und Prof. Schröder eingereicht, in welchem diese angeben, ihrem Eindruck nach sei die Verhandlungsfähigkeit der Angeklagten für die nächsten zwei bis drei Wochen zu bejahen. Eine abschließende Beurteilung stehe noch aus, sei aber vor dem anstehenden Urlaub beider Gutachter nicht mehr zu realisieren.

6
VERHANDLUNGSFÄHIG?

Dienstag, 19. August 1975
26. Verhandlungstag

[...]

VORS.: Wir setzen die Sitzung fort. [...]

Herr Baader, damit sollten wir jetzt zur Vernehmung zur Person kommen. Es wird mit Ihnen begonnen. Herr RA von Plottnitz.

RA VON PLOTTNITZ: Herr Vorsitzender, ich darf vorher ums Wort bitten. Ich habe mir gedacht, daß heute die Sachverständigen, die vom Senat bestellt worden sind, hier zur Anhörung über die Frage der Verhandlungsfähigkeit[47] der Gefangenen anwesend sein würden. Und da das nicht der Fall ist und da offensichtlich auch noch nicht mal vorgesehen ist, wann hier etwa die Internisten als Sachverständige sich zu ihrem Gutachterauftrag äußern sollen, habe ich zunächst mal zu beantragen:

die Hauptverhandlung zu unterbrechen, bis die vom Senat durch Beschluß vom 18. Juli 1975 als Gutachter bestellten Sachverständigen ihre Gutachten zur Frage der Verhandlungsfähigkeit der Gefangenen erstattet haben.

Diesen Antrag möchte ich ganz kurz folgendermaßen begründen: Die Frage der Verhandlungsfähigkeit ist ja von der Verteidigung der Gefangenen von Anbeginn der Hauptverhandlung an, kann man sagen, also vom 21. Mai 1975 an, immer wieder und immer wieder hier zum Gegenstand der Erörterungen gemacht worden, vor allem auch zum Gegenstand von Anträgen. Die Chronologie der Ereignisse läßt sich danach wie folgt schildern:

Der Senat hat sich zunächst mal den Gefängnisarzt Dr. Henck[48] kommen lassen. Dr. Henck hat ja, ohne daß er sich auf irgendwelche Befunde hätte stützen können, relativ umstandslos die Verhandlungsfähigkeit aller vier Gefangenen bejaht mit der Einschränkung, daß hin und wieder Pausen einzulegen seien. Dem Senat selbst war wohl nicht wohl bei der Art und Weise, wie hier gutachtlich Stellung genommen worden ist von dem Sachverständigen Henck. Er hat ergänzend den Sachverständigen Prof. Rauschke[49] gehört, und zwar am 8. Juli, und der Sachverständige Prof. Rauschke war am 8. Juli sehr viel vorsichtiger als der Sachverständige Henck. Er hat also gesagt: Ohne Befunde kann man Gesichertes überhaupt nicht annehmen [...] und er hat mit allem Vorbehalt dann als letztes festgestellt – am 8. Juli 1975, wohlbemerkt –, daß seinem Eindruck zufolge eine weitere Verhandlungsfähigkeit von drei Wochen – das war der Zeitraum, den der Sachverständige genannt hat – anzunehmen sei.
Der Senat hat im Anschluß an die Anhörung des Sachverständigen Prof. Rauschke ein Sachverständigengremium berufen, und zwar durch Beschluß vom 18. Juli 1975. Zwei der Sachverst., die er berufen hat, nämlich die Sachverst. Prof. Müller und Prof. Schröder haben dem Senat mit einem Schreiben, das entweder vom 30. Juli 1975 datiert oder vom 29. Juli 1975 datiert, ein Schreiben, das in jedem Fall den Verfahrensbeteiligten hier am 30. Juli 1975 in öffentlicher Sitzung zur Kenntnis gebracht wurde, mitgeteilt, daß eine Verhandlungsfähigkeit der Gefangenen von wörtlich »zwei bis drei Wochen« zunächst mal anzunehmen sei.
Sie haben weiterhin mitgeteilt, daß sie sich auf diesen Zeitraum geeinigt haben am Abend des 29. Juli 1975, als sie sich zusammengesetzt haben, um erste Befunde – erste Befunde, wohlgemerkt –, um erste Befunde gemeinsam zu debattieren und Rückschlüsse daraus zu ziehen.
[...] Und was ist bislang geschehen? Die drei Wochen – man muß rechnen vom 29. Juli 1975 an –, die sind heute, nämlich am 19. Juli, am 19. August 1975, abgelaufen. D.h., wenn in der Vergangenheit sozusa-

gen der Senat noch gedeckt gewesen ist durch diese überaus vage Mitteilung, daß, gerechnet vom 29. Juli 1975 an, die Verhandlungsfähigkeit der Mandanten, eine vorläufige Verhandlungsfähigkeit der Mandanten von zwei bis drei Wochen zu bejahen sei, so ist ab heute in der Tat davon auszugehen, daß, wird weiterverhandelt, auf der Grundlage einer Fiktion der Verhandlungsfähigkeit der Mandanten weiterverhandelt wird.

Wir sind der Auffassung, daß hier nicht weiterverhandelt werden darf und nicht weiterverhandelt werden kann, solange nicht jetzt endgültig, endgültige Gutachten zur Frage der Verhandlungsfähigkeit der Mandanten in öffentlicher Sitzung erstattet werden mit definitiven Befunden. [...]

RA Dr. Heldmann: Ich schließe mich für Herrn Baader diesem Antrag an. Ich halte es für unverständlich, daß in den vergangenen drei Wochen nicht möglich gewesen sein sollte, daß die wesentliche Untersuchung der Internisten, nämlich das EKG zumindest, was ja keine Professorenqualifikation erfordert, zumindest anstellen zu lassen.

Ich erinnere den Senat: Am 8. Juli – das ist Bl. 1149 des Protokolls – hat Prof. Rauschke als Sachverst., den Sie berufen haben, Ihnen erklärt, zwei bis drei Wochen noch könne Verhandlungsfähigkeit angenommen werden, und wörtlich weiter:

»... sofern das derzeitige Bild erhalten bleibt.«

Dazu eine Bemerkung, die Herrn Baader betrifft: Am selben Tag – das ist Bl. 1110 des Protokolls – hat Herr Rauschke als Sachverst. festgestellt, daß am 8. Juli Herr Baader ein Untergewicht von 22 kg hatte bei einem seinerzeit von Herrn Dr. Henck gemessenen Gewicht vom Vortag, dem 7. Juli, von 56 kg bei einer Größe von 1,79 m. Am 18. August hat das Gewicht des Herrn Baader noch 53 kg betragen, d. h., es hatte sich um drei weitere Kilogramm vermindert und beträgt heute ... und das Untergewicht beträgt heute einen halben Zentner.

So ist also bereits schon nicht einmal mehr von der Voraussetzung zu sprechen, die Herr Rauschke Ihnen angegeben hat. Wir können von einer Verhandlungsfähigkeit noch von zwei bis drei Wochen ausgehen – das war am 7. – mit der Voraussetzung, sofern das derzeitige Bild erhalten bleibt. [...]

Eine prozessualrechtliche Anmerkung: Die Verhandlungsfähigkeit ist Verfahrensvoraussetzung. Sie ist in jedem Stadium des Verfahrens zu prüfen.

[...] Es bestehen begründete starke Zweifel an der von Ihnen – dem Senat – angenommenen Verhandlungsfähigkeit der Angeklagten, bedeutet: Die Verteidigungsfähigkeit der Angeklagten ist in Zweifel zu ziehen, und das wiederum gebietet – und da braucht man gar nicht so sehr wie etwa Eberhard Schmidt[50] zu rekurrieren auf Rechtsstaatsprinzip und Gerechtigkeitspostulat; das ist ganz einfach eine prozessuale Regel:

Es darf nicht verhandelt werden gegen einen Angeklagten, der zu seiner eigenen Verteidigung körperlich, psychisch, nämlich, wie Herr Rauschke sagte, mangels Leistungsfähigkeit nicht in der Lage ist. [...]

VORS.: Frau Becker.

RA'IN BECKER: Ich schließe mich dem Antrag und den hier vorgetragenen Begründungen für Frau Ensslin an.

VORS.: Herr RA Schily.

RA SCHILY: Ich schließe mich ebenfalls den Anträgen der ... des Kollegen von Plottnitz und der übrigen Kollegen an.

Möchte noch kurz folgende Anmerkung dazu machen: Der Senat selbst, das hat ja der Kollege von Plottnitz ausgeführt, hat ja sicherlich nicht ohne Grund Anlaß gesehen, einen Auftrag an Sachverst. zu erteilen, die Verhandlungsfähigkeit zu überprüfen.

[...] Wenn man alles einmal nochmal eingedenk bleibt, was die Verteidigung vorgetragen hat an harten Fakten über jahrelange Isolation und über den gegenwärtigen Zustand, dann kann das Gericht über diesen Antrag nicht hinweggehen. Und für die Verteidigung ist es eine Notwendigkeit und eine Selbstverständlichkeit, daß sie wenigstens auf diesem minimalen Mindestrecht, ich weiß gar nicht mehr, welche Verkleinerungsform man da noch gebrauchen soll, daß sie auf dem wenigstens beharrt und sagt, hier kann eine Verhandlung mit den Verteidigern nur weitergehen, wenn diese Frage in angemessener Form geklärt ist. Und ich kann auch für meine Person erklären, daß ich nicht die Absicht habe, die Verhandlung fortzusetzen, ohne daß eine solche Klärung herbeigeführt worden ist.

VORS.: Bitte, die Bundesanwaltschaft. [...]

BA DR. WUNDER: Den Antrag auf Unterbrechung der Hauptverhandlung bitte ich zurückzuweisen. Von einer totalen Verhandlungsunfähigkeit sprachen bislang die Angeklagten selbst nicht. Die als Sachverständigen bestellten Internisten haben sich in einem vorläufigen Gutachten dahingehend erklärt, daß die Angeklagten vorerst verhandlungsfähig sind und zwar ausgehend vom damaligen Verhandlungsrhythmus. Selbstverständlich kann die Zeit, für die die Sachverständigen die Angeklagten für verhandlungsfähig halten, nicht auf den Tag genau abgezählt und abgegrenzt werden. Es ist richtig, wie Rechtsanwalt Schily ausführt, daß hier eine gewisse Überbrückung stattfindet. Ich bin im Gegensatz zu ihm, jedoch der Meinung, daß diese Überbrückung nicht erschöpft ist. Auch die Bundesanwaltschaft bedauert, daß die Gutachten noch nicht vorliegen. Sie geht allerdings davon aus, daß diese nun alsbald erstattet sein werden. Auch heute sind keine konkreten Anhaltspunkte für Krankheiten, für schwere körperliche oder seelische Mängel, das ist die Voraussetzung, angegeben worden. Zunächst meine ich deshalb, daß weiterverhandelt werden kann unter der Voraussetzung, daß auf eine Beschleunigung bei der abschließenden Gutachtenerstattung hingewirkt wird. Auf den Verhandlungsrhythmus, der durch das Gericht festzulegen ist und der dem Gericht auch notfalls, notfalls einen gewissen Spielraum einräumt, wird die Bundesanwaltschaft keinen Einfluß nehmen. [...]

VORS.: Herr Rechtsanwalt Dr. Heldmann.

RA DR. HELDMANN: [...] Es kommt nicht darauf an, ob Krankheiten im organischen Sinne festzustellen sind, so wie Sie, Herr Bundesanwalt Wunder, dies offenbar unterstellen, sondern es kommt darauf an, wie uns hier etwa der Sachverständige Rauschke schon gesagt hat, ob die Leistungsfähigkeit ausreicht, einen solchen Hauptverhandlungsturnus durchzuhalten. Sie selbst ... Senat und rüstig stets die Bundesanwaltschaft, werfen den Angeklagten, wo sie Prozeßerklärungen abgeben vor, sie hielten den Sachzusammenhang nicht. Sind Sie einmal darauf gekommen, daß die Angeklagten für größere Prozeßerklärungen auf Manuskripte angewiesen sind und wo Sie sie von diesen Manuskripten abzubringen versuchen, möglicherweise der Sachzusammenhang leiden kann. Das ist genau das, was ich vorhin umschrieben habe, mit »Verteidigungsfähigkeit«. Was in den gesamten Erörterungen der Ärzte bisher nicht aufgetaucht ist, ist das, worauf die Verteidigung und insbesondere die Gefangenen selbst immer wieder hingewiesen haben, nämlich daß eine wesentliche Rolle spielt für die Beurteilung der vollen Verhandlungsfähigkeit, die zurückliegende dreijährige Isolation. Und da bedarf es nach meiner Meinung gar nicht einmal zwingend spezieller Isolationsforscher, obgleich die sehr wünschenswert wären, weil nämlich die Deprivationsforschung eigentlich weitgehend bereits in deutscher Sprache bekanntgeworden ist und bekanntgeworden ist, daß Deprivation soziale, sensorische, die Leistungsfähigkeit, die Kommunikationsfähigkeit weitestgehend herabsetzt und die Forschungen, die wir in deutscher Sprache haben, zeigen als die Gefahr einer langdauernden sozialen und ... sozialen und sensorischen Deprivation gerade hin auf die Gefahr des psychischen Todes oder etwa, wie Reni Spitz[51] es ausgedrückt hat, des psychischen Verhungerns. Das ist die Situation über die hier, ich meine sagen zu dürfen, ganz bewußt immer wieder hinweggewischt wird. [...]

Vors.: Der Senat wird sich zur Beratung zurückziehen. Wir müssen einige Auskünfte wohl einholen. Es wird also etwas längere Zeit in Anspruch nehmen. Die Angeklagten sind zurückzubringen.

Das Gericht zog sich um 9.56 Uhr zur Beratung zurück.

Nach Wiedereintritt des Senats um 11.17 Uhr wurde die Hauptverhandlung wie folgt fortgesetzt:

Die Vertreter der Bundesanwaltschaft erscheinen nunmehr in folgender Besetzung: Bundesanwalt Dr. Wunder, Regierungsdirektor Widera, Staatsanwalt Holland.

RA Künzel war nicht mehr anwesend.

VORS.: Es ist folgender Beschluß zu verkünden. Ich sehe, Herr Rechtsanwalt Künzel ist nicht anwesend. Aber die Verteidigung ist ja gewährleistet. Folgender Beschluß ist zu verkünden:

Die Verhandlung wird fortgesetzt. Der Senat hält an seiner Auffassung fest, daß die Angeklagten verhandlungsfähig sind ...

Pfiff eines Besuchers im Zuschauerraum.

... na ja, wir hoffen, daß sich das nicht wiederholt.

Die bisherigen Untersuchungen der beteiligten Ärzte haben nichts Gegenteiliges erbracht. Soweit im Zwischenbescheid der Internisten vom 30. Juli 1975 von einem Zeitraum von zwei bis drei Wochen die Rede ist, handelte es sich um eine Überbrückungszeit bis zur Fortsetzung der Untersuchungen. Die Untersuchungen werden nunmehr fortgesetzt. Ein weiterer Zwischenbescheid ist bis morgen zu erwarten. Professor Dr. Müller hat bestätigt, daß der im Zwischenbescheid genannte Zeitraum jedenfalls den heutigen Tag noch einschließt. Dabei sind die Internisten bei der Benennung dieses Zeitraums von einer durchgehenden Verhandlung ausgegangen. In Wirklichkeit war die letzte Woche verhandlungsfrei. Daß die Untersuchungen noch nicht abgeschlossen sind, beruht auf dem Verhalten der Angeklagten. Durch Beschluß vom 18. Juli 1975 hat der Senat die Sachverständigen bestellt. Schon am 19. Juli 1975 suchten die Internisten die Angeklagten auf, doch gestatteten diese keine Untersuchung. Eine erste internistische Untersuchung war deshalb erst am 26. Juli 1975 möglich. Als Professor Dr. Müller noch vor seinem Urlaub am 31. Juli 1975 ein EKG abnehmen wollte, lehnten die Angeklagten dies ab. Diese Untersuchung kann deshalb erst jetzt stattfinden. Auf eine psychiatrische Untersuchung haben sich die Angeklagten bisher nicht eingelassen, obwohl auch diese Sachverständigen schon am 18. Juli 1975 benannt worden waren. Selbst Professor Dr. Rasch[52], der auf eigenen Wunsch der Angeklagten am 29. Juli 1975 zusätzlich bestellt wurde, haben die Angeklagten bis heute im Ungewissen gelassen, ob er mit ihnen auch nur sprechen kann. Wer sich so verhält, zeigt, daß er selbst keine akuten Bedenken gegen seine Verhandlungsfähigkeit hat. Einer Entscheidung über eine ärztliche Behandlung der Angeklagten bedarf es zum gegenwärtigen Zeitpunkt nicht. Auch der Antrag auf Beiziehung eines Anstaltsarztes hat sich durch die telefonische Auskunft von Professor Dr. Müller erledigt. Der Senat möchte, das gehört nicht mehr zur Begründung, keine Zweifel daran lassen, daß er sich durch die Androhung der Verteidiger, an dem Verfahren bis zum Abschluß der Untersuchungen möglicherweise nicht mehr teilzunehmen, bei seinen Entscheidungen nicht beeinflussen läßt. Es ist dabei der Hinweis geboten, daß es natürlich nicht ohne Konsequenzen für das Verfahren bleiben könnte, wenn sich Pflichtverteidiger gerichtlichen Entscheidungen nicht beugen.[53]

Wir können damit mit der Sitzung fortfahren und kommen zur Personenvernehmung von Herrn Baader. [...]

RA Dr. Heldmann: Ich bitte um eine Richtigstellung zum Senatsbeschluß, ja. Die von Ihnen wiedergegebene Äußerung des Internisten Müller entspricht nicht seinem Brieftext vom 30. Juli, der sich auf eine Konsultation der beiden Internisten am 29. Juli bezogen hat. Es ist also eine gewaltsame Interpretation zu sagen, der heutige Tag jedenfalls sei noch gedeckt [...]. Gedeckt nämlich von der Aussage noch verhandlungsfähig. Zweitens, kein Wort hat der Senatsbeschluß darüber verloren, wann denn die Untersuchungen fortgesetzt und nunmehr hin zu der Beantwortung der vom Gericht, dem Sachverständigen gestellten Frage beendet werden würden. Kein Wort darüber. Statt dessen das Diktat vom Richtertisch, der Senat hält an seiner Auffassung fest, daß die Angeklagten verhandlungsfähig sind. Natürlich, nur kann ich Ihnen dann die Frage nicht ersparen, warum haben Sie eigentlich erst an Ärzte hier scheinbare Rollen verteilt, wenn es der Senat doch bereits weiß? Drittens, morgen seien weitere Überbrückungsbescheide zu erwarten. Mit Überbrückungsbescheiden ist zu Beginn des dritten Monats oder sogar mitten im dritten Monat der Hauptverhandlung nun nicht weiter getan, das haben wir schon oft genug gesagt, das tun wir nicht heute zum ersten Mal. Was wir brauchen, ist die Ausräumung des Zweifels, daß die Angeklagten verhandlungsfähig und damit verteidigungsfähig sind. [...]

Ich habe im Namen der Verteidigung folgendes zu erklären. Es ist ...

Vors.: Wollen Sie einen Antrag stellen, oder ist das eine Gegenvorstellung[54], weil für Erklärungen ist jetzt kein Raum.

RA Dr. Heldmann: Herr Vorsitzender, ich habe bisher keine Gegenvorstellung noch einen Antrag vorgetragen, sondern ich habe richtiggestellt, und jetzt gebe ich für die Verteidiger noch eine Erklärung ab ...

Vors.: Nein, ich kann Ihnen für Erklärungen jetzt keinen Raum geben, wir haben jetzt ein Verfahrensstadium, wo keine Erklärungen prozessual vorgesehen sind,[55] verbunden mit Gegenvorstellungen, Anträgen, ja. Das ... [...]

RA Dr. Heldmann: Wenn es dem Verfahrensfortgang hilft, dann folgende zwei Punkte noch. Nennen Sie es Gegenvorstellungen, wenn es dem Verfahrensfortgang helfen sollte nach Ihrer Auffassung.

Vors.: Nein, es ist prozessual korrekt, nur aus diesem Grunde ist es von uns gewünscht.

RA Dr. Heldmann: Wir begründen also nach dem, was ich soeben gesagt habe, diese Gegenvorstellung damit, daß der Senat sehenden Auges auch im dritten Verhandlungsmonat dieser Hauptverhandlung die Verhandlungsunfähigkeit der Angeklagten oder ihre zumindest zeitlich beschränkte Verhandlungsfähigkeit in Kauf nimmt. Das bedeutet, in Kauf nimmt mit verteidigungsunfähigen Angeklagten hier zu verhandeln und daß er etwa das bei ihm Liegende ausdrücklich unterlassen hat, nämlich die Haftbedingungen so zu gestalten, daß von daher, von den Umweltbedingungen her, eine Besserung im Befinden der Angeklagten hätte eintreten können.[56] Bis die Gutachten über die Verhandlungsfähigkeit nicht vorliegen werden, werden Angeklagte und Verteidiger nicht weiter verhandeln, und am Rande noch weise ich abermals darauf hin, daß die Verteidigung für die Angeklagten trotz Ihres Stillschweigens, zunächst negativen Beschlusses, darauf besteht, daß endlich behandelnde Ärzte des Vertrauens der Angeklagten und zwar unverzüglich herangezogen werden.

VORS.: Herr RA Schily.

RA SCHILY: [...] [W]enn die Verteidigung ihre Aufgaben wahrnehmen will, pflichtgemäß wahrnehmen will, dann kann sie einfach auf diese Frage nicht verzichten, auf diese Erklärung nicht verzichten, und ich schließe mich der Erklärung des Kollegen Dr. Heldmann an, daß wir solange, ich betone solange, hier nicht weiter verhandeln werden, bis die Ergebnisse der Sachverständigen, mindestens die Ergebnisse der internistischen Untersuchungen vorliegen. Das ist keine Drohung, sondern das ist eine Konsequenz der Tatsache, daß ein Verteidiger seinen Aufgaben nur dann nachkommen kann, wenn sein Mandant in seiner Leistungsfähigkeit in körperlicher und psychischer Hinsicht so ausgerüstet ist, daß er den Mindeststandard hier, der für eine Verhandlung notwendig ist, erfüllen kann, und die Konsequenz ist deshalb ganz eindeutig, daß wir, wie gesagt, für diesen Zeitraum, in dem die, diese Ergebnisse noch nicht auf dem Tisch liegen, daß wir in diesem Zeitraum dann nicht weiterverhandeln können. [...]

VORS.: Bitte, die Bundesanwaltschaft.

BA DR. WUNDER: Die Ausführungen, daß die Herrn Verteidiger vor dem Vorliegen der Gutachten nicht weiter verhandeln werden, sprechen deutlich für sich, nachdem es hier ganz offensichtlich nur noch um einen einzigen Tag der Überbrückung geht. Es ist durch die fernmündliche Rücksprache des Herrn Vorsitzenden mit einem der Gutachter geklärt, daß derzeit kein Zweifel an der Verhandlungsfähigkeit besteht. Ich beantrage daher die Zurückweisung der Gegenvorstellungen aus den überzeugenden Gründen des verkündeten Senatsbeschlusses und den ergänzenden Erklärungen des Herrn Vorsitzenden.

VORS.: Wir werden dann die Sitzung um 14.00 Uhr fortsetzen.

Der Senat zog sich um 11.50 Uhr zur Beratung zurück.

Fortsetzung der Hauptverhandlung um 14.05 Uhr. [...]

VORS.: [...] Es ist zunächst der Beschluß, d. h. die Entscheidung bekanntzugeben, die auf die Gegenvorstellungen ergangen ist. Sie lautet:

Die Gegenvorstellungen gegen den Beschluß, die Verhandlung fortzusetzen, werden zurückgewiesen. [...]

RA Schily: Ich stelle den Antrag:

mir bekanntzugeben, wann das schriftliche Gutachten vorliegt;

und zu diesem Zeitpunkt werde ich mich dann hier wieder einfinden.

Vors.: (Zu dem seine Unterlagen zusammenpackenden Rechtsanwalt) Augenblick, Herr Rechtsanwalt. Es scheint so, daß die übrigen Herrn Rechtsanwälte dieselbe Stellung einnehmen oder täusche ich mich, Herr RA von Plottnitz? Ich möchte dann nur ein Wort noch dazu sagen. Deswegen würde ich Sie bitten, vielleicht noch so lange zuzuwarten.

RA von Plottnitz: Ja, ich möchte den Antrag ergänzen, und zwar dahingehend ergänzen, daß natürlich die Anhörung der Sachverst. in öffentlicher Sitzung erfolgen muß. Alles andere würde dem Unmittelbarkeitsprinzip[57] widersprechen, und ich möchte insoweit bitten, also hier Mitteilung zu geben, wann die Sachverst. hier in öffentlicher Sitzung ein definitives Gutachten zur Frage der Verhandlungsfähigkeit abgeben werden. Ich werde dann wieder pünktlich hier sein.

Vors.: Will sich einer der übrigen Herrn Verteidiger noch äußern? Das wäre also Herr RA Schily und Herr RA von Plottnitz. Sie wollen die Sitzung verlassen?

Sämtliche vier Angeklagten stehen auf, packen ihre Unterlagen zusammen und drängen aus der Anklagebank.

RA von Plottnitz: Ich habe eine kurze Erklärung dazu, Herr Vorsitzender: Wir haben gesagt heute früh, und wir haben das nicht ohne Grund gesagt, daß wir nicht in der Lage sind, zu verteidigen, solange unter der Fiktion, unter der Fiktion eine Verhandlungsfähigkeit hier weiterverhandelt werden soll. Das haben wir ernst gemeint. Wir werden hier erst wieder verteidigen, wenn nicht mit Provisorien gearbeitet wird, sondern auf der Grundlage gesicherter Erkenntnisse.

Beifall im Saal.

Vors.: Ich bitte im Saal um Ruhe. Wenn Sie der Verhandlung weiter folgen wollen, dann bitte ich Sie, das zu unterlassen. Ich darf auf folgende

Konsequenz hinweisen oder Konsequenzen, die denkbar sind, die die Herrn Verteidiger natürlich auch voraussehen: Die Verhandlung wird fortgeführt, auch wenn Sie abwesend sind.

Rechtsanwältin Becker und Rechtsanwalt Schily stehen auf, packen ihre Unterlagen zusammen und bleiben vor der Verteidigerbank stehen.

Das zweite: Es muß natürlich dann, wenn Sie sich beharrlich weigern, Ihrer Pflichtverteidigung hier nachzukommen, auch gedacht werden, ob die Pflichtverteidigung aufrechterhalten werden kann.[58]

RA von Plottnitz: Von beharrlicher Weigerung kann hier nicht die geringste Rede sein. Wir weigern uns beharrlich, solange die Frage der Verhandlungsfähigkeit nicht geklärt ist. [...]

RA von Plottnitz steht auf, packt seine Unterlagen zusammen und bleibt vor der Verteidigerbank stehen. [...]

Vors.: [...] Ich bitte die Protokollführer, die Vorgänge, die außerhalb des Gesprochenen vorgehen, genau festzuhalten.

RA Schily verläßt um 14.17 Uhr den Sitzungssaal.

Also im Augenblick scheint, daß Herr RA Schily den Saal verläßt.

RA Dr. Heldmann: Zur Sache.

Vors.: Frau RAin Becker das gleiche. Herr RA von Plottnitz ebenfalls. Herr RA Riedel ebenfalls.

Die RAe Becker, von Plottnitz und Riedel verlassen ebenfalls um 14.17 Uhr den Sitzungssaal. Einige Prozeßbesucher stehen auf und bleiben vor der Ausgangstür stehen.

RA Dr. Heldmann: Zur Sache habe ich bereits alles gesagt. Ich verwahre mich gegen Ihre Vorhaltung, wir verletzten Verteidigerpflichten. Ich halte entgegen: Wir nehmen Verteidigerpflichten ernst, wo wir uns wehren, mit Angeklagten verhandeln zu lassen, die möglicherweise – wo nicht voraussehbar – verhandlungsunfähig sind. Das ist unsere Verteidigerpflicht.

Ich schließe daran die Bitte an den Senat, mich zu benachrichtigen, sobald

1. die Gutachten vorliegen und
2. die Anhörung der Sachverst. in der Hauptverhandlung stattfindet.

RA Dr. Heldmann verläßt um 14.18 Uhr den Sitzungssaal.

Vors.: Herr RA Dr. Heldmann verläßt ebenfalls den Saal. Die Angeklagten stehen. Was soll das bedeuten?

Angekl. Raspe: Daß Sie uns ausschließen sollen.

Vors.: Herr RA Dr. Heldmann, wir wollen, daß das keine Konfusion gibt. Ich möchte mich jetzt noch mit den Angeklagten befassen. Sie haben den Wunsch, ausgeschlossen zu werden oder?

Angekl. Baader: Ganz richtig, ja.

Vors.: Sie wissen, daß der Angeklagte und das Gericht die Pflicht hat, für die Anwesenheit der Angeklagten zu sorgen.[59]

Angekl. Baader: Ja, was heißt das?

Vors.: Sie sollen sich setzen ...

Alle vier Angeklagten bleiben trotz Aufforderung des Vorsitzenden weiterhin stehen.

... und an der Verhandlung weiterhin teilnehmen.

Angekl. Baader: Nein. Wir werden nicht weiter an der Verhandlung jetzt teilnehmen. Lassen Sie uns ausschließen.

Vors.: Wenn Sie hier weiterhin stehenbleiben in dieser Form und nicht bereit sind ...

Angekl. Baader: Ja was wollen Sie denn? Daß wir hier rumbrüllen oder was? Lassen Sie doch diese albernen ...

Vors.: Sie sollen sich setzen und an der Verhandlung in Ruhe teilnehmen.

Angekl. Baader: Wir werden an der Verhandlung nicht teilnehmen.

Vors.: Herr Baader, Sie haben das erklärt. Sie weigern sich, sich zu setzen.

Angekl. Raspe: Wollen Sie erreichen, daß wir hier formal stören sollen oder was soll das.

Vors.: Herr Raspe erklärt dasselbe. Ich muß Sie beide ...

Angekl. Meinhof und Ensslin: Schließen Sie uns aus.

Vors.: Frau Ensslin, Frau Meinhof, das gleiche. Ich muß Sie darauf hinweisen, daß das, was Sie jetzt machen, eine Störung der Hauptverhandlung ist. Wenn Sie das fortsetzen, müssen Sie ausgeschlossen werden.

Angekl. Baader: Ja, hoffentlich. Ja mach schon, alter Affe!

VORS.: Gilt das für alle Beteiligten?

ANGEKL. ENSSLIN: Ja.

VORS.: Sie weigern sich also, hierzubleiben? [...]

VORS. (nach geheimer Umfrage):

Der Senat hat beschlossen:

Die Angeklagten werden für die heutige Sitzung ausgeschlossen. Sie weigern sich, sich zu setzen, geordnet an der Verhandlung teilzunehmen. Sie haben auf Hinweis, daß sie ausgeschlossen werden müßten bei Fortsetzung dieses Verhaltens erwidert: »Mach schon.« Alle haben sich angeschlossen. Erklärungen, die klar erkennen lassen, daß sie nicht bereit sind, sich weiterhin an der Verhandlung geordnet zu beteiligen. Bitte die Angeklagten abzuführen. Ich bitte, die Angeklagten aber in den Zellen zu belassen, also in den Vorführzellen im Hause; nicht zurückzubringen.

Alle vier Angeklagten werden um 14.20 Uhr aus dem Sitzungssaal abgeführt. [...]

7
ZUR PERSON

VORS.: Wir setzen die Sitzung fort. [...] Wir beabsichtigen, nun mit der Verhandlung fortzufahren [...] Der Senat geht davon aus, daß die Störung der Ordnung durch die Angeklagten nach wie vor fortdauert, so daß der Ausschluß der Angeklagten auch nach wie vor wirksam ist. Da wir aber jetzt zur Phase zur Vernehmung zur Person kommen, glauben wir, daß der Grundsatz des rechtlichen Gehörs ein so überragendes Interesse hat, daß wir dazu die Angeklagten wieder vorführen lassen und zwar einzeln.

Die Verfahren brauchen nicht abgetrennt werden, sondern wir können beginnen zunächst mit dem einem, dem anderen, weil ja alle an sich noch ausgeschlossen sind. Und wir werden dann den Angeklagten die Gelegenheit geben, sich zur Person zu äußern. Wo das nicht geschehen sollte, so könnte dann, oder müßte dann zur Verlesung der Anklage geschritten werden.

Deswegen bitte ich zunächst den Angeklagten Raspe vorzuführen. Wie lange wird das etwa dauern? Notfalls mit Gewalt, das läßt sich nicht umgehen. [...]

Der Angeklagte Raspe wurde um 14.36 Uhr wieder in den Sitzungssaal vorgeführt, in dem er von zwei Beamten festgehalten werden mußte.

VORS.: Bitte, nehmen Sie Platz.

ANGEKL. RASPE: Ich nehme nicht Platz.

VORS.: Dann darf ich Sie auf folgendes hinweisen. Wir beabsichtigen, jetzt zur Vernehmung zur Person zu kommen.

ANGEKL. RASPE: Ja, das interessiert mich nicht. [...]

VORS.: Sie haben jetzt Gelegenheit sich zu äußern, zu Ihrer Person. Wenn Sie das nicht tun, ist die Konsequenz, daß wir in der Verhandlung fortschreiten müssen. Wir werden dieselbe Frage an alle anderen Angeklagten richten und daß es dann zur Verlesung der Anklage kommt und dann nur noch übrigbleibt, daß Sie sich zur Sache im Rahmen natürlich auch der Sachvernehmung zur Person äußern können. Aber die Verhandlung können Sie durch dieses Verhalten nicht aufhalten. [...]

ANGEKL. RASPE: Ich habe Ihnen im Augenblick nur zu erklären, daß ich gewaltsam hochgeschleppt worden bin ...

VORS.: Das ist ausdrücklich notwendig, wenn Sie nicht bereit sind, freiwillig mitzugehen.

ANGEKL. RASPE: ... bevor, ausdrücklich, bevor ich überhaupt dazu eine Erklärung abgegeben habe unten, das ist der erste Punkt. Und der zweite Punkt ist der, daß ich unter den Bedingungen, die dieser Senat in den drei Monaten Hauptverhandlung jetzt und in seinen Beschlüssen, seit er zuständig ist, hergestellt hat und wie sie sich hier in diesem Tag heute und in den Entscheidungen heute, die der Senat getroffen hat, und mit den Begründungen heute einen konzentrierten Ausdruck finden, daß ich unter diesen Bedingungen, ganz abgesehen davon, daß wir also jedenfalls ohnehin nicht in der Form uns zur Person erklären, wie dieses Gericht das vielleicht erwartet, keine Erklärung zur Person abgebe.

VORS.: Ja. Wir haben keine bestimmten Erwartungen, in welcher Form Sie sich erklären wollen. Sie wollen also auf keinen Fall sich zur Person äußern?

ANGEKL. RASPE: Ich habe das eben gesagt, was ich dazu zu sagen habe. Unter diesen Bedingungen ...

VORS.: Herr Raspe ...

ANGEKL. RASPE: ... werde ich keine Erklärung zur Person abgeben.

VORS.: ... dann nehmen Sie Platz. Wir werden dann ...

ANGEKL. RASPE: Nein, ich gehe jetzt wieder runter und Sie werden natürlich das Schauspiel nochmal durchziehen ... [...]

VORS.: Sie sind jetzt durch diese Vorführung wieder zugelassen und haben das Recht hierzubleiben. Damit ist ihr Ausschluß von vorhin rückgängig gemacht.

ANGEKL. RASPE: Naja, es ist fein, die Rechte, auf die Sie hinweisen.

VORS.: Sie haben auch die Pflicht, hier zu bleiben, als Angeklagter.

ANGEKL. RASPE: Also, ich gehe jetzt runter und wenn Sie also, wenn Sie es nicht von sich aus machen, daß Sie mich ausschließen wieder, dann werde ich hier eben irgendwie über die Brüstung steigen. [...]

Der Angeklagte Raspe drängt aus der Anklagebank und muß vom Wachpersonal daran gehindert werden, den Saal zu verlassen

VORS.: Ich stelle fest, daß der Angeklagte sich ...

ANGEKL. RASPE: Wollen Sie denn das hier haben? Verdammt noch mal!

VORS.: Es geht nicht um die Frage des Wollens ...

ANGEKL. RASPE: Arschloch.

VORS.: ... Herr Raspe, was ich will ist, daß Sie möglichst an der Verhandlung teilnehmen ...

ANGEKL. RASPE: Ich will jetzt ausgeschlossen werden.

VORS.: Ich stelle fest, daß der Angeklagte weder bereit ist, sich zu setzen, noch bereit ist, in der Bank der Angeklagten zu bleiben, daß er sich nach außen gedrängt hat, gegen die Wachtmeister, auf den Tisch klopft und sagt, »ich will ausgeschlossen werden, verdammt noch mal«.

VORS. (nach geheimer Umfrage) verkündet den Beschluß:

Der Senat schließt Sie erneut von der heutigen Sitzung aus.

Der Angeklagte ist aus den eben angegebenen Gründen abzuführen, da er trotz Abmahnung nicht bereit war, geordnet an der Verhandlung teilzunehmen.

Ich bitte dann zugleich Frau Meinhof vorzuführen.

Der Angeklagte Raspe wurde um 14.40 Uhr wieder aus dem Sitzungssaal abgeführt [...]

Die Angeklagte Meinhof wurde um 14.43 Uhr von vier Beamten an Händen und Füßen in den Sitzungssaal getragen.

VORS.: [...] Ich muß Sie zunächst darauf hinweisen, daß in Ihrer Abwesenheit Herr Raspe vorgeführt wurde und ihm wurde genau dasselbe gesagt, was ich Ihnen jetzt sage, so daß ...

ANGEKL. MEINHOF: Ich will das gar nicht hören. Ich bin nicht in der Lage, mich zu verteidigen, und kann natürlich auch nicht verteidigt werden.

VORS.: Ja, hören Sie jetzt aber zunächst mal zu, bevor Sie mit Ihrer Argumentation kommen. Frau Meinhof, zunächst mal die Frage: Ist es richtig, daß Sie bis heute früh um 5.30 Uhr mit der Schreibmaschine gearbeitet haben?

ANGEKL. MEINHOF: Was?

VORS.: Daß Sie bis heute morgen ...

ANGEKL. MEINHOF: Ich habe gesagt, daß ich nicht in der Lage bin ...

VORS.: ... um halb sechs geschrieben haben.

ANGEKL. MEINHOF: Ich hab gesagt, daß ich nicht in der Lage bin, mich zu verteidigen ...

VORS.: Ja nun, wenn Sie bis halb sechs Uhr heute früh geschrieben haben, ist das richtig?

ANGEKL. MEINHOF: Was soll das denn? [...]

VORS.: Ja können Sie uns die Frage beantworten? Nun, Frau Meinhof, hören Sie also zu, es geht um folgendes: Wir haben jetzt Ihren Ausschluß rückgängig gemacht und zwar deswegen, weil wir zur Vernehmung zur Person kommen und Ihnen hiermit die Gelegenheit geben, das wurde eben auch Herrn Raspe gesagt ...

ANGEKL. MEINHOF: Unter diesen Umständen natürlich nicht.

VORS.: ... sich zur Person zu äußern.

Die Angeklagte Meinhof drängt wiederholt aus der Anklagebank und muß vom Wachpersonal am Verlassen des Saales gehindert werden [...]

ANGEKL. MEINHOF: Ich will gehen.

VORS.: Sie wollen gehen.

ANGEKL. MEINHOF: Ja.

VORS.: Aber Sie haben die Pflicht als Angeklagte hierzubleiben. Sie müssen der Verhandlung folgen. Sie wissen ganz genau ...

ANGEKL. MEINHOF: Ich laß mich doch nicht zwingen, Du Arschloch.

VORS.: Frau Meinhof, ich stelle fest, daß Sie mich eben mit »Arschloch«, mit »Du Arschloch« angesprochen haben ...

ANGEKL. MEINHOF: Nimmst Du vielleicht mal zur Kenntnis ...

VORS.: Sie wissen zu welchen Konsequenzen das führen kann.

Nach geheimer Beratung wird folgender Beschluß verkündet:

> Die Angeklagte wird für den heutigen Verhandlungstag ausgeschlossen, weil sie den Vorsitzenden »Du Arschloch« genannt hat.

Sie hat sich geweigert sich zur Person zu äußern.

Die Angeklagte Meinhof wurde um 14.45 Uhr wieder aus dem Sitzungssaal geführt.

VORS.: Bitte Herrn Baader. [...]

Der Angeklagte Baader wurde um 14.47 Uhr in den Sitzungssaal vorgeführt. Er blieb ebenfalls während der ganzen Vernehmung stehen.

VORS.: Herr Baader, bitte nehmen Sie Platz und bedienen sich vor allen Dingen des Mikrophons. [...]

Frau Meinhof und Herr Raspe wurden auch einzeln vorgeführt. Es ist ihnen gesagt worden, wie das jetzt auch für Sie gilt, daß zwar die Ordnungsstörungen, die Sie begangen haben nach Auffassung des Senats, an sich fortdauert, daß wir aber diesen Ausschluß rückgängig machen mit Rücksicht darauf, daß wir jetzt in die Phase der Vernehmung zur Person eintreten. Und es erscheint uns im Hinblick auf das Gewicht des Grundsatzes des rechtlichen Gehörs von überragendem Interesse, daß Sie die Möglichkeit haben, sich jetzt zur Person zu äußern.

ANGEKL. BAADER: Das entdecken Sie auch erst seit, nach drei Monaten.

VORS.: Ich darf Sie noch darauf hinweisen, daß Herr Raspe und Frau Meinhof, nach dem sie hier sich wieder der Ungebühr schuldig gemacht haben, wieder ausgeschlossen worden sind.

ANGEKL. BAADER: Naja, ich sage Ihnen kurz, ich bin der Ansicht, daß Sie in diesem Verfahren den Begriff der Person überhaupt nicht mehr legitim einsetzen können, denn was ihn kennzeichnet, den Begriff der Rechtsperson, eine Vermittlung zwischen Staat und Gesellschaft oder zwischen Gesellschaft und Staat, das sind seine Rechte. Und die elementaren Grundrechte der Person verletzen Sie in diesem Verfahren permanent. Ich würde mich zur Person äußern, wahrscheinlich jeder von uns, aber unter diesen Bedingungen ist es unmöglich. Ich kann mich hier nicht verteidigen im Moment, und ich bin auch nicht verteidigt. Also schließen Sie mich aus.

VORS.: Das heißt, Sie weigern sich, sich zur Person zu äußern?

ANGEKL. BAADER: Das haben Sie doch wohl verstanden?

VORS.: Ja, so haben es auch Herr Raspe und Frau Meinhof gemacht. Trotzdem haben Sie jetzt, nachdem dieser Ausschluß rückgängig gemacht worden ist, die Pflicht, als Angeklagter wieder anwesend zu sein und das Gericht die Pflicht, für Ihre Anwesenheit zu sorgen. [...]

Der Angeklagte drängt an der Anklagebank und muß von dem Wachpersonal am Verlassen des Sitzungssaals gehindert werden.

VORS.: Was ist Herr Baader, wollen Sie nicht teilnehmen.

ANGEKL. BAADER: Nein, ich will nicht hierbleiben, natürlich nicht.

VORS.: Ja, das ist aber keine Frage Ihres Willens.

ANGEKL. BAADER: Ja, was erwarten Sie jetzt von mir?

VORS.: Ich erwarte, daß Sie hier ...

ANGEKL. BAADER: Ich sage Ihnen, daß ich ausgeschlossen werden will ...

VORS.: ... daß Sie hier ordentlich ...

ANGEKL. BAADER: ... und daß ich diese Verhandlung, so lästig das ist, stören werde, bis Sie mich ausschließen, genügt Ihnen das?

VORS.: Das heißt also, Sie wollen dieser Verhandlung nicht geordnet teilnehmen?

ANGEKL. BAADER: Nein. [...]

VORS.: Herr Baader, das ist keine Frage Ihres Wunsches.

ANGEKL. BAADER: Dann legen Sie doch bitte mal einen Katalog von Störungen fest, oder muß ich Sie erst mal beschimpfen. Das fällt mir sehr schwer.

VORS.: Ich bitte jetzt, soweit Sie frei sind, die Herrn, Frau Ensslin vorzuführen.

ANGEKL. BAADER: Das heißt, Sie wollen mich zwingen, hier zu bleiben?

VORS.: Ich muß Sie zwingen, nicht ich »will« Sie zwingen, sondern Sie sind verpflichtet hier zu bleiben.

ANGEKL. BAADER: Na, was erwarten Sie, wollen Sie Beschimpfungen provozieren, oder was?

VORS.: Ich will gar nichts provozieren. Mir ist sympathischer, wenn Sie keine Beschimpfungen aussprechen.

ANGEKL. BAADER: Naja, dann schließen Sie mich doch aus. Ich sage Ihnen, ich werde ...

VORS.: Das ist keine Frage Ihres Wunsches und keine Frage unseres Wollens.

ANGEKL. BAADER: Ich werde die Verhandlung stören. Das ist doch ein ganz dreckiges Manöver, was Sie hier machen.

VORS.: Das ist kein dreckiges Manöver. Es legt mir die Prozeßordnung die Pflicht auf, mich so zu verhalten, wie ich es tue.

ANGEKL. BAADER: Ja, was wollen Sie. Wollen Sie unbedingt, daß es hier zu physischer Gewalt kommt, oder was?

VORS.: Sie sollen sich setzen und geordnet teilnehmen.

ANGEKL. BAADER: Das was Sie provozieren ... Ich werde mich nicht setzen, ich werde nicht geordnet an der Verhandlung teilnehmen.

VORS.: Gut, dann müssen Sie eben im Stehen an der Verhandlung teilnehmen.

ANGEKL. BAADER: Naja, das ist doch ein ganz dreckiger, ein ganz dreckiger Versuch hier. Sie haben die anderen beiden auch ausgeschlossen und Sie werden mich auch ausschließen müssen.

VORS.: Herr Baader, wenn Sie in dieser Weise fortfahren, von »dreckigen Versuchen« zu sprechen, außerdem durch Ihr Stehen und so weiter die Verhandlung zu stören ...

ANGEKL. BAADER: Es ist eine dreckige Manipulation, daß Sie mich hier zwingen, verdammt noch mal, fünf Minuten lang darauf zu beharren, daß Sie mich endlich ausschließen. Ich will hier raus, sehr einfach.

VORS.: Es ist ... Es ist keine Frage Ihres persönlichen Wunsches. Sie haben die Pflicht, als Angeklagter hierzubleiben.

ANGEKL. BAADER: Naja schön ... Naja, dann machen Sie eben diese lächerliche Prozedur. Ich werde stören, solange ich hier drin bin.

VORS.: Bis jetzt stören Sie noch nicht.

ANGEKL. BAADER: Na schön ...

VORS.: Sie können auch im Stehen mit solchen Erklärungen an der Verhandlung teilnehmen. Wenn's dann störend wird, dann werden wir schon weitersehen, aber jedenfalls weise ich Sie darauf hin, daß wissen Sie ja, im Falle von Störungen müßten Sie erneut ausgeschlossen werden.

ANGEKL. BAADER: Naja, ich weise Sie darauf hin, Prinzing, daß Sie mich jetzt ausschließen werden, sonst sehe ich mich gezwungen, Sie zu beschimpfen, so wirklich lapidar das ist.

VORS.: Herr Baader ...

ANGEKL. BAADER: Ja wollen Sie es unbedingt hören? Also Sie können das hören, Sie können das in verschiedener Form haben.

VORS.: Ich will es nicht hören.

ANGEKL. BAADER: Naja, Sie können auch von mir hören, daß Sie ein faschistisches Arschloch sind.

Die Angeklagte Ensslin wurde um 14.52 Uhr in den Sitzungssaal geführt und vom Wachpersonal vor der Anklagebank festgehalten.

VORS.: Aha, ein faschistisches Arschloch.

ANGEKL. BAADER: Schließen Sie mich jetzt aus, ja?

ANGEKL. ENSSLIN: Und mich gleich mit, altes Schwein.

VORS.: Frau Ensslin, ich darf Sie auf folgendes hinweisen – Moment –, daß sowohl Herr Raspe wie Frau Meinhof, wie Herr Baader darüber unterrichtet worden sind, daß Sie jetzt unter Aufhebung des vorherigen Ausschlusses die Möglichkeit haben ...

ANGEKL. BAADER: Ich stelle nochmal ausdrücklich fest, Prinzing, Sie sind ein faschistisches altes Arschloch.

VORS.: Herrn Baader bitte das Wort abzustellen.
(An die Angekl. Ensslin): Daß Sie die Gelegenheit haben, sich zur Person zu äußern.

ANGEKL. ENSSLIN: Wir sind verteidigungsunfähig, infolge dessen werden wir auch nicht teilnehmen, alte Sau. [...]

VORS.: Sie haben gestört. Ich habe vernommen, Sie haben mich, glaube ich, eine »alte Sau«, habe ich es richtig gehört? Oder täusche ich mich.

Ich möchte das festgestellt haben, trifft es zu? Und, Herr Baader, Sie haben mich ein »faschistisches Arschloch« geheißen.

Frau Ensslin, an Sie noch das letzte Wort. Wollen Sie sich zur Person äußern?

ANGEKL. ENSSLIN: Altes Schwein.

VORS. (nach geheimer Beratung) verkündet den Beschluß:

Gut. Der Senat hat aufgrund der Äußerungen gegenüber dem Vorsitzenden »faschistisches Arschloch« ...

ANGEKL. BAADER: Kriegen Sie das Wort noch richtig raus.

VORS.: ... und »alte Sau« und »altes Schwein«, die Angeklagten wieder von der heutigen Verhandlung ausgeschlossen. Sie sind abzuführen. Die Angeklagten können jetzt rübergebracht werden in die Haftanstalt.

Die Angeklagten Baader und Ensslin wurden um 14.53 Uhr wieder aus dem Sitzungssaal abgeführt.

VORS.: Wollen sich die Herren Verteidiger in irgendeiner Weise zu diesem Vorgang äußern? Ich sehe nicht. Wir können damit zur Verlesung der Anklage kommen.

Dürften wir um eine kurze Pause bitten, weil wir nun durch diese Entwicklung auch etwas überrascht wurden. Wir würden uns gern unsere Exemplare der Anklage beschaffen. Wir treffen uns wieder um drei Uhr.

Pause von 14.54 Uhr bis 15.08 Uhr.

Fortsetzung der Hauptverhandlung um 15.08 Uhr.

VORS.: Bevor ich der Bundesanwaltschaft das Wort erteile zur Verlesung der Anklageschrift, wollen wir aus den Akten nur wenige Daten feststellen. Zunächst, daß der Angeklagte Baader die Vornamen Andreas Bernd hat, berufslos ist, geboren am 6. Mai 1943 in München, zuletzt ohne festen Wohnsitz war, deutscher Nationalität und ledig ist. Er befindet sich zur Zeit in Untersuchungshaft in dieser Sache. Die Einzelheiten bezüglich der Haft werden später dann gründlicher festgestellt werden. Die Verhältnisse liegen ja bei allen Angeklagten mit Ausnahme wohl von Herrn Raspe etwas kompliziert.[60] Bei der Angeklagten Ensslin ist festzustellen: Vorname Gudrun, geb. 15. August 1940 in Bartholomä, Kreis Schwäbisch Gmünd, zuletzt ohne festen Wohnsitz, Deutsche, ledig, auch in dieser Sache in Untersuchungshaft. Frau Meinhof hat die Vornamen Ulrike Marie, sie ist geboren am 7. Oktober 1934 in Oldenburg, Land Oldenburg also, auch zuletzt ohne festen Wohnsitz, Deutsche, geschieden, zur Zeit in Untersuchungshaft in dieser Sache. Herr Raspe heißt mit Vornamen Jan-Carl Stefan, ist von Beruf Diplomsoziologe, geb. am 24. Juli 1944 in Seefeld / Tirol, war zuletzt ohne festen Wohnsitz, ist Deutscher, ledig, auch in Untersuchungshaft in dieser Sache. Ich darf nun die Bundesanwaltschaft bitten, den Anklagesatz zu verlesen.

8
ANKLAGE

BA Dr. Wunder: Im Strafverfahren gegen Andreas Baader, Gudrun Ensslin, Ulrike Meinhof, Jan-Carl Raspe wegen Mordes, Vergehens nach § 129 StGB, verlese ich den Anklagesatz mit der Maßgabe, daß die Hauptverhandlung im Gegensatz zur Anklageschrift nur mehr gegen die Angeklagten Baader, Ensslin, Meinhof und Raspe stattfindet.

Der Vertreter der Bundesanwaltschaft Dr. Wunder verlas den Anklagesatz aus der Anlage 2 zum Protokoll.

> Den berufslosen Andreas Baader, die Studentin Gudrun Ensslin, die Journalistin Ulrike Meinhof, den Diplom-Soziologen Jan-Carl Raspe klage ich an:
>
> I. A. alle Angeklagten
>
> 1. in sechs Fällen[61]
>
> a) heimtückisch und mit gemeingefährlichen Mitteln in zwei Fällen insgesamt vier Menschen getötet[62] und in Tateinheit[63] hiermit sowie in vier weiteren Fällen mindestens 54 Menschen zu töten versucht[64] zu haben,
>
> b) in Tateinheit hiermit durch Sprengstoffe Explosionen herbeigeführt und dadurch Leib und Leben anderer sowie fremde Sachen von bedeutendem Wert gefährdet zu haben, und zwar in besonders schweren Fällen,[65]
>
> 2. in zwei Fällen[66]
>
> a) unter Anwendung von Drohungen mit gegenwärtiger Gefahr für Leib, Leben, fremde bewegliche Sachen einem anderen in der Absicht

weggenommen zu haben, sich dieselben rechtswidrig zuzueignen, wobei sie bei Begehung der Taten Waffen bei sich führten und zu dem Raub mehrere mitwirkten, die sich zur fortgesetzten Begehung von Raub verbunden hatten,[67]

und wobei sie in einem der beiden Fälle durch die gegen ihn verübte Gewalt den Tod eines Menschen verursachten,[68]

b) sowie in Tateinheit hiermit einen Menschen töteten, um eine andere Straftat zu verdecken,[69]

3. in einem Fall als Verbrechen mit Strafe bedrohten Handlungen, nämlich Raubüberfälle unter erschwerenden Umständen, verabredet zu haben;[70]

B. die Angeklagten Baader, Ensslin und Meinhof

gemeinschaftlich[71] durch drei weitere selbständige[72] Handlungen[73]

1. in einem Falle unter Anwendung von Drohungen mit gegenwärtiger Gefahr für Leib und Leben fremde bewegliche Sachen einem anderen in der Absicht weggenommen zu haben, sich dieselben rechtswidrig zuzueignen, wobei sie bei Begehung der Tat Waffen bei sich führten und zu dem Raub mehrere mitwirkten, die sich zur fortgesetzten Begehung von Raub verbunden hatten,
2. in zwei Fällen fremde bewegliche Sachen einem anderen in der Absicht weggenommen zu haben, dieselben sich rechtswidrig zuzueignen, wobei sie zur Ausführung der Tat in ein Gebäude einbrachen und Schußwaffen bei sich führten;[74]

C. den Angeklagten Baader

durch drei weitere selbständige Handlungen

1. in zwei Fällen gemeinschaftlich mit einem anderen[75]
2. in einem Falle allein[76]

a) versucht zu haben, einen Menschen zu töten, um eine andere Straftat zu verdecken, und

b) in Tateinheit hiermit Beamten, die zur Vollstreckung von Gesetzen berufen sind, bei der Vornahme einer Amtshandlung mit Gewalt Widerstand geleistet zu haben, und zwar in besonders schweren Fällen;[77]

D. die Angeklagte Ensslin

durch eine weitere selbständige Handlung[78]

a) versucht zu haben, einen Menschen zu töten, um eine andere Straftat zu verdecken, und
b) in Tateinheit hiermit Beamten, die zur Vollstreckung von Gesetzen berufen sind, bei der Vornahme einer Amtshandlung mit Gewalt Widerstand geleistet zu haben, und zwar in einem besonders schweren Fall;

E. den Angeklagten Raspe

durch eine weitere selbstständige Handlung[79]

a) versucht zu haben, einen Menschen zu töten, um eine andere Straftat zu verdecken, und
b) in Tateinheit hiermit Beamten, die zur Vollstreckung von Gesetzen berufen sind, bei der Vornahme einer Amtshandlung mit Gewalt Widerstand geleistet zu haben, und zwar in einem besonders schweren Fall;

II. tateinheitlich zu den unter I genannten Handlungen

A. die Angeklagten Baader, Ensslin und Meinhof, eine Vereinigung gegründet zu haben, deren Zwecke darauf gerichtet sind, strafbare Handlungen zu begehen, und sich an einer solchen Vereinigung als Rädelsführer beteiligt zu haben, und zwar in einem besonders schweren Fall;[80]

B. den Angeklagten Raspe, sich an einer solchen Vereinigung als Mitglied beteiligt zu haben, und zwar in einem besonders schweren Fall.

Gemeinsam mit dem früheren Rechtsanwalt Mahler[81] schlossen sich die Angeklagten Baader, Ensslin und Meinhof in der zweiten Augusthälfte 1970 zu einer bewaffneten Untergrundorganisation zusammen. Diese Gruppe setzte sich zum Ziel, die gesellschaftlichen Verhältnisse in der Bundesrepublik Deutschland nach dem Vorbild der südamerikanischen Stadtguerillas[82] mit allen Mitteln, insbesondere durch Gewaltmaßnahmen, zu bekämpfen. Hierdurch sollten die Voraussetzungen für eine erfolgsversprechende revolutionäre Arbeit geschaffen werden.

Verbrechen und Vergehen strafbar nach §§ 211, 249 Absatz 1, 250 Absatz 1 Nummer 1 und 2, 251, 242, 243 Nummer 1, 244 Absatz 1 Nummer 1, 311 Absatz 1 und 2, 113 Absatz 1 und 2 Nummer 1, 129 Absatz 1 und 4, 49 a Absatz 2, 43, 47, 73, 74 Strafgesetzbuch.[83]

9
FORTSETZUNG IN ABWESENHEIT DER ANGEKLAGTEN

Am 27. Verhandlungstag wird ein vorläufiges Gutachten der Sachverständigen Prof. Schröder und Prof. Müller mitgeteilt. Darin gehen die Sachverständigen von einer eingeschränkten Verhandlungsfähigkeit der Angeklagten aus, nämlich für täglich nicht mehr als drei Stunden (S. 2169f. des Protokolls der Hauptverhandlung, 27. Verhandlungstag). Auf telefonische Nachfrage wird dem Vorsitzenden mitgeteilt, damit sei die reine Verhandlungszeit gemeint; Pausen und Unterbrechungen seien nicht mitzuzählen. Diese Auskunft sorgt für einige Diskussion. Der Antrag der Verteidigung, die Sachverständigen zu laden, um sie in der Hauptverhandlung dazu zu befragen, wird abgelehnt.

Dienstag, 23. September 1975
39. Verhandlungstag

[...]

Vors.: Ich bitte Platz zu nehmen. Wir setzen die Verhandlung fort. [...] Inzwischen liegen die gutachtlichen Äußerungen der Herren Professoren Rasch, Ehrhardt, Mende, Schröder und Müller vor. Die abschließenden Gutachten legen den Schluß nahe, daß die Angeklagten nur zeitlich beschränkt verhandlungsfähig und behandlungsbedürftig sind. Prof. Rasch meint, »die Durchführung einer Behandlung dürfte während der Dauer der Hauptverhandlung und bei Beibehaltung der jetzt gegebenen Haftbedingungen nicht möglich sein«. Die Gutachten sind den Beteiligten inzwischen im Wortlaut bekanntgemacht. Das Gericht muß sich nun über die rechtlichen Konsequenzen klar werden. In Betracht könnten kommen, die Aussetzung der Hauptverhandlung oder die Fortsetzung der Hauptverhandlung mit den Angeklagten, unter angemessener Beschränkung der Verhandlungszeit, oder die Fortsetzung der Hauptverhandlung ohne die Angeklagten nach § 231a StPO.[84] Gelegenheit zur Stellungnahme hierzu ist gegeben, bis zum Donnerstag, 25. September, 16.00 Uhr. Die Gutachten und ihre Konsequenzen im Rahmen der Hauptverhandlung mündlich zu erörtern, ist nach den Vorschriften der Strafprozeßordnung nicht erforderlich.[85] Der Senat beschreitet deshalb – schon um wegen der naheliegenden zeitlich beschränkten Verhandlungsfähigkeit die Hauptverhandlung nicht unnötig zu belasten – den schriftlichen Weg. Ich schließe damit die heutige Hauptverhandlung und lade alle Beteiligten zur Fortsetzung auf Dienstag, 30. September, 9.00 Uhr in diesen Saal und bitte aus den angegebenen Gründen um Verständnis für die Kürze der heutigen Verhandlung.

Ende der Sitzung 9.11 Uhr.

Dienstag, 30. September 1975
40. Verhandlungstag

[...]

Vors.: [...] Dann hab ich folgenden Beschluß des Senats zu verkünden:

RA Riedel: Nehmen Sie bitte zur Kenntnis ...

Vors.: Die Hauptverhandlung wird in Abwesenheit der Angeklagten fortgesetzt.

RA Riedel spricht unverständlich dazwischen.

Vors.: Ich bitte ...

RA Riedel: Bitte nehmen Sie zur Kenntnis, daß ich um's Wort bitte für Frau Meinhof.

VORS.: Ich kann Ihnen jetzt das Wort nicht erteilen, weil zunächst die Entscheidung zu verkünden ist. Der Tenor lautete: Die Hauptverhandlung wird in Abwesenheit der Angeklagten fortgesetzt.

Die Begründung: Die Angeklagten sind …

RA Pfaff spricht unverständlich dazwischen.

VORS.: Ich bitte nicht zu unterbrechen. Ich will jetzt …

RA PFAFF: … Prozeßgeschädigten vorzugehen hat.

VORS.: Ich will jetzt die Entscheidung begründen. Bitte, mich nicht zu unterbrechen.

Die Angeklagten sind verhandlungs…

Mehrere RAe sprechen unverständlich dazwischen.

VORS.: Es wird weder Wort … Es wird weder jetzt das Wort erteilt, noch können Anträge gestellt werden, bevor nicht diese Entscheidung verkündet und begründet ist.

RA VON PLOTTNITZ: Nein, Herr Vorsitzender, Sie haben ja mit dem Gutachten

VORS.: Ich habe jetzt mit der Entscheidungsbegründung …

RA VON PLOTTNITZ: Sie haben uns jetzt Gelegenheit zu geben, unsere Begründung …

VORS.: Ich bitte das Wort abzustellen. Es hat hier niemand das Wort. Herr Rechtsanwalt, Sie haben, Sie haben jetzt nicht das Wort. Ich begründe diese Entscheidung.

RA VON PLOTTNITZ: Ich stelle den Antrag, mir das Wort zu erteilen.

VORS.: Nein, ich habe Ihnen gesagt, jetzt nicht. Jetzt wird diese Entscheidung begründet.

RA VON PLOTTNITZ: Ich habe Ihnen mitgeteilt, daß wir einen Antrag zu stellen haben, im Zusammenhang mit den Gutachten, der prozessual unverzüglich gestellt werden muß. Und darum beantrage ich, mir das Wort zu erteilen.

VORS.: Ja, ich habe Ihnen schriftlich mitgeteilt, daß – also Sie diese Stellungnahme der Bundesanwaltschaft[86] bekommen haben – es beim heutigen Termin bleibt. Es war die Gelegenheit gegeben, schriftlich dazu Stellung zu nehmen.

RA von Plottnitz (unverständlich)

RA Dr. Heldmann: Gestern haben wir sie bekommen und wir hatten kein rechtliches Gehör dazu gehabt.[87]

Vors.: Ich sage Ihnen, Sie haben jetzt nicht das Wort.

RA Dr. Heldmann: Wir haben jetzt rechtliches Gehör.

Vors.: Sie haben kein rechtliches Gehör, denn Sie hatten es bereits. Sie hatten es bereits.

RA Dr. Heldmann: Wir hatten es nicht. Gestern haben wir den Antrag der Bundesanwaltschaft ...

Vors.: Die Begründung: ...

Angekl. Baader: Ich hatte nicht einmal die Stellungnahme gehabt, Du Schwein. Das ist doch nicht drin hier.

Vors.: Herr Baader, wir wollen uns hier nicht ...

Angekl. Baader spricht unverständlich dazwischen.

Vors.: Wir wollen uns hier nicht jetzt wegen dieser beleidigenden Äußerung noch die Zeit rauben. Ich verwarne Sie. Wenn Sie nochmals stören, führt es zu Ihrem Ausschluß.

Angekl. Baader: Verwarn mich doch, altes Arschloch.

Vors.: Ich fahr in der Begründung fort.
Die Angeklagten sind verhandlungs...

RA Pfaff: Sie können doch gar nicht begründen, ohne daß wir Stellung genommen haben zu dem Antrag der Bundesanwaltschaft. Was wollen Sie denn, was wollen Sie denn begründen?

Vors.: Ich habe Ihnen gesagt, daß die Entscheidung im schriftlichen Verfahren getroffen wird, beim Schluß der letzten Sitzung.

RA Pfaff schreit unverständlich dazwischen.

Vors.: Die Entscheidung ist ... [...]

RA Dr. Heldmann: Herr Vorsitzender, Sie wollen unsere Stellungnahmen unterdrücken. Das ist der Tatbestand.

Vors.: Die Stellungnahmen konnten schriftlich abgegeben werden, bis zum gestrigen Tag.

RA von Plottnitz (mit lauter Stimme): ... doch verhindert, bloß der Senat nimmt sich das Recht ...

RAe von Plottnitz und Dr. Heldmann reden laut unverständlich durcheinander.

RA Dr. Heldmann (mit lauter Stimme): Gestern Abend ...

Vors.: Ja, was machen wir bei diesen Leuten.

RA Dr. Heldmann (mit lauter Stimme): ... der Antrag der Bundesanwaltschaft. ... Stellung nehmen, wenn ich wollte, hier.

RA Schily: Aber wir haben ja diese Entscheidung schon gestern aus der Bildzeitung erfahren, Herr Vorsitzender. Und wenn Herr Buback ... reagiert ..., kann man sich ja vorstellen, was hier heute herauskommt. Wir haben's ja gestern in der Bildzeitung bereits gelesen, Herr Vorsitzender. Insofern ist natürlich ihre Entscheidung gar keine Überraschung.

Vors. (nach geheimer Umfrage): Der Senat hat diesen Chor der Verteidiger als Beanstandung der Maßnahme des Vorsitzenden betrachtet, daß jetzt weder das Wort erteilt wird, noch Anträge gestellt werden können. Der Senat billigt diese Entscheidung. Es hat jetzt Vorrang die Verkündung der getroffenen Entscheidung.

Angekl. Raspe: Das kommt überhaupt nicht in Frage hier.

Vors.: Der Tenor ist bereits bekanntgegeben. Die Gründe lauten: Die Angeklagten sind ver...

Angeklagter Raspe spricht unverständlich dazwischen.

Vors.: Die Gründe lauten: ...

Angekl. Baader: Wir haben keine Möglichkeit gehabt ...

Vors.: Die Angeklagten sind ...

Angekl. Baader: Wir haben keine Möglichkeit gehabt ...

Reg. Dir. Widera: Wir stellen den Antrag, die Angeklagten von der weiteren Verhandlung auszuschließen.[88]

RA von Plottnitz: Wollen Sie den Angeklagten ... ihren Antrag stellen zu können, ja? ...

RA Schlaegel erscheint um 9.10 Uhr.

Vors.: Herr Baader, Sie haben Gelegenheit, sich zu der Frage zu äußern, ob Sie ausgeschlossen werden. Das heißt, Sie haben jetzt, trotz voriger Mahnung, wiederum gestört. Wollen Sie etwas dazu sagen?

ANGEKL. BAADER: Natürlich will ich was dazu sagen. Ja, ich beantrage zunächst mal eine Pause, weil wir vorhaben, einen Ablehnungsantrag gegen Sie zu stellen.

VORS.: Sie können jetzt nur Stellung nehmen zu der Frage, ob Sie ausgeschlossen werden oder nicht.

ANGEKL. BAADER: ... daß ich das Recht hab, bei der wirklich brachialen Manipulation, die Sie hier versuchen, daß ich das Recht hab, mich dagegen zu wehren. Ich hab die Stellungnahme, die Buback selbst, diesen Befehl Bubacks an Sie, diese Stellungnahme, die habe ich nicht gesehen, vor gestern Abend. Das heißt, wir hatten keinerlei Möglichkeit, auf die Stellungnahme der Bundesanwaltschaft, nach der Sie Ihre Entscheidung getroffen haben, überhaupt einzugehen. Das heißt, wir hatten auch keine Möglichkeit, darauf einzugehen auf die Fälschungen ...

VORS.: Gut. Herr Baader, Sie sprechen nicht zur Sache. Ich entziehe Ihnen hierzu das Wort.

Mehrere RAe sprechen unverständlich dazwischen.

RA SCHILY: Das ist die Sache.

RA DR. HELDMANN: Herr Vorsitzender ...

RA SCHILY: Was ist denn die Sache?

VORS. (nach geheimer Umfrage): Es ist der Beschluß des Senats ergangen:

Der Angeklagte Baader wird vom weiteren Ablauf des heutigen Verhandlungstages ausgeschlossen.

Er hat trotz Abmahnung durch Zwischenrufe gestört.

ANGEKL. ENSSLIN: Ja Du bist doch ein Idiot.

VORS.: Und es ist zu erwarten, daß der Angeklagte weiter stören wird. Ich bitte, den Angeklagten zu entfernen.

Mehrere Verfahrensbeteiligte sprechen laut, unverständlich dazwischen.

ANGEKL. ENSSLIN: Wir erklären ..., daß die Stellungnahme der Bundesanwaltschaft nicht zur Sache gehört.

VORS.: Darf ich Sie, darf ich bitten, den Angeklagten Baader abzuführen.

Der Angeklagte Baader steht auf, bleibt jedoch noch im Sitzungssaal vor der Anklagebank stehen.

RA DR. HELDMANN: Ist das ein Senatsbeschluß, bitte?

VORS.: Ja.

RA VON PLOTTNITZ: Wann hat die Beratung dazu stattgefunden?

RA SCHILY: Das war doch geheime Umfrage![89]

VORS.: Wir unterbrechen die Sitzung, wenn jetzt nicht …

ANGEKL. BAADER: Das ist doch einfach ganz klar, daß Sie hier jetzt mit äußerster Brutalität verhandeln hier müssen (spricht unverständlich weiter).

VORS.: Ich bitte jetzt, den Angeklagten abzuführen.

ANGEKL. BAADER: Rühr mich nicht an, hier (zu einem Vollzugsbeamten).

VORS.: Abführen.

ANGEKL. BAADER: Die Lüge, die dieses Verfahren … ist doch einfach, an diesem Punkt hier.

RA DR. HELDMANN: Das ist ein unglaublicher Akt von Unterdrückung, Herr Dr. Prinzing.

VORS.: Ich bitte jetzt den (Dr. Foth schlägt mit der Faust auf den Tisch) Angeklagten Baader notfalls mit Gewalt abzuführen.

RA SCHILY: Moment mal.

ANGEKL. BAADER: Was ist denn das?

RA SCHILY: Was ist denn das hier eben, Herr Vorsitzender?

RA PFAFF: … diese Erregung da.

RA SCHILY (im Stehen): Was ist denn das jetzt eben.

Mehrere RAe sprechen laut, unverständlich dazwischen.

RA SCHILY: Was war denn das hier eben?

VORS.: Was ist?

RA SCHILY: Ich bitte um eine Pause, ich bitte um eine Pause.

VORS.: Es wird keine Pause … Bitte, den Baader abzuführen. […]

RA SCHILY (immer noch stehend): Moment.

Ich lehne namens und in Vollmacht der Angeklagten Ensslin den beisitzenden Richter Dr. Foth wegen Besorgnis der Befangenheit ab.

Der beisitzende Richter hat soeben mit der Faust auf den Tisch geschlagen.

Der Angekl. Baader wurde um 9.13 Uhr aus dem Sitzungssaal abgeführt.

Währenddessen stehen die drei übrigen Angeklagten vor ihrer Anklagebank.

VORS.: Ja, Herr Rechtsanwalt, Sie haben im Augenblick, im Augenblick nicht das Wort.

RA SCHILY: Moment. Aber zu einem Ablehnungsgesuch werde ich ja wohl noch das Wort bekommen.

VORS.: Auch der Ablehnungsantrag wird jetzt nicht entgegengenommen.[90] Die Frage der Unverzüglichkeit[91] ist überhaupt nicht berührt, wenn jetzt zuerst die Entscheidung begründet wird. Nehmen Sie das bitte zur Kenntnis.

RA SCHILY: Nein, ich nehm das nicht zur Kenntnis. Ich werde jetzt mein Ablehnungsgesuch stellen.

VORS.: Ich ... Nein, ich fahre jetzt mit der Begründung fort. Ich habe bereits den Tenor bekanntgegeben, es ist eine unaufschiebbare Handlung,[92] daß jetzt weiterhin begründet wird.

RA Pfaff (schreit unverständlich dazwischen)

VORS.: Ich darf die Herren Rechtsanwälte jetzt endlich bitten, sich an das zu halten, was Ihnen hier als Anwälte als Pflicht vorgeschrieben ist.

RA PFAFF: Herr Vorsitzender, Sie haben dieser Verteidigung über Monate hinweg ...

VORS.: Sie haben sich ...

RA PFAFF (ab jetzt schreiend): ... die Möglichkeit genommen, die Rechte der Angeklagten ...

VORS.: Haben Sie, haben Sie das Wort im Augenblick?

RA Pfaff schreit weiter, jedoch unverständlich.

VORS.: Haben Sie jetzt im Augenblick das Wort.

RA PFAFF: Ich nehme mir ...

RA Pfaff und die Angekl. Ensslin schreien unverständlich dazwischen.

RA PFAFF (schreiend): ... Verhandlungsunfähigkeit hier auf den Tisch zu legen. Jetzt liegen die Gutachten vor und jetzt wollen Sie die Angeklagten ausschließen, weil sie verhandlungsunfähig sind. Das ist einfach ungeheuerlich.

RA Dr. Heldmann (schreiend): … verhandlungsunfähig hat diese Justiz sie gemacht, durch die Haftbedingungen.

RA Pfaff und RA Dr. Heldmann schreien unverständlich weiter.

RA Pfaff: In den Gutachten steht das ganz klar drin.

Vors.: Herr RA Pfaff, Herr RA Pfaff, Sie werden nicht verhindern können, daß wir die Entscheidung begründen, die ich im Tenor bereits bekanntgegeben habe. Sie werden nur beweisen können, daß Sie hier Manieren anwenden, die ein Verfahren, ein geordnetes Verfahren, unmöglich machen.

Mehrere Verfahrensbeteiligte sprechen laut unverständlich dazwischen.

Vors.: Wir machen, wir machen zur …

RA Schily: Was ist mit den Manieren von Herrn Dr. Foth?

Vors.: Ich mache …

RA Schily: Was ist mit den Manieren von Herrn Dr. Foth (schreiend)?

Vors.: Ich mache jetzt zur Beruhigung der Gemüter eine Pause von zehn Minuten.

RA Schily: Was ist mit den Manieren von Dr. Foth, möchte ich fragen?

Pause von 9.15 Uhr bis 9.25 Uhr. Bei Fortsetzung der Hauptverhandlung um 9.25 Uhr waren folgende Rechtsanwälte nicht mehr anwesend:

RA Pfaff, RA Dr. Heldmann und Gerichtsreferendar Düx.

Vors.: Ich bitte Platz zu behalten

RA von Plottnitz: Kann ich für Herrn Raspe das Wort bekommen?

Angekl. Ensslin: Moment.

Vors.: Nein. Ich darf Sie nochmals darauf hinweisen, an diesem Standpunkt wird sich nichts ändern: Ich habe mit der Begründung des Tenors …

Die Angekl. Meinhof und Ensslin sprechen unverständlich dazwischen.

Angekl. Ensslin: … die Reihen zu lichten, Du Schwein … Killer.

Vors. (nach geheimer Umfrage): Der Senat hat beschlossen: …

RA von Plottnitz (unverständlich)

Vors.: Frau, Frau Rechts., Herr Rechtsanwalt, Herr Rechtsanwalt

Die Angekl. Ensslin spricht unverständlich dazwischen.

VORS.: ... lassen Sie mich jetzt bitte mal zu Worte kommen. Frau Ensslin, wollen Sie sich jetzt zu der Frage, daß Sie ausgeschlossen werden, äußern?

ANGEKL. MEINHOF: Ja, ... äußern.

VORS.: Frau Ensslin, Frau Ensslin.

ANGEKL. ENSSLIN: Ich stelle fest, daß das ein Richter ist, dessen Beschäftigung es ist, die Reihen hier zu lichten.

VORS.: Ja, ...

RA RIEDEL: Frau Meinhof hat noch nicht ihre ...

VORS.: Frau Ensslin, es geht nur um Frau Ensslin im Augenblick.

(Nach geheimer Umfrage):

Frau Ensslin wird nach Senatsbeschluß vom weiteren Ablauf des heutigen Tages ausgeschlossen,

da sie durch Zwischenrufe die Verhandlung gestört hat, trotz Abmahnung davon nicht abläßt, und weitere Störungen zu befürchten sind.

Gerichtsreferendar Düx erscheint wieder um 9.27 Uhr.

Die Angekl. Meinhof und Raspe stehen auf und bleiben vor der Anklagebank stehen.

ANGEKL. RASPE: (Anfang unverständlich) ... Senat und die Richter ...

VORS.: Darf ich bitten, daß Frau Ensslin abgeführt wird.

Die Angeklagte Ensslin steht auf, bleibt jedoch noch im Sitzungssaal vor der Anklagebank stehen.

ANGEKL. RASPE: (Anfang unverständlich) ... ausschließen. Wollen Sie denn das auch noch?

VORS.: Herr Raspe, Sie werden jetzt nicht durch weitere Zwischenrufe oder Reden das Verfahren stören können. Sonst blüht Ihnen dasselbe Schicksal.

RA VON PLOTTNITZ: ... Sie Herr Vorsitzender, nicht Herr Raspe.

BA Dr. Wunder verläßt um 9.27 Uhr für ca. eine Minute den Sitzungssaal.

Die Angekl. Meinhof schreit stehend unverständlich dazwischen.

VORS.: Frau Meinhof. Es ist nicht verständlich, was Sie sagen. Aber es ist eine Störung. Auch Sie haben die Gelegenheit, sich zu äußern, ob Sie irgendwas vorzubringen haben dagegen, daß Sie jetzt ausgeschlossen werden müssen? [...]

Angekl. Meinhof: Ja ich will mal sagen: Wir werden das nicht vergessen, was Sie hier abziehen. Und es wird Ihnen auch nicht gelingen, hier einen Prozeß durchzuziehen, mit falschen Zeugen, mit falschen Polizeikonstruktionen und mit dem ganzen Desaster. Und Sie werden auch nicht vermeiden, daß wir deswegen verhandlungsunfähig sind, weil wir seit dreieinhalb Jahren gefoltert werden. Das werden Sie nicht vom Tisch kriegen.

Vors. (nach geheimer Umfrage): Frau Meinhof ist vom weiteren Ablauf des heutigen Verhandlungstages ausgeschlossen.

RAe Dr. Heldmann und Pfaff erscheinen um 9.28 Uhr wieder im Sitzungssaal.

Vors.: Sie hat durch Zwischenrufe gestört. Es ist zu erwarten, daß sie weiterhin stört. Trotz Abmahnung läßt sie davon nicht ab.

Angekl. Meinhof: Du imperialistisches Staatsschwein.

Vors.: Bitte, Frau Meinhof abzuführen.

Die Angeklagte Meinhof bleibt vor der Anklagebank stehen.

Angekl. Raspe: Das ist unmöglich, Prinzing, in diesem Verfahren hier, gegen den nackten Faschismus ...

Vors.: Herr Raspe, Sie haben, Herr Raspe, Sie haben nicht das Wort. Ist denn das Mikrofon eingestellt? (zu den Protokollführern)

Angekl. Raspe: Wir sagen dazu noch folgendes: Weder Prinzing, noch der Senat ...

Vors.: Ich bitte jetzt, Frau Meinhof und ...

Der Angeklagte Raspe spricht unverständlich weiter.

Vors.: Herr Raspe, stören Sie nicht weiter durch Zwischenrufe, sonst haben Sie genau den Ausschluß.

Angekl. Raspe: Was heißt hier stören? Wer schließt denn hier aus?

Vors.: Herr Raspe, Sie haben die Gelegenheit, sich zu äußern dazu, daß Sie jetzt möglicherweise auch ausgeschlossen werden müßten. Wollen Sie etwas dazu sagen?

Angekl. Raspe: ... ist, was Sie gestern in der Bildzeitung verkünden haben lassen. Und deswegen ist es auch uninteressant, was Sie jetzt hier erklären. Das stand nämlich schon gestern bei Springer. Daß es das Projekt ist …

VORS.: Wollen Sie sich zur Sache äußern, zur Frage Ihres möglichen Ausschlusses?

ANGEKL. RASPE: Es geht hier nicht um den Ausschluß. Und Ihr Projekt ist, dadurch, daß Sie uns nach diesem Befehl Bubacks ausschließen, zwei Sachen durchzuziehen:

1. Brauchen Sie die Haftbedingungen nicht zu ändern, können Sie also an der Vernichtungshaft festhalten – nachdem Sie [§]231 [StPO][93] anwenden –, und

2. …

VORS.: Gut, Sie sprechen jetzt nicht zu der Frage Ihres Ausschlusses wegen ordnungswidrigen …

ANGEKL. RASPE: Und 2.

RA VON PLOTTNITZ: Das ist der Punkt, um den es hier geht.

ANGEKL. RASPE: … werden Sie eine Beweisaufnahme durchziehen, genau das ist die Ursache …

VORS. (nach geheimer Umfrage): Der Senat hat beschlossen: …

Der Angeklagte spricht weiter unverständlich dazwischen.

VORS.: Der Senat hat beschlossen:

> Auch der Angeklagte Raspe ist vom weiteren Ablauf der Verhandlung ausgeschlossen, aus den gleichen Gründen, wie bei den anderen Angeklagten.

Während der Verkündung des Beschlusses sprechen mehrere Angeklagte unverständlich dazwischen.

VORS.: Ich bitte die Angeklagten abzuführen.

ANGEKL. RASPE: Das wollten … hören. Das ist klar.

ANGEKL. ENSSLIN: Du wirst's nicht vergessen, Prinzing. Dafür hast Du gesorgt für Deine Zeit, die nun kommt.

VORS.: Bitte jetzt die Angeklagten abzuführen. Ich bitte jetzt die Angeklagten abzuführen. Ich bitte, das etwas beschleunigt zu tun.

ANGEKL. MEINHOF: Jetzt hast du deinen Schauprozeß prima durch.

Die Angeklagten Meinhof, Ensslin und Raspe werden um 9.30 Uhr aus dem Sitzungssaal abgeführt.

VORS.: Ich fahre in der Begründung fort.

Der Vorsitzende verliest daraufhin die Gründe des Beschlusses aus Anlage 1 zum Protokoll.

Der Beschluß ist dem Protokoll als Anlage 1 beigefügt.

Der Vorsitzende wird bei der Verlesung wie folgt unterbrochen:

[...] Beschluß, Seite 5, 3. Zeile nach »vor allem«:

RA von Plottnitz (unverständlich)

VORS.: Sie sollten, Herr RA von Plottnitz, sich abgewöhnen, durch Zwischenrufe zu unterbrechen. Und außerdem bekommen Sie nachher ...

RA DR. HELDMANN: Sie sollten die Öffentlichkeit nicht täuschen.

VORS.: Sie bekommen nachher, Sie bekommen nachher die Ablichtung dieses Beschlusses und Sie können dann sämtliche Zitate, die in Anführungszeichen stehen, kontrollieren. [...]

Beschluß, Seite 5, 15. Zeile nach »befassen«:

RA SCHILY lacht und sagt: Schämen Sie sich nicht, Herr Vorsitzender.

Beschluß Seite 6, 13. Zeile nach »unter anderem«:

RA VON PLOTTNITZ: Herr Vorsitzender, verkünden Sie anschließend das Urteil?

VORS.: Ich bitte, mich nicht zu unterbrechen.

RA SCHILY: Nein, Sie haben doch ...

Beschluß, Seite 6, 32. Zeile nach »und so weiter«:

RA PFAFF: Zur Sache.

Beschluß, Seite 6, 37. Zeile nach »Alle Macht dem Volk«:

RA SCHILY: Ich stelle den Antrag,

> dem Herrn Vorsitzenden das Wort zu entziehen, weil er nicht zur Sache spricht.

VORS.: Herr Rechtsanwalt. Sie kennzeichnen sich durch diese Äußerung selbst. Wenn Sie zur Kenntnis nehmen würden, daß es sich um einen Gerichtsbeschluß handelt.

RA VON PLOTTNITZ: Herr Vorsitzender. Es ist ein Antrag gestellt worden. Dem Antrag schließe ich mich an.

VORS.: Ich verbitte mir weitere Einmischung. Lassen Sie mich die Begründung zu Ende lesen.

RA VON PLOTTNITZ: Es war völlig zurecht beantragt worden ... das Wort zu entziehen.

RA von Plottnitz und RA Dr. Heldmann schreien unverständlich dazwischen.

RA VON PLOTTNITZ: Sie können doch nicht von uns erwarten, daß wir das hinnehmen ...

Obwohl der Vorsitzende mit der Verlesung der Beschlußgründe fortfährt, spricht RA von Plottnitz unverständlich dazwischen.

Beschluß, Seite 6, ganz unten »werden soll«:

RA SCHILY: Sogenannte.

Beschluß, Seite 7, 17. Zeile nach »geführt werden«:

RA DR. HELDMANN: »Vermutlich«. Begründen Sie den Beschluß vermutlich?

Beschluß, Seite 7, 18. Zeile nach »Angeklagten Ensslin«:

RA DR. HELDMANN: Ein Skandal ist das!

Beschluß, Seite 9, 1. Zeile nach »gefährden kann«:

RA PFAFF: Das könnte man aber auch nicht, ohne sozial isoliert zu sein.

Beschluß, Seite 9, 11. Zeile nach »Befreiungspläne«:

RA SCHILY: Urteil ist noch nicht rechtskräftig.

Gerichtsreferendar Düx verläßt um 10.05 Uhr den Sitzungssaal.

Beschluß, Seite 13, 20. Zeile nach »bis heute«:

RA SCHILY: Ist komisch, Herr Dr. Breucker, nicht? Ist komisch, sehr komisch.

Beschluß, Seite 15, 11. Zeile von unten nach »Annahme«:

RA SCHILY: Das ist doch nicht wahr.

Beschluß, Seite 16, 8. Zeile nach »aufhorchen«:

RA VON PLOTTNITZ: Da meint er Sie, Herr Vorsitzender.

RA Pfaff und RA Schily sprechen unverständlich dazwischen.

Am Ende des Beschlusses sagte RA VON PLOTTNITZ: Heil, Dr. Prinzing!

VORS.: Ist das zu Protokoll genommen, daß Herr von Plottnitz im Augenblick bemerkte, »Heil, Dr. Prinzing«? Ich bitte das zu protokollieren.

RA von Plottnitz (unverständlich).

VORS.: Gegen diesen Beschluß ist das Rechtsmittel der sofortigen Beschwerde zulässig. […] Die Beschwerde hat aufschiebende Wirkung.[94] Das Verfahren müßte also im Falle der Einlegung der Beschwerde unterbrochen werden, bis der Bundesgerichtshof über die Beschwerde entschieden hat. Das Gesetz sieht eine maximale Unterbrechungsfrist bis zu 30 Tage vor.[95] Im Hinblick darauf, daß die Frage der Rechtsmitteleinlegung über den weiteren Fortgang des Verfahrens in den nächsten Wochen entscheiden wird – wir also abwarten müssen, ob, wovon wohl auszugehen ist, von der Beschwerdemöglichkeit Gebrauch gemacht wird – sehen wir zunächst die Fortsetzung der Verhandlung nach Ablauf der Beschwerdefrist am Mittwoch, dem 8. Oktober 1975, um 9.00 Uhr in diesem Saale vor. […]

Ende der Sitzung: 10.15 Uhr

RA SCHILY: Herr Vorsitzender, ich hatte ein Ablehnungsgesuch … ich hatte ein Ablehnungsgesuch gegen Herrn Dr. Foth gestellt.

VORS.: Außerhalb der Hauptverhandlung[96] können Sie das auch stellen.

RA SCHILY (schreiend): Das ist doch unglaublich, unglaublich.

RA PFAFF: Nicht nur die Angeklagten werden ausgeschlossen. (schreiend)

RA SCHILY (schreiend): … kommen auch nicht zu Wort und nur Sie hier, Ihre Agitationsrede haben Sie gehalten.

Unruhe im Sitzungssaal.

RA SCHILY: Herr Foth, da haben Sie den Rechtsstaat wirklich ruiniert. Herzlichen Glückwunsch, Herr Zeis.

Um die Hauptverhandlung trotz Verhandlungsunfähigkeit der Angeklagten fortsetzen zu können, muss das Gericht begründen, dass die Angeklagten ihren Zustand vorsätzlich und schuldhaft selbst herbeigeführt haben (§ 231 a StPO). Der Senat stützt diese Annahme auf zwei Gesichtspunkte: Zum einen seien mehrere Hungerstreiks jedenfalls mitursächlich für den Zustand der Angeklagten, insofern hätten sie diesen vorsätzlich und schuldhaft herbeigeführt. Zum anderen seien auch die Haftbedingungen, die einer Besserung des Zustandes nach Auffassung etwa des Sachverständigen

Prof. Rasch entgegenstünden, dem Verantwortungsbereich der Angeklagten zuzuordnen. Die Angeklagten hätten gewusst, dass die Beeinträchtigungen des Hungerstreiks unter den ihnen bekannten Haftbedingungen nicht zu beheben seien; zudem hätten sie die ihnen angebotene Behandlung verweigert.

Die hiergegen gerichtete Beschwerde weist der Bundesgerichtshof mit Beschluss vom 22. Oktober 1975[97] *als unbegründet zurück. Der BGH betont jedoch, dass aus der Befugnis, ohne die Angeklagten zu verhandeln, nicht auch das Recht folge, diese gegen ihren Willen von der Verhandlung fernzuhalten. Dies hat zur Folge, dass den Angeklagten von nun an die weitere Teilnahme an der Hauptverhandlung freigestellt wird.*

10
»... UND DAS IST DER VERRAT«

Dienstag, 28. Oktober 1975
41. Verhandlungstag

Die Angeklagten lehnen die Richter des Senats wegen Besorgnis der Befangenheit ab. Hierzu stützen sie sich auf den Senatsbeschluss, wonach die Hauptverhandlung in Abwesenheit der Angeklagten fortgesetzt werde.

[...]

Vors.: Weitere Anträge. [...] Frau Meinhof.

Angekl. Meinhof spricht ohne Mikrophon daher nicht zu verstehen.

Vors.: Bitte Mikrophon.

Angekl. Meinhof: Ja, ich weiß gar nicht, warum Sie hier so hysterisch darauf reagieren, daß wir Sie ablehnen, weil Sie ein Gericht sind, das foltert, nachdem der BGH das ja schließlich bestätigt hat und erklärt hat, daß das Rechtens ist, denn der BGH-Beschluß stellt fest: Erstens: Daß es Isolation gibt. So damit das klar ist, ich setz das raus, weil es eine gemeinsame Begründung von uns ist. Also Erstens: Der BGH stellt fest, daß es Isolation gibt. Zweitens: Daß Isolation Folter ist. Und drittens: Daß Folter in der Bundesrepublik Rechtens ist. Und das alles im Gegensatz dazu, daß dreieinhalb Jahre lang mit einem enormen publizistischen Aufwand bestritten worden ist, daß es Isolation gibt. Zweitens: Daß Isolation Folter ist und, drittens, allerdings noch bestritten werden mußte, daß das Rechtens sei, weil es das bis jetzt noch nicht war. Aber das ist noch nicht alles, was der BGH rausläßt. Er behauptet, die staatlichen Organe seien zur Anwendung dieser Haftbedingungen durch unser Verhalten gezwungen worden.

VORS.: Frau Meinhof, bitte es richtet sich der Antrag gegen die Richter dieses Senats.

ANGEKL. MEINHOF: Er richtet sich gegen Sie aufgrund des BGH-Beschlusses und der Wahrheiten, die dieser BGH-Beschluß rausläßt.

VORS.: Sie können uns nicht ...

ANGEKL. MEINHOF: Und das bin ich jetzt dabei auseinanderzunehmen.

VORS.: ... aus Gründen ab ...

ASSESSOR OBERWINDER: Herr Vorsitzender, Sie schweifen jetzt wirklich ab. Sie haben der Mandantin das Wort erteilt und sie redet jetzt zur Sache.

VORS.: Ich werde die Mandantin ermahnen dürfen zur Sache, bei der Sache zu bleiben. Frau Meinhof, Sie können nicht mit dem Beschluß des Bundesgerichtshofs die Befangenheit dieser Richter begründen, das ist nicht sehr logisch.

ANGEKL. MEINHOF: Natürlich kann ich den Beschluß des Bundesgerichtshofes dazu heranziehen, um mal Ihnen nachzuweisen, wie Sie in Ihrem Beschluß vom 30. September die Tatsachen auf den Kopf gestellt haben ...

VORS.: Gut, das ist zulässig, da gibt es keine Zweifel.

ANGEKL. MEINHOF: ... und die Tatsache, daß gefoltert wird und Sie ein folternder Richter sind, abstreiten. Natürlich kann ich das und dazu müssen Sie mir Gelegenheit geben, jetzt, den BGH-Beschluß zu analysieren.

VORS.: Ja, ich darf Ihnen bei dieser Gelegenheit, weil Sie mich jetzt wieder als den folternden Richter bezeichnet haben, auch die Verwarnung mit auf den Weg geben: Mäßigen Sie sich in den Ausdrücken, sonst wird das wieder ein Grund zur Entziehung des Wortes.

ANGEKL. MEINHOF: Ich sage Ihnen nochmal, was soll denn diese hysterische Empfindlichkeit. Es ist rechtens laut BGH-Beschluß. Was haben Sie denn noch dagegen?

ANGEKL. BAADER: Ja eben, was ist denn überhaupt? Sie dürfen doch.

ANGEKL. MEINHOF: Bloß wir finden, daß Sie deswegen befangen sind. Also nochmal, das ist nicht alles, was der BGH rausläßt. Er behauptet, die staatlichen Organe seien zur Anwendung dieser Haftbedingungen durch unser Verhalten gezwungen worden. Und da wir die nachteiligen Wirkungen der Isolation aufgrund unserer Intelligenz früh erkannt hätten, hätten wir ihre Folgen, ihre Folge unser Verhandlungsunfähigkeit, wie der BGH sagt, in Kauf genommen. Dieses Verhalten, das ist wichtig, besteht laut BGH-Beschluß darin, daß sich jeder von uns zu den Zielen der RAF, der Roten-Armee-Fraktion wörtlich, wie der BGH sagt, rückhaltlos bekennt. Und das ist Gesinnungsjustiz. Das Gesinnungsjustiz nennen, ist absolut keine Überinterpretation, denn was der BGH auch behauptet, wir würden die Ordnung in der Haftanstalt stören, ist absurd. Wie, wann, wo? Wie sollten wir jemals die Ordnung in der Haftanstalt gestört haben, wo wir nie, exakt noch nie in dreieinhalb Jahren mit anderen Gefangenen, also Gefangenen aus der RAF, im Gefängnis gesprochen haben. Und wenn der BGH behauptet, daß andere Haftbedingungen uns die Vorbereitung unserer Befreiung erleichtern, erleichtern würden, dann unterstellt er damit praktisch, zum Beispiel, daß die Berliner Justizbehörden, die aus propagandistischen Gründen alle in Berlin damals noch isolierten Gefangenen[98] zu Beginn des Hungerstreiks vor einem Jahr in den Normalvollzug integriert haben, die Berliner Behörden begünstigten die Befreiungsversuche von Gefangenen aus der RAF. Das ist alles Unsinn.

Die Frage ist: Wie kann ein isolierter Gefangener den Justizbehörden zu erkennen geben, angenommen, daß er es wollte, daß er sein verän… sein Verhalten geändert hat? Wie? Wie kann er das in einer Situation, in der bereits jede, absolut jede Lebensäußerung unterbunden ist? Ihm … ihm bleibt, d. h. dem Gefangenen in der Isolation bleibt, um zu signalisieren, daß sich sein Verhalten geändert hat, überhaupt nur eine Möglichkeit, und das ist der Verrat. Eine andere Möglichkeit, sein Verhalten zu ändern, aufgrund … auf das der BGH stützt, daß wir isoliert werden, hat der isolierte Gefangene nicht, d. h., es gibt in der Isolation exakt zwei Möglichkeiten: Entweder …

VORS.: Frau Meinhof, es ist kein Zusammenhang mehr …

ANGEKL. MEINHOF: Ich will das jetzt ausführen!

Vors.: … zum Ablehnungsantrag zu sehen.

Angekl. Meinhof: Entweder Sie bringen einen Gefangenen zum Schweigen, …

Vors.: Bitte, entweder …

Angekl. Meinhof: … d.h., man stirbt daran;

Vors.: Frau Meinhof, …

Angekl. Meinhof: oder Sie bringen einen zum Reden – und das ist das Geständnis und der Verrat, und so, an der Realität gemessen, hat der BGH-Beschluß eine klare und definitive Aussage. Das ist Folter, exakt Folter, durch Isolation definiert an diesem Zweck, Geständnisse zu erpressen, den Gefangenen einzuschüchtern, um ihn zu bestrafen und um ihn zu verwirren. Das ist das Geständnis des BGH-Beschlusses.

*In den folgenden Tagen kommt es zu einigen einschneidenden Veränderungen in den Reihen der Vertrauensverteidiger*innen. Am Ende des 42. Verhandlungstages wird den Rechtsanwälten Golzem, Köncke und Spangenberg der Senatsbeschluss mitgeteilt, wonach sie aufgrund des Verbots der Mehrfachverteidigung nach § 146 StPO von der Mitwirkung im Verfahren ausgeschlossen seien, da sie zeitgleich im Kaiserslauterner Parallelverfahren die dort Angeklagten Klaus Jünschke, Manfred Grashof und Wolfgang Grundmann verteidigten.[99] Nur drei Tage später wird die Beiordnung des Rechtsanwalts von Plottnitz als Pflichtverteidiger von Jan-Carl Raspe aufgehoben. Anschließend nimmt er noch einige Zeit als Wahlverteidiger am Verfahren teil. Schließlich nimmt das Landgericht Stuttgart die amtliche Bestellung des Rechtsreferendars Dr. Temming zurück, der zeitweise als Vertreter von Rechtsanwältin Becker am Verfahren teilgenommen hatte.*

Erst am 43. Verhandlungstag, mehr als drei Monate nach Beginn der Hauptverhandlung, wird der erste Zeuge vernommen. Gegenstand der Beweisaufnahme ist in den folgenden Verhandlungstagen die Festnahme von Andreas Baader, Holger Meins und Jan-Carl Raspe am 1. Juni 1972. Allen dreien wird vorgeworfen, versucht zu haben, sich der Festnahme durch Einsatz von Schusswaffen zu entziehen: versuchter Mord[100] also.

11 POLIZEIZEUGEN

Donnerstag, 20. November 1975
46. Verhandlungstag

[...]

VORS.: [...] Wir haben als Zeugen die Herren A., P. und H. anwesend. Ich muß Sie von Gesetzes wegen als Zeugen darüber belehren, daß Sie hier verpflichtet sind, die Wahrheit zu sagen – das ist Ihnen ja als Polizeibeamter ohnedies bekannt –, trotzdem muß ich darauf hinweisen, daß Sie alles, was Sie zur Sache wissen, hier bekanntgeben müssen, und daß Sie nichts verschweigen dürfen, auch wenn Sie einmal eine Frage nicht unmittelbar berührt, Sie aber erkennen, daß das zum Sachzusammenhang gehört. Wenn keine gesetzliche Ausnahme vorliegt, werden Sie auf Ihre Aussage beeidigt[101] werden. Dabei können Sie wählen, darauf sind Sie hinzuweisen, zwischen dem Eid mit religiöser oder ohne religiöse Beteuerung. Wer vor Gericht falsch schwört, d.h. also vorsätzlich falsche Angaben macht und darauf einen Eid leistet, muß mit Freiheitsstrafen nicht unter einem Jahr rechnen.[102] Wer vorsätzlich falsche Angaben macht, ohne darauf beeidigt zu werden, muß immerhin noch mit Freiheitsstrafen zwischen drei Monaten und fünf Jahren rechnen;[103] und schließlich wird auch derjenige bestraft, der fahrlässig falsche Angaben macht, sich also bei seiner Aussage die Dinge nicht gründlich überlegt und nun ohne Absicht und Willen zu falschen Aussagen gelangt.[104] Deswegen bitte ich Sie in Ihrem eigenen Interesse um größte Gewissenhaftigkeit und Überlegung bei Ihren Angaben.
Wir müssen aufgrund der Erfahrung, die das Gericht bisher gemacht hat, davon ausgehen, daß Sie als Polizeibeamte vor Ihrer Vernehmung

die Protokolle nochmals durchgelesen haben könnten. Sollte dies der Fall sein, so bitte ich Sie, streng darauf zu achten, daß Sie uns nur das berichten, was Ihnen anhand dieser Vorbereitung wieder eingefallen ist, nicht, daß Sie uns Gelesenes berichten, sondern nur insoweit, wie Sie Ihre Erinnerung, die zurückreichen muß bis zum Beobachtungszeitpunkt, wieder auffrischen konnten. Also da müssen Sie sehr vorsichtig sein. Und vor allem bitte ich Sie auch um klare Darstellungen, wo Sie sich Ihrer Aussagen sicher sind und wo Sie nur glauben, daß etwas sich so ereignet haben könnte.

Wir haben hier ein Tonband laufen von Seiten des Gerichts. Ihre Aussage würde also, wenn Sie damit einverstanden sind, auf das Tonband aufgenommen werden.[105] Von diesem Tonband werden dann Niederschriften gemacht, die auch an die übrigen Prozeßbeteiligten verteilt werden. Ich sehe, heute ist kein Gerät da, das etwa von der Verteidigung zusätzlich benützt werden sollte.[106] Sind Sie damit einverstanden, daß hier diese Niederschrift für die Gerichtszwecke und die Verfahrenszwecke gemacht werden?

DIE ZEUGEN A., P. und H.: Ja.

VORS.: Dann darf ich zunächst Herrn P. bitten, hierzubleiben. Die übrigen Herrn bitte ich ... Oder fangen wir mit Herrn A. an, Herr A., ja. [...]

Haben Sie mit dem Gericht je was zu tun gehabt wegen Eidesverletzungen?

ZEUGE A.: Nein.

VORS.: Nichts. Wir haben von Ihnen schon eine Aussagegenehmigung[107] vorliegen. Sie ist textlich, wie sich leicht überprüfen läßt, identisch mit dem Text auch der bisher bekanntgewordenen Aussagegenehmigungen. Haben Sie selbst eine zur Hand?

ZEUGE A.: Im Moment nicht.

VORS.: Dann darf ich Ihnen eine Durchschrift davon übergeben; eine davon nehmen wir zu Protokoll, so daß Sie sich also daran immer selbst orientieren können.

Soll ich den Text nochmals bekanntgeben oder ist er inzwischen geläufig?

RA Sch.[108]: Ich bitte darum.

Vors.: Der Text lautet also:

In der Strafsache gegen sowieso wird Herrn Volker A. die Genehmigung erteilt, als Zeuge auszusagen. Von der Genehmigung sind Angaben ausgenommen, die in § 62 des BBG, dann § 76 Abs. 1 Hessisches BG dem Wohl des Bundes oder eines deutschen Landes Nachteile bereiten oder die Erfüllung öffentlicher Aufgaben ernstlich gefährden oder erheblich erschweren könnten. Das gilt z. B. für Aussagen über Einsatzgrundsätze, Auswertungs- und Bekämpfungssysteme, technische Einrichtungen und Einsatzmittel, Methoden der Forschung und Ausbildung, Zusammenarbeit mit anderen Behörden sowie vertraulich erlangte Informationen. Im übrigen erstreckt sich die Aussagegenehmigung nur auf den Bereich, in dem der Beamte im Rahmen seiner Ermittlungen tätig geworden ist.

Wenn Sie, die Herrn Verteidiger, noch Wert darauf legten, wir könnten Ihnen das also rüberreichen lassen. Aber ich vermute, daß dieser Text nun hier in Zukunft immer wieder der gleiche sein könnte, so daß es ganz nützlich wäre, wenn Sie sich einmal eine solche Unterlage verschafften.

Die Aussagegenehmigung wird als Anl. 2 zum Protokoll genommen.

Herr A., wir können davon ausgehen, daß Sie im Zusammenhang mit der Ermittlung in dem sog. Baader-Meinhof-Komplex tätig geworden sind als Kriminalbeamter.

Zeuge A.: Das ist richtig.

Vors.: Wir sind im Augenblick dabei, die Vorgänge im Zusammenhang mit der Verhaftung von zwei oder drei Personen im Sommer 1972, Mitte des Sommers 1972, zu klären. Waren Sie an dieser Aktion beteiligt?

Zeuge A.: Ja, ich war beteiligt.

Vors.: Bitte, dann schildern Sie uns zunächst mal im Zusammenhang, was Sie dort erlebt haben und wie Sie dort hinkamen.

Zeuge A.: [...] Ich befand mich also zu diesem Zeitpunkt am 1. Juni 1972 gegen 5.50 Uhr in Höhe des Hauptfriedhofes in der Eckenheimer

Landstraße in Frankfurt, und meine Aufgabe war es, die Rückseite des Objekts, Hofeckweg 2–4, zu beobachten. Zu diesem Zeitpunkt fuhr ein dunkelfarbener Porsche mit verhältnismäßig hoher Geschwindigkeit …

VORS.: Wie war die Farbe? Entschuldigung.

ZEUGE A.: Dunkle Farbe, also so violett, also kardinalrot, in dieser Farbe. … fuhr dieses Fahrzeug die Kaiser-Siegmund-Straße in Richtung Eckenheimer Landstraße. Unmittelbar vor der Eckenheimer Landstraße bog das Fahrzeug nach rechts in eine parallel zu der Eckenheimer Landstraße verlaufende Straße und bog dann abermals nach rechts entgegen der Einbahnstraße in den Kühhornshofweg ein. Das Fahrzeug fuhr ungefähr 200 m diese Straße hinein, wendete, kam zurück und blieb dann auf der linken Fahrbahnseite hinter dem Objekt stehen. Es stiegen drei Personen aus, die durch die Pfahlbarriere in den Hofeckweg hineingingen. Unmittelbar darauf kam über Funk die Anweisung, die abgesprochen war, daß wir also eingreifen sollten. Ich habe dann das Fahrzeug, entsprechend wie der Porsche, in diese Straße hineingefahren. […]

In Höhe des Objekts hielt ich mein Fahrzeug an, und zu diesem Zeitpunkt sahen der Kollege K., der sich also bei mir im Fahrzeug befand, und ich eine männliche Person in Höhe der Einfahrt des Hofeckwegs stehen. Wir stiegen aus dem Fahrzeug aus und riefen diese Person an: »Halt! Stehenbleiben! Polizei!« – sinngemäß –, woraufhin sich der Mann in Bewegung setzte in Richtung Hofeckweg. Beim Weglaufen schnellen Schrittes griff er mit der rechten Hand in die Manteltasche, und in diesem Augenblick war er also dann hinter der Hausecke verschwunden im toten Winkel, so daß ich also das weitere Geschehen nicht mehr verfolgen konnte.

Ich bin dann zunächst hinter dem Objekt an der dort befindlichen Treppe zum Garagenkomplex stehengeblieben – das war mein Auftrag –, um diesen Fluchtweg, diesen möglichen, zu sichern, und bevor ich also diese Treppe hinunterging, hörte ich einen Schuß.

Ich muß mich berichtigen: Es waren mehrere Schüsse – drei bis vier Stück. Ich ging dann die Treppe hinunter, und in diesem Moment fiel ein weiterer Schuß, ein einzelner Schuß, und ich hörte einen Kollegen rufen: »Mach die Türe zu!«

Ich habe dann meinen Standort eingenommen. Zwischenzeitlich war das Dienstfahrzeug vor das Garagentor gefahren worden, um den darin befindlichen Leuten die Möglichkeit zu nehmen, wieder nach draußen zu kommen. Im Augenblick, als das Dienstfahrzeug vor das Tor gefahren wurde, fiel ein weiterer Schuß, und der Kollege P., der sich in unmittelbarer Nähe der Türe befand, warf sich auf den Boden. Zwischenzeitlich waren dann noch weitere Einsatzkräfte eingetroffen. Ich habe über Funk die Fahndung nach der flüchtenden Person, nach dem Dritten, durchgegeben, und kurze Zeit später wurde diese von Beamten der Schutzpolizei in der Nähe des Objekts in einem Gebüsch liegend festgenommen.

VORS.: Haben Sie das selbst beobachtet?

ZEUGE A.: Nein.

VORS.: Also das sind ...

ZEUGE A.: Das sind Wahrnehmungen, die mir dann mitgeteilt wurden aufgrund der von mir ausgelösten Fahndung.

VORS.: Wir legen also großen Wert drauf, das zu kennzeichnen. Wenn Sie etwas berichten, was Sie gehört haben, bitte darauf hinweisen.

ZEUGE A.: Im Verlauf des weiteren Geschehens trafen immer mehr Kräfte ein, und durch ein Entlüftungsfenster wurde von der Rückseite des Objekts Tränengas in die Garage hineingeschossen, um damit zu erreichen, daß die beiden Männer, die sich in der Garage befanden, ergeben und nach draußen kommen. Dies geschah zunächst nicht. Und nach kurzer Zeit war dann zu vernehmen durch Klopfen und durch Versuchen, die Türe zu öffnen, daß die in der Garage Befindlichen die Absicht hatten, nach draußen zu kommen.

Daraufhin wurde der Pkw, den wir vor die Garage geschoben hatten, mit einem Seil weggezogen, und nachdem dies geschehen war, wurde die Tür geöffnet, und in Höhe der Tür waren zwei männliche Personen zu erkennen.

Zu diesem Zeitpunkt befand ich mich nicht mehr an der Rückseite des Objekts an der Treppe, sondern in Höhe der Einfahrt zum Garagenkomplex im Hofeckweg. Ich konnte also den vorderen Garagenteil, also lediglich den Eingang, überblicken. Die beiden Personen sind trotz mehrfacher Aufforderung nicht aus der Garage herausgekommen. So wurde durch ein inzwischen herbeigebrachtes Panzerfahrzeug versucht, erneut die Garagentür zu schließen, um durch abermaliges Einwerfen von Tränengas die beiden Personen endlich dazu zu bewegen, nach draußen zu gelangen. Nachdem der rechte Türflügel geschlossen worden war, versuchte das Schützenfahrzeug, nun auch noch den linken Flügel zu schließen. In diesem Augenblick lief der eine dunkelhaarige Mann, der später als Meins identifiziert wurde, mit der Waffe in der Hand nach draußen und versuchte, nach rückwärts, wo sich diese Treppe befand, zu entkommen. Von mehreren Seiten wurde zu diesem Zeitpunkt das Feuer eröffnet, und im Schutze des Schützenpanzers ist Meins dann wieder zurück in die Garage gerannt.

Dieser ganze Vorfall dauerte nun schon längere Zeit. Und nachdem der Schußvorgang ...

VORS.: Darf ich grade zu diesem einen Vorgang noch fragen – eine Zwischenfrage, ...

ZEUGE A.: Bitte sehr.

VORS.: ... die präzise zum Sachzusammenhang gehört: Haben Sie beobachtet, daß diese Person, die Sie als dunkelhaarig beschrieben, geschossen hat?

ZEUGE A.: Nein, das war also zu diesem Zeitpunkt nicht festzustellen. Er hatte eine Waffe in der Hand. Aber ob geschossen wurde, war nicht festzustellen, da ja die Polizeibeamten, die unmittelbar in der Nähe des Geschehens waren, teilweise ebenfalls geschossen haben, so war das also nicht festzustellen.

VORS.: Bitte.

ZEUGE A.: Kann ich fortfahren, ja?

VORS.: Ja.

ZEUGE A.: Nachdem also wieder Stille eingekehrt war und auf mehrmaliges Auffordern die beiden Personen immer noch nicht zu bewegen waren, nach draußen zu kommen, fiel plötzlich ein Schuß, und unmittelbar darauf war ein lautes Schreien zu vernehmen. Unmittelbar darauf kam der Meins, der später als Meins identifizierte Mann, mit erhobenen Händen und mit Badehose bekleidet, so wie wir es gefordert hatten, nach draußen. Zuvor hat er seine Waffe vor der Garage abgelegt.

Durch Beamte der Frankfurter Schutzpolizei, die mit Panzerwesten bekleidet waren, wurde der Verletzte Baader nach draußen getragen und abtransportiert.

Soweit das Geschehen, wie es ... wie ich es selbst festgestellt und mitbekommen habe.

VORS.: Gut. Wir wollen nun die Sache noch etwas mit zusätzlichen Fragen vertiefen. [...]

Herr A., Sie sagten eben, d.h., wir könnten jetzt noch fragen: Wieweit glauben Sie, von der Person entfernt gewesen zu sein, als Ihr Wagen stand?

ZEUGE A.: 25 m, 25 – 30 m.

VORS.: Und nun haben Sie etwas erwähnt: Die Person habe sich bewegt.

ZEUGE A.: Ja. [...]

VORS.: [...] Und können Sie diese Bewegung beschreiben?

ZEUGE A.: Ja. Es war ... Zunächst stand also die Person völlig unbeteiligt da und schaute in die entgegengesetzte Richtung. [...]

Und aufgrund der Motorgeräusche ... Fahrgeräusche drehte er sich dann um, erkannte offensichtlich das Fahrzeug und lief gleichzeitig dann schnellen Schrittes in den Hofeckweg hinein. [...]

VORS.: [...] Und anschließend sprachen Sie jetzt davon, Sie hätten dann zunächst mal Schüsse gehört?

ZEUGE A.: Ja.

VORS.: Wenn Sie's nochmals schildern die Reihenfolge?

ZEUGE A.: Zunächst drei bis vier Schüsse in unmittelbarer Folge, und dann wenige Sekunden Pause, bis ich also den Treppenabsatz erreicht hatte, und dann fiel ein weiterer Schuß.

VORS.: Diesen weiteren Schuß meine ich jedenfalls. Wenn ich Ihr Protokoll hier überfliege, haben Sie früher dies nicht erwähnt. Ich will jetzt bloß nochmals sehen. Sie sind ja zweimal vernommen worden, einmal polizeilich …

ZEUGE A.: Das ist richtig, ja.

VORS.: Also diesen Schuß hatten Sie früher, soweit ich sehe, nicht erwähnt. Ich meine, wenn ich Ihre Reihenfolge vorhin richtig verstanden habe, drei Schüsse?

ZEUGE A.: Drei bis vier Schüsse, ja.

VORS.: Drei bis vier Schüsse. Also ich zieh's jetzt zusammen. Dann ein Einzelschuß …

ZEUGE A.: … als ich mich noch oben, auf dem Hofeckweg … Kühhornshofweg befand, …

VORS.: … und dann im Zusammenhang mit dem Herrn P. nochmals einen Schuß, auf den er sich hingeworfen hat. Das würde also insgesamt etwa fünf bis sechs Schüsse bedeuten, die Sie gehört haben?

ZEUGE A.: Das ist richtig.

VORS.: Früher haben Sie also lediglich die drei Schüsse, drei bis vier Schüsse erwähnt, nichts von diesem Zwischenschuß gesprochen, diesem Einzelschuß, sondern erst wieder davon erzählt, Sie hätten einen Schuß gehört, als der Herr P. sich dann daraufhin zu Boden warf.

ZEUGE A.: Dann muß das möglicherweise in der Vernehmung untergegangen sein. Mir ist das aber so in Erinnerung, wie ich's eben geschildert habe.

VORS.: Sind Sie sich dessen jetzt sicher, diesen Schuß gehört zu haben?

ZEUGE A.: Sicher. Da hat sich also nichts geändert. Das war schon immer so gewesen. […]

VORS.: Haben Sie in dieser Zeit und während des Einsatzes von Tränengas noch irgendwelche Wahrnehmungen gemacht, wie sich die Personen, die in der Garage waren, verhielten im Zusammenhang mit Waffengebrauch?

ZEUGE A.: Ja, das ist richtig. Abwechselnd waren also beide Täter von meinem Standort aus in der Garage zu sehen. Einmal war also eine

Hand mit einer Schußwaffe, aufgestützt auf eine Gasflasche, die dort in der Ecke stand, zu sehen; zum andern stand ein Täter rauchend in der Garage.

VORS.: Haben sich die unterschieden, dem Äußeren nach, die zwei Personen?

ZEUGE A.: Ja, das ist richtig. Der eine war also dunkelhaarig und der andere, ich möchte sagen, rotblond.

VORS.: Die Frage ging dahin, ums einfacher zu machen: Haben Sie beobachtet, ob diese Personen noch irgendwie geschossen haben, solange die Garagentüre offen war?

ZEUGE A.: Das war also nicht festzustellen; denn wie gesagt, von außen wurde Tränengas geschossen. Ob da zwischendurch von innen nach draußen nochmals geschossen wurde durch das offene ... durch die offene Tür, kann ich nicht sagen. Ich habe nur einmal einen Ruf vernommen von Kollegen, die also auf der entgegengesetzten Seite der Garage waren: »Die schießen!«; aber ob wirklich geschossen wurde, habe ich nicht festgestellt.

VORS.: Sie sind früher zu diesem Punkte wohl auch befragt worden. Da haben Sie diesen Ruf, den Sie eben beschreiben, nicht erwähnt.

ZEUGE A.: Nun – da war man also noch unter dem Eindruck des Geschehens. Da geht also einiges unter. Aber ...

VORS.: Nun, beim Richter[109] auch nicht. Das war im Jahre 1974, also zwei Jahre später.

ZEUGE A.: Das ist also durchaus möglich.

VORS.: Es ist nicht so, daß wir die Vorstellung haben, daß ein Zeuge nun sich sklavisch im Rahmen früherer Angaben halten könnte, wenn die Zeit vergeht. Ihre Erinnerung ändert sich; im allgemeinen schwächt sie sich ab. Sie haben jetzt zum zweiten Mal mehr gesagt, als Sie bei der früheren Vernehmung gesagt haben. Deswegen wieder die Frage: Sind Sie sich dieser Einzelheit, daß Sie nämlich Kollegen gehört haben während des Tränengaseinsatzes: »Die schießen!« oder so irgend etwas?

ZEUGE A.: Ja.

Vors.: Sind Sie sich dessen sicher?

Zeuge A.: Ja, dessen bin ich mir vollkommen sicher.

Vors.: Das ist aber merkwürdig, wenn man den Ruf hört von entfernt stehenden Leuten, warum man dann unter Umständen nicht auch, wenn geschossen worden sein sollte, den Schuß genau hört?

Zeuge A.: Es wurde also ununterbrochen von draußen geschossen ...

Vors.: Ach, so ist das.

Zeuge A.: ... so daß man also den Unterschied überhaupt nicht hätte feststellen können.

Vors.: Also Schüsse sind gefallen. Sie können bloß nicht sagen, ob sie nun von drinnen nach draußen abgegeben worden sind.

Zeuge A.: Ich kann nur sagen, sie sind von außen nach innen erfolgt, und zwar das Tränengas.

Vors.: Ja, dann sind wir uns hier schon einig. Nun fällt mir eines auf: Sie haben heute wie auch früher angegeben, als die dunkelhaarige Person, die uns hier im Grunde genommen nicht so interessiert, aber Ihre Erinnerung interessiert hier, sich aus der Garage herausbewegt hätte nach dem Einsatz des Sonderwagens, Sie hätten nicht beobachtet, daß diese Person geschossen hätte.

Zeuge A.: Nein, das war also nicht festzustellen. Es wurde also ...

Vors.: Da will ich gleich den Vorhalt[110] dran anknüpfen, daß Sie, wenn das Protokoll stimmen sollte, das beim Richter angefertigt wurde, gesagt haben sollen: Als der Schützenpanzer vorbeifuhr, um die Türe zuzumachen, da ist – Sie haben dann gesagt – Meins im Schutze des Schützenpanzers aus der Garage herausgesprungen, wild um sich schießend.

Zeuge A.: Ich weiß also nicht, ob das ein Mißverständnis war. Die Kollegen, die also um die Garage postiert waren, haben daraufhin geschossen.

Vors.: Es kann kein Mißverständnis gewesen sein, wenn ich Ihnen den Vorhalt noch weiter machen darf: Der Panzer war gerade im Begriff, herbeizufahren, und dann habe also Meins versucht, in Richtung Treppe zu flüchten, und dann wiederholen Sie nochmals: Dabei schoß er wild um sich.

Ja, es geht dann weiter: Es wurde zurückgeschossen. Also das deckt sich nicht mit dem, was Sie bei der Polizei sagten. Da haben Sie unmittelbar nach dem Ereignis bei den Aussagen es anders dargestellt gehabt. Deswegen. Also wir haben jetzt sozusagen heute die Rückkehr zu der ursprünglichen Darstellung. Dazwischenrein kam die abweichende beim Richter. Was stimmt nun?

ZEUGE A.: Ich würde also doch sagen, daß man das gar nicht feststellen konnte. Der Mann, der hatte also die Waffe in der Hand, sprang aus der Garage mit der Waffe im Anschlag. Ob nun von ihm Schüsse abgegeben wurden, das kann ich beim besten Willen nicht sagen, da gleichzeitig von außen auf ihn geschossen wurde. Da kann ich also überhaupt keine Unterscheidung treffen. Ich glaube, ich kann es nur so erklären, daß ich da mißverstanden wurde.

VORS.: Haben Sie denn diese Vernehmung, die laut Vermerk vorgelesen und genehmigt worden ist, in dem Punkte nicht dann so zur Kenntnis genommen? Ist Ihnen das nicht aufgefallen, daß hier etwas gesagt wird, was Ihre Erinnerung nicht trägt?

ZEUGE A.: Nein, nein. [...]

RA SCHILY: Haben Sie in der Zwischenzeit dieses Protokoll, Sie sind ja heute belehrt worden, daß, falls Sie Erinnerungen aus dem Protokoll produzieren, daß Sie das differenzieren sollen. Haben Sie das Protokoll eigentlich noch einmal zu Gesicht bekommen.

ZEUGE A.: Ich habe es heute morgen einmal durchgelesen.

RA SCHILY: Ach, heute morgen haben Sie Ihr Protokoll nochmal durchgelesen. Würde ich Ihnen vorschlagen, daß Sie uns das doch ohne Befragung dann mitteilen.

VORS.: Dieser Vorschlag, Herr Rechtsanwalt, müßte schon von Seiten des Vorsitzenden kommen. Außerdem, die Gefahr, daß jetzt der von Ihnen angeschnittene Punkt aufgefrischt worden wäre durch das Lesen des Protokolls, ist ja nicht vorhanden, denn es steht ja eben nicht drin.

RA SCHILY: Es steht ja eben nicht drin, nein, nein, sicher. Haben Sie noch weitere Protokolle gelesen?

Zeuge A.: Nein.

RA Schily: Nur Ihr eigenes?

Zeuge A.: Ja, das ist richtig.

RA Schily: Hatten Sie das sozusagen, ist Ihnen seinerzeit eine Abschrift des Protokolls zur Verfügung gestellt worden?

Zeuge A.: Ich habe dieses Protokoll heute erstmals wieder nach meiner Vernehmung gesehen.

RA Schily: Von wem haben Sie das bekommen?

Zeuge A.: Von den Kollegen des Bundeskriminalamtes.

RA Schily: Die haben Ihnen das heute morgen zur Verfügung gestellt?

Zeuge A.: Ja, das ist richtig.

RA Schily: Von welchen Kollegen?

Zeuge A.: Herr M.

RA Schily: Wie heißt der?

Zeuge A.: M.

RA Schily: M., aha. Haben Sie mit Herrn M. auch über den Gegenstand Ihrer heutigen Befragung gesprochen.

Zeuge A.: Nein, natürlich nicht. [...]

Der Zeuge A. wird um 11.22 Uhr entlassen.

Anschließend wird der Zeuge P. zur Festnahmeaktion befragt. Er schildert das Verhalten der beiden später als Baader und Meins identifizierten Personen in der Garage vor ihrer Festnahme.

Vors.: Nun erzählen Sie, daß sich die beiden Personen eigentlich gezeigt hätten; Sie konnten unterscheiden: ein Dunkelhaariger und ein Blonder, wie Sie sagen. Sie sagten, glaube ich, sogar: Sie hätten Sie entweder aus- oder angelacht.

Zeuge P.: Ja, ich hab teilweise in Positionen gestanden, wo ich also schräg die Garage zur Hälfte miteinsehen konnte. Und da habe ich wechselweise die beiden gesehen. Sie haben uns – naja, angelacht nicht – ausgelacht, so nehme ich's also an, haben Zigaretten geraucht und haben hin und wieder die Waffe in unsere Richtung gehalten, und zwar genau gezielt gehalten. Allerdings wurde nicht geschossen; ich hab also keinen Schuß wahrgenommen.

VORS.: Man könnte also wohl davon ausgehen, so wie sich Ihnen das Bild bot, daß ein geübter Schütze die Person hätte jetzt in diesem Zeitpunkt erschießen können oder jedenfalls auf den Körper schießen können?

ZEUGE P.: Ja, meinen Sie jetzt, von unserer Seite?

VORS.: Ja.

ZEUGE P.: Ja, mit Sicherheit. Ich hab mich also ständig in einer Notwehrsituation befunden, solange ich da war.

VORS.: Umgekehrt wird man also daraus schließen können, daß Ihnen nichts daran gelegen war, diese Personen etwa zu töten oder ...?

ZEUGE P.: Nein, da darf ich auch nochmals erwähnen, es wurde also – man kann gar nicht sagen, wie oft – immer und immer wieder von Herrn S. erklärt, sie bräuchten nichts zu befürchten, wenn sie rauskommen würden, die Waffen wegwerfen, Hände hoch usw., und wir würden uns keinesfalls provozieren lassen, und sie bräuchten auch keine Angst zu haben, daß wir irgendwie schießen würden. Und daran haben wir uns bis zu diesem Panzerwageneinsatz festgehalten, strikt.

Im Gegenteil: Es ist so gewesen, daß wir nicht stehenblieben, sondern wir sind echt immer wieder in Deckung nach unten, haben uns runtersinken lassen und wieder hoch. So war das praktisch laufend.

VORS.: Ich wollte es nur haben, und ich möcht's auch schlagwortartig zusammenfassen, daß also diese Sondereinsatzgruppe in dem Zeitpunkt, als man die Leute festnahm, nicht das hatte, was später als »Vernichtungsinteresse« in die Welt gesetzt wurde.

ZEUGE P.: Nein, ich wüßte nicht, daß so was überhaupt bei solchen ...

RA SCHILY: Ich beanstande diesen Vorhalt, Herr Vorsitzender. Ich beanstande diesen Vorhalt ausdrücklich. Was hat der jetzt mit der Befragung dieses Zeugen zu tun?

VORS.: Das ist doch von einiger Bedeutung, ob Polizei bereit ist, einen Zeugen in einer solchen Situation, wo er sich sozusagen als Zielscheibe anbietet, bei einem solchen Einsatz nun körperlich in der Form zu überwinden, daß man auf ihn direkt schießt. Das scheint nicht geschehen zu sein ...

RA SCHILY: Ja, das haben Sie ja korrekt gefragt, ob die Möglichkeit bestanden hätte. Aber was war das mit dem »Vernichtungsinteresse«? Hat das was mit der Befragung des Zeugen zu tun?

VORS.: Ja.

RA SCHILY: Ich beanstande diesen Vorhalt. Ich beanstande auch diese Art – ist es so lächerlich, Herr Vorsitzender?

VORS.: Herr Rechtsanwalt, ...

RA SCHILY: Ich beanstande auch die suggestive Art dieser Befragung.

VORS.: Wer befragt suggestiv?

RA SCHILY: Sie haben soeben suggestiv befragt. Es ist also nicht so gewesen? In dieser Form haben Sie jeweils Vorhalte und Befragung vorgenommen.

VORS.: Ich erläutere Ihnen den Sinn meiner Frage: Es ging mir schlicht und einfach darum, festzustellen, welche Direktiven ausgegeben waren an die Herrn, die beim Einsatz waren. Das ist schlicht der Sinn der Sache, und das habe ich ...

RA SCHILY: Zunächst einmal, Herr Vorsitzender, ...

VORS.: ... bezeichnet mit dem Schlagwort »Vernichtungsinteresse«.

RA SCHILY: Herr Vorsitzender, dann wäre ich einmal dankbar, wenn also auch ... wenn ich mal nach den Direktiven frage, dann also auch Antworten möglich sein können. Es ist interessant, daß Sie nach Direktiven fragen können, wenn es offenbar in das Konzept paßt, was hier verfolgt werden soll; und wenn ich nach Direktiven frage, dann darf ich nicht. Das ist sehr interessant. [...]

VORS.: Es ist an sich eine Bemerkung, die ich anknüpfte, eine Feststellung, eine Erläuterung dessen, was an Direktiven zum direkten Einsatz an Sie gegeben worden ist, nicht etwa zum Großeinsatz, was da im voraus vorgesehen war. Deswegen, glaube ich, konnten Sie die Frage auch ohne weiteres beantworten. Ich bestehe auf dieser Antwort in gar keiner Weise, denn's ist nur eine Schlußfolgerung.

Also ich frage Sie jetzt nochmals zur Klarstellung: Die Männer haben sich in einer Weise dargeboten, die es einem geübten Schützen möglich gemacht hätte, sie jetzt sozusagen zu treffen.

ZEUGE P.: Ja, kampfunfähig zu machen.

VORS.: Und da ist nichts geschehen?

ZEUGE P.: Nein, ...

VORS.: Sondern?

ZEUGE P.: ... weil ein ganz klarer ... eine ganz klare Einweisung bestand; das kann ich ruhig nochmals wiederholen.

VORS.: Auf das kommt mir's genau an. Sie waren also nicht angewiesen, die Leute etwa zu treffen, ...

ZEUGE P.: Nein.

VORS.: ... sondern man wollte sie möglichst ...

ZEUGE P.: Man wollte sie praktisch so gesund und lebend festnehmen. Das war die klare Anweisung. [...]

VORS.: Soweit ich die Frage vorhin schlagwortartig mit dem Vernichtungsinteresse zusammen vorgetragen habe, wird sie nachher aus dem Protokoll gestrichen werden durch Einschwärzen.

RA SCHILY: Nein, nein. Damit bin ich nicht einverstanden. Ich beanstande es zwar, aber ich bin nicht ..., daß hier das Protokoll ...? Wie soll das Protokoll denn ... Nein, nein.

VORS.: Gut, da habe ich nichts dagegen. Ich wollt's in Ihrem Interesse machen. [...]

RA SCHILY: Ich beanstande etwas. Aber auch natürlich soll das Protokoll trotzdem vollständig bleiben, Herr Vorsitzender.

VORS.: Kann. Ich dachte, das sei die von Ihnen gewünschte Reaktion. Selbstverständlich bleibt es im Protokoll. Ich habe nichts gegen die Formulierung, das haben Sie ja wohl bemerkt. [...]

RA SCHLAEGEL: Ich hab noch eine ergänzende Frage: Hatten Sie vorher Gelegenheit, das Protokoll über die polizeiliche Vernehmung von Ihnen zu lesen?

ZEUGE P.: Heute morgen wurde mir Gelegenheit gegeben. [...]

RA SCHILY: [...] Wie sind Sie in den Besitz des Protokolls gelangt?

ZEUGE P.: Das hat mir ein Kollege vom BKA heute morgen gereicht, indem er es mir zu lesen gegeben hat.

RA SCHILY: In wessen Auftrag?

ZEUGE P.: In wessen Auftrag, ich habe darum gebeten.

RA SCHILY: Ach, Sie haben darum gebeten. Haben vorher beim BKA angerufen oder wie?

ZEUGE P.: Nein, da ist ein Kollege hier, ich kenne an sich die Kollegen sehr gut.

RA SCHILY: Wie heißt der?

ZEUGE P.: M.

RA SCHILY: M. Ist der ständig hier?

ZEUGE P.: Soweit mir bekannt ist, ist er ständig hier. [...]

RA SCHILY: Hier im Hause?

ZEUGE P.: Im Hause, ja. [...]

RA SCHILY: [...] Sie haben uns geschildert, daß also die in der Garage befindlichen Personen Sie angelacht haben?

ZEUGE P.: Ja.

RA SCHILY: Darf ich daraus den Schluß ziehen, daß also die Personen Sie gesehen haben?

ZEUGE P.: Mit Sicherheit ja.

RA SCHILY: Mit Sicherheit haben sie Sie gesehen. Kann man also auch umgekehrt die Frage stellen, daß also die Personen auch, hätten auf Sie schießen können?

ZEUGE P.: Jawohl ganz genau.

RA SCHILY: Also auch umgekehrt bestand offenbar seitens dieser Personen nicht die Absicht, Sie zu töten?

ZEUGE P.: Muß ich also auch sagen, da nicht geschossen wurde, ja.

RA SCHILY: Also ist es offenbar nicht so, wie von mancher Seite behauptet wird, daß diese Personen es nur darauf anlegen, Polizeibeamte zu erschießen? [...]

VORS.: Also diese Frage, Herr Rechtsanwalt ...

RA SCHILY: Das wußte ich, Herr Vorsitzender, daß Sie da intervenieren würden, und genau das ist der Punkt ...

VORS.: Ganz klar ...

RA SCHILY: ... Ihrer Parteilichkeit.

VORS.: Herr Rechtsanwalt, Sie sind ein Prozeßteilnehmer, mit dem zu reden es nahezu unmöglich ist. Sie fangen eben sofort zu schreien an. Ist das Ihre gesamte Methode?

RA SCHILY: Ich habe doch nicht geschrien, ich habe etwas lauter, entschuldigen Sie, daß ich etwas lauter geworden bin.

VORS.: Halten Sie das für eine Frage, die ein Zeuge beantworten kann: »Also ist es nicht so, wie von mancher Seite ...«

RA SCHILY: Ich nehme den Vorhalt zurück, Herr Vorsitzender.

VORS.: ... Sie können doch höchstens sagen, ziehen ...

RA SCHILY: Ich nehme den Vorhalt zurück, ich wollte nur Ihre Reaktion prüfen.

VORS.: Zurecht nehmen Sie das zurück, es ist keine Frage an den Zeugen.

ZEUGE P.: Darf ich die Frage beantworten?

RA SCHILY: Na, ich nehme den Vorhalt zurück.

VORS.: Herr Zeuge, Sie dürfen selbstverständlich den Schluß jederzeit ziehen, es ist bloß keine Frage, die Sie beantworten können.

RA SCHILY: Geht in Ordnung, ich nehme den Vorhalt und die Frage zurück. Es ging mir nur darum mal darzustellen, in welcher Form hier eine Befragung vorgenommen wird.

VORS.: Sie meinen Ihre Befragung jetzt?

RA SCHILY: Nein, Herr Vorsitzender, Ihre Befragung.

VORS.: Achso, Sie haben aber gefragt, nicht ich.

RA SCHILY: Ja, aber Sie haben interveniert an der richtigen Stelle. [...]

Der Zeuge wurde vorschriftsmäßig vereidigt und im allseitigen Einvernehmen um 13.07 Uhr entlassen.

Zuletzt sagt der Zeuge H. zur Festnahmeaktion aus. Die Befragung kommt erneut auf das Thema der Vernehmungsprotokolle und den Zeitpunkt der letzten Einsichtnahme zurück.

RA SCHWARZ: [...] Dann habe ich noch eine Frage, Herr Zeuge. Haben Sie vor Ihrer heutigen ... hiesigen richterlichen Vernehmung das Protokoll Ihrer polizeilichen Vernehmung noch einmal angesehen?

ZEUGE H.: Ja, das habe ich.

RA SCHWARZ: Darf ich fragen, wann?

ZEUGE H.: Heute vormittag.

RA SCHWARZ: Und dann, bitte, wo?

ZEUGE H.: Im Zimmer 138 bei Herrn M.

RA SCHWARZ: Wie kamen Sie zu diesem Zimmer?

ZEUGE H.: Ich wußte, daß das BKA hier oben Akten liegen hat, und bin dahin gegangen und hab meine Vernehmung nochmal eingesehen.

RA SCHWARZ: Es heißt also mit anderen Worten, die Initiative dazu ging von Ihnen aus?

ZEUGE H.: Ja.

RA SCHWARZ: Ja, bitte, überlegen sich diese Frage gut. Sie kommt etwas zögernd für mich, die Antwort. Wurden Sie hinbestellt oder sind Sie von sich aus hingegangen.

ZEUGE H.: Ich bin nicht hinbestellt worden, denn ich weiß ja ohnehin, daß man, wenn man sich nicht erinnern kann, daß man das Recht hat, sich Passagen aus der Vernehmung vorlesen zu lassen.[111] Ich hatte aus dem Grund auch keinen, deshalb auch keinen Grund, mich dorthin bestellen zu lassen. Ich, ich sagte Ihnen schon, ich wußte, daß dort Akten liegen, und bin von mir aus dorthin gegangen und habe die Akten eingesehen.

RA SCHWARZ: Das Dorthingehen, das bedarf ja vielleicht noch einer kleinen Ergänzung. War Ihnen das so ohne weiteres möglich, dort hin zu gehen, ins Zimmer 138? [...]

ZEUGE H.: Ich hab mich erkundigt, wo das Zimmer 138 ist, und bin dort hingeführt worden.

RA SCHWARZ: Hingeführt worden, das wollte ich von Ihnen hören. Herr Vorsitzender, ich darf in diesem Zusammenhang – und ich sage das nicht nur für mich, sondern auch für meine Kollegen – erhebliche Bedenken gegen diese jetzt hier wiederholt zur Sprache gekommene

Prozedur. Ich glaube nicht, daß es der Wahrheitsfindung dient, wenn Zeugen am Tage ihrer Vernehmung sich in die Diensträume des BKA, die sich, wie ich jetzt höre, hier auch teilweise im Haus befinden, begeben, und dort Protokolle ausgehändigt bekommen, die sie dann sich durchsehen. Ich glaube, daß das Gericht unter Umständen Veranlassung hätte, von sich aus dazu beizutragen, daß sich solche Vorkommnisse nicht wiederholen. Wir mindestens sind der Meinung, daß das ausgesprochen werden soll, und daß nicht darum gebeten werden muß.

VORS.: Ich darf Ihnen gleich auf den Punkt antworten. Zunächst mal wäre es natürlich verkehrt, den Eindruck zu erwecken, als wäre die Einsicht in Protokolle durch Polizeibeamte irgend etwas Auffälliges oder gar Rechtswidriges. Der Bundesgerichtshof hat dazu im Bd. 1 Seite 8 folgendes gesagt.

RA SCHWARZ: Ist bekannt.

VORS.: Aber ich darf's trotzdem bekannt geben, denn es ist nun verschiedentlich den Zeugen doch in einer Weise das vorgehalten worden, als würden sie was Unrechtes tun: »Ein vom Gericht vernommener Zeuge hat nicht nur das Recht, sondern unter Umständen sogar die Pflicht, sich früherer Aufzeichnungen als Gedächtnisstützen zu bedienen, um sein Erinnerungsbild aufzufrischen, gegebenenfalls zu berichtigen. Die Verletzung dieser Pflicht kann ihn sogar der Gefahr aussetzen, wegen fahrlässigen Falscheides gem. [§] 136 Strafgesetzbuch zur Verantwortung gezogen zu werden. Befinden sich solche zur Auffrischung des Erinnerungsbildes geeignete Unterlagen in der Hand des Gerichts, so gebietet es möglicherweise die ihm« – also dem Gericht – »obliegende Pflicht zur vollständigen Aufklärung des Sachverhalts, sie dem Zeugen zugänglich zu machen. Jedenfalls aber ist der Vorsitzende mindestens als berechtigt anzusehen, dem Zeugen die Verwertung solcher Unterlagen zu ermöglichen«. Schön, das Gericht wäre, Herr Rechtsanwalt Schwarz, nie soweit gegangen. Die Form, die Sie hier beanstanden, halten wir auch nicht für sehr glücklich, das will ich Ihnen nicht verhehlen. Es sind Vorgänge, die uns genau so neu heute früh zu Gehör gekommen sind. Ich würde also hier in der Tat es für wünschenswert halten, wenn die Polizeibeamten, was der Erfahrung entspricht, wie ich schon früher gesagt habe und durchaus als pflichtgemäß angesehen werden kann, von ihren früheren Unterlagen Kenntnis nehmen wollen, es vielleicht nicht in diesem Gerichtsgebäude zu tun, sondern sich hier andere Wege zu erschließen, aber das ist nicht Sache des Gerichts. Wir nehmen auf die Aufklärung der Zeugen, wie sie ihr Gedächtnis auffrischen wollen, keinen Einfluss etwa außerhalb des Gerichtsbereichs, und die Unterlagen, die wir hier haben, stellen wir also nicht zur Verfügung für die Polizeizeugen. [...]

BA Dr. Wunder: Herr Vorsitzender, ich darf dazu folgendes erklären: Erstens, die Bundesanwaltschaft hat mit diesen Vorgängen auch nicht das geringste zu tun, und ist es auch erst jetzt bekannt geworden. Heute mittag bereits habe ich sichergestellt, daß polizeiliche Zeugen in der Zukunft hier im Gerichtsgebäude, auch wie Sie es gewünscht haben, keine Möglichkeit mehr haben, Ihre Aussagen einzusehen.

Vors.: Damit wäre vielleicht der Punkt schon einigermaßen abgeschlossen. Wie gesagt, ...

RA Schily: Frage ...

Vors.: Darf ich nur geschwind, Herr Rechtsanwalt König hat sich wohl als nächster gemeldet. Ist das erledigt?

RA Schily: Nein, ich wollte in dem Zusammenhang eine Frage stellen. Wie kommt denn das Bundeskriminalamt eigentlich dazu, hier Diensträume, wenn überhaupt niemand was davon weiß, die Bundesanwaltschaft weiß da nichts davon, das Gericht weiß da nichts davon ...

Vors.: Dann richten Sie diese Frage bitte an das Krimi... an das Bundeskriminalamt. Ich sage nochmals ...

RA Schily: Ich wollte nochmals fragen: Hat das Bundeskriminalamt hier ein eigenes Hausrecht auch in dem sogenannten Gerichtsgebäude?

Vors.: Das Bundeskriminalamt hat hier einen Beamten für die Verwaltung der Asservaten.

RA Schily: Und hat also auch da ein Aktenverwaltungsrecht und kann also Zeugen instruieren.

Vors.: Ich habe die Räume des Bundeskriminalamts noch nie betreten, ich kenne weder die Ausstattung noch sonst irgend etwas.

RA Schily: Also ich stell den ausdrücklichen Antrag,

> sofort den Herrn M. hier als Zeugen zu vernehmen, wie es zu diesen Belehrungen aus den Akten gekommen ist. Ich bitte, den Zeugen M. sofort adhoc hier in die Verhandlung zu laden, damit wir uns darüber Klarheit verschaffen.

RA König: Ich ...

Vors.: Herr Rechtsanwalt König, vielleicht wollen Sie in der selben Richtung ...

RA König: Hat sich erledigt, Herr Vorsitzender.

Vors.: Hat sich erledigt. Also, ich sehe jetzt dafür keinen Anlass, die Frage ist erörtert worden, wir haben unsere Meinung dazu gesagt, wir greifen in die polizeilichen Vorgänge nicht ein, soweit sie uns nicht die Wahrheitsermittlung ernsthaft zu gefährden scheint. Hier scheint es sich um eine unglückliche Handhabung zu handeln, die zu Mißdeutungen Anlaß geben könnte. Von der Sache her gesehen ist es korrekt, wenn sich Beamte bemühen, Vorgänge in dieser Weise wieder zur Kenntnis zu nehmen, um damit ihre Erinnerung aufzufrischen. Und, Herr Rechtsanwalt Schily, ich erinnere mich daran, daß Sie mir einen Vorwurf mehr oder weniger daraus machen wollten, daß ich von dieser Erfahrung, daß Polizeibeamte so vorgehen, in ... in der Form Gebrauch machte, daß ich die Zeugen belehrte ...

RA Schily: Daß Sie das ... als korrekt bezeichnen.

Vors.: Bitte: Dann aber nicht erzählen, was Sie gelesen haben, sondern nur, was Ihnen wieder im Erinnerungsbild aufgetaucht ist.

RA Schily: Nein, ich beanstande das ausdrücklich, daß hier die Zeugen kurz vor der Verhandlung also sich die polizeilichen Protokolle nochmal durchsehen können, das halte ich für unzulässig.

Vors.: Schön, wir haben ja jetzt gehört, daß die Bundesanwaltschaft in dieser Richtung ...

RA Schily: Denn dann können wir uns die Vorhalte ja eigentlich sparen. Dann sollten wir doch nur sehen, ob sie noch das Gedächtnis haben über zwei Stunden vielleicht, das zu behalten, was in ihren ... in ihren Protokollen steht. [...]

RA Schnabel: Ich wollte nur noch zur Abrundung dieses Problemes sagen, daß unter Umständen, und es gibt eine Entscheidung hier der entsprechenden Anwaltskammer, eine Standeswidrigkeit darin gesehen werden kann, daß wenn wir Anwälte Akten vom Gericht zur Verfügung bekommen und vor einem Prozeß diese Akten dem Zeugen zur Kenntnis bringen, daß das unter Umständen als Standeswidrigkeit angesehen wird und da sehe ich dann hier eine gewisse Differenz, warum das einerseits eine Standeswidrigkeit unsererseits sein soll, daß es andererseits aber mehr oder weniger eine harmlose Sache sein soll, wenn das Bundeskriminalamt ähnliches macht.

Vors.: Naja, es dreht sich hier um eine Rechtsansicht. Es hat keinen Sinn, wir scheinen hier auf verschiedenem Boden zu stehen. Ich bin der Überzeugung und ich wiederhole es nochmals, daß es kein glückliches Bild abgibt. Es ist eine Situation, die immer wieder auftaucht, wenn Polizeibeamte Aussagen machen. Ich habe daraus die Konsequenz in Form einer entsprechenden Belehrung gezogen von Anfang an. Mehr kann ich nicht dazu tun.

Die Beweisaufnahme zum »Komplex Hofeckweg« dauert 13 Verhandlungstage. Anschließend werden auch die Festnahmen von Gudrun Ensslin und Ulrike Meinhof zum Gegenstand der Beweisaufnahme: Gudrun Ensslin wurde am 7. Juni 1972 in einer Hamburger Boutique festgenommen, nachdem eine Verkäuferin eine Waffe in ihrer Jacke entdeckt und die Polizei verständigt hatte. Auch ihr wird in diesem Zusammenhang versuchter Mord vorgeworfen; zwar wurden keine Schüsse abgegeben, sie soll aber versucht haben, zu ihrer Waffe zu greifen, bevor sie überwältigt werden konnte. Zuletzt wurde schließlich Ulrike Meinhof am 15. Juni 1972 zusammen mit Gerhard Müller in einer Wohnung in Langenhagen festgenommen.

Ab dem 62. Verhandlungstag geben die Angeklagten ihre Erklärung zur

5482

3449 / 289

Anlage 2 zum Protokoll vom 22. Dezember 1975

Gudrun Ensslin nach ihrer Verhaftung. Die Lichtbilder wurden durch ein Loch in der Tür für Zwecke der erkennungsdienstlichen Behandlung am 7. Juni 1972 aufgenommen.

Sache ab. Dies erfolgt zwar grundsätzlich vor Verlesen der Anklage; in diesem Verfahren verlangten die Angeklagten jedoch, dass zunächst die ihrer Auffassung nach illegal durchgeführte Vernehmung zur Person nachgeholt werde. Das Tonband wird während der Ausführungen ausgeschaltet, da die Angeklagten eine Verfälschung befürchten. Stattdessen sichern sie zu, ihre eigenen Aufnahmen abzutippen und das Manuskript dem Gericht zu übergeben. Dies geschieht jedoch bis zum Ende der Hauptverhandlung nicht.

12
KRIEGSRECHT?

Dienstag, 20. Januar 1976
65. Verhandlungstag

[...]

VORS.: Ich bitte, Platz zu nehmen. Wir setzen die Sitzung fort. [...]

PROF. DR. AZZOLA[112]: Ich möchte darum bitten, daß Frau Ensslin das Wort zu einer Korrektur gegeben wird in der Sacherklärung zur Sache. Es wird gewünscht, eine nicht umfangreiche Korrektur ...

VORS.: Kann man erfahren, wie lange das etwa in Anspruch nehmen soll?

ANGEKL. ENSSLIN: Drei Seiten sind es. [...]

Eine der Sprachregelungen der unsere Erklärungen verfälschenden Berichterstattung der Nachrichtenagenturen war, wir hätten uns von der Sowjetunion distanziert. Dazu ist zu sagen:

1. Die Behauptung ist falsch. Wir haben überhaupt nicht von der sowjetischen Politik gesprochen; auch deswegen nicht, weil es absurd wäre und es nicht unsere Sache ist, hier Urteile, Beurteilungen, Meinungsäußerungen abzugeben, die für unsere Politik belanglos sind und so die Sache, die zu vermitteln ist – den Begriff proletarische Politik – nur verwirren kann.

Proletarische Politik ist die bewußte Artikulation, die bewaffnete Interpretation des Widerspruchs im Imperialismus; des Widerspruchs, den das System in seiner Reproduktion und Akkumulation produziert und in seiner Politik sich zum Kontrahenten, Feind, Gegensatz, Antagonisten macht – national und international.

Wir haben die historische und aktuelle Dialektik zwischen den Befreiungskriegen[113] an der Peripherie, ihrer Wirkung auf die Entwicklung der Demarkationslinie zwischen Arbeit und US-Kapital in den Metropolen, die es uns ermöglicht, sie zur Front zu entwickeln und der Demarkationslinie Ost-West aus den politischen, ökonomischen, militärischen und ideologischen Rückwirkungen der Befreiungskriege auf die Demarkationslinien in den Metropolen erklärt. Wir haben so revolutionäre Politik inhaltlich bestimmt in erster Linie aus der Analyse der Kapitalbewegung in der imperialistischen Metropole B. Republik in ihren internationalen Bedingungen. Wir haben also bewußt darauf verzichtet, hier im einzelnen die amerikanische Außenpolitik, ihre taktischen Schritte in Süd-Ost-Asien, im Nahen Osten, in Afrika, in Lateinamerika und Westeuropa zu analysieren und so auch daraus die sowjetische und chinesische Außenpolitik und den Sinn zum sowjetischen Gegensatz. Wörtlich haben wir gesagt:

> »Schon Tatsache ist, daß die beiden großen Systeme nicht mehr für die beiden kämpfenden Klassen stehen. Es gibt keine Staaten mehr anstelle von Klassen. Was als eine Krise des Klassenbegriffs erscheint, ist die Krise des Staates, Krise der politischen Führung des Klassenkampfes, Krise der Klassenorganisation des Kapitals im Staat und des Proletariats in den traditionalistischen kommunistischen Parteien. Es ist eine Übergangsphase, ein transitorischer Moment der Neuformierung der bürgerlichen Schicht und der proletarischen Organisation. So verschärft sich der Zusammenstoß, und er entwickelt neue Formen, neue Kampfmethoden, die das Gleichgewicht brechen. In diesem Moment hat eine strategische Neuorientierung des proletarischen Internationalismus notwendig die Form einer antizipatorischen Initiative, die der Konsolidierung der kapitalistischen Strategie auf der Ebene des Staates zuvorkommen soll in dem sie angreift, im Angriff die Entwicklung interpretiert.«

[...] Über die DKP haben wir überhaupt nicht gesprochen. Wir würden sagen: Sie ist eine Denuntiation revolutionärer Politik. Sie war in der B. Republik bis jetzt nichts als eine der Vermittlungen sozialdemokratischer Politik und des DGB als ideologische Staatsapparate.

Aus dem Interesse der Sowjetischen Koexistenzpolitik fungiert sie so als Appendix der Sozialdemokratie und Operate der Integration des Prozeß der neuen Linken in den ... und ihrer Reintegration in den imperialistischen Staat als eine seiner Agenturen staatstragende Parteien. [...] Wir teilen die dritte Weltromantik der Chinaapologeten nicht. Die chinesische[114] und die vietnamesische Revolution[115] waren Bauernrevolutionen. Es kann nicht unvermittelt aus ihren Erfahrungen gelernt werden. Dazu haben wir gesagt:

> »Vietnam war der Punkt, der im Netz der internationalen Arbeiterbewegung standgehalten hat. Die chinesische Kulturrevolution[116] hat einen bestimmten Typ revolutionären Voluntarismus der Basis- und Masseninitiative gezeigt. Diese beiden Linien – Befreiung im Krieg und Wiederaufnahme des kommunistischen Angriffs – sind die Bedingung der neuen Linken. Sie sind auch die subjektiven Faktoren, die die Insurrektion in den Metropolen bestimmen.«

Dann ging durch die Nachrichtenagenturen, wir hätten uns von jeder Art sozialistischer Politik in der Geschichte und heute distanziert. Dazu [...]

Die Erfahrung in den Metropolen seit 1917 ist, daß sozialistische Politik klar definiert bei Lenin[117], Marx[118], Engels[119], Luxemburg[120], Gramsci[121] als eine Politik, die den Prozeß der totalen Umwälzung der Produktionsverhältnisse vom Prozeß der Eroberung der Macht trennt und so darauf zielt, den Staat des Kapitals als Instrument zur Verstaatlichung der Produktionsmittel, als Übergang zum Kommunismus zu benutzen,[122] also ihre Strategie auf ein taktisches Ziel reduziert, den revolutionären Prozeß blockiert. Sie blockiert ihn durch Bürokratismus, Parlamentarismus, entpolitisierende taktische Kalküle, Funktionärstum. Es ist eine taktische Position, die aus sich nicht kommunistische Politik werden kann, d. h. nicht zum Bruch mit der kapitalistischen Mentalität, Konkurrenz, Eigennutz, Apparatdenken kommen kann und so Herrschaft dysfunktional zu den wirklichen Prozessen an der Basis bleibt. Als Arbeiterpolitik ist sie defensiv.

Da ist auch einfach nochmals an Rosa Luxemburgs Rede auf dem

Gründungsparteitag der KPD[123] zu erinnern und an Lenins Staat und Revolution[124], die beide unter Berufung auf Marx 1848 »Das kommunistische Manifest«[125] und beide gegen Engels die unmittelbare Umwälzung wollten – kommunistische Politik jetzt. Begriffsloser Unsinn der nur zur Rezeption von Klischees fähigen imperialistischen Medien ist so auch die Kolportage, wir hätten uns von Marx distanziert.
Wir haben die marx'sche Analyse und Methode auf die heutige Situation angewendet, nicht übertragen, sondern angewendet. Nur ein Idiot kann ernsthaft der Meinung sein, die marx'sche Kapitalismusanalyse und der marx'sche Begriffsapparat seien überholt. Sie wird es für das Verständnis der unmittelbaren Gegenwart sein, wenn das System Kapitalismus, das er durchdacht hat, abgeschafft sein wird. Wir haben auch deswegen ausführlich über den Charakter proletarischer Wissenschaft gesprochen.
[...] Die Behauptung, wir hätten uns von der sowjetischen Außenpolitik distanziert, unterstellt unserer Analyse ideologischen, proklamatorischen, schließlich Rechtfertigungscharakter. Das alles ist falsch – lächerlich, psychologische Kriegsführung. Wir beziehen die Tatsachen, die sie schafft, in unsere Analyse ein, um den revolutionären Standpunkt gegen das Kapital hier praktisch zu entwickeln. Das ist unser Verhältnis dazu.
Revolutionäre Politik ist die Negation der Politik des Kapitals, hier und jetzt des US-Kapitals; die ist nur durch Kampf, dem bewaffneten Angriff, die Taktik, die in jedem Moment und jede Aktion die Strategie antiimperialistischen Kampf antizipiert, zu entwickeln. Sie entwickelt sich, indem sie den Staat aus seiner Funktion für das US-Kapital als die Gewaltmaschine angreift, die die Herrschaft einer Klasse über die andere konstituiert und reproduziert.
Oder anders: Revolutionäre Identität behauptet sich nicht über Distanzierungen, sondern durch die Initiative, Wirkung, Spur ihrer Politik auch in dieser Lage.

VORS.: Gut, das war wohl jetzt das Ende dieser Zusatzerklärung. Herr Professor.

Prof. Dr. Azzola: Ich bitte um das Wort für eine Erklärung nach § 257 Abs. 2 StPO[126], …

Vors.: … die Sie selbst abgeben wollen?

Prof. Dr. Azzola: … die ich selbst abgeben will, ja.

Vors.: Bitte, Sie haben das Wort.

Die Angeklagte Ensslin verläßt um 9.26 Uhr den Sitzungssaal.

Prof. Dr. Azzola: Die Erklärung meiner Mandantin zur Sache hat ergeben, daß, selbst wenn man die Anklageschrift in allen Punkten als bewiesen annehmen dürfte, hieraus nichts anderes als ein Freispruch folgen kann, weil die in der Anklageschrift bezeichneten Taten im Kriege nicht strafbare Handlungen sind. Die Angeklagten befanden sich im Kriegszustand.

Zunächst sind die Gegner zu bezeichnen: auf der einen Seite der Imperialismus des internationalen Kapitals und seine Agenten; auf der anderen Seite die den proletarischen Internationalismus praktizierenden Befreiungsbewegungen. Diese Befreiungsbewegungen sind: sozialrevolutionär, antiimperialistisch und, da sie antikolonialistisch bzw. antihegemonistisch sind, national.

Sodann ist der Konflikt zu bezeichnen: Der Konflikt ist international, denn das Kapital ist international organisiert und das Proletariat organisiert sich zu einem gemeinsamen, d. h. internationalen Widerstand.

Des weiteren sind die Mittel der Kriegsführung zu bezeichnen: Unbeschadet seiner Internationalität wird dieser kriegerische Konflikt an verschiedenen Orten und zu verschiedenen Zeiten mit den unterschiedlichsten Mitteln ausgekämpft, nämlich sowohl mit klassischen Mitteln kriegerischer Auseinandersetzung als auch mit modernen Mitteln, die übrigens neuerdings rechtliche Anerkennung erfahren haben, wie z. B. der Partisanenkrieg als solcher, aber auch die in seinem Vollzug angewandten Mittel und seine Fortentwicklung – die Stadtguerilla –, wobei letztere regelmäßig in den Metropolen, d. h. in den Basismachtzentren des internationalen Kapitals kämpft. […]

BA Dr. Wunder: Herr Vorsitzender, darf ich, damit nichts passiert, auch noch auf die Existenz der Bestimmung des § 140 StGB[127] hinweisen?

VORS.: Herr Professor.

PROF. DR. AZZOLA: Ich habe es zur Kenntnis genommen. Der Krieg ist keine absolute, von gesellschaftlichen Verhältnissen unabhängige, geschichtslose Kategorie. Dies gilt selbstverständlich auch für die Kategorie des Krieges, als der das Kriegsrecht des bürgerlichen Zeitalters konstituierende Kategorie, und damit ist von Kriegsrecht, von Völkerrecht die Rede, und das muß ich darlegen können. Die bürgerliche Kategorie des Krieges war selbst von der feudalstaatlichen der Söldnerheere grundlegend verschieden, nämlich als bürgerlicher Volkskrieg Levee en masse, wie ihn beispielhaft und erfolgreich die Französische Revolution hervorgebracht hat[128] in ihrer Auseinandersetzung mit den Truppen der reaktionären europäischen Interventionsmächte.

Rechtliche Konsequenzen aus dieser veränderten Lage wurden erst Jahrzehnte später, ja zum Teil erst über ein Jahrhundert, später gezogen, nämlich in der ersten Genfer Konvention[129] bzw. in der ersten Haager Landkriegsordnung.[130] Dabei entsprach die Verknüpfung der Kategorie des Krieges mit der Kategorie der Nation zum Zwecke der Bestimmung der legitimerweise kriegsführenden Partei der Tatsache, daß sich das Bürgertum in der Nation politisch konstituierte, wie sich in der Französischen Revolution das »parliament« zur »assemblee nationale« erklärte.

Daneben hat es im bürgerlichen Zeitalter zwar auch die Kategorie des Bürgerkrieges gegeben. Diese war aber gerade nicht sozial bestimmt und so mit historischem Inhalt gefüllt; sie war dementsprechend nicht verrechtlicht und mit bürgerlichen Kategorien auch noch nicht verrechtlichungsfähig, so daß ihre Bestimmtheit noch erst gewonnen werden muß bzw. als antibürgerliche Kategorie in der Kategorie des Klassenkrieges tendentiell bereits gewonnen ist.

Damit sind die kriegsführenden Parteien nicht mehr im Horizont der Kriegsführung durch Nationen bestimmt, sondern tendentiell weltweit, nämlich, wo immer sich diese Klassen auseinandersetzen. Inhaltlich bedeutet diese Neubestimmung die Einbeziehung aller

Mittel, die in dieser Auseinandersetzung praktischerweise zur Anwendung kommen. Dies entspricht nicht den internationalen Grenzen beschränkten ... Pardon: Dies entspricht der nicht in nationalen Grenzen beschränkten Konstitution der am Kampf beteiligten Klassen, ihrer weltweiten Existenz.

Demgegenüber haben die veränderten gesellschaftlichen Machtverhältnisse schon jetzt für die nationalen Befreiungsbewegungen, d.h. für die antiimperialistischen und antihegemonialen Kämpfe an der Peripherie jedenfalls zu einer tendentiellen Verrechtlichung geführt und auch zu politischer Anerkennung, was bewiesen wird sowohl durch die Neubestimmung des Kombattantenstatus in den Genfer Konventionen 1974[131] als auch – nämlich indirekt – durch die Terrorismusdiskussion in der UN-Vollversammlung 1972[132] bis hin zu der Verleihung des UN-Status – Mitgliedsstatus – an die PLO (mit Ausnahme des Stimmrechts)[133] aus Anlaß der jüngsten Nahost-Debatte des UN-Sicherheitsrates. Diese rechtliche Anerkennung geschah freilich mit allen Brüchen, ja inneren Widersprüchen, die eine solche Inkorporation revolutionärer Postulate in herrschendes Recht nach sich ziehen muß, etwa hinsichtlich der Frage der Neubestimmung des Völkerrechtssubjekts und der hieran zu knüpfenden Rechtsfolgen.

In den vergangenen Jahrzehnten ist es den Völkern der Dritten Welt durch ihren weltweit gestiegenen Einfluß gelungen, die Anwendung des Kriegs- und Völkerrechts in Konflikten zwischen der Kolonialmacht und der sich gewaltsam befreienden Kolonie schrittweise durchzusetzen, d.h.: der sich befreienden Kolonie, der Befreiungsbewegung und ihrem Kampf einen rechtlichen Status zuzuerkennen, vergleichbar demjenigen der internationalen Konflikte, mit allen Privilegien, die hieran für die Freiheitskämpfer, insbesondere bei ihrer Gefangennahme, geknüpft sind.[134] Vor allem sind sie als Kriegsgefangene zu behandeln und nicht als kriminelle Häftlinge. So jedenfalls der Stand der Diskussion in der internationalen Kommission des Roten Kreuzes. [...]

Diesem neuen Inhalt kriegerischer Konflikte muß auch eine brauchbare Definition dessen, was völkerrechtlich als Krieg zu betrachten ist, Rechnung tragen. Auf das hergebrachte formale Kriterium, daß Nationalstaaten die Konfliktpartner sein müssen, kann es nicht mehr ankommen und kommt es schon heute nicht mehr an. Vielmehr ist entscheidend, daß jede kriegerische Auseinandersetzung auch völkerrechtlich als Krieg zu bezeichnen ist, die sich in das Koordinatensystem der weltweit sich antagonistisch entgegenstehenden Kräfte von imperialistischer Unterdrückung auf der einen Seite, dem Streben nach nationaler Befreiung, staatlicher Unabhängigkeit und revolutionärer Emanzipation der Völker auf der anderen Seite einfügt. [...]

Merkmale des Krieges bzw. der kriegführenden Parteien sind danach heute neben den und anders als die klassischen Merkmale insbesondere die vom Klassenkampf zum Klassenkrieg gesteigerte Auseinandersetzung, sowohl der unterdrückten Völker und ihrer Protagonisten, aber auch deren Verbündeter in den Metropolen als Protagonisten des Weltproletariats, als die Protagonisten der nur im Weltmaßstab als politischer Klasse konstituierbaren Klasse der Ausgebeuteten, Elenden und Entrechteten. Dies gerade dort und insoweit, wo dieser Kampf nicht aus einer Position von Arbeiteraristokratie zugunsten der Erzielung partieller Erfolge, insbesondere auf der Konsumebene, im Rahmen nationaler Grenzen geführt wird, sondern wo Inhalt und Ziel des Kampfes in totaler Negation der bürgerlichen Gesellschaft und ihrer Integrationsstrategien bewußt und ausschließlich zugunsten des Citoyen ... Proletaire und damit zugunsten des ersten Weltbürgers geführt wird, selbst wenn dies zeitweilig im Widerspruch zu stehen scheint, mit den Bedürfnissen und Interessen eines nationalen Proletariats, dieser Kampf also auch nur bedingt von diesem akzeptiert und in dieses integriert wird: Dann liegt die Massenbasis dieses Kampfes und dann liegen seine befreiten Gebiete eben nicht in den Grenzen eines bestimmten Nationalstaates, sondern dort, wo die Gewalt der Völker der Gewalt der imperialistischen Staaten schon entscheidende Niederlage zufügen konnte, neuestens in Vietnam[135],

Kambodscha[136] und Laos[137], in Guinea-B., Mosambik, Sao Tome und Principe[138].

Der Angeklagte Baader erscheint um 9.48 Uhr im Sitzungssaal.

Daraus folgt: Diejenigen, die in den Metropolen den Klassenkrieg führen, fallen unter den Schutz der Genfer Konvention, weil sie Verbündete von nationalen Befreiungsbewegungen sind, für die wiederum die Regeln der internationalen bewaffneten Konflikte angewendet werden sollen.

Die Vorschläge des Internationalen Roten Kreuzes sehen eine Regelung vor, wonach solche bewaffnete Auseinandersetzungen wie internationale Konflikte behandelt werden sollen – ich zitiere:

»... in denen Völker gegen Kolonialherrschaft und fremde Besetzung und gegen rassistische Regime kämpfen.«

Daß der Kampf an der Pheripherie und der Kampf in der Metropole insoweit gegen den gleichen Kriegsgegner geführt wird, wurde in der Erklärung der Gefangenen zur Sache ausführlich dargelegt. Die Gefangenen befanden sich nach ihrer eigenen Erklärung im Kriegszustand mit den imperialistischen Kräften des Kapitals auf dem Boden der BRD als Verbündete solcher Befreiungsbewegungen, insbesondere der FNL[139] in Vietnam, der Neo Lao Haksat[140] in Laos, der FUNK[141] Kambodschas, der Frelimo[142] in Mosambik, der PAIGC[143] in Guinea-B., der PLO[144] und der IRA[145]. Darum wurden sie auch von der Regierung der BRD und dem reaktionären Teil der Öffentlichkeit dieser Gesellschaft zu Staatsfeinden Nr. 1 erklärt und mit allen zur Verfügung stehenden militärischen und quasimilitärischen Mitteln bekämpft.

Die Angeklagte Meinhof verläßt um 9.49 Uhr den Sitzungssaal.

Dies nicht nur in Erklärungen, sondern auch im Verhalten, nämlich in einer riesigen Counter-Guerilla-Aufrüstung, einer quasikriegsrechtlichen Neufassung der StPO, bis hinein in das militärische Gepränge dieses Verfahrens in und um dieses Mehrzweckgebäude, das bestenfalls geeignet ist, mehrfach demselben Zweck zu dienen.

Die Totalität dieses Konfliktes ergibt sich aus seinem Inhalt. Als erste und bisher einzige Gruppe hat die RAF diejenigen ... diejenige Verfassungsfrage von Grund auf wieder aufgerollt, von deren endgültiger Entscheidung jede Verfassung ausgeht, auf der sie fußt, obwohl ersichtlich ist und ersichtlich sein muß, daß dies nichts anderes sein kann als eine Fiktion, nämlich: die Machtfrage. Dies freilich nicht im Gewande der Staatsgewalt, sondern an ihrer Wurzel, nämlich der Frage der Träger der sozialen Gewalt, die so lange gestellt werden wird, solange Menschen über Menschen soziale Gewalt ausüben, solange also Menschen der Rechtfertigungsideologien bedürfen zum Zwecke der Legitimation der Ausübung solcher Herrschaft, während andere Menschen den Kampf aufnehmen gegen diese Legitimität und ihre Rechtfertigungsideologie auf der Ebene des Rechts: die Legalität. [...] Es wäre Sache der Bundesanwaltschaft, darzulegen, daß die Gefangenen mit den ihnen zur Last gelegten Taten strafbare Handlungen im Sinne des Kriegsrechts gehandelt haben, denn nur diesem Kriegsrecht unterliegen die Handlungen der Angeklagten und nur nach diesem Kriegsrecht können sie beurteilt werden. Da sich weder aus der Anklageschrift, noch aus dem bisherigen Verhalten, aus dem bisherigen Verhalten der Bundesanwaltschaft ähnliches ergibt, ist zunächst davon auszugehen, daß auch die Bundesanwaltschaft erkannt hat, daß es an solchen strafbaren Handlungen in Sinne des Kriegsrechts mangelt.[146] Da die angeklagten Kriegsgefangenen selbst dann freigesprochen werden müßten, wenn die ihnen zur Last gelegten Taten als bewiesen anzusehen wären, bedarf es keiner weiteren Beweisaufnahme, die insoweit nur einer Prozeßverschleppung dienen könnte. Es wird daher beantragt:

> die ergangenen Beweisbeschlüsse, soweit die Beweisaufnahme noch nicht durchgeführt worden ist, als rechtlich irrelevant aufzuheben, die Beweisaufnahme abzuschließen und die Gefangenen unverzüglich in Kriegsgefangenschaft zu überführen. (s. Anlage 4 a zum Protokoll)

Gelächter auf der Bank der Bundesanwaltschaft. [...]

BA Dr. Wunder: Herr Vorsitzender, ich möchte Stellung nehmen zu dem Antrag von Herrn Professor Azzola.

VORS.: Herr Bundesanwalt.

BA DR. WUNDER: Ich glaube, es ist zweckmäßig und richtig, auf das eben Angeführte sofort zu antworten und nicht erst später.

Der Angeklagte Baader verläßt um 10.00 Uhr den Sitzungssaal.

Das uns bindende geltende Recht gibt keinen Raum für Denkgebilde und Wunschträume, wie sie eben dargestellt worden sind. Damit erübrigen sich alle weiteren Ausführungen. In unserem Lande werden Morde als das verfolgt, was sie sind. Wir leben in Frieden und nicht in einem den Angeklagten vorschwebenden Kriegszustand. Diesen Frieden zu erhalten ist auch unsere Aufgabe als Angehörige der Justiz, im übrigen aber insbesondere auch all derjenigen, die einen Eid auf diese Verfassung geleistet haben. [...]

Es gibt keinen straffreien Raum, in dem ein durch quasi Kriegszustand gerechtfertigtes Töten erlaubt wäre. Es kann und wird dies in unserem Rechtszustand nicht geben. Das Widerstandsrecht in diesem Zusammenhang anzuführen, ist meiner Auffassung nach fast beleidigend für all diejenigen, die im Dritten Reich zulässigen Widerstand geleistet haben, leisten mußten und dankenswerter Weise geleistet haben. Ich bitte, den Antrag zurückzuweisen. [...][147]

VORS.: Frau Meinhof.

ANGEKL. MEINHOF: Ja, dieser Frieden, von dem Wunder hier gesprochen hat, sieht so aus: Es gibt eine Besatzungsarmee, dazu gehören 125 US-Militärbasen, 7000 Atomsprengköpfe und das amerikanische Truppenkontingent in der Bundesrepublik ist das größte, das die USA in einem Land außerhalb ihres eigenen Territoriums, den USA, stationiert haben. Sie ist Voraussetzung, diese Besatzungsarmee ist die Voraussetzung der repressiven Befriedigung im Innern und Bedingung, um die Kriege gegen die Befreiungsbewegung in der dritten Welt zu führen, deren letzter großer Krieg der Vietnam-Krieg war, der den Charakter des Genozids angenommen hat, wozu wichtig ist, daß es ein Krieg ohne Kriegserklärung war, es in diesem Krieg nie eine Kriegserklärung gegeben hat und worin evident geworden ist, daß Krieg heute internationaler Klassenkrieg ist. Die Kommandozentralen dieses Krieges, von denen aus die Genozidstrategie in Vietnam koordiniert worden ist, befinden sich auf dem Territorium der Bundesrepublik. Und während des Jom-Kippur-Kriegs[148] haben die USA Waffentransporte von hier aus durchgeführt und es bestehen feste Vereinbarungen – das konnte man in der Frankfurter Allgemeinen vor ein paar Wochen lesen –, daß der nächste Nah-Ost-Krieg, und dann ohne Einspruch der Regierung, vom Territorium der Bundesrepublik aus geführt werden wird.

Weiter ist zu sagen, zu dem Frieden, den Herr Wunder hier proklamiert, daß die Bundesrepublik an allen strategischen Punkten für das, und mit dem US-Kapital der US-Armee, im CIA nach den Einsatzplänen des Pentagon gegen die Befreiungsbewegung in der dritten Welt interveniert, polizeilich, militärisch, ökonomisch, politisch, ideologisch und an diesen Kriegen aktiv beteiligt ist. Das betrifft Angola[149], Thailand[150], Irland[151], Namibia[152], Indonesien[153], Portugal[154] usw. Zu diesem Frieden gehört, daß diese Regierung, daß dieser Staat Regierungen stürzt, z.B. ist bekannt die Beteiligung des Bundesnachrichtendienstes am Sturz von Sukarno in Indonesien 1965, wobei 500 000 Kommunisten ermordet worden sind,[155] mitten in dem Frieden, den Wunder meint, und der Krieg ist. Daß die Bundesrepublik ...

Weiter gehört zu diesem Frieden, daß die Bundesrepublik Armeen aufrüstet und ausbildet, z.B. war Spinola[156], bevor er nach Guinea-Bissao geschickt wurde, zwei Jahre lang auf der Heeresoffiziersakademie in Hamburg-Wandsbek zur Ausbildung. Und z.B. wurden Hubschrauberpiloten für die Südvietnamesische Armee, also die Armee von Thieu[157], in der Bundesrepublik ausgebildet und werden immer noch thailändische Armeeangehörige an Hubschraubern in der Bundesrepublik ausgebildet. Weiter gehört dazu, daß die Counter-Guerilla organisiert Polizeiexperten nach Afghanistan[158], den Sudan[159], nach Äthiopien[160], in den Maghreb[161] usw. schickt, und außerdem die (phon: Kompradorenregimes) zur dritten Welt mit polizeilicher Logistik für die Counter-Guerilla-Kriegführung vollständig ausrüstet, Pkw, Funk usw., das heißt, die Repressionstechnologie exportiert, mit der der US-Imperialismus in diesen Staaten Krieg führt. Die Bundesrepublik ist bei den Völkern der dritten Welt und im Prozeß der Kolonisierung, der inneren Peripherie, als das Zentrum der Counterrevolutionären Kriegführung bekannt, das betrifft Portugal, Griechenland[162], die Türkei[163] und natürlich Irland[164], das heißt – der Kolonisierung der inneren Peripherien – das heißt, sie wird immer deutlicher als der Stellvertreterstaat der USA, als militärische, politische, ökonomische und ideologische Exekutive der USA in der dritten Welt begriffen als kriegführender Staat, was zu bestreiten innerstaatlich nur mit dem enormen Counter-Apparat und der enormen Repressionsmaschine, über die die Bundesrepublik verfügt, und von der die Bundesanwaltschaft ein Teil ist, überhaupt möglich ist. Wunschdenken ist, von dem Wunder hier gesprochen hat, wenn Wunder hier von Frieden quatscht, womit er sich damit ja auch klar …

VORS.: Ich möchte Sie bitten, sich in einem …

ANGEKL. MEINHOF: Wenn Wunder hier von Frieden …

VORS.: … in Worten zu halten.

ANGEKL. MEINHOF: Ja. Wunschdenken ist, wenn er hier vom Frieden spricht, womit er sich da auch klar im Widerspruch, zu seiner eigenen Staatsschutzmaschine befindet. Herold[165] zum Beispiel faßt seinen Job selbst als Krieg auf. Herold spricht von der Verpolizeilichung des Krieges, daß das die Form sei, in der heute Konflikte ausgetragen würden, und verlangt völkerrechtliche Normen für den Einsatz der Polizei und Klassenkrieg in den Metropolen. Das bemühte imperiale Gelächter der Bundesanwaltschaft, zu dem Antrag von Azzola, ist davon Ausdruck einer Hysterie, die im Widerspruch steht zu allen Tatsachen ihrer eigenen Politik. Zu denen gehören: Vernichtungshaft, Isolation, die Trakts[166], die sie gegenüber 90 politischen Gefangenen in der Bundesrepublik einsetzt, und die rational nur als Kriegshandlungen gegen Kriegsgefangene, die hier Geiselstatus haben, sind. Die Kriege, die die Bundesrepublik zusammen mit und für die USA gegen die Befreiungsbewegung an der Peripherie führt, sind die Bedingung, der Grund der repressiven Befriedigung im Innern der Metropolen. Sie reagiert auf die politische Defensive, in der sich das Kapital durch die Entwicklung der Front im Nord-Süd-Gegensatz[167] befindet, innerstaatlich mit Repressionen, Klassenkrieg von oben, der Hinrichtung antiimperialistischer Kämpfer auf der Straße, der Hinrichtung von Gefangenen aus der Stadtguerilla im Gefängnis, totaler polizeilicher Kontrolle und Durchdringung der Gesellschaft, gesetzlich verankerter Berichterstattungspflicht gegenüber dem Verfassungsschutz, Berufsverbot usw., psychologischer Kriegsführung. Wunders Satz, daß hier Frieden ist, ist nackte sozialdemokratische Demagogie. Analog Brandts ... Analog Brandts ...

VORS.: Frau Meinhof, ich bitte Sie jetzt langsam ...

ANGEKL. MEINHOF: ... Ich möchte das bitte zu Ende bringen.

VORS.: Ja, eben.

ANGEKL. MEINHOF: Analog Brandts programmatischem Satz: »Die Bevölkerung mußte gegen revolutionäre Politik« – bei Brandt heißt das politischen Terrorismus – »immunisiert werden, durch die ruhige und entschlossene Behauptung des Normalzustands.« Wunder behauptet den Frieden, weil Krieg ist. Ihn als Normalzustand zu behaupten, ist ein elementarer Grundsatz der Counter-Guerilla-Kriegsführung, das heißt konkret, Wunder gibt zu, daß wir Kriegsgefangene sind, daß die Bundesanwaltschaft diesen Prozeß als Kriegshandlung versteht, für den Krieg, den sie führt. Oder wozu, Herr Wunder, der Bunker hier für zwölf Millionen Mark mit drei Millionen eingebauter militärischer, für drei Millionen eingebauter militärischer Logistik. Wozu 300 Hundertschaften BGS, wozu die Teleüberwachungssysteme, die tausend Bereitschaftspolizeien in Stuttgart, -polizisten. Die vollständige Umorganisierung des gesamten Polizeiapparates an diesem und zu diesem Prozeß, wozu die militärtaktischen Gesichtspunkte bei der Wahl des Areals und so weiter. Also es ist kurz zu sagen, es gehört schon eine Maschine für Counter-Guerilla und psychologische Kriegsführung, wie die der Bundesanwaltschaft, dazu und ihr Verständnis, aus der Rolle und Funktion der Sozialdemokratie und der Bundesrepublik in der Global-Strategie des US-Kapitals. Das alles gehört dazu, um diesen Krieg noch als Frieden zu behaupten.

Vors. (nach geheimer Umfrage): Der Senat hat folgenden Beschluß gefaßt:

Der von Professor Azzola angebrachte Antrag der Angeklagten Meinhof, die Beweisaufnahme abzuschließen und die Angeklagten sofort in Kriegsgefangenschaft zu überführen, wird verworfen.

Der Senat sieht keinen Anlaß, die Beweisaufnahme jetzt abzuschließen. Für eine Überführung der Angeklagten in Kriegsgefangenschaft fehlt es an jeder rechtlichen Grundlage. – Ich bitte nun den Zeugen.

Angekl. Meinhof: Wie können Sie denn diesen Beschluß fassen, eine Minute, nachdem wir Stellung genommen haben?

Vors.: Der Beschluß ist beraten und verkündet.

Angekl. Meinhof: Also ist das rechtliche Gehör eine Farce hier, wie wir gesagt haben.

Am selben Tag tritt die Beweisaufnahme in einen neuen Themenkomplex ein: die insgesamt sechs Sprengstoffanschläge in Frankfurt a.M., Augsburg, München, Heidelberg, Hamburg und Karlsruhe im Mai 1972. Begonnen wird mit dem Anschlag auf das I. G. Farben-Hochhaus in Frankfurt a.M.

Die erhobenen Beweise zu den Sprengstoffanschlägen sind, was die Beteiligung der Angeklagten betrifft, überwiegend Indizienbeweise: So werden Fingerabdrücke in den sogenannten »konspirativen Wohnungen« insbesondere in Frankfurt a.M. und Hamburg abgeglichen, Sprengstoffproben analysiert und verglichen, Bekennerschreiben (sogenannte Kommando-Erklärungen) zu den Anschlägen verlesen, Schreibmaschinen-Schriftbilder begutachtet und bestimmten, von den Angeklagten genutzten, Maschinen zugeordnet. Auch das Ausmaß und die Folgen der Taten werden in allen Einzelheiten festgestellt: Verletzte werden angehört, Obduktionsberichte verlesen und Sachschäden nachvollzogen, etliche Asservatenlisten verlesen. Die Herkunft der als Sprengkörper eingesetzten Gasflaschen sowie der gestohlenen Fahrzeuge und Kennzeichen wird ermittelt. Individuelle und konkrete Beiträge der Angeklagten für die jeweiligen Taten lassen sich allerdings kaum ausmachen.

Ein besonders wichtiger Zeuge ist in dieser Phase Dierk Hoff, der im Auftrag von Raspe und Meins unter anderem einige der für die Anschläge verwendeten Sprengkörperhüllen in seiner Frankfurter Werkstatt hergestellt hatte – seiner Schilderung nach zunächst in dem Glauben, Filmrequisiten anzufertigen, später aus Angst vor Repressalien. Die Verteidigung versucht eine unzulässige Einflussnahme der Ermittlungsbehörden auf den Zeugen zu beweisen, etwa durch das Versprechen ungesetzlicher Vorteile für sein eigenes Verfahren. Bestätigen lassen sich diese Vermutungen nicht.

Die Angeklagten sind inzwischen immer häufiger abwesend – allerdings nicht immer freiwillig. Die Ausschlüsse wegen ordnungswidrigen Verhaltens werden immer länger; erfolgten diese zu Beginn der Hauptverhandlung noch jeweils (nur) für den restlichen Sitzungstag, werden sie ab dem 27. Verhandlungstag auch für die restliche Sitzungswoche ausgesprochen. Ab dem 43. Verhandlungstag erfolgten Ausschlüsse für den restlichen, später auch für einen ganzen Sitzungsmonat.

13
FRANKFURT

Am 11. Mai 1972 explodierten im sog. I. G.-Farben-Hochhaus, dem Hauptquartier des 5. US-Korps, in Frankfurt a. M. drei Sprengkörper. Dabei wurde ein Mensch getötet und ein anderer in Lebensgefahr gebracht; weitere Personen wurden verletzt. Das RAF-Kommando »Petra Schelm« bekannte sich in einer Erklärung vom 14. Mai 1972 zu dem Anschlag.[168]

Dienstag, 20. Januar 1976
65. Verhandlungstag

[...]

Der Zeuge KHK K. erscheint um 10.02 Uhr im Sitzungssaal.[169]

VORS.: Herr K., es ist allgemeinkundig, daß es im Mai des Jahres 1972 im Komplex des IG-Farben Hochhauses in Frankfurt, dem Hauptquartier des 5. US-Corps, zu Explosionen kam. Ich werde Sie gleich noch um Ihre Personalien bitten.

RA von Plottnitz erscheint um 10.03 Uhr im Sitzungssaal.

VORS.: Ich wollte nur jetzt die, den Rahmen stecken. Die Befragung, die an Sie nun in der Folge gerichtet werden wird, dreht sich um die Frage, inwieweit Sie die Ermittlungen miterlebt haben, die sich zu diesem Vorgang abgespielt haben.

Der Zeuge macht folgende Angaben zur Person:

Werner K., Kriminalbeamter in Frankfurt/Main, 43 Jahre, Dienstadresse: Frankfurt/Main, KK 53, Am Platz der Republik, Polizeipräsidium.

Mit den Angeklagten nicht verwandt und nicht verschwägert. Wegen Eidesverletzung nicht vorbestraft.

VORS.: Ich darf Sie nun bitten, im Zusammenhang das, was eben als Rahmen abgesteckt worden ist, zu schildern, wobei Sie vielleicht den Schwerpunkt auf die Gesichtspunkte legen könnten; wie sind die Ermittlungen nach Ihrer Beobachtung angelaufen, welche Befunde konnte man feststellen, insbesondere welche Einzelheiten konnte man hinsichtlich dieser Explosionen feststellen. [...]

ZEUGE K.: Die Sache ist dreieinhalb Jahre her. Es ist naturgemäß nicht einfach, sich an Einzelheiten zu erinnern. Es waren also drei Explosionen, die im IG-Hochhaus, im IG-Farben building, IG-Farben building in Frankfurt sich ereigneten. Wir sind verständigt worden von dem Kriminaldauerdienst. Also meine Dienststelle ist für Explosionsermittlungen zuständig. Wir haben also den Ort des Geschehens aufgesucht, am gleichen Abend noch, und haben versucht, uns einen groben Überblick zu verschaffen. Das war nicht einfach, weil zunächst eine Absperrung nicht bestand. Es waren also, es war eine größere Menschenmenge dort an den Explosionsorten anwesend, die zunächst unkontrolliert umherliefen.

RA Dr. Heldmann erscheint um 10.05 Uhr wieder im Sitzungssaal.

Wir haben dann versucht, eine Absperrung zu installieren. Das gelang dann auch – die Verhandlungen dazu habe ich allerdings nicht geführt –, und wir kamen überein, dann am nächsten Morgen, ich habe dann die Kollegen für den nächsten Morgen bestellt, um dort den Explosionsort durchzuermitteln, also aufzunehmen. Es waren insgesamt drei Explosionen, die sich dort ereignet hatten, und zwar einmal im Eingang des Gebäudes von der Fürstenbergerstraße her. Dort waren zwei Explosionszentren feststellbar. Spätere Ermittlungen ergaben, daß einer der Sprengsätze in einer dort befindlichen Telefonzelle explodiert sein mußte und ein weiterer im Eingang an der rechten Seite. Er war unmittelbar an einer Zwischentür deponiert, am

Fußboden. Das Sprengloch, also der Hauptexplosionsdruck ist meiner Ansicht nach in die Kellerräume gegangen. Es waren vom Keller her Risse feststellbar, also etwa 1m Mauerwerk durchschlagen worden von der Explosion.

Professor Dr. Azzola erscheint um 10.07 Uhr wieder im Sitzungssaal.

Die Sprengtrümmer vorn in diesem Eingangsraum sind natürlich total durcheinander geworfen worden, so daß später bei den Aufräumungs- und Sichtungsarbeiten nicht eindeutig geklärt werden konnte, was nun zu welchem Sprengsatz gehörte, das lag also in diesem Raum durcheinander. Die stärkste Explosion hatte sich ereignet am Vorraum.

Rechtsanwalt v[on] Plottnitz verläßt um 10.08 Uhr den Sitzungssaal.

Das ist eine Eisenkonstruktion mit Wellblech und Drahtglasverkleidung, Stahlgerüst an einem, das ist das Offizierskasino, wenn ich es richtig weiß, dieses IG-Hochhaus. Ich bin also im Moment unsicher, wie die genaue Bezeichnung ist. Dort war an diesem Eingang, überdachten Eingang ein Sprengsatz explodiert, der den ganzen Eingang zerrissen hatte und eine Säule, an der er stand, praktisch völlig horizontal bis zum Kern durchgeschlagen hatte.

Der Angeklagte Raspe erscheint wieder um 10.09 Uhr im Sitzungssaal.

Ich weiß noch, daß also auch ein großes Loch nach unten vorhanden war. Es war also eine Betondecke durchschlagen, also, ja Betondecke durchschlagen, bis zu einem Luftschacht und der Luftschacht war weitflächig zerstört. Es muß also eine enorme Sprengwirkung gehabt haben. [...]

Wir konnten in etwa feststellen, wie die einzelnen Detonationen, also in welcher Reihenfolge sie erfolgt sind, die einzelnen Explosionen, und zwar hatten, hat nach unserer Ansicht war der erste Sprengsatz der in der Telefonzelle. Der führte also dazu, daß die Telefonzelle vollständig zerstört worden ist. Es blieb also davon nichts übrig. Nur Sägemehl, also das ist die Isolationsschicht zwischen den Wänden, kleinere Holzteile und Glasscherben. Weiter wurde ... dieser Vorraum war mit Buntmetallplatten ausgekleidet und die Explosion reichte also aus, um die Buntmetallplatten auszubeulen. Es war also ein Loch vorhanden. Ich weiß jetzt nicht mehr, ob es auch aufgerissen war. Aber das Loch reichte aus, man konnte also die Faust hineinstecken dort, also am engeren Explosionsort eins. Das war, wie gesagt, Telefonzelle, vom Eingang aus, von der Fürstenberger Straße aus gesehen, der Eingang auf der rechten Seite. Weiter waren über dem Explosionsort war eine Zwischendecke, auch Buntmetallplatten von erheblichem Gewicht. Diese Platten waren teilweise durchschlagen und waren aus ihrer Lagerung geworfen worden durch den Explosionsdruck. Dann war an den Säulen und am Mauerwerk waren Beschädigungen zu erkennen. Wenn ich's noch richtig weiß, waren die Türen, alle Scheiben in diesem Vorraum, das war massives Glas, ich kenne jetzt nicht die Stärke, alle Glasteile waren zerstört. Und der zweite Explosionsort war also in diesem Vorraum auf der linken Seite vom Eingang aus gesehen an einer Zwischentür. Diese Explosion hat ausgereicht, um die Zwischentür, die also massiv mit metallenen Gelenken mit dem Boden verbunden war, auszureißen unten, es war weiterhin ein Loch vorhanden. Es war etwa 1 m Mauerwerk zum Keller hin geborsten. Auch hier waren die Buntmetallplatten durchschlagen. Also hier waren sie durchschlagen, das kann ich noch mit Bestimmtheit sagen, das weiß ich noch, und wir fanden zur Straße hin, zur Fürstenberger Straße hin auch Spuren von Sprengteilen an einer, ich weiß nicht, ist es eine oder mehrere Säulen, die Bilder müßten das ausweisen. Diese beiden Explosionen haben eine Druckwelle erzeugt, die durch das Innere des Gebäudes lief. Das ist eine Halle, von der Halle gehen also Treppen, sind Treppenaufgänge, und die Druckwelle fing sich etwa in 30 m Entfernung an einer Verglasung fest. Die ganze Wand besteht praktisch aus starken Glasscheiben, und durch diese Druckwelle sind diese großen Glasscheiben geborsten. Zeugen haben davon gesprochen, also wollten noch eine weitere Explosion gehört haben, das waren aber diese berstenden Scheiben. Nach der Explosion lief die Druckwelle – und dann kam es also zum Bersten dieser Scheiben – etwa so, also daß man durchaus der Ansicht sein konnte, daß eine weitere Explosion noch im Inneren dieses Gebäudes, dieses vorderen Gebäudes stattgefunden hatte. Das war also, das kann ich zu diesen beiden ersten Explosionen sagen. Und die dritte an diesem Offizierskasino, an den Eingang war die mit Abstand stärkste. Hier ist diese recht massive Stahlkonstruktion dieses Eingangs zerrissen worden. Es sind also Teile, das ist Stahl, etwa 7 mm starker Stahl, Baustahl, davon sind Teile abgerissen worden und weggeschleudert worden, die ganze Konstruktion ist zerstört gewesen. Die Drahtverglasung sah aus wie Wollfäden etwa, die man regellos zusammenknüllt, mit wenigen Glasanhaftungen noch. Also das Glas war praktisch rausgeblasen worden. Und rechts und links an den Wänden fand man Splitterspuren. Die Säule, an der dieser Sprengsatz abgelegt worden war, war horizontal durchgeschlagen. Und zwar bestand die Säule aus Beton, war mit Steinen ummantelt, also mit Backsteinmauerwerk, ich weiß es nicht mehr genau, also das muß ich jetzt in Frage stellen, auf jeden Fall war sie mit etwa 2 cm starken Natursteinen verkleidet, außen. Das war also bis zum Kern durchgeschlagen. Und weiter hat die Explosion ausgereicht, eine etwa 15 cm starke Betondecke zu durchschlagen, die über einem Lichtschacht lag. Der Lichtschacht war mit Backstein ausgemauert. Auch die Backsteine hier waren zerstört. Wir haben an Fahrzeugen, die etwa in 30 m Entfernung standen, Splitterwirkungen feststellen können, von dieser Explosion. Das ist etwa das, was ich zu dieser letzten, zum letzten Explosionsort sagen kann. [...]

RICHTER MAIER: [...] Herr K., Sie haben bereits geschildert, am Eingang dieses Kasinos habe sich ein Loch befunden, das die Stahlbetondecke bis zu dem darunter befindlichen Luftschacht durchschlagen habe. Haben Sie noch etwa eine Vorstellung über die, in etwa der Größenordnung nach, über die Ausmaße dieses Lochs?

ZEUGE K.: Ich glaube, ich kann mich da nicht mehr festlegen, ich bedaure sehr. Das dürfte also etwas über 1 m breit gewesen sein.

RICHTER MAIER: Vorhalt aus O. 86 Bl. 15: »Der engere Explosionsherd wird durch ein trichterförmiges Loch gekennzeichnet, cirka 150 cm lang, 90 cm breit, 50 cm tief.«

ZEUGE K.: Das war insbesondere diese 90 cm Breite, entsprach in etwa diesem Luftschacht, der unter der Explosionsstelle vorbeilief.

RICHTER MAIER: Und es ist richtig, daß diese Explosionsstelle zwar am Gebäudeeingang, aber im Freien lag?

ZEUGE K.: Ja. Ich weiß nicht, inwieweit man diese Vorhalle als im Freien bezeichnen kann. Das war also an dieser Vorhalle.

RICHTER MAIER: An diesem Vordach. [...]

Nun sagten Sie bereits, daß dieses Dach weggeschleudert wurde.

ZEUGE K.: Nein.

RICHTER MAIER: Nicht?

ZEUGE K.: Das ganze Ding wurde zerlegt. Es sind also Teile davon abgerissen worden, das weiß ich, kann ich noch mit Sicherheit sagen.

RICHTER MAIER: Ist Ihnen da etwas besonders Augenfälliges noch in Erinnerung geblieben, wie weit etwa größere Teile des Daches weggeschleudert wurden?

ZEUGE K.: Ja, da ist ein mehrere Zentner schweres Teil, wurde also einige Meter, also abgerissen und einige Meter weggeschleudert. Wieviel Meter, kann ich nicht mehr sagen.

RICHTER MAIER: Vorhalt aus ... Es ist selbstverständlich, Herr K., daß man nach dreieinhalb Jahren nun Dinge, die nach Zentimetern, eventuell auch nach Metern gemessen werden, nicht mehr so genau weiß, aber der Größenordnung nach. Vorhalt aus O. 86 Bl. 16: »Ein Teil der Vorhalle mit einem Gewicht von etwa drei Zentnern wurde von der Konstruktion abgerissen und cirka 12 m nach rechts geschleudert.«

ZEUGE K.: Ja, kann hinkommen.

RICHTER MAIER: Das entspricht Ihrer Vorstellung. Dann haben Sie bereits gesagt, daß an Personenkraftwagen, die vor dem Eingang des Kasinos geparkt waren, Splitterwirkungen festgestellt wurden.

Professor Dr. Azzola erscheint wieder um 10.29 Uhr in Sitzungssaal.

ZEUGE K.: Richtig, jawohl.

RICHTER MAIER: Wie weit waren denn diese Kraftfahrzeuge von der Sprengstelle entfernt geparkt?

ZEUGE K.: Nach meiner Vorstellung zwischen 30 und 50 m, na so weg.

RICHTER MAIER: Ja, hier heißt's 25, 30 m, das könnte auch etwa hinkommen. Haben Sie nun eben an diesen Kraftfahrzeugen noch sonstige Spuren festgestellt, die irgendwie ins Auge fielen?

ZEUGE K.: Wir haben etwa 30 m von dieser Explosionsstelle entfernt fanden wir eine kleinere Blutlache. Ich muß dazu allerdings sagen, daß wir bei der Bergung, bei dieser dritten Explosion ist ja ein Mann zu Tode gekommen, ein Armee-Angehöriger namens Bloomquist, – die Leichensache ist von uns nicht gemacht worden –, wir waren auch bei der Bergung nicht dabei und haben uns auch später nicht damit aufgehalten, den genauen Leichenfundort zu lokalisieren und auf die Skizze und auf die Bilder, auf den Bildern zu vermerken. Wir nahmen an, wir gingen davon aus, daß das der Leichenfundort oder der Bergungsort dieses Herrn Bloomquist war.

RICHTER MAIER: Aber Sie selbst haben jedenfalls diese Blutlache am Boden gesehen.

ZEUGE K.: Wir haben sie gesehen, wir haben sie auch fotografiert.

RICHTER MAIER: Und fotografiert, ja. Und dann vielleicht noch gerade zu dieser Sprengstelle drei. In welchem Umkreis, Sie sagen, Sie haben da alle möglichen Metall-Uhrwerksteile undsoweiter gefunden, in welchem Umkreis haben Sie denn Splitter gefunden?

ZEUGE K.: Es kann davon ausgegangen werden, daß einzelne Splitter sehr, sehr weit geflogen sind. Wir haben also gesammelt und gefunden noch in einem Umkreis, unter Vorbehalt, es tut mir leid, ich kann es also nicht mit Bestimmtheit sagen, aber 50 m dürfen es gewesen sein.

RICHTER MAIER: So steht es auch in diesem schriftlichen Bericht. [...]

Mittwoch, 21. Januar 1976
66. Verhandlungstag

Der Zeuge G., Angehöriger der US-Streitkräfte, berichtet von seinen Erlebnissen während der Explosion.

[...]

ZEUGE G.: Ich war damals ledig und nahm meine Mahlzeiten im Offiziersclub häufig ein und auch an diesem Abend habe ich die Mahlzeit dort eingenommen. Die Kurse beginnen gegen 19.00 Uhr, um 19.00 Uhr. Als diese Zeit näher rückte, bin ich aus dem Speisesaal weggegangen, wo ich gegessen hatte, und bin durch den Haupteingang aus dem Speisesaal herausgegangen. Als ich über die Straße ging und mich noch auf der schwarzen Fahrbahndecke befand, hörte ich ein donnerähnliches Geräusch.

Ich dachte, es sei Donner, und dieses Geräusch kam aus dem IG-Hochhaus. Ich sah zwei Männer in Arbeitskleidung, die aus dem Hochhaus herausliefen und zwar aus dem mittleren Teil des Hochhauses, wenn man von hinten auf das Hochhaus zu blickt. Ich habe dann auch nach rechts herüber geschaut und sah dort einen Mann, der in der Uniform eines US-Oberstleutnants war. Ich habe später gehört, daß es sich um einen Oberstleutnant Bloomquist handelte. Ich sagte ihm dann im Vorbeigehen: Ich glaube, es ist dicke Luft, und ich fing an zu rennen. Colonel Bloomquist befand sich auf der rechten ... an der rechten Seite des Treppenhauses. Es handelt sich um eine sehr breite Treppe, die so geschwungen ist, nach oben führt und ich selbst befand mich auf der linken Seite dieser Treppe und zwar an der Stelle, wo ich normalerweise zu meinen Kursen ging. Ich ging dann die Treppe herauf und dort, wo sich der erste Treppenabsatz befindet, ein breiter Naturstein, da erreichte mich dann eine Explosionswelle und warf mich zu Boden. Das Ganze lief etwa wie in Zeitlupe ab und ich bemerkte, wie an mir vorbeigeschleudert wurden Glas und Stahlteile. Ich bemerkte dann, wie mir die Brille vom Gesicht gerissen wurde, ich hob sofort meine Brille, noch während ich mich auf den Knien befand, wieder auf und ging dann auf den ersten Treppenabsatz herunter. Links befand sich ein Tisch. Ich kroch dann auf Händen und Knien unter diesen Tisch. Ich bemerkte dann, wie mir Blut am Kopf herunter lief, der von einer Wunde hinter dem Ohr herrührte, und ebenfalls fühlte ich einen sehr starken Schmerz hier im Rücken, der von einem außerordentlich schweren Schlag herzurühren schien, so wie er eben im amerikanischen Fußball als ein Foul bezeichnet wird. Ich bin dann unter dem Tisch hervorgekrochen und hab mich dann mit dem Gesicht nach oben auf den Rücken gelegt. Sehr bald darauf kamen dann Leute an die Stelle gelaufen, um mir Hilfe zu erweisen. [...]

Später macht der Zeuge und Sachverständige Dr. F., Leiter der pathologischen Abteilung des Krankenhauses der US-amerikanischen Streitkräfte in Frankfurt a. M., Angaben zum Obduktionsbefund bezüglich der Leiche des getöteten Offiziers Bloomquist.

ZEUGE DR. F.: Am 11. Mai 1972 am Abend im amerikanischen Krankenhaus Frankfurt habe ich die Leiche von Bloomquist gesehen. Er trug eine Uniform der amerikanischen Armee, und ich konnte den Namen Bloomquist auf der Uniform sehen. Ich habe die Kleidung untersucht: Es waren Löcher und Blut in der Kleidung; ich habe auch Splitter gefunden aus Metall oder Glas.

Am nächsten Tag, am 12. Mai 1972, habe ich Röntgenbilder verlangt. Im Ganzen wurden 18 Röntgenbilder gemacht, und die haben Splitter gezeigt im Bereich des Kopfes, des rechten Rückens und links im Bereich des Beckens und der unteren Extremitäten. Es gab Frakturen des Schädels, des linken Oberschenkels und der rechten Fibula. Die Fibula ist ein Knochen des Beines (Wadenbein). Die äußere Untersuchung der Leiche zeigte 18 Wunden – diese Wunden habe ich persönlich nummeriert von 1–18.

Die tödliche Wunde war Wunde Nr. 2 im Bereich des Halses unter und hinter dem linken Ohr. Das war eine große Wunde: Die Form war

ein Parallelogramm; der größte Durchschnitt war 80 mm; der kleinste Durchschnitt 35 mm. Das war eine tiefe Wunde mit einem Kanal zwischen der Wunde und Frakturen vom Dach der Mundhöhle. Ein Metallsplitter hatte diese Wunde verursacht; er hatte auch vielfältige Frakturen der Basis des Schädels verursacht, und den Splitter habe ich unter dem rechten Auge gesehen – einen Teil des Splitters.
Dann habe ich einen Schnitt gemacht und durch einen Schnitt habe ich den Splitter entfernt. Ich habe diesen Splitter FA 1 nummeriert: F eine Abkürzung für »fragment« auf englisch, auf deutsch Splitter; A eine Abkürzung für autopsy auf englisch, auf deutsch Obduktion; also FA 1 bedeutet: Splitter Nr. 1 bei der Obduktion erhalten. Messungen dieses Splitters waren 27 x 20 x 16 mm. Gewicht des Metallsplitters war 6063 mg, also 6,063 g. Im Bereich des Kopfes, als ich das Gesicht abgetastet habe, spürte ich, daß es viele Frakturen waren im Bereich des Ober- und Unterkiefers – man hat also eine Krepitation gespürt, wenn man diese Gegend berührt hat.
Also das war Wunde Nr. 2. Der Splitter hatte diese Wunde verursacht; der hatte auch den Hirnstamm zerstört und das ist die Todesursache.
In den anderen Wunden möchte ich auch sechs Wunden erwähnen in der Gegend der linken Seite im Bereich des Beckens der linken unteren Extremität: Vom Kanal der Wunde Nr. 8 wurden vier Metallsplitter entfernt und gewogen auf einer genauen chemischen Waage, wie sie die Chemiker benützen, also eine Laborwaage, um ein genaues Gewicht zu bekommen, und diese vier Splitter habe ich persönlich nummeriert: FA 2 – FA 5; respektiv: Die Gewichte waren 26 mg, 1315 mg, 599 mg und 73 mg.

3449 / 428
5726

Lichtbild-Nr. 5
Erläuterung:

Vorraum zwischen Eingang und "Rotunde" (ca. 13 x 4 m). Im Hintergrund rechts befand sich die zerstörte Telefonzelle (Sprengstelle 1). Im Vordergrund links Sprengstelle 2 sichtbar.

BUNDESKRIMINALAMT Az: ____________________

Auszug aus einer Bildermappe des BKA zum Sprengstoffanschlag auf das Hauptquartier des 5. US-Korps in Frankfurt a. M.

3449 / 436
5734

Lichtbild-Nr. 17 Blick in das Büro.
Erläuterung:

Lichtbild-Nr. 18 Räumlichkeiten rechts vom Eingang; Büro und Wechselstube.

5738

Lichtbild-Nr. 25
Erläuterung: Blick auf Eingang Terrace-Club. Im Vordergrund zerstörter Dachvorbau. In der Mitte zerstörtes Mauerwerk, Sprengstelle 3, sichtbar.

Lichtbild-Nr. 26
Erläuterung: Zerstörter Eingang Terrace-Club.

Bl

Dienstag, 10. Februar 1976
74. Verhandlungstag

Geladen sind zwei Sachverständige, um Gutachten über zwei Schriftstücke zu erstatten. Zum einen geht es um die Kommando-Erklärung vom 14. Mai 1972, in der sich die RAF zum Anschlag in Frankfurt a. M. bekannte, zum anderen um ein als Baader-Schreiben bezeichnetes Schriftstück, das am 24. Januar 1972 in den Briefkasten der dpa München eingeworfen worden war. Der Brief ist mit A. Baader unterschrieben und mit einem rechten Daumenabdruck versehen.[170]

Zunächst macht der Sachverständige Wo., Sachbearbeiter und Sachverständiger für Daktyloskopie beim Bayerischen Landeskriminalamt in München, Angaben.

[...]

VORS.: Ich bitte Sie, Ihre Qualifikation ganz kurz anzuschneiden.

SACHVERST. WO.: Ich bin seit 1947 im Erkennungsdienst tätig, habe mich 1950 zum Sachverständigen für Daktyloskopie qualifiziert und bin seit dieser Zeit als Sachbearbeiter und Sachverständiger beim Bayerischen Landeskriminalamt für Daktyloskopie tätig.

Dem Sachverständigen Wo. wird das Originalschreiben mit dem Daumenabdruck, das in Fotokopie im Personenaktenordner Baader Band I, Bl. 125/126 abgelegt ist, vorgelegt mit der Frage, ob er sich damit befaßt hat.

SACHVERST. WO.: Ja, ich habe mich mit dem Schreiben befasst. Gegenstand meines Gutachtens ist die Untersuchung dieses Schreibens und des Briefumschlages mit der Unterschrift A. Baader daraufhin

1.: ob der Fingerabdruck unter der Unterschrift A. Baader vom Herrn Baader stammt.

2.: Festzustellen, ob sich an dem Schreiben und dem Briefumschlag noch latente daktyloskopische Spuren des Herrn Baader befinden. Im Zuge des Geschäftsganges wurde mir dieser Brief und der dazugehörige Briefumschlag zur Untersuchung übergeben.

Ich habe die Untersuchung durchgeführt und bin zu folgendem Ergebnis gekommen:
1. Der unter die Unterschrift A. Baader gesetzte Fingerabdruck ist identisch mit dem rechten Daumenabdruck des Herrn Baader.
2. Zur Sichtbarmachung latenter daktyloskopischer Spuren wurden die Ränder des Schreibens und der Briefumschlag mit Ninhydrin behandelt. Ninhydrin wird in diesem Fall als Nachweisreagent der Aminosäure und Eiweißbestandteile der Hauterscheinung angewandt und auf diese Weise werde latente Spuren sichtbar gemacht. Nach dieser Ninhydrinbehandlung wurden an dem Brief daktyloskopische Spuren sichtbar, von denen zwei Fingerspuren und eine Teilhandflächenspur zum Nachweis einer Identität brauchbar sind. Eine Spur ist dann zum Nachweis einer Identität brauchbar, wenn sie mindestens zwölf anatomische Merkmale zeigt. Diese zwei Fingerspuren und die Handflächenspur wurden mit denen in der Sammlung beim Bayerischen Landeskriminalamt einliegenden Fingerabdrücken des Herrn Baader verglichen. Dieser Vergleich hat ergeben, daß die zwei Fingerspuren mit dem linken Ringfingerabdruck des Herrn Baader identisch sind. Die Handflächenspur wurde mit denen bei BLKA einliegenden Handflächenabdrücken des Herrn Baader verglichen und auch hier wurde Identität mit dem linken Handflächenabdruck des Herrn Baader festgestellt. An dem untersuchten Briefumschlag waren keine brauchbaren daktyloskopische Spuren festgestellt.
Die Beweiskraft der Daktyloskopie, wenn ich das ganz kurz ansprechen darf, beruht auf zwei wissenschaftlich und international anerkannten Grundsätzen: 1. Die Papillarlinienbilder, das sind die in Finger ..., Handflächen und Fußsohlen der Menschen befindlichen Hautleistenfiguren sind von der Geburt bis in den Tot hinaus, bis zur restlosen Zerstörung der Haut, von Natur aus unveränderlich – Grundsatz Nr. 1. 2. Jeder Mensch hat andere Papillarlinienbilder. Für den Nachweis einer Identität von Fingerabdrücken ist es erforderlich, daß die zu vergleichenden Abdrücke neben der Übereinstimmung der Grundmuster des Papillarlinienverlaufes auch Übereinstimmung der

sogenannten anatomischen Merkmale aufweisen. Als anatomische Merkmale werden alle Besonderheiten bezeichnet, die eine Abweichung vom normalen Verlauf der Papillarlinien darstellen wie z.B. beginnende und endende Linien, Gabelungen, Einlagerungen, Augenbildungen, Inselbildungen usw. Stimmt eine bestimmte Anzahl dieser anatomischen Merkmale nach Form und Lage zueinander als auch zum Gesamtpapillarlinienbild überein, dann sehen wir nach den Grundsätzen der Daktyloskopie den Beweis der Identität als erbracht. Ich habe im vorliegenden Fall diese Übereinstimmung der anatomischen Merkmale nach Form und Lage zueinander, als auch zu den Gesamtpapillarlinienbildern, sowohl in den Abdrücken auf diesem Schreiben, wie auch den Vergleichsfinger und dem Handflächenabdruck des Herrn Baader festgestellt. Damit steht nach den Grundsätzen der Daktyloskopie einwandfrei fest, daß der Fingerabdruck unter der Unterschrift des Herrn Baader, unter der Unterschrift A. Baader, mit dem rechten Daumen des Herrn Baader identisch ist und daß die beiden Fingerspuren jeweils mit dem linken Ringfingerabdruck identisch sind und die Handflächenspur von der linken Hand des Herrn Baader verursacht wurde. Zur Vorlage beim Gericht habe ich von jeder Identität einen Lichtbildbogen gefertigt und habe jeweils den Abdruck des Schreibens mit dem identischen Vergleichsabdruck in dem Lichtbildbogen gegenübergestellt; zwölf der identischen anatomischen Merkmale habe ich in den Fingern gekennzeichnet und mit Ziffern versehen und in der Handfläche 16 der übereinstimmenden anatomischen Merkmale.

VORS.: Darf ich fragen zu der Zahl zwölf, ist das nach allgemeiner Erkenntnis ...

SACHVERST. WO.: Nach den im Bundesgebiet geltenden Bestimmungen werden grundsätzlich zwölf anatomische Merkmale zum Nachweis einer Identität erforderlich. Diese Grenze darf nur in besonders gelagerten Ausnahmefällen unterschritten werden.

VORS.: Da steckt also schon ein gewisser Sicherheitszuschlag dazu ...

SACHVERST. WO.: So ist es. [...]

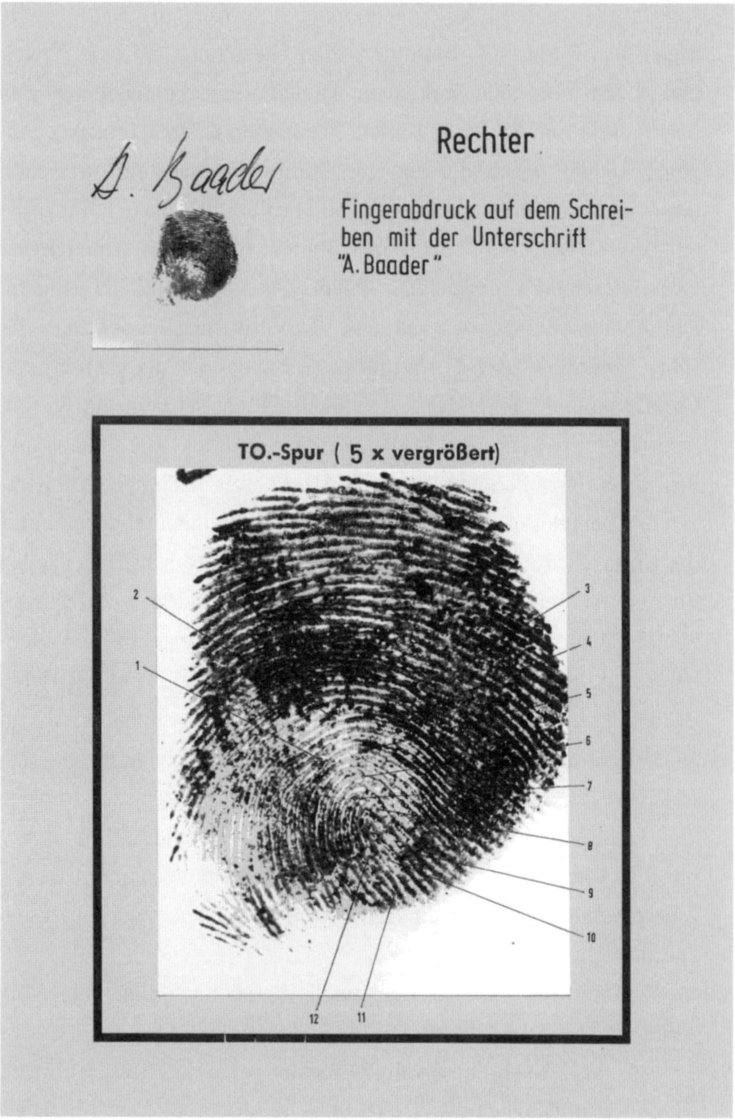

Ausschnitt und Vergrößerung des Fingerabdrucks auf dem Schreiben mit der Unterschrift A. Baader.

SACHVERST. WO.: Ich habe hier eine Lichtbildmappe mit dem rechten Daumenabdruck des Herrn Baader.

Der Sachverständige übergibt eine Lichtbildmappe mit dem rechten Daumenabdruck des Angeklagten Baader. Die Lichtbildmappe wird dem Protokoll als Anlage 4 beigefügt. [...]

Anschließend erstattet der Sachverständige Wi., wissenschaftlicher Mitarbeiter im Bundeskriminalamt, sein Gutachten.

VORS.: Herr Sachverständiger, wir haben zunächst auch an Sie die allgemeine Frage zu richten über die Qualifikation.

SACHVERST. WI.: Ich bin auf dem Sektor Urkundenprüfung tätig seit dem Jahre 1949, zuerst Amt für die britische Zone in Hamburg, daraus ging das Bundeskriminalamt hervor und seitdem im Bundeskriminalamt als Sachverständiger tätig, generell auf dem Sektor Urkundenprüfung, einschließlich Materialprüfung, Drucktechnik und Maschinenschriftauswertung.

VORS.: Es war heute die Rede von zwei Schriftstücken. Sie haben das mitverfolgt.

Dem Sachverständigen Wi. wird das Originalschreiben, das in Fotokopie im Ordner 121 Blatt 3/4 und im Ordner 87 Blatt 131/132 abgelegt ist, und das Originalschreiben, das in Fotokopie im Personenaktenordner Baader Band I, Bl. 125/126 abgelegt ist, vorgelegt mit der Bitte sich zu äußern, ob er diese Schriftstücke schon in Händen gehabt hat und was das Ergebnis war.

SACHVERST. WI.: Ja, das hatte ich in Händen und zwar hatte ich auf kriminaltechnischem Wege zu prüfen, ob zwischen dem Brief vom 24. Januar 1972, sogenannten Baader-Brief, der an dpa München adressiert ist ...

VORS.: Der mit dem Daumendruck, um das zu unterscheiden.

SACHVERST. WI.: ... jawohl und zwischen dem RAF-Schreiben vom 14. Mai 1972 desgleichen an dpa München adressiert Schreibmaschinenidentität besteht. Mit anderen Worten, ob der Baader-Brief vom

24. Januar 1972 und das RAF-Schreiben vom 14. Mai 1972 mit Hilfe ein und derselben Schreibmaschine geschrieben war.

SACHVERST. WI.: Die im Sinne der Frage durchgeführte lupentechnische und meßtechnische Auswertung der Schriftbilder des Baader-Briefes und des RAF-Schreibens führt zur sicheren Erkenntnis, daß die konfrontierten Maschinenschriften sowohl in den Systemelementen als auch in den Typen-Formdefekten und mit den Typen-Justierungsdefekten absolut übereinstimmen. Bei diesen Typen-Formdefekten handelt es sich vor allem um die Typen TUß, bei den Justierungsdefekten um das PSAEZGBFHDR. Aufgrund dieser übereinstimmenden individualcharakteristischen Merkmalskomplexe steht mit Sicherheit fest, daß der Baader-Brief vom 24. Januar 1972 und das RAF-Schreiben vom 14. Mai 1972 mit Hilfe ein- und derselben Schreibmaschine gefertigt worden sind. […]

14
HEIDELBERG

Am 24. Mai 1972 explodierten in Heidelberg auf dem Gelände des Hauptquartiers der 7. US-Armee und der US-Landstreitkräfte in Europa (USAREUR) zwei zuvor dorthin verbrachte Kraftfahrzeuge. Hierbei kamen drei amerikanische Soldaten ums Leben, weitere Personen gerieten in Lebensgefahr oder wurden verletzt. Das RAF-Kommando »15. Juli« rechtfertigte den Anschlag in einer Erklärung vom 25. Mai 1972 mit den vorangegangenen Bombenangriffen der USA im Vietnam-Krieg.[171]

Dienstag, 17. Februar 1976
77. Verhandlungstag

[...]

Der Zeuge K. macht folgende Angaben zur Person:

Kurt K., 41 Jahre alt,
Rettungssanitäter, Heidelberg,
[Anschrift].
Mit den Angeklagten nicht verwandt und nicht verschwägert. Wegen Eidesverletzung nicht vorbestraft.

VORS.: Als Rettungssanitäter, ist es möglich, daß Sie im Jahre 1972 Ambulanzfahrer im US-Hospital in Heidelberg gewesen sind?

ZEUGE K.: Jawohl, das bin ich heute noch.

VORS.: Dort sind Sie heute noch. Erinnern Sie sich, daß es im Mai 1972, gerade in diesem Bereiche, einen besonderen Einsatz für Sie gegeben hat?

ZEUGE K.: Jawohl.

VORS.: Wollen Sie uns bitte schildern, was Sie damals erlebt und beobachtet haben?

ZEUGE K.: Ja, also an dem fraglichen ..., das war der 24. Mai gegen ..., es so kurz etwas nach 18.00 Uhr, so 18.05 Uhr, 18.10 Uhr, da wurde mir ... Also zuvor war ..., so kurz nach 18.00 Uhr war erstmal eine schwere Detonation, ein Beben bei uns im Bereitschaftsraum, und kurz darauf das zweite und gleich danach läutet das Telefon. Wir wurden dann zum Einsatz befohlen und zwar US-Hauptquartier. Es wurde auch nicht gesagt, was es war, sondern wir wurden einfach dahinbefohlen, dann sind wir mit Blaulicht, sind wir dahingefahren und wie wir da ins Haupttor kommen, war das Haupttor schon geschlossen. Die MP hat uns weitergeleitet bis zum Gebäude 28, glaube ich war das, das ist die Computerstation hinten, ganz am Ende ...

Die Angeklagten Meinhof und Raspe verlassen um 14.22 Uhr den Sitzungssaal.

VORS.: Ja, Sie könnten ruhig auf dieses Modell hinweisen.

ZEUGE K.: Ja, es ging vielleicht einfacher.

Der Zeuge gibt folgende Erklärungen über den Weg, den er im US-Hauptquartier zurückgelegt hat, anhand eines Modells des US-Hauptquartiers in Heidelberg ab:

ZEUGE K.: Wir sind hier angekommen, hier war das Tor geschlossen, das Tor wurde aufgemacht, wir wurden hier weitergeleitet durch die MP, die war hier schon gestanden an der Ecke, am Sportplatz vorbei bis vor zur Turnhalle – das ist hier die Turnhalle –, dann sind wir hier rechts rumgefahren und da zwischen diesem Ding da, das ist das Gebäude 28, da hinten war die Detonation. Also da haben wir gesehen, da war alles Autoteile und dann sind wir hierhergekommen – nein, Moment, – hier war es. Hier rein, hier war die Tankstelle und dahinten war ein Autowrack gelegen und da Trümmer von Autoteilen.

VORS.: Diese Beschreibung, wie Sie den Ort vorgefunden haben, den sollten Sie vielleicht nachher noch zusätzlich geben, wenn Sie sich wieder am Zeugentisch befinden, wir haben jetzt Ihren Weg gesehen. Bitte jetzt, wenn Sie also jetzt den ersten Eindruck, den Sie gewonnen haben, wiedergeben wollen.

ZEUGE K.: Ja, also wir sind da hingekommen, wir fanden nur Trümmer vor; dann wurde erstmal geschaut. Wir haben dann die amerikanische Militärpolizei gefragt: »Was ist los«, also es war eine Detonation, das haben wir auch gesehen, dann sind wir auf die Trümmer zugegangen, haben gesucht, ob wir Verletzte finden. Dann habe ich, unterhalb von dem einen Fenster lag ein Körper, also der sich noch bewegt hat. Das war dann das erste Opfer, wo ich dann aufgenommen hab auf die Tragbahre gelegt, mit einem Sanitätsoffizier, einem Kaptain Hayden, der war mit mir im Fahrzeug, und dann haben wir ihn auf die Tragbahre, und bei dem Aufnehmen auf die Tragbahre hat er den Kopf nach links geneigt, weil er sehr starke Verletzungen hatte. Er hatte auch keine Kleider mehr angehabt, die sind durch die Detonation wahrscheinlich weggeflogen. Dann habe ich ihn nach oben gehalten, wie er so den Kopf nach links neigt, hat er mir in den Daumen gebissen und wahrscheinlich durch Schmerzen irgendwelcher Art. Wir haben ihn dann raufgelegt, haben ihn in die Ambulanz vorgezogen, durch die Trümmer durch und haben ihn dann in die Ambulanz reingetan und sind weggefahren, schnell weggefahren. Als ich am Tor außen ankam, da hat der Sanitätsoffizier gesagt zu mir, fahr langsam, es hat keine Eile, der Mann ist gestorben, also der Mann war tot dann. Es hat sich nur um einige Minuten gehandelt, wo er noch gelebt hat. Dann sind wir zum Krankenhaus zurück, haben ihn abgeladen, sind gleich wieder rübergefahren und sind dann dahin und haben da ein bißchen mitgeholfen. In der Zwischenzeit wurde auch der zweite Mann gefunden, der lag dann rechts davon hinter einem Mauerwerk. Die Mauer ist vorher durch die Detonation eingestürzt und ein Coca-Cola-Kasten, so eine große,[172] der lag auf ihm und da hat nur der Fuß rausgeschaut und da hat ihn ein Kollege von mir, der hat ihn dann gefunden und dann haben sie den Coca-Cola-Kasten weggenommen, und der war auch schon tot und so wurde nur noch der Tod festgestellt. Der Dritte war ein Offizier, wie wir später festgestellt haben, der war in der Mitte durchgerissen, also war nur noch das Oberteil noch, der Corpus war noch zu finden. Die anderen Teile waren verstreut auf den Bäumen, da waren zwei Lindenbäume in der Nähe, da lag welches, und auf dem Boden lagen abgebrennte Fußsohlen und jedenfalls, es war kein schöner Anblick. Wir haben dann so ein Kopfkissenbezug genommen, weil wir nichts anderes dabeihatten und haben da die Leichenteile eingesammelt. Die wurden dann in die Ambulanz gebracht und dann wurde das alles rübergebracht ins Krankenhaus, das ist ja ungefähr 1 km weg. Später sind wir dann nochmal erneut durch das Hauptquartier gefahren, um Verletzte aufzunehmen. Auf dem Parkplatz drüber, da ist auch nochmal die zweite Detonation passiert, da waren einige Verletzte. Da war ein Offizier, wahrscheinlich von einem Teil von einem Auto am Kopf oben, er hat skalpiert ausgesehen, die Kopfhaut weggetrennt und die Haare; den haben wir verbunden, dann haben wir ihn eingeladen ins Krankenhaus zu fahren. Jedenfalls, wir sind mehrere Male da durch die Unterkünfte gefahren und später auch in Mark Twain, das ist das angrenzende Wohngrundstück, das haben wir auch nochmal durchfahren und da haben wir noch so kleine Verletzungen gemacht durch Glassplitter, wo da geflogen sind und die haben wir da verpflastert usw. Ja, dann habe ich noch ein ..., durch das Durchfahren vom Hauptquartier waren diese Trümmer auf der Straße, habe ich dann noch eine Reifenpanne gekriegt, dann mußte ich noch die Reifenpanne wieder beheben. Ja, und das wäre eigentlich normal alles, was ich dazu sagen könnte, in groben Zügen.

Vors.: Herr K., Sie sagten, Sie hätten die Detonation gespürt im Bereitschaftsraum. Wieweit ist der Bereitschaftsraum entfernt von dem Ort, wo Sie nachher festgestellt haben ...?

Zeuge K.: Das ist ungefähr 1 km, kann man sagen, ja.

Vors.: Haben Sie das jetzt nur gespürt oder auch gehört?

Zeuge K.: Nein, das haben wir ..., wir haben gespürt erst einmal eine schwere Detonation, so »womm« und dann gleichzeitig der Knall und gleich kurz danach noch einmal dasselbe, genau dieselbe Detonation wieder.

VORS.: Und nun sagen Sie, Sie sind hingekommen und Sie schildern praktisch die Dinge so, als hätten Sie alle drei Opfer – das ist ja die Zahl, die immer wieder angegeben wird, selbst gesehen, ist das richtig?

ZEUGE K.: Ja, ich habe sie alle drei gesehen, aber ich habe nur einen aufgenommen und die anderen habe ich alle gesehen, ich habe nur einen transportiert. Also einen habe ich zum Krankenhaus gefahren; die anderen beiden hat ein Kollege von mir gefahren.

VORS.: Haben Sie die Namen der Opfer erfahren?

ZEUGE K.: Ja, ich habe dann später, durch das, daß ich ..., das war der Einzigste, der noch einigermaßen zusammen war, wo man noch als Mensch erkennen konnte. Also die anderen beiden, die waren ja ..., die waren also unkenntlich. Der eine, der war ja in zwei Teile, der Captain, das wußte man ja, dann der andere, der lag unter einer Coca-Cola-Maschine, dem waren die Zähne nach vorne reingeschlagen, das Gesicht ganz platt. Also den einen, den ich hatte, der wo noch gelebt hatte, der war sozusagen derjenige, wo ich dann später auch gewußt hab, das ist der und der ..., wo ich dann den Zettel gesehen habe, wer er war. Er war, glaube ich, 26 ..., war er jetzt 23 oder 26 Jahre alt ..., also ein Feldwebel.

VORS.: Haben Sie über die Zahl der Verletzten einen Überblick gewonnen?

ZEUGE K.: Ja, also ich habe ungefähr so fünf oder sechs Verletzte waren es. Ich kann es jetzt nicht genau festlegen, fünf waren es sicher.

VORS.: Wenn wir Ihnen hier eine Bildmappe zur Einsicht geben, wären Sie im Stande, daraus zu erkennen, welches Opfer Sie transportiert haben?

ZEUGE K.: Ja, wenn ich ihn ganz sehe, ja.

15
BAADER AM TATORT

Donnerstag, 4. März 1976
83. Verhandlungstag

*Es werden erneut Zeug*innen zum Komplex Frankfurt a. M. befragt. Es geht um die Identifizierung von Andreas Baader, der unmittelbar nach der Explosion in der Nähe des Tatorts gesehen worden sein soll.*

[...]

Die Zeugin Sonja Christa S. erscheint um 10.15 Uhr im Sitzungssaal.

Die Zeugin S. macht folgende Angaben zur Person:

Sonja S., 45 Jahre,
Sekretärin, Frankfurt.
Mit den Angeklagten nicht verwandt und nicht verschwägert. Wegen Eidesverletzung nicht vorbestraft.

VORS.: Frau S., erinnern Sie sich noch, daß im Mai 72 im US-Hauptquartier in Frankfurt ein Sprengstoffanschlag verübt wurde?

ZEUGIN S.: Ja.

VORS.: Haben Sie dazu Beobachtungen gemacht?

ZEUGIN S.: Zu dem Anschlag selbst nicht. [...] Ich war im Auto und das Auto wackelte irgendwie und dann kam so 'ne Detonation am Himmel, es konnte auch Feuer oder irgendwas gewesen sein. Und da hab ich gesagt, da ist irgendwas los, hab's Auto abgestellt, bin hingelaufen durch so einen kleinen Weg ins IG-Hochhausgelände rein. Und dahinter befindet sich unmittelbar das Offizierskasino. Und man konnte sehen, daß im IG-Hochhaus selbst kein einziges Fenster mehr drin war, und auch in diesem anderen Kasino nicht mehr, und daß da so die

Gardinen flatterten. Daraufhin sah ich, daß das kein Feuer war und nahm an, daß das irgendwas Negatives, also irgendwie Bomben oder irgendwas war, nahm meine Tochter und sagte, »nichts wie weg.« Und dann sind wir wieder zurückgelaufen. Vorher standen aber die Leute, die in dem Kasino gewesen waren, draußen, also verschreckt. Und ein Kellner sagte mir dann, daß da irgendwie Bomben detoniert wären, und wir sind dann weggelaufen und sind rausgegangen, haben dann draußen uns hingestellt, und haben noch so drüber diskutiert. [...]
Und als wir so standen, kam ein Herr auf mich zu, also der kam so raus aus diesem Weg und der wirkte völlig verstört, und hatte eine Aktentasche in der Hand, wirkte völlig verstört, ging so komisch, also daß man auf ihn direkt aufmerksam wurde. Nicht daß man so sagen konnte, es ging einfach einer vorbei, sondern dieser Mann wirkte so, als wenn er einen fürchterlichen Schock hatte. Und dann hab ich gesagt, guck mal, was ist denn mit dem los, was hat der denn? Und der kam also völlig apathisch auf mich los und guckte mich voll an, rannte mich bald um, und ging dann an der Seite vorbei. Und das ist eigentlich die einzige Beobachtung, die ich gemacht hab. [...]

VORS.: Können Sie sein Aussehen beschreiben? Beginnend bei der Größe, bei der Gestalt, Gesichtsform, Haare ...

ZEUGIN S.: Ungefähr 1,80.

VORS.: 1,80.

ZEUGIN S.: Ungefähr, also größer, ja, doch ein Stück größer als ich, und dunkle Haare, und er hatte ganz schwarze Pupillen, also ganz, ganz dunkle Augen, also ganz völlig dunkle Augen. Das war auffallend, die Augen wirkten ganz ... die guckten so leer. [...]

VORS.: Ist die Aktentasche für Sie irgendwie auffällig gewesen?

ZEUGIN S.: Ja weil sie ... sie war leicht, sie war ... leer. Also wie man etwas trägt das ...

VORS.: Aus der Art des Tragens haben Sie das geschlossen?

ZEUGIN S.: Ja.

VORS.: Sonstige Beobachtung?

ZEUGIN S.: Daß er wie auf Eiern ging.

VORS.: Ja, das sagten Sie früher auch, er ging wie auf Eiern, was soll das heißen?

ZEUGIN S.: Zögernd, unsicher.

VORS.: Unsicher. Ist Ihnen an der Gangart sonst noch irgendetwas aufgefallen? Hatte er eine besondere Art zu gehen?

ZEUGIN S.: Nein.

VORS.: Nein. Wenn Sie nun die Haare als dunkel bezeichnen …

ZEUGIN S.: Die Haare waren effektiv dunkel.

VORS.: … was würden Sie darunter verstehen, ich meine, es beginnt beim Dunkelbraun, daß man sagen kann, es ist dunkel …

ZEUGIN S.: Ja, dunkelbraun würde ich sagen, na dunkelbraun ist ja fast schwarz, naja so nicht, schwarz waren sie nicht.

VORS.: Sondern? Sie als Frau werden ja über die Farbschattierungen der Haare wahrscheinlich leichter sich orientieren können als die Männer sowieso.

ZEUGIN S.: Dann braun eben. […]

VORS.: Und wann hat diese Beobachtung nun für Sie die weitere Bedeutung erlangt? Und durch welche Umstände?

ZEUGIN S.: Als ich in Köln zur deutschen Hockey-Meisterschaft war, habe ich mir eine Zeitung gekauft, und da sah ich erstmalig Bilder von Andreas Baader drin.

VORS.: Wie lange glauben Sie, ist das gewesen nach dem Vorfall selbst?

ZEUGIN S.: Ich glaub das war auch … Mai oder auch Juni, das kann ich jetzt nicht sagen.

VORS.: Können Sie … müssen sich ja nicht nach dem Monat festlegen, sondern nur sagen, ob das Tage hinterher war oder Wochen oder Monate.

ZEUGIN S.: Nein, Monate hinterher auf keinen Fall, Wochen könnten's gewesen sein. Also … das ist aber festzustellen, ich kann es aber jetzt nicht sagen. Es kann auch unmittelbar danach gewesen sein, das kann ich jetzt nicht sagen.

VORS.: Wissen Sie nicht, ja. Da sahen Sie Bilder in der Zeitung.

ZEUGIN S.: Ja und da hab ich gesagt, guck mal, zu meiner Tochter, kennst du den? Und dann sagte sie: Das ist doch der Mann, der da rausgekommen ist. Und daraufhin bin ich zur Kriminalpolizei gefahren und hab gesagt, Sie möchten mir doch mal bitte Bilder von Baader zeigen. Diese Bilder waren aber nicht sehr erschöpflich. [...]

VORS.: Wenn Sie uns das jetzt mal im Zusammenhang alles erzählen wollen, was Sie dann aufgrund Ihrer Meldung bei der Polizei dann noch erlebt, mitbekommen haben.

ZEUGIN S.: Ja, dann erhielt ich diese Ladung zur Gegenüberstellung nach Düsseldorf. Das war ungefähr im Juli, kann ich nicht mehr sagen, ich glaub Juli. Und wurde von zwei Frankfurter Kriminalbeamten abgeholt und nach Bonn gefahren zur Sicherungsgruppe.[173] Und von Bonn aus sind wir mit einem Wagen der Sicherungsgruppe, mit einem Herrn von der Sicherungsgruppe, nach Düsseldorf gefahren. [...]
Und sind dann ins Gefängnis gefahren. Und da wurde ich in einen Ärztekittel gesteckt und hatte als Ärztin die Visite mitzumachen. Und bin dann also in die einzelnen Zellen reingeführt und in einigen Zellen lagen mehrere und in einer Zelle lag eben nur einer der Gauloises rauchte und einen Tisch da stehen hatte am Bett, war blond. Und als wir dann da rein kamen – also gingen erst die Ärzte und ich dann so ein bißchen zurück, und ein Kriminalbeamter von Frankfurt ging auch mit rein als Arzt, und diese gingen zuerst rein – und als ich reinkam und so hinguckte, da zog der sich die Decke so hoch und blinzelte nur noch so mit den Augen. Und da konnte ich also nur noch den Kopf, also die Kopfform etwas sehen, sonst eigentlich gar nichts. Außerdem war dieser Mann blond und hatte die Augenbrauen rasiert und hätte längere Koteletten, hatte einen Bart, das war also nicht der Mann, den ich gesehen hatte. Nur die Kopfform könnte eventuell gestimmt haben, sonst nichts.

VORS.: Nun, wenn Sie sagen, es war nicht der Mann, den ich gesehen hatte, das würde schon ein sicheres Urteil beinhalten.

ZEUGIN S.: Nein, also das konnte ich nicht annehmen, also mit dem Mann war er nicht ähnlich.

VORS.: Sie konnten Ihn nicht erkennen?

ZEUGIN S.: Nein.

VORS.: So war's zu verstehen oder würden Sie sagen, er war's nicht?

ZEUGIN S.: Nein, das würde ... er hatte sich die Augenbrauen rasiert, er hatte blonde Haare, er hatte lange Koteletten, viel länger als der Mann, den ich gesehen hatte. Und hatte so einen Ansatz von Bart, also was ich gerade noch sehen konnte, bevor ders hochzog. Und obendrein hatte er ja gleich die Decke hochgezogen, also ehe ich ihn überhaupt richtig angucken konnte.

VORS.: Gut, nun hatten Sie also kein Wiedererkennen. Was ist dann geschehen noch?

ZEUGIN S.: Dann, vorher hatte ich mir ein Bild aus der Zeitung ausgeschnitten, wo ich absolut sicher sein konnte. Und das war absolut dieser Mann, der da rausgekommen war, da war ich absolut sicher.

VORS.: Und war dieses Bild mit einem Begleittext versehen?

ZEUGIN S.: Nein, ich hab's hier das Bild.

VORS.: Sie haben's sogar hier. Das werden wir nachher ansehen. Können Sie aus dem Gedächtnis noch sagen, ob da irgendwas dazugestanden ist, insbesondere ob etwa Namen angegeben waren?

ZEUGIN S.: Ja, es war ein Name angegeben.

VORS.: Welcher Name?

ZEUGIN S.: Andreas Baader. [...]

Die Zeugin übergibt die Fotografie – siehe Anl. 1 zum Protokoll –, von der sie sagt, daß sie auf diesem Bild den Mann, den sie in dem Gelände des US-Hauptquartiers gesehen habe, sicher wiedererkannt hätte.

ZEUGIN S.: Ich hab etwas mehr Haare hier hergemalt. Also ganz original ist dieses Bild nicht. Also ich hab's ... so, wie der Mann aussah.

Dieses Bild – Anl. 1 zum Protokoll – wird in Augenschein[174] genommen. Die Verfahrensbeteiligten haben Gelegenheit, am Augenschein teilzunehmen. [...]

VORS.: Sind dann von der Polizei noch irgendwelche weiteren Maßnahmen getroffen worden.

ZEUGIN S.: Ich bin dann anschließend noch vernommen worden in Düsseldorf, und bin dann wieder nach Hause gefahren worden. Und dann

7421

3451 / 406

Anlage 1 zum Protokoll vom 4. März 1976

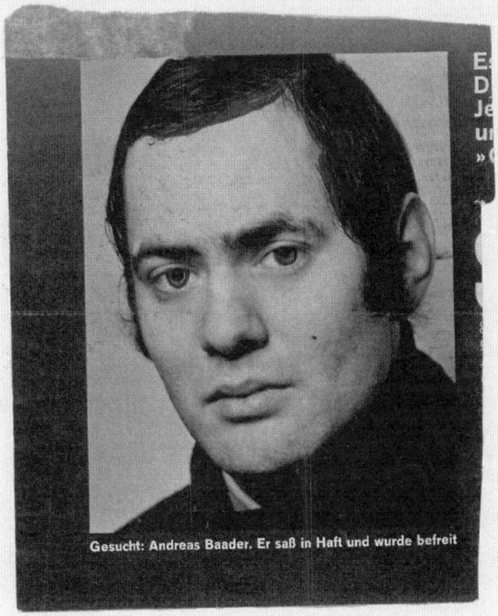

Von der Zeugin S. mitgebrachter Zeitungsausschnitt mit einem Bild von Andreas Baader (zu Protokoll genommen).

hatte ich später mit meiner Tochter zusammen eine Ladung in Köln nach Ossendorf ins Gefängnis.

VORS.: Wann war das ungefähr, könnten Sie das ...

ZEUGIN S.: Das war bestimmt ein Jahr später.

VORS.: Über ein Jahr später?

ZEUGIN S.: Nehme ich an, ja. Weiß ich nicht genau mehr.

VORS.: Also nach unseren Unterlagen müßte das im September 73 gewesen sein, kann das ...

ZEUGIN S.: Ja, das ist ohne weiteres drin.

VORS.: Gut, wenn Sie jetzt schildern wollen, wie das verlaufen ist.

ZEUGIN S.: Wir wurden in einen Theaterraum, könnte ein Theaterraum gewesen sein, weiß ich nicht, ob man im Gefängnis so was hat, jedenfalls so eine Art Vorführraum ... jedenfalls wo, Veranstaltungen könnten drin gewesen sein. Da war eine Bühne, und dann kamen sechs Gestalten raus, die eine Nummer vor sich hatten.

VORS.: Gleichzeitig oder hintereinander?

ZEUGIN S.: Hintereinander und die wurden zweimal mit verschiedenen Nummern versehen rausgeführt.

VORS.: Also zwei Umläufe?

ZEUGIN S.: Ja, zwei Umläufe.

VORS.: Sind das dieselben Nummern gewesen oder haben die untereinander die Nummern getauscht, wissen Sie's noch?

ZEUGIN S.: Ich würde sagen, die waren getauscht nachher, andere nachher.

VORS.: Die waren getauscht. Und was hatten Sie nun für eine Aufgabe dabei?

ZEUGIN S.: Den herauszufinden, den Mann, den ich gesehen hatte. Und eigenartigerweise war der Mann jetzt wieder dabei, also der sah wieder so aus, wie vorher.

VORS.: Und was haben Sie dann getan?

ZEUGIN S.: Ich hab das angegeben, daß ich also den Mann auf die Entfernung gesehen, typmäßig und so weiter, wie man jemanden ... ich habe den anderen nur nah gesehen, also unten und weit und nah. Und diesen zweiten, Herrn Baader, wie man so sagt, das zweite Mal, da war er eben weit weg. Also typmäßig war er das. [...]

Am 85. Verhandlungstag beginnt die Beweisaufnahme zum Sprengstoffanschlag in Augsburg vom 12. Mai 1972: In der dortigen Polizeidirektion detonierten drei Sprengkörper, mehrere Personen wurden dadurch verletzt. Am selben Tag kam es zu einem weiteren Anschlag in München: Auf dem Parkplatz des Bayerischen Landeskriminalamts explodierte eine mit Sprengstoff gefüllte Gasflasche. Die Beweisaufnahme hierzu beginnt am 87. Verhandlungstag. In einer Erklärung vom 16. Mai 1972 bekannte sich das RAF-Kommando »Thomas Weisbecker« zu beiden Sprengstoffanschlägen.[175]

Anschließend werden Beweismittel aus verschiedenen konspirativen Wohnungen ausgewertet sowie Fingerabdrücke und Schriftbilder verglichen, bevor am 96. Verhandlungstag die Beweisaufnahme zum Sprengstoffanschlag in Karlsruhe beginnt.

16
KARLSRUHE

Donnerstag, 1. April 1976
96. Verhandlungstag

Der Karlsruher Anschlag war der einzige der sechs Anschläge, der sich gezielt gegen eine Person richtete – den Bundesrichter Wolfgang Buddenberg. Unter dem Beifahrersitz seines Pkw wurde eine Sprengvorrichtung angebracht und mit der Zündung verbunden – unter dem Beifahrersitz wohl deshalb, weil sich in den Tagen vor dem Anschlag wohl eher zufällig häufiger die Konstellation ergeben hatte, dass Gerta Buddenberg, die Ehefrau des Bundesrichters, den Wagen fuhr und ihren Mann, der auf dem Beifahrersitz Platz nahm, unterwegs absetzte. Am 15. Mai 1972 stieg sie allerdings allein ins Fahrzeug, der Beifahrersitz blieb leer. Durch die Explosion wurde der Sitz vollständig zertrümmert, unter ihm war ein Loch im Fahrzeugboden von etwa 40 cm x 60 cm entstanden. Der Fahrersitz hingegen blieb fast völlig intakt. In einer Erklärung vom 20. Mai 1972 bekannte sich das RAF-Kommando »Manfred Grashof« zur Tat.[176]

[...]

VORS.: Ich sehe, wir können die Sitzung fortsetzen. Die Verteidigung ist gewährleistet. Wir haben heute Nachmittag Frau Buddenberg als Zeugin und Herrn Dr. med. G. als Sachverständigen. [...]

VORS.: Frau Buddenberg, ist es richtig, daß Sie die Ehegattin des Ermittlungsrichters beim Bundesgerichtshof Buddenberg sind?

ZEUGIN BUDDENBERG: Ja.

VORS.: Es ist sicher nicht notwendig, Sie zu fragen, ob Sie sich noch an den Sprengstoffanschlag vom 15. Mai 1972 entsinnen. Wir würden Sie bitten, daß Sie uns Ihre Wahrnehmungen, Ihre Beobachtungen im Zusammenhang mit diesem Sprengstoffanschlag mitteilen. Die Folgen bezeichnen, die für Sie eingetreten sind. Ich würde vorschlagen, daß Sie vielleicht beginnen mit dem Zeitpunkt vor dem Anschlag, da Sie das Fahrzeug vor Ihrer Wohnung abgestellt haben.

ZEUGIN BUDDENBERG: Dürfte ich vielleicht auch darum bitten, daß Vorhaltungen gemacht werden, die sich auf das Protokoll beziehen, das ich abgegeben habe zu dem Anschlag. Denn immerhin sind vier Jahre vergangen und Sie werden sicher Verständnis dafür haben, daß ich in diesen vier Jahren alles versucht habe, um an dieses schreckliche Attentat nicht erinnert zu werden, daß ich es also praktisch zugeschüttet habe in meiner Erinnerung. Ich habe es heute erst wieder in meiner Erinnerung zurückgerufen. Es könnte lückenhaft sein. Ich würde Sie darum bitten, mir entsprechende Vorhaltungen zu machen. Ich kann natürlich auch schildern, könnte aber, wenn es sich vielleicht um Stunden um Minuten oder irgendetwas handelt, auch irren.

VORS.: Es ist so, Frau Zeugin, wir gehen selbstverständlich davon aus, daß nach vier Jahren das Erinnerungsbild, insbesondere, wenn man es aus guten Gründen nicht behalten möchte, weitgehend verschüttet sein kann. Zunächst muß ein Zeuge im Zusammenhang darstellen, was er weiß. Den Zusammenhang wollen wir Ihnen jetzt geben. Wir werden dann, wenn Lücken bleiben, Fragen an Sie stellen und feststellen können, ob Sie Ihre Erinnerung dann noch vertiefen können. Ich darf Sie also bitten zu beginnen, von dem Zeitpunkt an, wo Sie das Fahrzeug vor dem Anschlag geparkt haben, vor Ihrer Wohnung.

ZEUGIN BUDDENBERG: Es handelt sich also um den 15. Mai. Ich war morgens zu Hause. Wir hatten, wie das aus dem Protokoll hervorging, eine Reise gemacht, wir haben ein Fest gefeiert. Und ich war absolut arbeitsunlustig. Ich schrieb einen Brief an meine Tochter und war also in heiterster Stimmung. Der Wagen stand unten vor unserer Haustür, [Adresse], wie beschrieben geparkt. Und ich hatte noch Besorgungen zu machen und wollte meinen Mann vom Bundesgerichtshof abholen. Ich wurde dann gegen 11.15 Uhr angerufen. Frau Dr. R. rief mich an, es handelte sich um einen Termin. Und das Telefon setzte plötzlich aus. Ich mußte damit rechnen, daß eine Störung war, ich meine, es fiel mir damals nicht als etwas Ungewöhnliches auf. Aber ich konnte auch gar keine Verbindung mit meinem Mann kriegen, mit niemandem. Auch im Hause niemanden anrufen, es war nicht möglich bis 12.00 Uhr etwa, das Telefon wieder in Ordnung zu kriegen. So entschloß ich mich denn, also hinunter zu gehen und mit dem Auto Besorgungen zu machen und meinen Mann abzuholen. Ich trat an das Auto heran, schloß wie üblich auf, setzte mich hinein, warf meine Taschen und was ich sonst noch bei mir hatte, ich weiß nicht mehr genau, was es war, so wie man es so macht, hinten ins Auto hinein, schlug die Tür zu und öffnete, wie ich es immer zu tun pflegte, das Fenster, denn der kleine VW-Käfer, es gibt immer so eine Druckwelle, wenn man das Auto zu hat, also habe ich das Fenster leicht heruntergemacht und steckte dann den Schlüssel in die Zündung und beim Zünden ... Während ich den Schlüssel also leicht umdrehte, merkte ich einen Brandgeruch. Was ich jetzt schildere, spielte sich, möchte ich sagen, in Bruchteilen von Sekunden ab. Ich roch also im wahrsten Sinne des Wortes Lunte, war irgendwie in einer Alarmstellung durch diesen merkwürdigen Brandgeruch, denn beim VW ist ja der Tank vorne und wenn es von da stinkt, dann wird es gefährlich, also ich war irgendwie gewarnt. Und in dem Moment, wie ich das dachte, schon setzte eine Explosion ein. Ich meinte hinter mir, mit einem unheimlichen Getöse wurde ich plötzlich mit Teilen des Autos und Asche und Staub und Schmutz zugedeckt, und dann muß wohl so eine Art Filmriß bei mir eingetreten sein, denn ich kann nicht mehr sagen, wie ich aus dem Auto herausgekommen bin. Ich bin herausgekommen, das weiß ich. Aber das sind Bruchteile von Sekunden, die sich meinem Bewußtsein entziehen. Denn ich habe merkwürdigerweise auch diesen ungeheuren Detonationsknall, der noch straßenweit gehört wurde, nichts wahrgenommen, bewußt.

RA Dr. Heldmann erscheint wieder um 14.07 Uhr im Sitzungssaal.

Ich befand mich also, nachdem ich mich nicht entfernt habe aus dem

Auto, sondern in irgendeiner Form herausgekommen bin, befand ich mich plötzlich mitten auf der Straße, daran kann ich mich erinnern. Ich kann mich daran erinnern, daß meine Stimme ganz dünn und klein klang. Daß ich um Hilfe rief und daß ich laut rief: »Dies ist ein Anschlag der Baader-Meinhof-Gruppe. Bitte benachrichtigen Sie meinen Mann, Bundesrichter Buddenberg.« Und daß ich gar nicht begriff, warum die Leute, die dann aus dem Fenster schauten, so weiß aussahen, nicht an das Auto herangingen und mir nicht zu Hilfe eilten. Ich rief immer: »Holen Sie doch meine Sachen aus dem Auto raus.« Also ich begriff eigentlich gar nicht, was geschehen war. Bis ich dann wohl merkte oder die Leute mich darauf aufmerksam machten, daß ich blute. Ich kann also auch nicht sagen, wo und wann ich verletzt worden bin. Es ist so wie bei Soldaten wahrscheinlich, im Kriege, die ähnliche Erlebnisse machen. Ich wurde dann also auf die Straße gelegt, hinter unser Auto und es wurde ein Arzt herbeigerufen und da sah ich überhaupt erst, was mit unserem Auto geschehen war, das ich ja, wie ich meinte, gerade noch so einigermaßen fahrmäßig, fahrtüchtig verlassen habe. Da war also alles hochgewirbelt hinten. Es war fast, also ich konnte mir das gar nicht vorstellen, daß ich da also lebend aus dieser Kiste herausgekommen war, wenn ich das so ausdrücken darf. Dann kam der Arzt und machte einen Notverband, ich hatte ... die Schwere der Verletzungen konnte ich natürlich gar nicht übersehen. Ich hielt das zunächst gar nicht so schlimm. Es wurde dann ein Rot-Kreuz-Auto geholt. Ich glaube auch Polizei, jedenfalls war plötzlich alles voller Menschen und ich wurde dann verbunden und wurde dann mit dem Krankenwagen in das Krankenhaus gefahren, wo ich dann sofort von Professor Mathes in ärztliche Obhut genommen wurde und zwei Stunden später operiert wurde.

VORS.: Ich glaube, wir können das dann zusammenfassen mit den Folgen der Verletzung. Können Sie die aus der Laiensicht, der natürlich leidvolle praktische Erfahrungen macht, uns schildern, welche Verletzung Sie erlitten haben.

ZEUGIN BUDDENBERG: Ich habe zwei Fleischverletzungen erlitten und zwar zwischen Schien- und Wadenbein am linken Unterschenkel, ja also zunächst die frische Verletzung sah also so aus, daß ich dachte, das Bein wäre weg. Aber Gott sei Dank war es nicht weg. Das rechte Bein hatte eine Splitterverletzung. Ich war damals natürlich auch nicht so ganz klar bei Verstand, als die Wunde versorgt wurde. Und dann habe ich noch eine Splitterverletzung am rechten Arm.

VORS.: Wie lange mußten Sie im Krankenhaus bleiben.

ZEUGIN BUDDENBERG: Ich habe vom 15. Mai bis Ende Juni in stationärer Behandlung mich befunden im Vincentiuskrankenhaus, im neuen Vincentiuskrankenhaus. Und war anschließend noch, um wieder gehen zu lernen und rehabilitiert zu werden, in Ebersteinburg. Und dieses Krankenhaus habe ich dann Ende August verlassen.

VORS.: Sind die Folgen, also wenn ich Sie recht verstehe, hat es sich insbesondere darum gehandelt, daß Sie Schwierigkeiten hatten, zu gehen in der Folge?

ZEUGIN BUDDENBERG: Ja.

VORS.: Das, was Sie andeuteten, hätten auch Folgen aufzeigen können, bezüglich des Gehörs?

ZEUGIN BUDDENBERG: Ich habe auch Gehörschäden, es ist durch Dr. Köppel, einen Gutachter, belegt worden.

VORS.: Sind damit Schmerzen verbunden gewesen?

ZEUGIN BUDDENBERG: Nein, das Schlimmste ist an sich die Beinschäden.

VORS.: Ist das heute überwunden ganz?

ZEUGIN BUDDENBERG: Nein, ich habe hier einen Invalidenausweis »50 % beschädigt«.

VORS.: Und ich meine, ich weiß nicht, ob man die Frage an Sie stellen darf. Haben Sie Aussichten, daß sich das jemals wieder …

ZEUGIN BUDDENBERG: Ich hoffe es. Ich bin also sehr sportlich immer gewesen. Und ich möchte im eigenen Interesse und auch im Interesse meiner Familie möglichst so normal mich in mein Leben eingliedern, ich habe in all den vier Jahren es versucht. Deswegen habe ich auch versucht, zu vergessen. Ich habe selbst, hauptsächlich selbst an mir gearbeitet, um meine Gesundheit wieder zu erlangen. Es wird mir nicht gelingen, es wird eine Beschädigung wohl bis an mein Lebensende bleiben. Aber ich kann mich zumindest wieder eingliedern. Auch was psychische Folgen anbelangt, gebe ich mir große Mühe, um auch meinem Mann das Leben nicht so schwer zu machen, mit diesem Attentat fertig zu werden.

VORS.: Sie erwähnen nun neben den körperlichen Folgen noch die psychischen.

ZEUGIN BUDDENBERG: Ja, das ist, glaube ich, verständlich.

VORS.: Das ist verständlich. Können Sie uns diese Folgen auch noch beschreiben. Ich meine, waren die für Sie selbst beurteilbar, was da für Schäden eingetreten sind? Sonst haben wir natürlich hier den ...

ZEUGIN BUDDENBERG: Sie sind insofern für mich selbst beurteilbar, da ich im Grunde ein sehr energischer und tatkräftiger und, wie ich meine, mutiger Mensch bin. Und ich weiß ja ganz genau, worauf die Schlaflosigkeit, Nervosität und das alles hinterher eintrat. Ich kannte ja den Grund und wußte, wo ich nun selbst ansetzen mußte.

VORS.: Also das scheinen nervliche Belastungen gewesen sein, die sich eben dann ausdrückten in Schlaflosigkeit, Nervosität und Angst.

ZEUGIN BUDDENBERG: Ja. [...]

17
HAMBURG

Als letzter Anschlag wird ab dem 100. Verhandlungstag der Sprengstoffanschlag auf das Springer-Hochhaus in Hamburg behandelt. Im zwölfstöckigen Verlagshaus detonierten am 19. Mai 1972 zwei Sprengkörper; drei weitere Bomben, die nicht zündeten, wurden am Abend und am nächsten Tag gefunden. Mehrere Personen wurden verletzt. In einer Erklärung vom 20. Mai 1972 warf das RAF-Kommando »2. Juni« Springer vor, das Gebäude trotz entsprechender telefonischer Warnungen nicht rechtzeitig geräumt zu haben.[177]

Mittwoch, 21. April 1976
101. Verhandlungstag

Frau T., Telefonistin, wird als Zeugin vernommen.

[...]

VORS.: Waren Sie schon im Mai 1972 Telefonistin?

ZEUGIN T.: Ja.

VORS.: Wo?

ZEUGIN T.: Bei Springer.

VORS.: Im Springerverlag. Erinnern Sie sich noch an den Tag des Sprengstoffanschlages?

ZEUGIN T.: Ja, aber ziemlich verschwommen schon. [...]

VORS.: Haben Sie im Zusammenhang mit Ihrer Tätigkeit Anrufe bekommen, die direkten Zusammenhang zu dem Geschehen hatten?

ZEUGIN T.: Ja.

VORS.: Wenn Sie uns das nun schildern wollen. [...]

ZEUGIN T.: Also Uhrzeiten weiß ich nicht mehr. Ich weiß nur, daß ich einen Anruf bekam, wir bekamen im übrigen öfter Anrufe und Drohungen für Bombenlegung und in fünf Minuten geht bei Ihnen eine Bombe hoch.

VORS.: In fünf Minuten?

ZEUGIN T.: Ja oder in ... in etwa, also ganz genau kann ich's nicht mehr sagen. Und da wir diese Drohungen gewohnt waren, habe ich sie im ersten Moment gar nicht ernst genommen. Habe mich mit dem noch ein bißchen auf ein Gespräch eingelassen und dann hat der gesagt: »Ihr Schweine, ihr nehmt aber auch gar nichts ernst.« Und damit war das für ihn dann erst mal erledigt und dann kam wohl wenig später der nächste Anruf, den ich aber nicht mitkriegte. [...]

VORS.: Ist die Zeit, die Ihnen angegeben worden ist, wie lange es noch dauert, von dem Anruf bis zu der damals bekannt gegebenen bevorstehenden Detonation, war diese Zeit länger als die tatsächliche Zeit, die verstrichen ist ...

ZEUGIN T.: Ich würde sagen, die war etwas länger. [...]

VORS.: Die Bombe explodierte nach Ihrer Erinnerung, wenn ich Sie richtig verstehe, früher als in dem Fall.

ZEUGIN T.: Nein, die Bombe explodierte später würde ich sagen, denn ich habe inzwischen noch Anrufe getätigt und unsere Endverwaltung benachrichtigt, das war der Weg. Es kann sein, also ich muß sagen, ich hab nicht auf die Uhr geachtet, weil wie gesagt, diese Drohungen hatten wir oft. Ich kann's nicht mehr genau sagen.

VORS.: Wenn Sie sich erinnern wollen, zunächst jetzt mal an den Anruf und bis zu der ersten Detonation. Es hat ja dann wohl einen Krach getan im Gebäude, haben Sie den mitbekommen?

ZEUGIN T.: Das könnten doch fünf Minuten ungefähr gewesen sein. [...]

Vors.: Ist jetzt das ein Zeitraum, den Sie, sagen wir mal, einigermaßen sicher so sich vorstellen, oder ist es eine ganz vage Schätzung?

Zeugin T.: Nein, die kann ich mir ziemlich sicher vorstellen, weil ich nichts weiter getan habe als unsere Verwaltung zu benachrichtigen, daß wieder eine Bombendrohung war.

Vors.: Und dann hat's schon gekracht.

Zeugin T.: Und dann hat es schon ... während ich telefonierte war die erste Detonation.

Vors.: Das war also jetzt die Zeit die vergangen ist vom Anruf bis zur tatsächlichen Detonation?

Zeugin T.: Ja.

Vors.: Und jetzt wollen wir noch mal versuchen, Ihr Gedächtnis möglichst auszuschöpfen. Wie war das mit der Ankündigung, wie lange es noch dauern würde, bis es detonierte als der Anruf kam?

Zeugin T.: Ja also ich kann's Ihnen nicht sagen, ich hab's ja damals auch gesagt, das war natürlich dann unmittelbar, ob der nun fünf oder zehn Minuten gesagt hat, also hundertprozentig kann ich das nicht sagen, das weiß ich nicht mehr.

Vors.: Sie meinen also, das, was Sie damals angegeben haben, das ...

Zeugin T.: Das war frisch und das war wahr.

Vors.: ... war frisch und wahrheitsgemäß. Dann möchte ich Ihnen sagen, daß hier bei den Akten, das ergibt sich aus dem Ordner 66 Bl. 5 und Bl. 444, von Ihnen angegeben worden sein soll: »Der Anruf habe gelautet in einer Viertelstunde, beziehungsweise in 15 Minuten.« Und es liegt dann eine zusätzliche Aussage von Ihnen vor, das ist Ordner 66 Bl. 445/5 u. 6 und auch dort ist davon die Rede, in 15 Minuten würde die Bombe hochgehen, so habe der Anrufer gesagt.

Zeugin T.: Also wenn ich es damals gesagt habe, dann ist das auch bestimmt so gewesen. [...]

Vors.: [...] 15 Minuten, Viertelstunde war bisher immer von Ihnen angegeben worden, insbesondere in den unmittelbar nach dem Geschehen angeschlossenen Fragen. Fällt Ihnen das heute noch ein oder halten Sie das für schlechterdings unmöglich, daß Sie sich selbst erinnern.

ZEUGIN T.: Doch das könnte sein, daß es eine Viertelstunde sei.

VORS.: Und jetzt wollen wir mal von der Zeit weggehen und nochmals die Frage wiederholen, die schon am Anfang gestellt worden ist. Könnte es dann auch tatsächlich so sein, daß der angekündigte Zeitraum, den der Warnanrufer Ihnen gesagt hat, länger war, als tatsächlich vergangen ist bis zur ersten Detonation?

ZEUGIN T.: Nein, ich würde sagen das kam schneller, die Detonation war schneller.

VORS.: Die Detonation war schneller, ja, das bejaht also meine Frage. [...]

18 »NATÜRLICH FASSEN WIR UNSERE POLITIK NICHT IN VÖLKER-RECHTLICHEN KATEGORIEN«

Dienstag, 4. Mai 1976
106. Verhandlungstag

Rechtsanwalt Schily stellt insgesamt neun Beweisanträge zum Komplex Vietnam sowie zum Beweis dazu, dass militärische Operationen des US-Militärs über die im Heidelberger Hauptquartier installierten Nachrichtenstationen koordiniert worden seien.[178] *Prof. Azzola stellt weitere Anträge zum Beweis, dass die USA in den Jahren von 1970 bis 1972 eine völkerrechtswidrige Aggression gegen das vietnamesische Volk verübt hätten.*[179] *Hieraus, so schließlich Rechtsanwalt Dr. Heldmann, ergebe sich ein völkerrechtliches Widerstands- bzw. Nothilferecht, durch welches die angeklagten Taten gerechtfertigt seien.*[180]

[...]

VORS.: Kurze Erklärung. Bitte, Herr Raspe.

ANGEKL. RASPE: Also wir akzeptieren diese Anträge, wir haben sie auch zum Teil konzipiert und, das heißt also formal, daß wir uns diesen Anträgen anschließen.

VORS.: Sprechen Sie für sich? ... Ja.

ANGEKL. RASPE: Wir halten sie für korrekt. Aber natürlich fassen wir unsere Politik nicht in völkerrechtlichen Kategorien, wir fassen sie überhaupt nicht in Kategorien, sondern die Politik der RAF, bewaffnete proletarische Politik, hat Kriterien – die jeder revolutionären Praxis – der bewaffneten Aktion, jedes Zieles seiner strategischen und taktischen Bestimmung, jedes Kampfes, um den Griff der Dialektik, die zwischen Subjektivität, dem Existenziellen und ihrer Vermittlung im Objektiven, der Notwendigkeit als Vehikel in dem Moment besteht und wirksam werden kann, in dem sie in eines gesetzt werden, was die Funktion der Politik ist, ihre Dimension. Der Kampf um diesen Begriff der Dialektik entwickelt revolutionäre Moral.

Es ist eine Banalität zu sagen, daß Justiz, der Staatsschutz, dieses Gericht hier, diese Ebene als ihren Antagonismus, also anti-institutionelle Politik nur fassen kann mit dem Ziel der Zerstörung revolutionärer Politik in der Vernichtung des Revolutionärs. Denn was hier im absurden Versuch, revolutionäre Politik zu verurteilen, nur rauskommen kann, ist ein System von Lügen, falschen Aussagen, manipulierten Zeugen, Beweisfälschung und Unterdrückung, Aktenmanipulation, von der Polizei geschmierten Zeugen, und diesen infamsten Dreh, den Buback und Prinzing ...

Vors.: Herr Raspe, ich ermahne Sie; wenn Sie in dieser Tonart fortfahren, werden Sie nicht mehr viel sprechen können.

Angekl. Raspe: ... und diesen infamsten Dreh, den Buback und Prinzing mit Hoff[181] im Auge hatten, mit seiner total vom Staatsschutz formulierten Aussage, in die gezielt eine Belastungskonstruktion gegen Andreas reingefälscht worden ist. Den Kontrast dazu bilden z. B. die Fakten, die Statistiken, die die Verteidiger hier nochmal gebracht haben. Und das vermittelt auch, daß sie angesichts dessen, z. B. über diese Geste Wunders, diese Mordwerkzeuge allerdings nur lachen können. Infam ist nicht der Verurteilungszwang, der in dem ganzen Schmierentheater sichtbar wird hier, infam ist die Dreistigkeit ...

Vors.: Jetzt, Herr Raspe, entziehe ich Ihnen das Wort. Sie haben fortgesetzt in Ihren Ausführungen hier das Gericht und weitere Instanzen des Staates beleidigt; dazu haben Sie kein Recht. Es ist das Wort »Schmierentheater« gefallen, Sie haben von einem »infamen Dreh« gesprochen, Sie haben hier von »Verfälschungen« gesprochen – bewußt – und die getrieben worden seien hier von Beteiligten des Verfahrens und von anderen Instanzen der Verfolgungsbehörden. Das wird nicht hingenommen, und aus diesem Grund ist Ihnen das Wort entzogen.

ANGEKL. RASPE: Ja, also wollen Sie darüber vielleicht noch einmal ein Beschluß machen?

VORS.: Wollen Sie das beanstanden?

ANGEKL. RASPE: Ja, natürlich, und ich will dazu auch nochmal was sagen, zu dieser Beanstandung, weil Sie also mit diesem Wortentzug, den Sie also jetzt gleich exekutieren werden, tatsächlich ja nur das bestätigen, was ich gerade gesagt habe. Das ist eben auch so eine Erscheinungsform der Drehs, die dieses Gericht hier drauf hat. Und ich kann dazu sagen, es ist auch gar nicht möglich, daß Sie eine der Tatsachen, die ich gerade genannt habe, tatsächlich substanziell widerlegen könnten, das ist nicht möglich. Und weil es nicht möglich ist, unter anderem, entziehen Sie dann eben an solchen Punkten das Wort. Das ist die Maßnahme dieses Gerichts.

Jedenfalls, um das noch dazuzusagen, ist also nicht infam, die ...

VORS.: Herr Raspe, dazu können Sie jetzt keine Ausführungen machen. Sie können lediglich den Wortentzug beanstanden. Das haben Sie im Augenblick getan, der Senat wird über diese Beanstandung befinden.

(Nach geheimer Umfrage) Der Senat hat beschlossen:

> Es bleibt bei dem Wortentzug aus den schon angegebenen Gründen. [...]

ANGEKL. ENSSLIN: Wenn uns an der Aktion der RAF 72 ...

VORS.: Darf ich fragen, gilt dasselbe für Frau Ensslin, daß noch eine kurze Erklärung gewünscht wird?

ANGEKL. ENSSLIN: Ja.

VORS.: Bitte.

ANGEKL. ENSSLIN: Wenn uns an der Aktion der RAF 72 etwas bedrückt, dann das Mißverhältnis zwischen unserem Kopf und unseren Händen und den B 52.

Der Angeklagte Baader verläßt um 17.08 Uhr den Sitzungssaal.

ANGEKL. ENSSLIN: Hier nochmal einfach: Wir sind auch verantwortlich für die Angriffe auf das CIA-Hauptquartier und das Hauptquartier des 5. US-Corps in Frankfurt/Main und auf das US-Hauptquartier in Heidelberg, insofern, wie wir in der RAF seit 70 organisiert waren, in ihr gekämpft haben und am Prozeß der Konzeption ihrer Politik und Struktur beteiligt waren. Insofern sind wir sicher auch verantwortlich für Aktionen von Kommandos, z.B. gegen das Springer-Hochhaus, deren Konzeption wir nicht zustimmen, und die wir in ihrem Ablauf abgelehnt haben. Zu erwägen ist nicht ein Widerstandsrecht in der Bundesrepublik, wie es hier nicht um Rechte geht, sondern was die Politik der RAF ausdrückt, ist das Bewußtsein der Pflicht zum Widerstand in der Bundesrepublik. Und das exakt war zwei Tage lang der Inhalt unserer Erklärungen zur Sache, wie das heißt, also nicht nur die Erklärung von Verantwortung, sondern was Verantwortlichkeit gegenüber imperialistischer Politik nur sein kann – Widerstand, Kampf. Das hat der Text, der im Januar hier gekommen ist, artikuliert. Das Gericht hat ihn ignoriert. Eine Reaktion, die nur zwei Deutungen zulässt; Sie haben nichts verstanden, aber wahrscheinlicher, Prinzing darf die Veranstaltung nicht abkürzen, weil sie von der Dramaturgie des Bundestagswahlkampfes[182] bestimmt ist. [...]

19
MEINHOFS TOD

Am Morgen des 9. Mai 1976 wird Ulrike Meinhof tot in ihrer Zelle aufgefunden. Bereits wenige Stunden später lautet die offizielle Meldung: Suizid durch Erhängen. Zwei Tage später wird die Hauptverhandlung wie geplant fortgesetzt.

Dienstag, 11. Mai 1976
109. Verhandlungstag

[...]

VORS.: Ich bitte, Platz zu nehmen. Wir setzen das Verfahren gegen die Angeklagten Baader, Ensslin und Raspe fort. Das Verfahren gegen Frau Meinhof ist infolge ihres Todes beendet; die Verteidigeraufträge sind damit erledigt. Ich darf mich für Ihre Mitwirkung bedanken.

Die RAe König und Linke verlassen um 9.16 Uhr den Sitzungssaal.

[...] Ich möchte ausdrücklich darauf hinweisen, daß Provokationen, die hier im Saal heute stattfinden sollten, die Gefahr in sich bergen, daß Sie die Gelegenheit nicht mehr haben, dieser Sitzung weiter zu folgen.

Herr RA Oberwinder hat Vollmacht für Herrn Baader vorgelegt. Er war bislang Verteidiger Frau Meinhofs. Der Senat hat bei Erwägung der Umstände keine aus § 146 StPO[183] erwachsenden vordringlichen Bedenken dagegen, daß Herr RA Oberwinder die Verteidigung von Herrn Baader übernimmt, nachdem Frau Meinhof verstorben ist. [...]

Sollen irgendwelche Anträge gestellt werden? Herr RA Dr. Heldmann.

RA Dr. Heldmann: Ich stelle Antrag

auf Unterbrechung der Hauptverhandlung für zehn Tage.

Durch den Tod von Ulrike Meinhof ist auf der Angeklagtenbank und ist in diesem Prozeß eine völlig neue Situation entstanden. Der für jedermann unerwartete Tod von Ulrike Meinhof hat – man kann es so sagen – engste familiäre Bindungen zerrissen, nämlich die dieser vier Gefangenen hier, die seit sieben Jahren wie eine Familie miteinander leben und von denen jeder des Nächsten nächster Angehöriger ist, des Anderen nächster Angehöriger ist. Ich denke, es bedarf nicht vieler Worte, um diese Situation kurz anzuleuchten. Ich meine, dies sei keine juristische Frage; ich meine, dies sei eine Frage des schlichten Anstands, eine Verhandlungspause, wie sie hier begehrt wird, einzulegen.

Ich denke dabei aber auch an Weiteres: Ulrike Meinhofs Todesursache ist unklar.[184] Weder der Familie, ihrer Schwester, die sich seit Sonntag ebenso wie die Verteidiger hier befinden, noch den Verteidigern, ist der Obduktionsbefund bekannt; insbesondere fehlen über den Obduktionsbefund hinaus auch Ergebnisse toxikologischer, Ergebnisse histologischer Untersuchungen. Sie wissen, es ist über die Medien gelaufen, daß heute im Auftrag der Schwester von Frau Meinhof eine Nachobduktion stattfindet, deren Ergebnis jedenfalls abzuwarten ist.

Der Angeklagte Raspe erscheint um 9.22 Uhr im Sitzungssaal.

Ich sagte: Die Todesursache ist völlig unbekannt. Die Gefangene selbst, die Verteidiger – und nicht nur wir – haben erhebliche Zweifel an der amtlichen Version, Ulrike Meinhof hätte sich selbst getötet; und diese Zweifel sind bisher durch gegenteilige Stellungnahmen, etwa des Justizministers Bender[185] u. a., nicht einmal am Rande berührt worden, abgesehen davon, daß die amtliche Version, sich so oder wie es später hieß, so erhängt zu haben, schon der Grundlage technischer Möglichkeit völlig entbehrt. [...]

Die Version, Ulrike Meinhof habe sich selbst getötet, ist unglaubwürdig. Um so mehr muß die Verteidigung darauf bestehen, daß, bevor weiterverhandelt wird, die Todesursache – die wahre Todesursache – bekannt geworden ist; denn es ist unsere – der hier verbliebenen Verteidiger – dringendes, stärkstes Interesse, Gefahren zu erkennen, die sich etwa aus diesem Ereignis auch für das Leben der noch verbliebenen drei Gefangenen abzeichnen könnten, und solche Gefahren liegen aus mehreren Gründen nahe, von denen ich Ihnen lediglich einen, weil er so häufig ja schon Gegenstand unserer Auseinandersetzungen gewesen ist, in Erinnerung rufe, nämlich:

Jedermann weiß oder kann wissen – und die Verantwortlichen müssen es wissen –, daß Isolationshaft über eine solche Länge von Zeit wie im Falle dieser Gefangenen, nämlich jetzt rund vier Jahre, auch ohne vorherige unmittelbare Ankündigungen durch körperliche Symptome zu einem plötzlichen Tod führen kann. Das ist hinreichend bekannt, daß ich in diesem Raum schon wiederholt ausgeführt habe, aus den Ergebnissen der internationalen Hospitalismusforschung:

Eine adäquate Isolationshaftforschung gibt es bislang nicht, aber die Erscheinungen und die Folgen dieser sind in Erscheinungen und Folgen jener absolut identisch, jedenfalls völlig vergleichbar.

Ich bitte, daß ich hier kurz unterbrechen kann und bitte, dem Wunsch des Herrn Raspe stattzugeben, ebenfalls das Wort zu nehmen.

VORS.: Ich meine, es wäre gut, wenn Sie Ihren Antrag zu Ende brächten, ...

ANGEKL. RASPE: Nein, ich möchte kurz was sagen.

VORS.: ... dann kann Herr Raspe seinen Antrag stellen. Es besteht kein Grund, daß ein Rechtsanwalt das Wort abgibt, damit ein anderer Prozeßbeteiligter dazwischenredet. Bitte, fahren Sie in der Begründung Ihres Antrags fort.

RA DR. HELDMANN: Sie können sicher sein, daß ich meinen Faden nicht verlieren werde, ...

VORS.: Davon bin ich überzeugt – Sie haben's schriftlich vor sich liegen –, aber ich möchte Sie bitten, Ihren Antrag abzuschließen.

RA DR. HELDMANN: ... und es wird sicher den Ablauf dieser Hauptverhandlung nicht stören, wenn Herr Raspe als unmittelbar Betroffener durch den Tod jetzt das Wort nimmt.

VORS.: Ich bitte Sie jetzt, Herr RA Dr. Heldmann, der Reihe nach die Anträge vorzubringen; ich bitte Sie deswegen auch, Ihren Antrag jetzt abzuschließen.

RA SCHILY: Herr Vorsitzender, müssen Sie sich eigentlich heute wieder in dieser Kleinlichkeit produzieren?

VORS.: Ich habe Ihnen jetzt das gesagt, Herr Rechtsanwalt. Ich bitte Sie, nicht wieder mit diesen Argumenten zu kommen.

RA SCHILY (dazwischenredend): Doch, Herr Vorsitzender.

VORS.: Das hat mit Kleinlichkeit nichts zu tun. Sie werden jetzt keine abweichende Stellungnahme erreichen. Im übrigen wüßte ich nicht, daß Sie sich jetzt grade um das Wort bemüht hätten; aber ich nehme an, daß das geschehen ist. […]

Der Angeklagte Raspe verläßt um 9.30 Uhr den Sitzungssaal.

RA DR. HELDMANN: Ich sprach davon, daß die Verteidigung nach diesem völlig ungeklärten Tod von Frau Meinhof nicht in der Lage ist, bevor die Daten, die ich vorhin benannt habe, hier vorliegen, abzuschätzen, in welcher aktuellen Lebensgefahr sich die anderen Gefangenen, unsere Mandanten hier befinden. Auch das gebietet – vorhin sprach ich vom schlichten Anstand, hier spreche ich von der Fürsorge des Gerichts und der unseren, der Verteidiger – das gebietet zunächst, zu prüfen, welche Todesursachen dort und welche aktuellen Gefahren, Lebensgefährdungen für die anderen Gefangenen, die noch übriggeblieben sind. Ich rufe dem Senat diese Fürsorgepflicht für die Gefangenen als eine der wesentlichen richterlichen Aufgaben besonders in Erinnerung, und ich habe meine Gründe dafür:

Sie selbst erinnern sich, daß etwa Frau Meinhof vor ca. einem halben Jahr bereits einen schweren Kreislaufkollaps erlitten hatte mit vorübergehender Bewußtlosigkeit; Sie erinnern sich, daß die von Ihnen berufenen ärztlichen Sachverständigen dringend Therapierung im umfassenden Sinne internistisch wie psychologisch-psychiatrisch gefordert haben, Therapierung in umfassendem Sinne, Therapierung nämlich, wegen der von Sachverständigen – von Ihren Sachverständigen – festgestellten schwerwiegenden Isolationsschäden.

Ich erinnere Sie, daß Ihr Sachverständiger Prof. Rasch in seinem Schreiben vom 7. November ausgeführt hat – 7. November 1975 –:

> »Ich hatte in meinem Schreiben an den Senat vom 22. September 1975 bereits darauf hingewiesen, daß die entscheidenden Behandlungsmaßnahmen auf psychiatrischem Gebiet in einer Änderung der Haftbedingungen mit Ermöglichung größerer sozialen Interaktionen liegen würden.«

Und es ist wiederholt hier vorgetragen worden, daß als eine dieser Voraussetzungen für eine Therapie die größere soziale Interaktion notwendig sei, nämlich eine Gruppe von um die zehn Personen, daß um die notwendige, sagen wir sensorische Nahrung den Gefangenen zuzuführen, die Kleinstgruppe von vier Personen nicht ausgereicht hat und nicht ausreichen kann. Ich erinnere Sie, daß Prof. Rasch bereits zwei Monate vorher als in jenem Schreiben, nämlich in seiner Stellungnahme vom 10. September 1975, ausgeführt hat, daß Untersuchungen, die vergleichbare Isolationsbedingungen, wie sie bei diesen Gefangenen vorliegen, zum Gegenstand hatten, bislang nicht bekannt sind und daran geschlossen hat – ich zitiere:

> »... daß die für die Angeklagten gegebenen Haftbedingungen der Einleitung einer angemessenen Behandlung entgegenstehen bzw. eventuell zu einer weiteren Verschlechterung ihres Gesundheitszustandes führen«.

Der Angeklagte Raspe erscheint wieder um 9.32 Uhr im Sitzungssaal.

Es ist bekannt, daß der sowohl in Hamburg[186] als auch in Kaiserslautern[187] zum Sachverständigen berufene Arzt Dr. Stöwsand noch deutlicher, noch wörtlicher auf die Lebensgefahr bei Fortsetzung dieser Haftbedingungen hingewiesen hat. [...]

Es ist heute in diesem Prozeß darum als prozessuale Maßnahme nichts dringender geboten, als eine sofortige erneute Untersuchung der verbliebenen Gefangenen. Überflüssig, daran zu erinnern, daß von ursprünglich fünf Angeschuldigten noch drei vorhanden sind und das gebietet nicht nur der Verteidigung, das, was ich hier beantragt habe, was ich als Begründung ausgeführt habe für den gestellten Unterbrechungsantrag, das gebietet auch dem Gericht als die dringlichste prozessuale Maßnahme, hinter der jede andere zurückstehen muß, sofort ärztliche, vertrauensärztliche Untersuchungen der verbliebenen drei Gefangenen einzuleiten, und ich bitte das Gericht, nicht abermals wie monatelang im vergangenen Jahr, solchen Anträgen der Verteidigung mit der Stereotype, wie damals stets gebraucht, zu begegnen, um solche Anträge vom Tisch zu bekommen, nämlich: Solcher Antrag zielte auf Prozeßverschleppung.

Ich denke, daß sich das Gericht eine solche Erwiderung nicht mehr leisten kann, nachdem es selbst dieses Verfahren mit einer Fülle von Unglaubwürdigkeiten belastet hat, dadurch etwa, daß monatelang die Anträge der Verteidigung auf Feststellung der Verhandlungsfähigkeit zurückgewiesen worden sind. [...]

VORS.: Herr Raspe.

ANGEKL. RASPE: Ich habe nicht viel zu sagen. Zunächst zu diesem Antrag: Die Argumentation ist hilflos und sie ist falsch auch, denn sie vermittelt, als wäre Ulrike an der Isolation gestorben.

Die Angeklagte Ensslin erscheint um 9.39 Uhr im Sitzungssaal.

In dem Antrag, diese Veranstaltung hier zu unterbrechen, und in einem Antrag ärztlicher Untersuchung, nachdem, was man über die Maßnahme dieses Gerichts seit seiner Zuständigkeit weiß. Wir glauben, daß Ulrike hingerichtet worden ist; wir wissen nicht, wie, aber wir wissen, von wem, und wir können das Kalkül der Methode bestimmen. Ich erinnere an Herolds Satz:

> »Aktionen gegen die RAF müssen immer so abgewickelt werden, daß Sympathisantenpositionen abgedrängt werden.«

Und Buback:

> »Der Staatsschutz lebt davon, daß sich Leute für ihn engagieren, Leute wie Herold und ich finden immer einen Weg.«[188]

Es war eine kalt konzipierte Hinrichtung, wie Holger hingerichtet worden ist und wie Hausner hingerichtet worden ist.[189]

VORS.: Herr Raspe, Sie kennen die Einstellung des Gerichts zu diesen Behauptungen. Das Gericht nimmt derartig diffamierende Bemerkungen in keinem Falle hin. Wenn Sie weiterreden wollen, dann bitte ich Sie, sich darauf zu beschränken, Dinge in Formen vorzutragen, die vor Gericht gebilligt werden können.

ANGEKL. RASPE: Hätte sich Ulrike entschlossen, zu sterben, weil sie als letzte Möglichkeit sah, sich revolutionäre Identität gegen die langsame Zerstörung des Willens in der Agonie Isolation zu behaupten, hätte sie es uns gesagt, auf jeden Fall Andreas. So war diese Beziehung. Als Hinrichtung bedeutet der Tod von Ulrike, daß die internationale Auseinandersetzung – Guerillastaat – in dieser Exekution nach Bedingungen, die wir kennen, über die wir jetzt nicht reden werden, kulminieren mußte. Strategisch begriffen: Gegen die Politik der illegalen Gruppen in der B. Republik, für die Ulrike eine wesentliche ideologische Funktion hat, war das Ziel, wie in jeder staatlichen Maßnahme und Reaktion gegen die RAF, seit es sie gibt, die physische und moralische Vernichtung und so die Zerstörung ihrer Politik. [...]

Die ganze Zeit, die ich die Beziehung zwischen Ulrike und Andreas kenne, und ich kenne sie seit sieben Jahren, war ihr Signal Intensität und Zärtlichkeit ...

VORS.: Herr Raspe, können Sie uns den Gegenstand dessen klarmachen? ...

ANGEKL. RASPE: ... Sensibilität und Genauigkeit.

VORS.: ... Jetzt eine Gedenkrede zu halten, ist hier nicht der Platz. Ich darf Sie drauf hinweisen, daß Sie die Möglichkeit haben, einen Antrag zu stellen bzw. sich dem Antrag anzuschließen. Wenn Sie das tun wollen, müssen Sie das auch deutlich machen. Dann wollen wir sehen, ob das zur Begründung gehört.

ANGEKL. RASPE: Ich habe gesagt, daß ich nicht viel zu sagen habe.

VORS.: Die Frage ist nur, was Sie mit diesen Aussagen, die Sie jetzt machen wollen, bezwecken, Herr Raspe.

ANGEKL. RASPE (dazwischenredend): Aber wenn Sie mich jetzt dauernd unterbrechen ...

VORS.: Wollen Sie einen Antrag stellen?

RA DR. HELDMANN: Ach, Herr Vorsitzender, ... doch sich nur selbst ...

VORS.: Bitte, ob Sie jetzt einen Antrag stellen wollen, ob Sie sich dem Antrag angeschlossen haben? Um was geht es dabei?

RA DR. HELDMANN: Es geht doch bitte schön erkennbar um das gleiche, was ich ausgeführt habe, d.h. also, Herr Raspes Ausführungen dienen der Begründung des hier gestellten Antrags, ...

VORS.: Herr Rechtsanwalt, es geht uns nicht darum, was Sie jetzt über die Erkennbarkeit meinen.

RA DR. HELDMANN: ... und speziell geht es um die Frage, ob die amtliche Version der Todesursache stimmt.

VORS.: Ich stelle ausdrücklich fest, daß Sie, ohne daß Sie sich zu Wort gemeldet haben, wieder die Verteidigung offenbar von Herrn Raspe übernehmen wollen. Ich frage Herrn Raspe, der nicht verteidigt ist hier jetzt, d.h. seine Herrn Verteidiger sind ...

RA SCHILY: Das war sehr richtig, Herr Vorsitzender.[190]

VORS.: Herr RA Schily, bitte unterlassen Sie solche Zwischenrufe.

RA SCHILY: Das war sehr richtig. Manchmal unterlaufen Ihnen sogar richtige Feststellungen.

VORS.: Ich stelle ausdrücklich fest, daß der Herr RA Schily im Augenblick sagte:

»Manchmal unterlaufen Ihnen auch richtige Feststellungen.«

Herr Raspe, Sie müssen uns angeben – Sie haben keinen Kontakt zu Ihren Herrn Verteidigern, weil sie dort drüben sitzen[191] jetzt im Augenblick –, wollen Sie damit einen Antrag stellen? Die offensichtliche Erkennbarkeit ist kein prozessualer Umstand, der hingenommen werden kann. Sie müssen erklären, was Sie wollen.

ANGEKL. RASPE: Ich habe vorhin schon gesagt, daß ich nicht viel zu sagen habe; ich hab das nochmals wiederholt, und ich wäre längst fertig, wenn Sie mich ausreden lassen würden.

VORS.: Herr Raspe, wollen Sie einen Antrag stellen damit oder was wollen Sie? Sie müssen dem Senat doch wenigstens die Gelegenheit geben zu erkennen, über was wir entscheiden sollen.

ANGEKL. RASPE: Die Absurdität dieser Veranstaltung, Anträge zu stellen, das war an sich nicht meine Absicht. Aber wenn es so ist, ...

VORS.: Sie haben also keine Absicht, einen Antrag zu stellen, ...

ANGEKL. RASPE: Moment.

VORS.: ... dann kann ich Ihnen das Wort auch nicht weiter belassen.

RA KOPP: Lassen Sie ihn doch mal ausreden.

ANGEKL. RASPE: Nachdem es so ist, daß Sie, was Sie eben demonstriert haben, sofort zu der Methode greifen ... [...]

Ich schließe mich den Anträgen der Verteidigung, die hier laufen, an.

VORS.: Das hätte schon schnell und rasch gesagt werden können. Jetzt können Sie bitte fortfahren.

ANGEKL. ENSSLIN: Sie sind ein Sadist!

RA DR. HELDMANN: ... Herr Raspe zu unterbrechen, damit er den Faden verliert.

VORS.: Ich verbitte mir derartige Behauptungen von Ihrer Seite. Herr Dr. Heldmann, Sie sind sehr schnell mit solchen Bemerkungen. Es geht darum, daß prozeßordnungsgemäß erklärt ist, ob es sich um einen Antrag handelt[192] – und nichts anderes.

RA DR. HELDMANN: Es bedurfte der Behauptung nicht. Sie haben's demonstriert.

ANGEKL. RASPE: Ich wiederhole das: Ich habe gesagt: Die ganze Zeit, die ich die Beziehungen zwischen Ulrike und Andreas kenne, und ich kenne sie seit sieben Jahren, war ihr Signal Intensität und Zärtlichkeit, Sensibilität und Genauigkeit, und ich glaube, daß es genau dieser Charakter in der Beziehung war, aus dem Ulrike die acht Monate Trakt in Ossendorf[193] durchgehalten hat. Es war eine Beziehung, wie sie sich zwischen Geschwistern entwickeln kann, orientiert am politischen Ziel, und aus der Möglichkeit dieser Politik war diese Beziehung Funktion dieser Politik, d. h., darin war sie frei, wie Freiheit nur möglich ist im Kampf um Befreiung.

Es gab in diesen sieben Jahren in der Beziehung keinen Bruch. Er wäre nicht möglich gewesen, weil sie bestimmt war über die Politik der RAF; und wenn in der Gruppe überhaupt Widersprüche entstanden sind, dann waren sie nur möglich über den praktischen Bezug, d. h. politisch als die Entwicklung zweier Linien u. ä. Daß es das nicht gab, beweisen Ulrikes Briefe und Manuskripte bis zum Freitag. In ihnen drückt sich der tatsächliche Charakter der Beziehung aus. Jetzt Spannungen, Entfremdung zwischen Ulrike und Andreas, zwischen Ulrike und uns zu behaupten, um mit dieser primitiven und dunklen Infamie das Projekt der Hinrichtung Ulrikes der psychologischen Kriegsführung verfügbar zu machen, das ist Buback und das ist Bubacks Dummheit.

VORS.: Die letzte Verwarnung hab ich Ihnen gegeben. Herr Raspe, ich entziehe Ihnen wegen fortgesetzter Beleidigung des Generalbundesanwalts, wegen diffamierender Behauptungen, es sei hier eine gezielte Hinrichtung erfolgt, das Wort.

ANGEKL. RASPE: Naja, Ihr Sadismus, Ihre Maßnahmen ... –

VORS.: Sind zu diesem Antrag weitere Wortmeldungen?

RA SCHILY: Frau Ensslin möchte.

VORS.: Frau Ensslin, bitte.

ANGEKL. ENSSLIN: Sie sind, und das haben Sie eben ja demonstriert, ein Richter, in dessen Zuständigkeit zwei von fünf Gefangenen umgebracht worden sind und als jetzt einer der drei ...

VORS.: Frau Ensslin, erste und letzte Verwarnung. Wenn Sie in dieser Form fortfahren, werden Sie nicht lange Gelegenheit haben, hier Ausführungen zu machen.

ANGEKL. ENSSLIN: ... also einer der drei von den Tatsachen spricht, von uns spricht, gegen diese Maschine anspricht, für die Sie hier sitzen und als die Sie agieren in Ihrem Sadismus, unterbrechen Sie ihn etwa achtmal innerhalb von acht Minuten höch-

Der Angeklagte Raspe verlässt um 9.44 Uhr den Sitzungssaal.

stens, und Sie entziehen ihm das Wort. Das ist der Vorsitzende dieses Gerichts.

VORS.: Ich bitte Sie jetzt um Erklärung, was Sie mit diesen Ausführungen wollen. Sie haben kein Beanstandungsrecht einer Maßnahme, die Herrn Raspe betroffen hat.

ANGEKL. ENSSLIN: Sie werden keinen Anlaß dazu haben, mich zu unterbrechen, weil ich Ihnen nur das Protokoll, das ich am Sonntag geschrieben habe, vorlese …

VORS.: Ich möchte Sie bitten, zu erklären, ob Sie einen Antrag stellen wollen.

ANGEKL. ENSSLIN: … im Rahmen des Antrages, den die Verteidigung hier stellt.

RA SCHILY: Der Antrag gestellt:

die Verhandlung für zehn Tage zu unterbrechen.

Ich werde dann anschließend auch noch eine Begründung vornehmen.

VORS.: Dankeschön. Frau Ensslin. […]

ANGEKL. ENSSLIN: Das Protokoll:

Als die Zellen Heute morgen, Sonntag, 9. Mai, aufgeschlossen wurden – sie werden gleichzeitig aufgeschlossen –, kann ich nicht wie sonst zu Ulrike in die Zelle, weil einer der Beamten sie schon abgeschlossen hat. 15 Minuten später teilt der Sicherheitsbeamte mir mit, daß ich Ulrike nicht sehen kann, weil »Frau Meinhof tot ist« – das ist ein Zitat.

Wir haben zuletzt gestern Abend – es war etwa 10 Uhr – miteinander am Fenster geredet, nachdem ein Hubschrauber zu hören gewesen war, was seit Monaten nicht mehr vorgekommen war, und ich bin in der Nacht aufgewacht an Musik … an der Musik aus ihrer Zelle, was öfter war. Sie hat öfter Musik gehört, auch nachts.

Alle vier waren wir gestern Morgen eine Stunde und gestern Nachmittag eine halbe Stunde zusammen. Gesprochen worden ist dabei über das Verhältnis Identität und Bewußtsein an Gramsci und an Lenin.[194] Kurz vor 9.00 Uhr – ich bin inzwischen zu Andreas und Jan rüber geschlossen, informiert uns einer der Beamten darüber – das ist einer der Beamten, die 24 Stunden in dem Trakt da oben sind, in dem Labor … informiert uns einer der Beamten darüber, daß sich Ulrike, nachdem wir gestern Nachmittag eingeschlossen waren, also nachmittags, noch umgezogen hat, was wir uns nicht erklären können. Er spricht auch davon, daß Ulrike nicht auf das Dach wollte gestern, weil es ihr zu heiß war. Und davon, daß wir vier beim Umschluß gestern zusammen gelacht haben. Der Gefängnisarzt Henck kommt und spricht von Selbstmord als Kurzschlußhandlung, nach dem er einen Satz vorher festgestellt hat, zitiert, »die Gruppe ist zu klein«. Er faselt dann noch davon, daß es notwendig Spannungen geben müßte in so einer Gruppe. Und als wir das zurückweisen, und feststellen, daß für jeden, nicht nur für uns, sondern auch für die Anwälte, für die Angehörigen, für die Beamten usw. sichtbar, der Konsolidierungsprozeß für Ulrike gelaufen war, sehr deutlich besser ging usw., sagte er schnell, das muß man allerdings sehen, daß sie Leute sind, die zu größter Selbstdisziplin fähig sind. Das ist einmalig, ich habe so etwas noch nie gesehen. Weiter spricht er von einem Plateau und einem Auslöser. Wir haben das Gespräch an diesem Punkt abgebrochen und schreiben das, ich schrieb das auf, weil daran deutlich wird, wie der Apparat sich aus der Schlinge zu ziehen sucht. Und diese Spannung dauerte, kaum zwei Stunden später kam es aus dem Radio, als von der Bundesanwaltschaft bestätigt, nachdem es über den Staatsschutzartikel in der Welt lanciert war. Wir verlangen Ulrike nochmal zu sehen, es ist also jetzt halb elf etwa. Schreitmüller von der Anstaltsleitung teilt uns etwa um halb elf mit, daß der Staatsanwalt es ablehnt uns zu ihr zu lassen. Sein Begriff ist Besichtigung. Wir verlangen, daß mit dem Abtransport gewartet wird, bis die Anwälte da sind. Als kurz vor elf der erste Anwalt kommt, angemeldet wird, was wir gehört haben, im Flur, wird die Blechwanne blitzschnell, hastig aus dem Trakt geschoben. [...]

VORS.: [...] Herr Rechtsanwalt Künzel, Sie hatten um das Wort gebeten.

ANGEKL. BAADER: ... jetzt das Wort, würde ich sagen.

VORS.: Herr Rechtsanwalt Künzel wollen Sie zurücktreten? Bitte.

ANGEKL. BAADER: Es fällt mir ziemlich schwer, hier überhaupt noch was zu sagen, weil ich der Ansicht bin, daß man zu Ihnen, vor Ihnen und über Sie nicht mehr reden sollte, sondern daß man handeln müßte, um tatsächlich den Antagonismus Staat-Maschine-Mensch, wie er sich ja tatsächlich ausdrückt. Ausdruck dessen ist diese ganze Maschinerie hier …

Vors.: Herr Rechtsanwalt Dr. Heldmann, ich darf wohl davon ausgehen, daß …

Angekl. Baader: Quatschen Sie doch nicht dazwischen.

Vors.: … bereits gestellten … Unterlassen Sie diese Tonart, Herr Baader. Ich möchte Sie bitten, in Ihrem Interesse. Ich darf davon ausgehen, daß er sich Ihrem Antrag angeschlossen hat und jetzt zusätzliche Begründung gibt. Weil wir keine Erklärung haben, was das jetzt soll, was bis jetzt an Ausführungen …

RA Dr. Heldmann: So ist es.

Angekl. Baader: Sie haben keine Erklärung, was das soll, ja?

Vors.: Wir möchten wissen, ob Sie einem Antrag sich angeschlossen und dazu eine Begründung abzugeben beabsichtigen?

Angekl. Baader: Ich begründe hier nichts. Und ich beantrage auch nichts, sondern ich stelle …

Vors.: Zur Erklärung haben Sie jetzt das Wort nicht, Herr Baader. Da kann ich Ihnen das Wort leider nicht belassen.

Angekl. Baader: Ich habe festzustellen, das heißt, Sie wollen mir das Wort entziehen. Sie wollen verhindern daß ich hier spreche ja?

Vors.: Ich habe Ihnen gesagt, jetzt ist zur Erklärung, die außerhalb von Antragstellungen liegen, nicht der Raum, prozessual kein Raum gegeben. Und wenn Sie ausdrücklich erklären, es handelt sich um keinen Antrag und keine Begründung eines Antrags, dann kann ich Ihnen auch nicht das Wort belassen.

Angekl. Baader: Nein, das ist nicht mehr die Ebene. Das ist nicht die Ebene vor diesem Gericht, vor diesem Rattenhaufen hier Anträge zu stellen.

Vors.: Ihnen ist das Wort jetzt auch entzogen, wegen Beleidigung des Gerichts, das Sie als Rattenhaufen bezeichnet haben. Wenn Sie in dieser Weise fortfahren, wird das noch weitere Konsequenzen haben müssen, wegen Störung der Hauptverhandlung. Ich bitte das zu Protokoll zu nehmen. Herr Rechtsanwalt Künzel bitte.

Der Angeklagte Baader ruft unverständlich dazwischen.

Vors.: Herr Baader, ich verwarne Sie, rufen Sie bitte nicht dazwischen, Sie kennen ja die Folgen die eintreten, wenn Sie hier stören. Sie sind auch genügend oft verwarnt. Herr Rechtsanwalt Künzel bitte.

RA Künzel: Ja, ich wollte schon, bevor Herr Rechtsanwalt Heldmann das Wort bekam, den Antrag stellen:

Die Verhandlung für Dauer dieser Woche zu unterbrechen.

Der Angeklagte Baader verläßt um 10.28 Uhr den Sitzungssaal.

Es hat sich nun ein Mensch in tiefster Unfreiheit, mit dem wir es in irgendeiner Weise mehr als ein Jahr lang zu tun hatten, und für den bis zum letzten Augenblick die Unschuldsvermutung[195] gestritten hat. Ein Mensch in größter Unfreiheit macht von der rätselhaftesten, tiefsten menschlichen Freiheit Gebrauch, sich das Leben zu nehmen. Das sollte Anlaß sein, nun in diesem Rechtsverfahren Terminpläne zurückzustellen, auswärtige Zeugen heimzuschicken, um diesen Sachverhalt aufzuarbeiten. So etwas wie die Pietät im Strafprozeß sollte es unmöglich machen, daß verhandelt wird, solange, wie man so sagt, die sterblichen Überreste dieses Menschen nicht ihre Ruhe gefunden haben. Wenn das noch rechtlich zu begründen ist, dann weise ich etwa daraufhin, daß nach der Überschrift des § 265 StPO[196] die Umgestaltung der Strafklage, der Verteidigung das Recht auf Unterbrechung gibt. Die Umgestaltung der Situation, der Gefangenen hier, muß ja nun wirklich auch die Möglichkeit zu einer Unterbrechung geben. Sie können auch nicht sagen, daß weiterverhandelt werden kann, weil es den Gefangenen ja freisteht, zu kommen oder nicht. Dabei wäre übersehen, daß es ihnen schlechterdings nicht zugemutet werden kann, in diesen Tagen sich mit den Vorwürfen auseinanderzusetzen, die gegen sie erhoben worden sind. Schlechterdings nicht zugemutet werden kann. Es sei denn, man nimmt Passagen aus einem Gutachten etwa, für bare Münze, daß diesen Gefangenen jede sittliche Bindung fehlt. Ich bitte auch zu bedenken, in welche Situation Sie einen Pflichtverteidiger bringen, wenn wir über Tage hinweg als Garanten dieser Verhandlung auftreten sollten und müssen,[197] müßten, obwohl wir wissen, daß dies dem tiefsten Interesse der Angeklagten im Innersten zuwiderläuft. Ich bitte auch, mich nicht in diese Konfliktsituation zu bringen. [...]

BA Dr. Wunder: Die Bundesanwaltschaft beantragt,

die auf Unterbrechung der Hauptverhandlung, aus Anlass des Todes von Frau Meinhof gerichteten Anträge zurückzuweisen.

Buhrufe im Sitzungssaal.

BA Dr. Wunder: Weder aus rechtlichen ...

Vors.: Ich sehe mich jetzt leider genötigt, aber ich versichere Ihnen, es ist die letzte Gelegenheit, diesen ganzen linken Teil des Saales räumen zu lassen, wenn Sie nicht hier Ordnung wahren und still der Verhandlung folgen. Ich bitte also jetzt nochmals, daß einzelne Störer festgehalten werden, damit wir nicht die Ungerechtigkeit begehen müssen, unter Umständen Leute aus dem Saal zu weisen, die dafür nichts können, was sich dort ereignet.

BA Dr. Wunder: Weder aus rechtlichen noch aus sonstigen Gründen könnte dem stattgegeben werden. Die Strafprozeßordnung bietet keine Handhabe, beim Tode eines Mitangeklagten die Hauptverhandlung förmlich zu unterbrechen. Allerdings würde die Anklagevertretung einer Entscheidung des Senats nicht entgegentreten, wenn mit der Vernehmung der für heute Vormittag geladenen Sachverständigen etwa erst im Verlaufe des Nachmittags begonnen und eine entsprechende Regelung für die Zeit der Beisetzung, falls dies ein Sitzungstag wäre, ins Auge gefasst würde.

Es ist abschließend zu bedauern, daß die Angeklagten und einige Herren der Verteidigung auch den Tod von Frau Meinhof zum Anlaß nehmen, in polemischer, teils beleidigender Form oder mit Unterstellungen den Staat und seine Institutionen anzugreifen.

Vors.: Ich bitte, um 11.45 Uhr wieder im Saale zu sein, der Beschluß wird dann verkündet werden.

Pause von 11.10 Uhr bis 11.57 Uhr

Vors.: Wir können die Sitzung fortsetzen. Der Senat hat folgenden Beschluß gefaßt:

Den Anträgen auf Unterbrechung der Hauptverhandlung wird nicht stattgegeben.

Laute Buhrufe einiger Zuschauer im Sitzungssaal. [...]

VORS.: [...] Ich begründe die Senatsentscheidung.

Die Angeklagten haben den Tod von Frau Meinhof am frühen Vormittag des vergangenen Sonntags erfahren. Bis zur vorgesehenen Fortsetzung der Beweisaufnahme am heutigen Nachmittag ist ein Zeitraum vergangen, der es auch unter Rücksichtnahme auf die Angeklagten erlaubt, das Verfahren fortzusetzen. Der Senat wäre für den Fall, daß die Beerdigung auf einen Sitzungstag fiele, bereit, darauf Rücksicht zu nehmen. [...]

Der Senat hält den Tod von Frau Meinhof für bedauerlich. Er versagt es sich jedoch, auf die in den Anträgen vorgetragene unangebrachte Polemik gegen seine angebliche Unmenschlichkeit einzugehen. Herr Rechtsanwalt Schily, bitte.

RA SCHILY: Die Verteidigung hat erklärt und erklärt es erneut, daß sie in der gegenwärtigen Situation keine Möglichkeit sieht, die Verhandlung fortzusetzen. Die Verteidigung wird sich daher heute aus der Verhandlung entfernen, und erst ...

Beifall im Sitzungssaal.

und erst ...

VORS. (Zu einem Gerichtswachtmeister): Ich bitte darauf zu achten, wer jetzt weiterhin mit irgendwelchen Äußerungen sich am Verfahren beteiligt, im Zuschauerraum, muß mir sofort bezeichnet werden, damit ich die Entfernung veranlassen kann. Ich bitte da vorne Platz zu nehmen, daß Sie vielleicht von vorne Sicht haben, danke. Entschuldigen Sie, Herr Rechtsanwalt.

RA SCHILY: ... und wird an der Verhandlung erst nach der Beerdigung von Ulrike Meinhof wieder teilnehmen und das wird frühestens Dienstag kommender Woche sein.

VORS.: Herr Rechtsanwalt, ich muß Sie gleichwohl darauf hinweisen, daß Ihre Pflicht – selbstverständlich als Pflichtverteidiger – die ist, hier an der Verhandlung teilzunehmen.

RA Schily: Herr Vorsitzender, die Pflicht eines Verteidigers, die weiß ich besser zu bestimmen als Sie.

Vors.: Ich bin mir nicht so sicher, ob Sie die Pflichten eines Pflichtverteidigers hier richtig beurteilen.

RA Schily: Ja, in Ihrem Sinne vielleicht nicht, aber im Sinne meiner Mandanten.

Rechtsanwälte Schily und Dr. Heldmann verlassen um 12.05 Uhr den Sitzungssaal. [...]

Nach dem Tod Ulrike Meinhofs nehmen die übrigen Angeklagten die Möglichkeit zur Teilnahme an der Hauptverhandlung nur noch selten wahr. Auch die Vertrauensverteidigung ist zunächst nicht mehr vertreten. Die Hauptverhandlung wird davon unbeeindruckt fortgeführt: Die Anwesenheit der sogenannten Zwangsverteidiger ermöglicht es dem Vorsitzenden, zu Beginn eines jeden Verhandlungstages festzustellen: »Die Verteidigung ist gewährleistet.«

Das vom Gericht vorgesehene Beweisprogramm für die Sprengstoffexplosionen neigt sich dem Ende entgegen; offen sind aber noch einige Beweisanträge der Verteidigung.

20
VIETNAM

Mittwoch, 19. Mai 1976
113. Verhandlungstag

[...]

VORS.: [...] Dann ist jetzt der Beschluß zu verkünden, den der Senat gefasst hat zu dem Beweisantrag der Angeklagten und Verteidiger, betreffend die Kriegsereignisse von Vietnam. Der Beschluß lautet:

Die Beweisanträge der Angeklagten und der Verteidiger vom 4. Mai 1976 (den Krieg in Vietnam betreffend) werden abgelehnt.

Gründe:

Mit der beantragten Beweisaufnahme wollen Angeklagte und Verteidigung nachweisen (hier in den wesentlichen Punkten in Kürze dargestellt),

daß die von den USA im Zusammenhang mit dem Krieg in Vietnam vorgenommenen politischen, militärischen und sonstigen Handlungen völkerrechtswidrig, ja verbrecherisch gewesen seien,

daß solche Handlungen von den USA auch auf dem Gebiet der Bundesrepublik Deutschland oder von diesem Gebiet aus vorgenommen worden seien, so auch im IG-Farben-Haus in Frankfurt und im US-Hauptquartier in Heidelberg,

daß Regierung und sonstige verantwortliche Politiker der Bundesrepublik solche Handlungen der USA unterstützt, jedenfalls nicht verhindert hätten (letzteres mangels Wollens oder mangels Könnens),

daß der in Heidelberg erfolgte, in der Anklage enthaltene Sprengstoffanschlag durch Vernichtung des dort aufgestellten Computers zu einer empfindlichen Störung der militärischen Operationen der USA in Indochina geführt habe,

daß der Anschlag in Heidelberg zusammen mit anderen Anschlägen innerhalb der USA und sonst im Ausland zum Rückzug der US-Streitkräfte aus Indochina beigetragen haben.

Das Ergebnis der beantragten Beweisaufnahme werde – so die Antragsteller – aus rechtlicher, insbesondere völkerrechtlicher Sicht ein Nothilfe- und Widerstandsrecht des einzelnen Bürgers (auch des Bürgers der Bundesrepublik) gegen die USA begründen und so die in der Anklage aufgeführten Sprengstoffanschläge gegen die US-Streitkräfte in Heidelberg und Frankfurt rechtfertigen.

Der Senat vermag diesen Überlegungen nicht zu folgen. Ein Nothilfe- oder Widerstandsrecht, das solche Anschläge gerechtfertigt hätte, bestand nicht. Sonstige Anhaltspunkte dafür, daß die beantragte Beweisaufnahme die zu treffende Entscheidung beeinflussen könnte, sind nicht ersichtlich. Die Tatsachen, die bewiesen werden sollen, sind somit für die Entscheidung ohne Bedeutung (§244 Abs. 3, S. 2 StPO).[198] Mit der Frage, ob die Angeklagten subjektiv der Meinung waren, es verhalte sich so, wie in den Beweisanträgen dargestellt, hat das nichts zu tun; diese Frage bleibt offen.[199] Zu ihrer Beantwortung könnten die benannten Zeugen und Sachverständigen nichts beitragen.

Das war dieser Beschluß. [...]

Dienstag, 22. Juni 1976
121. Verhandlungstag

Anwesend sind US-amerikanische Zeugen, die unmittelbar durch die Verteidigung geladen wurden. Die Beweisthemen sind dieselben wie die am 4. Mai bekanntgegebenen. Im Vergleich zu den früheren Beweisanträgen bringt die Anwesenheit der Zeugen aus Sicht der Verteidigung den Vorteil, dass die Ablehnung präsenter Beweismittel nur unter erhöhten Anforderungen möglich ist, namentlich wenn die Beweiserhebung unzulässig ist oder nur zum

Zwecke der Prozessverschleppung beantragt wird (§ 245 StPO a. F.).[200] *Noch vor Vernehmung des ersten Zeugen tritt die Bundesanwaltschaft dieser entgegen; die Beweiserhebung sei unzulässig und könne bei vernünftiger Betrachtung nicht erkennbar zur Erforschung der Wahrheit beitragen.*

[…]

VORS.: Wir setzen die Sitzung fort. Herr Rechtsanwalt Schlaegel und sein amtlich bestellter Vertreter, Herr Rechtsanwalt Herzberg, sind entschuldigt.

Der Senat hat folgenden Beschluß gefasst:

Die Befragung des Zeugen zu den genannten Beweisthemen ist nicht zulässig.

Gründe:

Rechtsanwalt Oberwinder als Verteidiger des Angeklagten Baader hat – ersichtlich im Einvernehmen mit den anderen Angeklagten – Herrn Winslow P. als Zeugen unmittelbar geladen; der Zeuge ist erschienen. Als Beweisthemen, über die der Zeuge aussagen soll, hat Rechtsanwalt Oberwinder die Nr. I A 1, 4 – 9 seines Beweisantrags vom 4. Mai 1976 (Tonbandniederschrift 9458/59) genannt. Die Verteidigung ist der Auffassung, die USA hätten im Vietnamkrieg völkerrechtswidrige Verbrechen begangen und hierzu das Gebiet der Bundesrepublik benutzt. Deshalb habe den Angeklagten – falls ihnen die vorgeworfenen Taten angelastet würden – eine aus dem Völkerrecht fließendes Notwehr-, Nothilfe- und Widerstandsrecht zur Seite gestanden, das einen Rechtfertigungsgrund im Sinne des innerstaatlichen Rechts der Bundesrepublik bedeute.

Der Senat hat jenen Beweisantrag abgelehnt und dazu ausgeführt, ein Nothilfe- oder Widerstandsrecht, das solche Anschläge rechtfertigt hätte, bestehe nicht.

Mit den genannten Beweisthemen soll nicht die Wahrheitsermittlung hinsichtlich der gegen die Angeklagten gerichteten Vorwürfe des mehrfachen vollendeten und versuchten Mordes – u. a. in Frankfurt – gefördert, sondern unter dem Anschein der Beweiserhebung aus

Gründen der Agitation die US-Politik in der Welt und die Beteiligung der Bundesrepublik hieran angegriffen werden. So haben die Angeklagten selbst jenem Beweisantrag ihrer Verteidiger sich nur »formal« angeschlossen, doch hat der Angeklagte Raspe sogleich angefügt:

> »Aber natürlich fassen wir unsere Politik nicht in völkerrechtlichen Kategorien, wir fassen sie überhaupt nicht in Kategorien, sondern die Politik der RAF, bewaffnete proletarische Politik, u. s. w. …«

Maßgebend seien die Kriterien der revolutionären Moral.

Auch sonst haben die Angeklagten von Anfang an keinen Zweifel darüber gelassen, daß es ihnen in diesem Verfahren darum geht, ihre politischen Ziele weiterzuverfolgen und dafür zu werben. Diese Ziele sind, wie sich aus zahlreichen Äußerungen der Angeklagten und der von ihnen ins Vertrauen gezogenen Verteidiger in der Hauptverhandlung ergibt, der

> »politisch-militärische Kampf gegen die imperialistische Gesellschaftsform in der Bundesrepublik«,

die

> »Schwächung des imperialistischen Weltsystems«,

der Kampf gegen den

> »Imperialismus des internationalen Kapitals und seine Agenten«,

der

> »weltweite antiimperialistische Befreiungskrieg«, d. h. die Führung dieses Krieges

und die Stärkung der

> »Stadtguerilla«.

Eine rechtliche Beurteilung der ihnen vorgeworfenen Taten lehnen die Angeklagten ausdrücklich ab:

> »Die RAF, die Guerilla ist nicht justiziabel«.

Schon in einem Zellenzirkular aus dem Jahre 1974 heißt es in bezug auf das anhängige Verfahren:

> »Wir haben an dieser Veranstaltung nur Interesse, wenn wir sie umdrehen können.«

Hiermit steht die Äußerung einer Angeklagten in Einklang:

»Der kriminologische Teil«

(d.h. die Beweisaufnahme über den Tathergang) interessiert

> »uns natürlich wirklich überhaupt nicht ... das geht uns auch nichts an«.

In einem Ablehnungsantrag der Angeklagten gegen den Vorsitzenden zu Beginn des Verfahrens wurde darauf hingewiesen, daß von den Angeklagten die Rechtsordnung der Bundesrepublik

> »radikal, d.h. in den Wurzeln negiert wird«,

dem Vorsitzenden wurde zur Begründung der Ablehnung bezeichnender Weise zum Vorwurf gemacht, er werde versuchen,

> »das Verfahren auf die Erörterung strafrechtlicher Tatbestände zu reduzieren und eine Thematisierung der Rolle der Bundesrepublik Deutschland im internationalen Kapitalverhältnis, die spezifische Stellung der Bundesrepublik Deutschlands zum US-Imperialismus, kurzum den Gegenstand der politischen Angriffe der RAF zu verhindern.«

An anderer Stelle bezeichnete ein Angeklagter als wesentlich für die RAF

> »die radikale Negation, die Ablehnung jeder anderen Macht und Norm, jedes anderen Gesetzes als der auf kritisches Bewusstsein und revolutionäre Gewalt gestützten menschlichen Macht.
> Der Prozeß der Insurrektion« (Aufbau einer politisch-militärischen Front in den Metropolen) »ist das faire Verfahren, auf das wir aus sind. An einem anderen haben wir kein Interesse, und nur ihm sind wir verantwortlich.«

Zu den mit dem Vietnam-Krieg sich befassenden Beweisanträgen äußerte ein Angeklagter, diese Anträge vermittelten,

> »was der Gegenstand dieses Verfahrens ist, genauer was der Gegenstand rechtlicher Erwägung hier überhaupt nur sein könnte, nämlich die totale Bestimmung, Kontrolle und Verfügung dieses Staates nach innen und außen, Verfügbarkeit dieses Staates nach innen und außen, für die Weltinnenpolitik des Hegemonialen, des US-Kapitals. D.h., die zentrale strategische Funktion der Bundes-

republik als ökonomisches, politisches und militärisches Subzentrum des amerikanischen Imperialismus, hier entwickelt an seiner Funktion 1.) für die offene Aggression gegen die Völker der dritten Welt, konkret an Vietnam, und 2.) die verdeckten Aggressionen gegen die Staaten der westeuropäischen Peripherie.«

Diese – fast beliebig vermehrbaren – Zitate belegen, was oben ausgeführt wurde: Es geht den Angeklagten hier nicht um Beweiserhebung und Wahrheitsfindung im Strafverfahren, sondern um politische Agitation mit durchaus pauschaler Zielrichtung. Daß hier gerade der Vietnamkrieg in den Vordergrund gerückt wird, ist mehr zufällig. Ein im Verfahren gestellter Antrag, die Angeklagten nach Kriegsrecht zu behandeln und in ein Kriegsgefangenenlager zu überführen,[201] bestätigt das zusätzlich. Dort ist von der

»Schwächung des imperialistischen Weltsystems«

die Rede; als Beispielsfälle des

»internationalen Widerstands«

werden

Vietnam, Kambodscha, Laos, Guinea-Bissau, Mocambique, Sao Thome, Principe

aufgeführt, als Verbündete der RAF außer den in diesen Staaten tätigen Bewegungen die (arabische) PLO und die (irische) IRA genannt. Gleiches zeigt der eingangs erwähnte, vom Senat abgelehnte Beweisantrag vom 4. Mai 1976. Danach war auch der jetzt unmittelbar geladene Zeuge P. dafür benannt,

»daß das Territorium der Bundesrepublik Deutschland seit ihrem Bestehen strategische Basis völkerrechtswidrigen, aggressiven Expansionspolitik der USA gegen dritte Staaten ... ist«,

»daß die Konstituierung der Bundesrepublik Deutschland als Staat nach 1945 von den USA als Projekt ihrer expansiven Weltmachtstrategie durchgeführt und entwickelt worden ist.«

All das ist einer Beweiserhebung nicht zugänglich (vgl. BGHSt 17, S. 28, 31)[202], und zwar auch insoweit, als sie dartun soll, das US-Hauptquartier in Frankfurt, Ziel eines der Sprengstoffanschläge, habe während des Vietnam-Krieges Dienststellen beherbergt, die in diesem Krieg für die US-Streitkräfte eine wesentliche Rolle gespielt hätten; denn auch insoweit wäre eine Beweiserhebung nur Anknüpfungspunkt für die erwähnte rechtsfremde politisch-revolutionäre Agitation.

Das Gericht ist verpflichtet, die Beweisaufnahme auf das zu beschränken, was die Sachgestaltung fördert. An der Sachzugehörigkeit eines Beweisthemas fehlt es, wenn »unter dem Anschein der Beweiserhebung ein Zweck verfolgt wird, der von dem Zweck des Strafverfahrens abweicht« (Reichsgericht, Strafsachen, Bd. 65, S. 305), wenn die beanstandeten Fragen »nur geeignet sind, Stoff für den parteipolitischen Kampf zu liefern« (Reichsgericht, Strafsachen, Bd. 66, S. 15), wenn sie »nur verfahrensfremden Zwecken dienen sollen« (BGHSt Bd. 2, S. 284). Auch unter dem Blickwinkel des § 245 StPO ist eine Beweisaufnahme unzulässig, wenn sie »außer Zusammenhang mit dem Gegenstand des Verfahrens« steht und »zur Wahrheitsfindung nichts beitragen« kann (BGHSt Bd. 17, S. 343 u. Bd. 17, S. 28). So liegt es hier. An der Charakterisierung ändert sich auch dann nichts, wenn es darum geht, ob die Angeklagten möglicherweise subjektiv davon ausgegangen sind, es verhalte sich in der Welt so, wie sie es vorbringen; denn – abgesehen davon, daß der Zeuge dazu ohnehin nichts bekunden könnte – ist eine solche pauschale Betrachtung und Verdammung all dessen, was sie unter »US-Imperialismus« u. dergl. verstehen, rechtsfremd. Die Angeklagten wissen das, wie ihre angeführten Äußerungen zeigen: Nicht die geltende Rechtsordnung ist es, an die sie sich gebunden fühlen und vor der sie sich rechtfertigen oder entschuldigen wollen. Der Angeklagte Baader erklärte, es sei

> »tatsächlich einfach dümmliche Demagogie, ... angesichts dieser objektiven Dimensionen von politischen Motiven zu quatschen.«

Daher kann der Senat die Befragung des Zeugen hinsichtlich der genannten Themen nicht zulassen. Die Entscheidung entspricht dem Antrag der Bundesanwaltschaft. Die Ausführungen der Verteidiger führen zu keiner anderen rechtlichen Beurteilung.

Sind weitere Beweisthemen zu benennen, zu denen der Zeuge gehört werden sollte, oder werden weitere Beweisthemen genannt für die Anhörung eines weiteren, der in die Sitzung gebrachten und unmittelbar geladenen Zeugen? Herr Rechtsanwalt Oberwinder.

RA Oberwinder: Mir bleibt dann nichts anderes übrig, als entsprechend dem Schluß, den ich im übrigen ... meinem Verständnis insofern nicht zugänglich ist, als mir unklar ist, was die Äußerungen, die die Gefangenen hier getan haben oder in irgendwelchen Papieren, die Sie haben, als Grundlage der Ablehnung meines Beweisantrages sein kann, das ist mir unverständlich, aber ich bitte dann, den Zeugen P. zu entlassen und den sachverständigen Zeugen Gordon O. zu hören.

Vors.: Soll das heißen, daß auf jede weitere Anhörung dieses Zeugen verzichtet wird?

RA Schily: Nein, Sie haben doch die Befragung abgelehnt, Herr Vorsitzender, durch Ihren Beschluß oder habe ich das jetzt nicht richtig mitbekommen?

Beifall im Sitzungssaal.

Am selben Verhandlungstag beantragt die Bundesanwaltschaft, die Strafverfolgung auf die Taten im Zusammenhang mit den Sprengstoffanschlägen, den Festnahmen der Angeklagten sowie der Bildung einer kriminellen Vereinigung zu beschränken und im Hinblick auf die mitangeklagten Diebstahl- und Raubdelikte das Verfahren einzustellen. Das Gericht entscheidet hierüber noch nicht abschließend, schränkt aber die Beweisaufnahme zunächst entsprechend ein.

21
DER KRONZEUGE

Bereits am 118. Verhandlungstag hatte Bundesanwalt Dr. Wunder beantragt, das ehemalige RAF-Mitglied Gerhard Müller als Zeugen zu vernehmen: eine einmalige und unverhoffte Chance, unmittelbare Angaben zu den Beiträgen und Rollen der Angeklagten zu erhalten. Die Anklageschrift hatte Müller noch nicht als Zeugen vorgesehen. Müller hatte erst nach Abschluss seines eigenen Strafverfahrens in Hamburg, in welchem er zu einer Freiheitsstrafe von zehn Jahren verurteilt worden war, begonnen, gerichtsverwertbare Angaben zu den hier angeklagten Taten zu machen. Bereits zuvor getätigte »inoffizielle« Angaben waren durch Bundesjustizminister Hans-Jochen Vogel mit einem Sperrvermerk[203] *versehen worden und daher für Gerichte nicht verfügbar – auch nicht in seinem eigenen Verfahren vor dem Landgericht Hamburg.*

Dem Beweisantrag wird umgehend entsprochen und Müller wird als Zeuge geladen. Einen Monat später beginnt seine Vernehmung, in der er sich umfassend zur Struktur der RAF und den Tatbeiträgen der einzelnen Angeklagten äußert.

Donnerstag, 8. Juli 1976
124. Verhandlungstag

[...]

Als Zeuge ist anwesend:
Gerhard Müller,
vorgeführt aus Untersuchungshaft,
mit seinem Rechtsanwalt Huth. [...]
Der Zeuge Müller wird gem. §§ 57, 55 StPO[204] belehrt. [...]
Der Zeuge Müller erklärt sich mit der Aufnahme seiner Aussage auf das Gerichtstonband einverstanden.
VORS.: Zunächst bitte ich Sie um Ihre Personalien.
Der Zeuge Müller macht folgende Angaben zur Person:

Gerhard Müller, ohne Beruf, geb. am [Tag].[Monat].48, z. Zt. in der Untersuchungshaftanstalt Hamburg. Mit den Angeklagten nicht verwandt und nicht verschwägert; wegen Eidesverletzung nicht vorbestraft.

VORS.: Ich möchte Sie zunächst pflichtgemäß über den Gegenstand Ihrer Vernehmung unterrichten.
Rechtsanwalt Dr. Hoffmann erscheint um 15.30 Uhr wieder im Sitzungssaal.

Wir haben hier Vernehmungsprotokolle vorliegen, danach sollen Sie über ein weitgespanntes Wissen verfügen, das hier im Rahmen der Beweisaufnahme nur zum Teil interessiert, und wir wollen Sie, das möchte ich Ihnen in Umrissen jetzt klarmachen, hören zu folgenden Fragenkomplexen:

a) ob Sie mit den hier Angeklagten, Baader, Ensslin und Raspe, bekannt geworden sind, wenn ja, wann und wodurch. Unter Voraussetzung, das wäre dann b), daß Sie mit diesen Angeklagten bekannt geworden sind und vielleicht mit ihnen zu einer gemeinschaftlichen Gruppierung gehört haben sollten, ob Sie die Verfassung und die Ziele dieser Gruppierung uns benennen können, c) ob zu diesen Zielen auch die Verübung von Gewaltaktionen, insbesondere Sprengstoffanschlägen gehört haben könnten und d) wenn das zutreffen sollte, ob Sie uns etwas sagen können über die Vorbereitung und Durchführung solcher Anschläge, insbesondere natürlich auch, welche Anteile die einzelnen Gruppenmitglieder bei diesen Aktionen gehabt haben, wie die Rollenverteilung gewesen ist. [...]

Beginnen wir also mit dem Punkt 1, hier angeklagt Baader, Ensslin, Raspe. Sind Ihnen diese Personen bekannt, wenn ja, seit wann und wodurch.

ZEUGE MÜLLER: Ja, die Personen sind mir bekannt. Baader und Raspe kenne ich seit ungefähr Frühjahr 1971. Ich habe sie damals kennengelernt im Rahmen der ... das SPK[205] wollte damals eine eigene Terrortruppe aufstellen, und im Rahmen der Kontakte zwischen dem SPK und der RAF hatte ich damals Baader und Ensslin kennengelernt und zwar war das in der Rohrbacherstraße in Heidelberg, soweit mir bekannt ist, in der Wohnung Achterrath[206].

VORS.: Und nun schon der zweite Komplex. Kann man davon ausgehen, daß Sie nach den Kontaktaufnahmen, die Sie eben schilderten, zu einer Gruppierung übergewechselt haben, zu der auch diese drei Angeklagten gehört haben?

ZEUGE MÜLLER: Ja, ich bin dazu dann zu dieser Gruppe übergewechselt mit noch anderen SPK-Angehörigen.

VORS.: Wäre es Ihnen möglich, nun diese Gruppierung ganz kurz den Personen nach anzugeben, wer sich damals versammelt hat, wenn wir, sagen wir mal, den Zeitraum ansehen, ab Mitte oder Herbst 71? [...]

ZEUGE MÜLLER: [...] Ja, da waren also Baader, Ensslin, Meinhof, Raspe, Meins. Dann waren die Mohnhaupt[207], Braun[208], Siepmann[209], Reinders[210], Mährländer[211], Möller[212]. Dann gehörte dazu Stachowiak[213], also wie gesagt, ich selbst auch, Schiller[214], Jünschke[215], Hausner[216], Proll[217], Hoppe[218], Petra Schelm[219], Manfred Grashof[220]. Ja und dann war es so, daß also später nochmal einige Leute dazu gekommen sind, soll ich die auch gleich nennen?

VORS.: Ja, wenn sie also fest eingefügt waren in den Rahmen der Gruppe, dann würde ich sagen ja.

Fahndungsplakat, das einem Zeugen vorgehalten wurde, um seine Erinnerung daran aufzufrischen, welche Person er mithilfe eines vergleichbaren Plakats glaubte im Mai 1972 wiedererkannt zu haben.

ZEUGE MÜLLER: Ja dazu gehörte dann Weisbecker[221], Luther[222], Grundmann[223], Barz[224], das sind im Moment die Namen, die mir einfallen.

VORS.: Hatten Sie den Namen Jünschke schon bedacht oder genannt?

ZEUGE MÜLLER: Ja.

VORS.: Ist genannt, danke. Gut, das war nun die Gruppe personell gesehen, können Sie uns etwas über die Art, wie diese Gruppe nun untereinander Kontakte gewahrt hat, wie sie in ihren Planungen vorgegangen ist – nur in kurzen Umrissen – einige Angaben machen? Ich meine, das ist ja, was Sie jetzt, um es Ihnen zu verdeutlichen, was Sie jetzt genannt haben, ist eine ganz stattliche Zahl. Man wird wohl richtig liegen, wenn man davon ausgeht, daß die nicht beieinander gewesen sind, sondern verstreut waren. Und wenn Sie uns also jetzt etwa sagen könnten, die Gruppe hat sich so und so aufgehalten. Es hat sich etwa so und so verteilt und wenn es um irgendetwas gegangen ist, dann hat man den Kontakt untereinander durch die und die Möglichkeiten gefunden und wenn es um Planungen gegangen ist, was geschehen sollte, richtungweisende Bemerkungen, dergleichen, dann ist es so und so in der Gruppe etwa verbreitet worden. Wenn Sie das kurz andeuten können. [...]

ZEUGE MÜLLER: Ja also in geografischer Hinsicht war es so, daß es in verschiedenen Städten, und zwar sagen wir, hauptsächlich eine Zeit lang war das Heidelberg, Mannheim, Karlsruhe, dann war das Frankfurt, dann war das Berlin, Hamburg. Da gab es feste Wohnungen und Stützpunkte, die nicht auf Aktionen bezogen waren, sondern als dauernde Stützpunkte zur Verfügung standen für die Gruppe. Mit der Zeit hat es sich dabei rausgebildet, daß da eben bestimmte Leute, wenn man es so nennen will, Stammhalter waren in bestimmten Städten. Also die betreuten dann die Logistik und die Sympathisanten und hielten einfach die Stadt, standen da zur Verfügung, sorgten dafür, daß die bestehenden Wohnungen, daß die also eben zu benutzen waren, weil da mußte man hingehen, mußte dieses und jenes machen, bezahlen und eben diese Kleinigkeiten, die mußten laufend gemacht werden und das hatten dann diese Leute quasi übernommen.

VORS.: Also eine Art Ortsbeauftragte.

ZEUGE MÜLLER: Genau. Als Beispiel, also um das zu charakterisieren, würde ich zum Beispiel sagen, die Möller war das für Stuttgart, Grashof war das für Hamburg.

VORS.: Können Sie Frankfurt benennen?

ZEUGE MÜLLER: Frankfurt war das Raspe, für Berlin war das Mohnhaupt, Braun, also mit Unterschieden und Differenzierungen. Und die Mitglieder, also die waren, die lebten, also wenn man jetzt die Gesamtheit der Mitglieder sieht, lebten die nicht alle fest in einer bestimmten Stadt oder so, sondern die wechselten von Stadt zu Stadt, von Ort zu Ort, einmal so und einmal auch im Bezug auf irgendwelche Aktivitäten, die da geplant waren oder durchgeführt werden sollten. Also es war dann mehr oder weniger eine ... herrschte da eine Fluktuation. Es gab nur ein paar bestimmte Leute, die eben für eine Vorliebe, wenn man es so will, für eine Stadt hatten und dort auch zum Teil auch Anweisung hatten, eben dort zu sein. [...]

Dann, was das Organisatorische angeht, dann ist es so, daß ... ich habe das jetzt aus dem ... das hat Baader mir nicht direkt gesagt, sondern ich hab das aus einem Streit zwischen Baader und Meins und es ging eben darum, daß Baader den Anspruch erhob, daß dort, wo er da ist, da ist quasi die Front, die vorderste Front der RAF, also ... wie soll ich das jetzt charakterisieren ... da muß ich jetzt wieder ... also es war so, daß die ganze Geschichte der RAF, das war ja nicht statisch, sondern das war eine Entwicklung und dabei gab es bestimmte Ziele, teils in politischer Hinsicht, teils in taktisch-technischer Hinsicht, und im Rahmen dieser Ziele war es eben notwendig, also zum Beispiel das Niveau der Aktion oder die Qualität, oder wie man's nennen will, also in dem Sinne, daß es eben einen Unterschied gibt zwischen einem Autodiebstahl und einem Banküberfall, daß sich Baader eben als derjenige verstand, der da immer vorne weg ist.

VORS.: Kann man vielleicht, um Ihnen das zu erleichtern, sagen, daß der Sinn Ihrer Aussage sein könnte, Baader glaubte dort immer sein zu sollen, wo es um die bedeutendsten Angelegenheiten gegangen ist oder ist das falsch verstanden, wenn Sie jetzt die unterschiedliche Qualität benennen, Autodiebstähle oder was es sonst noch für kleine, kleinere Delikte gab?

ZEUGE MÜLLER: Dann will ich's mal andersrum versuchen. Wenn man das so sagt, es sind ja oft Leute zur RAF gekommen, die in krimineller Hinsicht keinerlei Erfahrung hatten, für die war ein Autodiebstahl oder ein Banküberfall ... war das ein Buch mit sieben Siegeln und im Rahmen also der Entwicklung oder der Ausbildung in der Gruppe ging es eben darum, die Leute einzuweisen und dazu zu bringen, daß sie das eben können und da fängt es eben ... das einfachste ist, wenn man mal so will, ist eben Autodiebstahl und dem Niveau nach kommt eben dann Banküberfall und dann kommt Sprengstoffanschläge und dann kommt Geiselnahme oder Entführung. Und in diesem Sinne wollte Baader diese ... diesen Lernprozeß auf diesem Sektor forcieren, und er selber war ja auch nicht derjenige, der jetzt zum Beispiel Aktionen hohen Niveaus vorbereiten konnte, also Geiselnahme oder was weiß ich, er mußte die ja auch erst, wenn man so will, lernen und in dem Sinne verstand er sich als derjenige, der immer vorne ist, also nachdem eben die Sprengstoffgeschichten gelaufen waren, wollte er eben dabei sein und natürlich daraus ergab sich auch dann ein Autoritätsanspruch, daß er eben dann bei den Geiselnahmen, die geplant waren, daß er da eben vorne dabei ist und natürlich auch bestimmen wird.

VORS.: Das würde also ein bißchen bedeuten, daß er, was die Erfahrung und Kenntnisse für die Tätigkeit der Gruppe anlangte, immer im vordersten Glied stehen wollte?

ZEUGE MÜLLER: Ja.

VORS.: Sozusagen an der Spitze der erfahrenen Leute?

ZEUGE MÜLLER: Den Anspruch erhob er und natürlich daraus abgeleitet unter anderem auch seine Autorität innerhalb der Gruppe.

VORS.: Wenn Sie jetzt von der Autorität sprechen, das ist dann das letzte, was ich im Augenblick gerne von Ihnen erfragen möchte, zur Struktur. Gab es hier eine Art Rangordnung oder sonst irgendwas sowas, wie man im Tierreich die natürliche Hack-Ordnung bezeichnet, die sich zwangsläufig durch bessere Kenntnisse, größere Kräfte und dergleichen ergeben könnte, gab es Kernmitglieder und Randmitglieder und so weiter, und so weiter.

ZEUGE MÜLLER: Ja, das gab es. Es gab erstensmal, also ich … für mich ist Andreas Baader der führende Kopf, dann gab es diese Kernmitglieder, also Ulrike Meinhof, Meins, Raspe, Ensslin, dann gab es einfache Mitglieder, dann gab es eben noch Randmitglieder. Zur Charakterisierung zum Beispiel Ilse Stachowiak, die war in gewissem Sinne eben ein Randmitglied, sie wurde immer weit weggeschoben oder so, also Baader sagte, die taugt nichts, die ist dumm und so, weil sie eben schon mal dabei war und in dem Zusammenhang drin war und so wie es dargestellt wurde, eben nicht mehr raus konnte, hockte sie eben immer in irgendeiner Wohnung, wo nichts los war und so weiter.

VORS.: Nun zu den Zielen. Hatten Sie selbst, das wäre wohl die Voraussetzung, daß Sie zu den Zielen irgend etwas sagen können, Zugang und Gedankenaustausch mit den Kernmitgliedern?

ZEUGE MÜLLER: Ja, also das, wenn ich jetzt noch mal auf das geografische zurückkommen darf, die Fluktuation bewirkte ja, daß es da einen permanenten Meinungsaustausch im Kreise gab. Außerdem haben eben diese Kernmitglieder, diese führenden Mitglieder haben eben dann dauernd eine Kontrolle ausgeübt. Also wenn jetzt, angenommen jemand von diesen Leuten war ja in Stuttgart, dann hat er laufend in Berlin angerufen, um dort die Situation zu überprüfen, ob die Leute alle funken wie sie sollen und so weiter und so fort. Es gab einen laufenden Kontakt, also zwischen einzelnen Städten und der Stadt, wo jetzt eben Kernmitglieder oder auch Baader oder so waren und aber auch auf der unteren Ebene. Die waren dann nicht getrennt oder isoliert voneinander, also es war, wenn man so sagen will, eine offene Gruppe.

VORS.: Das ist ein interessanter Begriff, die offene Gruppe. Können Sie da den Gegensatz klar machen, der ja an sich hier dem gegenüber zu stellen ist, damit es etwas verständlicher wird.

ZEUGE MÜLLER: Ein Zellensystem ist so aufgebaut, daß … eine Zelle hat eine bestimmte Anzahl von Mitgliedern und die Mitglieder haben zum Teil also bestimmte Funktionen und die nächste Zelle kennt jeweils wieder nur ein Mitglied, so daß das zum Beispiel, wenn eine Person aus der einen Zelle gefasst wird und Aussagen macht, so daß dann nur, wenn es nicht gerade diese Person ist, die die anderen Zellen kennt, daß da dadurch, durch die Aussage das Ganze, also ein aus mehreren Zellen bestehendes System nicht gefährdet wird. Und in dem Sinne war das bei der RAF nicht so, jeder kannte ja im Prinzip zumindestens nach längerer Zeit die meisten ständigen Wohnungen in den verschiedensten Städten der Bundesrepublik und in dem Moment, wenn da jemand gefasst worden wäre, hätte er jederzeit, nicht nur jetzt über die Stadt, in der er war hauptsächlich, sondern auch in anderen Städten angeben können, welche Wohnungen das sind, oder auch ... er kennt ja auch Telefonnummern, also um die anrufen zu können, er wußte mit Sicherheit oder mit großer Wahrscheinlichkeit wußte jeder, wo eben immer jetzt gerade Baader oder einer der führenden Mitglieder zu erreichen ist und so weiter und so fort. Also es war eine ... eben die Kontakte waren offen und sie waren für jeden zu machen.

VORS.: [...] Bezog sich nun diese Offenheit der Gruppe auch auf Planungen, daß man sagen kann: Im Grunde genommen hat jeder alles gewußt, was geschehen sollte oder im Augenblick geplant wurde?

ZEUGE MÜLLER: Ja ganz genau kann man so nicht sagen, weil ... also im Groben, im Allgemeinen ja, und wenn jemand interessiert gewesen wäre oder wenn er dazu in einer Beziehung stand, also irgendwie ein Teil dafür besorgen oder so, dann hätte er es jederzeit erfahren oder auch erfahren können. Also wenn jetzt ... also ich will das so charakterisieren, wenn jetzt eine Person aus dieser Gruppe in Hamburg sitzt, dann kann er verhindern, daß er davon nichts erfährt, also daß er davon erfährt, also indem er einfach sich darum nicht dafür interessiert und so weiter und wenn er nicht jetzt direkt in diesem Zusammenhang einen Auftrag kriegt oder so, dann weiß er über die konkreten Einzelheiten nichts, aber er weiß mit Sicherheit, daß da dieses oder jenes stattfinden soll. [...]

Also im Prinzip war das Ganze ja so, daß jeder ja in dieser Hierarchie aufsteigen sollte, also jeder sollte nicht einfaches Mitglied bleiben, sondern er sollte möglicherweise Fähigkeit und Funktion bekommen, die eben dem eines Kern- oder führenden Mitglieds entsprechen, und das ist aber wieder natürlich eine Sache von der Leistungsfähigkeit her, bis jetzt ... ich kann nicht mit Bestimmtheit für jedes Mitglied aussagen. Es hängt doch von der Leistungsfähigkeit ab, ob die eben in der Lage sind, es überall durchzusetzen und wenn da jetzt eben zu viel zu tun ist, ich meine, wenn zum Beispiel Fahndung läuft oder was, oder wenn was vorbereitet wird oder mehrere Sachen vorbereitet wird, dann ist es nicht unbedingt so, daß da jetzt hinter jedem ... der hat dann gewisse Rückzugsmöglichkeiten und in gewisser Weise waren die ja auch ... waren diese Hemmungen auch vorhanden, also ...

VORS.: Vielleicht läßt sich die Frage, die gestellt worden ist, nach dem Informationsaustausch auch im Bereich der Planungen konzentrieren auf die Kernmitglieder, von denen Sie sprechen, die Sie auch namentlich genannt haben, auch hier also die Vorfrage, hatten Sie Einblick beim Kern und könnten Sie etwas darüber sagen, ob, wenn Planungen stattgefunden haben, davon ausgegangen werden kann, daß alle Kernmitglieder davon erfahren haben, daß das diskutiert worden ist und sozusagen auch der Zustimmung aller bedürft hätte.

ZEUGE MÜLLER: Also, so ist es richtig, ja. Da kann ich das mit Bestimmtheit sagen, währenddessen bei anderen kann ich das eben nicht genau sagen. [...]

VORS.: Gibt es eine Zeit, die Sie etwa angeben könnten, ab der Sie im großen ganzen oder vielleicht vollständig oder nur zu einem geringeren Teile sagen könnten, hier weiß ich, was im Kern gedacht und geredet und geplant worden ist. Oder können Sie das zeitlich nicht festlegen und überhaupt nicht behaupten, daß es so eine Zeit gegeben hat?

ZEUGE MÜLLER: Also ich würde mal gerne mit meinem Anwalt reden.

Besprechung des Zeugen Müller mit dem Rechtsanwalt Huth in der Zeit von 15.54 Uhr bis 15.56 Uhr.

VORS.: Darf ich darauf hinweisen, Sie sind belehrt über den § 55 StPO.[225]

Wenn Sie davon Gebrauch machen wollen, steht Ihnen das jederzeit zu, das ist Ihr Recht. Sie kennen also die Frage. Es ging darum praktisch, ob Sie Einblick in den Kern hatten und mit eingeschlossen ist natürlich die Frage, wie nahe Sie dem Kern gestanden haben. Und ob sich das zeitlich festlegen ließ. Ich weiß nicht, ob Sie darüber Auskunft geben wollen. Wenn ja, dann bitte ich Sie es zu beantworten. Wenn nein, sagen Sie, darüber möchte ich nichts sagen.

ZEUGE MÜLLER: Ja über einzelne Aktivitäten war ich eigentlich von Anfang an informiert. Aber voll informiert oder voll eingeweiht, war ich wohl erst, seit ich in Berlin direkt mit Baader und Ensslin war. Von der Zeit an bis zu der Verhaftungswelle ...

VORS.: Ab wann war das?

ZEUGE MÜLLER: ... das war im Herbst/Winter 1971.

VORS.: 71. Verhaftet worden sind Sie, wie wir wissen, am 15. Juni 1972. Also über ein halbes Jahr müßten Sie dann doch sehr, wenn Ihre Antwort hier richtig verstanden worden ist, einen direkten Einblick gehabt haben in die Planungen usw. ... Nun über die Ziele allgemeiner politischer Art wollen wir uns hier gar nicht unterhalten, sondern die Frage, gehörte zur Verwirklichung der Ziele auch die Begehung von Gewaltaktionen speziell von Sprengstoffanschlägen?

ZEUGE MÜLLER: Wie darf ich das verstehen. Zu den erklärten Zielen von Anfang an oder ...

VORS.: Nicht zu den erklärten Zielen von Anfang an, sondern wie soll ich es Ihnen nun verdeutlichen. Ich meine, das hat sich ja auch gesteigert. Man hatte eine bestimmte Zielvorstellung und eine bestimmte Vorstellung ...

RA GEULEN: Ich beanstande das. Es geht wirklich nicht, daß Sie sagen, es hat sich gesteigert. Das ist wirklich eine Unterstellung, die sich aus dem Ergebnis der Beweisaufnahme und insbesondere der Aussage des Zeugen nicht ergibt.

VORS.: Ich nehme das zurück. Sie haben recht ...

RA GEULEN: Ja, möchte ich auch darum bitten.

VORS.: Das ist recht, Herr Rechtsanwalt Geulen. Also diese Steigerung meinerseits nehme ich weg. Sondern ich wollte nur sagen, man hatte bestimmte Zielvorstellungen und mußte demgemäß auch eine bestimmte Vorstellung entwickeln, welche Mittel zur Erreichung dieser Ziele geeignet sein könnten. Daher, ob bei den Zielvorstellungen auch eine Rolle gespielt hat, daß man die Ziele erreichen könnte, z. B. mittels Begehung von Sprengstoffanschlägen?

ZEUGE MÜLLER: Für mich persönlich gesprochen, ich hab das erste Papier, und damit quasi über die Zielvorstellung der Gruppe, habe ich im Frühjahr 1971 bekommen und das war das »Konzept Stadtguerilla.«[226] Zu diesem Konzept, also die Vorstellung oder die Pläne Sprengstoffverbrechen zu verüben, sind ungefähr, naja, es war ungefähr nach dem Tode von Petra Schelm, aufgetaucht. [...]

VORS.: Also Petra Schelm, das darf ich Ihnen vielleicht sagen, das ist eine Kenntnis, die das Gericht hat.

ZEUGE MÜLLER: 15. Juli ...

VORS.: 15. Juli 1971.

ZEUGE MÜLLER: Ein Datum jedenfalls für ein solches Gespräch, was die Planung von Sprengstoffverbrechen angeht, war der Diebstahl einer 500 BMW in Hamburg. Ich weiß das Datum nicht, es würde sich daraus ergeben. Mehr kann ich im Moment nicht dazu sagen.

VORS.: Gut. Und nun möchte ich Sie bitten, möglichst im Zusammenhang zu erzählen von sich aus, wie sich nun solche, offenbar hier erstmals ins Gespräch gekommene Ideen, realisiert haben. Es muß ja, wie man annehmen darf, ein Vorbereitungsstadium gegeben haben. Kennen Sie das? Was ist da geschehen?

ZEUGE MÜLLER: Nach dem Tode von Petra Schelm wurden die Aktivitäten innerhalb der Gruppe weiter fortgesetzt. Darunter fiel, wie ich jetzt gerade erwähnt habe, der Diebstahl eines BMW-Motorrades. Anschließend nach diesem Diebstahl bin ich mit Andreas Baader in eine Wohnung gegangen, in der Heinrich-Hertz-Straße in Hamburg. In dieser Wohnung wohnte zu der Zeit Manfred Grashof. Und als wir eben dort waren in der Wohnung hat Grashof gegenüber Baader den Plan entwickelt, also Polizeihubschrauber in Hamburg zu sprengen und zwar aus Rache gegenüber dem Tod von Petra Schelm. Und ich habe diese ganze Diskussion nicht ganz verfolgt. Jedenfalls war es so, Baader war dagegen und er hat schließlich Manfred Grashof dazu gebracht, von diesem Plan eben abzulassen. Weiter wäre eben noch dazu zu sagen, daß dies jetzt nicht nur so, wie das manchmal in diesen Zirkeln so ist, ebenso eine Diskussion ohne jeden konkreten Bezug war, sondern Manfred Grashof hatte da auch, wenn man es so will, logistische Vorarbeit geleistet. Er hatte sich Pläne besorgt, also Pläne, die über den normalen Stadtplan hinausgehen. Es gibt da von diesen Vermessungsämtern 1:5000 oder was weiß ich. Und Pläne solcher Art hatte er sich ... er hatte sich genau mit dem Problem beschäftigt. Er wußte, wo die standen genau. Er wußte, soweit ich mich noch erinnere, wie sie gesichert waren oder wo die nächsten Reviere sind. Also es war ein ernsthafter Plan von Grashof damals.

VORS.: Gut. Der kam nicht zustande, wie Sie sagen. Baader hat sich dagegen ausgesprochen. Bestand seine Ablehnung aus prinzipieller Abneigung gegen solche Delikte oder steckten irgendwelche andere Gründe dahinter? [...]

ZEUGE MÜLLER: Die konkrete Argumentation von Baader kenne ich nicht. Aber es war nicht eben eine generelle oder pauschale Ablehnung von der Ausführung von Sprengstoffverbrechen.

VORS.: Wie ist es nun weitergegangen. Sie sollten also jetzt schildern, ob sich das überhaupt dann im Laufe der Zeit verdichtet hat, diese Vorstellung, so etwas tun zu können, und was man dann zur Realisierung getan hat. Denn irgendwie muß das ja dann, wenn es je zu einer konkreteren Planung gekommen sein soll, weiter zubereitet worden sein. [...]

ZEUGE MÜLLER: Ja, nach meiner Rückkehr aus Berlin, die ungefähr Mitte, Ende Januar 1972 stattfand, bin ich von Manfred Grashof aufgefordert worden, bei einer Firma Aluminiumpulver abzuholen. Manfred Grashof hatte also den Kauf dieses Aluminiumpulvers voll organisiert. Er hat verfälschte Schreiben hergestellt. Soweit ich mich erinnere, war der Briefkopf Norddeutscher Rundfunk. Und dieses Aluminiumpulver, das ich abholen sollte, da hatte er als Zweck angegeben, daß dieses für einen Film verwendet werden sollte, wegen so einem Astronautenfilm oder sowas. Also wie sagt man da gleich ... Und ich hab dann auch die Sachen abgeholt. Manfred Grashof hat mich bei dieser Abholung, er ist mit dem Wagen hinterher gefahren und hat eben und die Abholung überwacht. [...]

Diese Sachen, also die Bleimennige und das Aluminiumpulver ist dann von Meins und mir in Hannover-Latzen abgeholt worden und nach Frankfurt gebracht worden. [...]

VORS.: Warum Frankfurt? Warum sind die Sachen nach Frankfurt gebracht worden?

ZEUGE MÜLLER: Damals, als die Sachen in Hannover-Latzen abgeholt wurden, war schon die Herstellung von Sprengkörpern vorgesehen. Und dafür sollten diese Chemikalien verwendet werden.

VORS.: Und wo sollten diese Sprengkörper, von denen Sie sprechen, hergestellt werden? [...]

ZEUGE MÜLLER: Ja, die Hauptwohnung für diesen Zweck war die Wohnung in der Inheidnerstraße. [...].

VORS.: Ja. Inheidnerstraße bloß noch, weil Sie sagten, das sei die Hauptwohnung gewesen damals. Erstens, welchen Zeitraum meinen Sie und gab es irgend jemand, der speziell nun damals in der Inheidnerstraße untergeschlupft war, personell?

ZEUGE MÜLLER: Also über die genauen Frankfurter Verhältnisse kann ich nur etwa sagen, ab Februar. Ich weiß aber nicht, ob Anfang, Mitte oder Ende Februar 1972, weil ich dann von Hamburg nach Frankfurt umgesiedelt bin. Also Ensslin hatte mir gesagt, ich solle nach Frankfurt kommen. Von diesem Zeitpunkt aus, kann ich da über die genaueren Verhältnisse was sagen. Die Inheidnerstraße war die Hauptwohnung, weil da eben gerade diese führenden Mitglieder Baader, Meins, Raspe und Ensslin wohnten. [...]

VORS.: Ja. Diese Materialien, Sie hatten ja gesagt, daß die Gruppe sich verteilt hatte, sind die nun irgendwie wieder konzentriert zusammen gezogen worden an einem bestimmten Ort, in einem bestimmten Unterschlupf, um verarbeitet zu werden?

Zeuge Müller: Die Materialien sind anfänglich, also noch in der Phase der Besorgung sind die zum größten Teil in Garagen gelagert worden. Da war zum Beispiel die Garage Hofeckweg, da war die Garage Ginnheimer Landstraße und da war die Garage Marbachweg-Dornbusch. Dann ein Teil dieser Chemikalien ist auch in Stuttgart gewesen. Hauptsächlich handelte es sich dabei um Quecksilber und Säuren. Also konkret kann ich nur etwas über das Quecksilber sagen, weil mir von verschiedenen Leuten, also von Andreas Baader und auch Gudrun Ensslin erzählt wurde, daß sie in einer Wohnung versucht hätten, Knallquecksilber herzustellen. Daß da eben auch Säuren und Alkohol waren ...

Vors.: Das ist also eine Folgerung daraus?

Zeuge Müller: Ja. Und diese Sachen sind letztlich aber auch in Frankfurt gelandet.

Vors.: Kann man, wenn das so immer wieder zurückgekehrt ist nach Frankfurt, davon ausgehen, daß das sozusagen die Zentrale gewesen ist?

Zeuge Müller: Frankfurt war die Zentrale für die Herstellung und auch für die Ausführung, für die Herstellung der Sprengkörper und für die Ausführungen der Anschläge. [...]

Vors.: Herr Müller, das ist nun also der Abschnitt Materialbeschaffung, wenn ich es so überschreiben darf. Haben Sie von sich aus irgendwie jetzt noch was in Erinnerung, was an Materialien beschafft worden sein könnte, sei es, von Ihnen, sei es von andern, wenn Sie das selbst beobachtet haben? Ich darf Ihnen z.B. ein Stichwort nennen: Ist Ihnen bekannt, ob Stahlkugeln beschafft worden sind? Wenn ja, wüßten Sie welcher Art und welche Menge?

Zeuge Müller: Ja. Von mir sind bei einer Niederlassung einer bekannten Lagerfirma ne größere Menge von Stahlkugeln, aber mit verschiedenen Durchmessern, gekauft worden. Soweit ich mich erinnere, hat es sich um Durchmesser von etwa 4 mm – 9 mm gehandelt bei diesen Stahlkugeln. Mengenmäßig würde ich sagen, schätzungsweise waren's mehrere Hundert und die Kaufsumme betrug auch mehrere Hundert Mark.

VORS.: Zu welchem Zwecke waren die bestimmt? Wissen Sie das?

ZEUGE MÜLLER: Diese Stahlkugeln sollten in die Sprengkörper eingefüllt werden mit dem Sprengstoff, um dann ne Art Splitterwirkung oder verstärkte Splitterwirkung zu erzielen. [...]

VORS.: [...] Darf ich jetzt fragen, Herr Müller, man hatte Sprengkörper präpariert. Was wissen Sie über den Einsatz solcher Sprengkörper, über die Beteiligung einzelner Personen, bei eventuellen Einsätzen dieser Art?

ZEUGE MÜLLER: Also die Sprengkörper waren, wenn man so will, zur potentiellen Verwendung fertiggestellt worden. Die weiteren dazu notwendigen Geräte, wie Uhren und Batterien, standen zur Verfügung. Am Tag, als in Deutschland bekannt wurde, daß die amerikanische Armee, die Häfen in Nordvietnam vermint hatte,[227] als die Nachricht dann eben kam, da gab es dann in der Wohnung Inheidenerstraße eine Diskussion und zwar unter den Leuten, die dort wohnten. Das war eben Baader, Raspe, Meins, Ensslin und ich war an dem Tag auch da. Und Ensslin schlug dann eben vor, auf amerikanische Einrichtungen in Frankfurt einen Sprengstoffanschlag zu verüben. Und Baader sagte dann eben so anheizend: »Na denn mal los«. Also so aufforderungsmäßig und daraufhin sind Gudrun Ensslin und Raspe losgefahren, um irgendeine amerikanische Einrichtung in Frankfurt zu chekken. Auch inwiefern sie geeignet wären und so weiter. Sie sind dann nach einiger Zeit zurückgekommen ... ach so, zum Checken hatten sie einen roten VW benutzt. Nach einiger Zeit sind sie zurückgekommen und haben Örtlichkeiten gefunden, die sie eben für geeignet hielten. Ich habe noch in Erinnerung, daß es sich eben um zentrale Einrichtungen der amerikanischen Armee in Frankfurt handeln soll. Aus dem Prozeß weiß ich, daß es da um das Hauptquartier des 5. Corps ging.

VORS.: Also wir wollen immer nur das Wissen erfahren, das aus Ihrer unmittelbaren Beobachtung und Ihren unmittelbaren Eindrücken der damaligen Zeit entstanden ist.

ZEUGE MÜLLER: Ja, nach der Rückkehr der beiden, also von Raspe und Ensslin, wurden dann eben die, wurden Bomben fertiggemacht.

Es war eine kleine Gasflasche, die Nähe dem Autobahnkreuz Walddorf-Wiesloch gestohlen worden war. Es handelte sich dabei um eine große Rohrbombe und es handelte sich um eine Bombe aus zwei oder drei zusammengebastelten Rohrnippeln. Raspe wollte diese Rohrnippelbombe legen und er hat sie auch fertiggemacht, er hat sie in eine Ledertasche gesteckt. Die Gudrun Ensslin hatte ihre große Rohrbombe in einen grauen oder hellbraunen Karton gepackt. Und zur Tarnung für diesen Karton, wollte sie sich noch einen Blumenstrauß und ein Kuvert besorgen und sie wollte das auf das Reisegepäck einer Reisegruppe legen und es sollte eben so aussehen, als wäre das noch ein Geschenk für den Verreisenden oder wieder Abreisenden. Und Baader und Meins hatten sich mit der kleinen Gasflasche beschäftigt und die war dann verpackt in einer Segeltuchtasche und da war ein Tuch drüber. Ich habe dann gesehen, wie die vier ihre Wohnung verlassen haben. Ich habe kurz darauf auch die Wohnung verlassen und habe gesehen, wie sie zu zwei Wagen gingen, einer davon war ein silbermetalliger Volvo, den anderen kann ich nicht genau sagen, den habe ich nicht mehr genau in Erinnerung. Und die sind dann damit abgefahren und ich bin weitergegangen zu eben diesem roten VW, der dort in der Nähe, aber weiter nördlicher stand, um dort auftragsgemäß die Schilder zu wechseln, weil dieser Wagen eben durch diese Rumkurverei, durch dieses Amigelände aufgefallen sein könnte. Und ich bin dann nordöstlich rausgefahren, nach Frankfurt ... Moment mal ... es war Nähe Niederau und habe dort einen geeigneten Platz gesucht, um eben die Schilder zu wechseln und eben dann wieder zur Wohnung Inheidenerstraße zurückzukehren. [...] Ich bin ungefähr nach 1½ Stunden wieder zurückgekommen und da waren die alle schon da. Ich habe dann mitgekriegt, wie, na ja, da waren zum Teil waren Geräte an, also Fernsehgeräte und Radiogeräte und Baader protzte da eben rum, daß, wie gut das organisiert sei und daß eben die Zeiten so genau gestimmt hätten. Ich habe dann, an dem Abend habe ich mich also damit beschäftigt, daß ich die Leute beobachtet habe, weil mich eben ihre Reaktionen interessiert haben und da war es so, daß sich

Baader eben ganz normal verhalten hat, als wäre überhaupt nichts gewesen, so wie er eben sonst immer ist. Und die Ensslin und Raspe, die waren so scheinbar gleichgültig, also gespielt, so daß man es eben merkte. Und na ja, der Meins hatte sich so in eine Ecke verdrückt und war eigentlich ein bißchen still. Und mehr kann ich dazu auch nicht sagen.

VORS.: Wenn man Ihre Schilderung hört, dann wäre dieses Unternehmen ja sehr kurzfristig zustande gekommen?

ZEUGE MÜLLER: Ja.

VORS.: Haben Sie irgendwann vorher im Zusammenhang mit diesem Anschlag Motive gehört, die genannt worden wären, warum man jetzt gerade die amerikanische Einrichtung raussuchte, oder ist das zum ersten Mal an diesem Tage Ihnen zu Ohren gekommen?

ZEUGE MÜLLER: Es waren natürlich, wenn man so will, allgemein waren natürlich Sprengstoffanschläge vorgesehen, dafür wurden ja die ganzen Bomben vorbereitet. Aber konkret war eigentlich keine geplant. Es war in dem Sinne wirklich eine spontane Entscheidung. Also die Ensslin sagte eben jetzt, gegen die Amis müssen wir loslegen. Das ging um eine Aktion, die Aktion sollte stattfinden, um aus Protest oder aus Vergeltung gegen die Aktion der Amerikaner, die in Nordvietnam Häfen vermint haben.

VORS.: Haben Sie irgendwie gehört, ob bei dieser Einrichtung irgendein besonderer Gegenstand, eine besondere Einrichtung, eine besondere Einheit speziell getroffen werden soll?

ZEUGE MÜLLER: Nein, es sollte nur eben Teile der amerikanischen Armee getroffen werden.

VORS.: Und wie lange glauben Sie, wenn man das zeitlich überblickt, hat das eigentlich gedauert, von dem ersten Vorschlag, der von Frau Ensslin gekommen sein soll, bis zur Ausführung?

ZEUGE MÜLLER: Acht bis zehn Stunden. [...]

VORS.: Das ist Frankfurt gewesen. Können Sie sonst etwas berichten über die Verwendung solcher Sprengkörper, die hier hergestellt wurden?

ZEUGE MÜLLER: Also über, ich war also über die nachfolgenden, also über den Abend und so weiter, die Nacht habe ich da kaum in Erinnerung, ich weiß, ich hab in dieser Wohnung geschlafen und ich weiß nicht, was die anderen gemacht haben. Am anderen Morgen bin ich geweckt worden und zwar ging es darum, daß eben Baader, Meins und Ensslin, die wollten nach München fahren, um dort einen Anschlag zu verüben, und zwar sollte dieser Anschlag eben ein Racheakt sein auf den Tod von Thomas Weisbecker.[228] Ich habe zu diesem Zweck eben den Auftrag gekriegt, das Telefon zu besetzen und dann quasi als Reserve zur Verfügung zu stehen, wenn denen der Wagen streikt unterwegs. Also damit ich dahinfahren könnte und sie mit dem Wagen abholen könnte. Und mir ist beim Wegfahren von den Leuten eben nur gesagt worden, daß sie ja eben noch in die Garage Hofeckweg gehen, um dort den Wagen abzuholen, also das Bombenfahrzeug, und daß sie dann nach München fahren. Und ich bin dann eben am Telefon geblieben und ... ach so ja, Baader sagte auch noch, daß danach ... machte eine Andeutung in Bezug auf ... daß auch noch ein Anschlag in Augsburg stattfinden sollte. Also quasi sinngemäß etwa so: »Daß es da auch noch krachen würde«. Und, ja ich bin dann in der Wohnung geblieben und die kamen dann am Nachmittag kamen die zurück und dann fragte ich eben mal so, und Baader fragte mich eben, ob ich da Nachrichten gehört hätte und so, was ich bejaht habe. Da sagte er also in Bezug auf Augsburg, daß die beiden Mädchen, das heißt Angela Luther und Irmgard Möller, gute Arbeit geleistet hätten und in Bezug auf den Anschlag in München erzählte er mir eben, daß, na ja, es ist so gewesen, daß Meins soll das Bombenfahrzeug gefahren haben und Baader und Ensslin sind mit dem anderen Wagen hinterhergefahren und Baader machte eben seine Späße da, wie in welcher Gefahr sich eben Meins befunden hätte, er wäre da mit einer Bombe im Rücken gefahren und machte sich da auch ein bißchen lustig über den. [...]

VORS.: Dann kommen wir jetzt noch zu Augsburg. Sie haben ja angedeutet, daß Herr Baader Ihnen morgens mitteilte, es soll gleichzeitig oder am selben Tag, wenn ich es richtig verstanden habe, auch in Augsburg krachen.

ZEUGE MÜLLER: Ja.

VORS.: Haben Sie von dem Augsburger Anschlag, Sie erwähnten vorher die Namen Möller und Luther, irgend etwas von Direktbeteiligten gehört?

ZEUGE MÜLLER: Also vorher nicht. Ich weiß nur, daß verschiedene Bombenkörper für den Transport nach Stuttgart bereitgestellt worden waren.

VORS.: Können Sie uns sagen, was das für ...

ZEUGE MÜLLER: Dabei handelt es sich mindestens um eine große Rohrbombe und um eine kleine Preßluftflasche. Dann habe ich über diesen Anschlag später dann gehört, also aus den Erzählungen von Luther, beziehungsweise Möller, daß, das hat mir Irmgard Möller erzählt, daß sie eben dieses Gebäude vorher gecheckt hätte, indem sie eine Tasche, eine Einkaufstasche mit Kartoffeln vollgemacht hätte und da reinmarschiert wäre, um eben zu prüfen, ob und inwieweit kontrolliert wird. [...] Dann war ja auch inzwischen durch die Nachrichten gekommen, daß da eben ein Bombenkörper nicht explodiert sein soll und in dem Sinne hatte eben die Möller sich auch geäußert, indem sie so sagte: »Also da habe ich Mist gebaut«. Und von der kleinen Preßluftflasche weiß ich, daß sie von Angela Luther in einem anderen Teil des Gebäudes abgelegt wurde.

VORS.: Wissen Sie, weil Sie gerade diese Selbstkritik, wenn man es so nennen darf, von Möller erwähnen, wie sich Baader dazu geäußert hat?

ZEUGE MÜLLER: Zuerst hat er sich ja, wie ich jetzt gerade gesagt, auch positiv geäußert, aber dann kamen genauere Nachrichten und das war eigentlich der Anlaß, der Andreas Baader Irmgard Möller als ... für den Anschlag in Heidelberg mitzubestimmen. Also um das Versagen quasi von ihr wieder auszubügeln. [...]

VORS.: Wissen Sie noch von einem weiteren Anschlag?

ZEUGE MÜLLER: Danach fand ein Anschlag in Karlsruhe statt, und zwar sollte der gegen den Richter Buddenberg gerichtet sein. Ich weiß, daß Irmgard Möller, die ja in Stuttgart war, und Angela Luther, die auch in Stuttgart war, die wurden von Baader beauftragt, eben Buddenberg abzuchecken. Und aufgrund diesen Abcheckens sollte eben ... wollte er dann eben sehen, ob und in welcher Form dieser Anschlag durchgeführt werden sollte. Und die haben ... die beiden Frauen haben das auch gemacht. Ich war mal zwischenzeitlich in Stuttgart gewesen für irgendeinen Einkauf, und dabei haben sie mir eben erzählt, daß der Herr Buddenberg eben zu bestimmten Zeiten morgens von seiner Frau in den BGH gefahren wird; und dann hatten die da so einen Hund in der Wohnung, einen schwarzen Hund, und ich fragte dann natürlich komisch, weil das ja nicht gerade normal ist, unter diesen Bedingungen einen Hund zu halten, und dann sagten die eben, daß sie diesen für ihre Abklärung des Herrn Buddenberg verwenden würden. Sie würden da einmal mit und einmal ohne Hund hinfahren und das würde eben sie harmloser erscheinen lassen, wenn sie da mit Hund marschieren würden.

Der gegen Herrn Buddenberg verwendete Sprengkörper stammt auch eben aus dem in der Inheidener Straße befindlichen Arsenal. Es war ein feldflaschenförmiger Körper mit Haftmagneten. Wer genau im einzelnen den gefüllt hat und sich genau damit beschäftigt hat, das weiß ich nicht. Ich weiß nur noch, daß sich z. B. Meins, der hat sich extra Mühe gegeben, also er war eh so ein Typ, er hat z. B. den Draht mit Autolack angesprüht, damit er dunkel ist oder so. Die ... ach ja, doch, Baader hatte sich noch an einem RAF-VW, also einen gestohlenen VW, der in der Verfügung von der RAF war, damit beschäftigt, wo so ein Sprengkörper elektrisch zu befestigen sei, damit er eben beim Betätigen des Zündschlüssels explodiert. Das hatte er ja vorher an einem Fahrzeug, was die RAF gestohlen hatte, und was in der Garage Marbachweg stand, da hatte der das ausprobiert. Ja, und weggefahren, dazu sind dann am Abend Raspe, Meins und Baader, nur diese drei; und ... also ich war, ich weiß nicht mehr, ich war, in der Nacht war ich nicht wach, jedenfalls habe ich frühestens am nächsten Morgen dann von den einzelnen gehört, weil die saßen ja in der Wohnung und warteten eigentlich auf die Nachricht über diesen Anschlag. Und da sind mir ein paar Kleinigkeiten erzählt worden, also daß z. B. dieses

Anbringen der Bombe beobachtet worden wäre von einem Nachbarn und daß sie sich kurz hätten zurückziehen müssen und daß das aber nicht weiter gestört hätte, weil der wieder verschwunden wäre. Zum noch späteren Zeitpunkt hat Baader mir erklärt, daß er das Zündkabel in der Nähe, oder am Verteiler angebracht hätte des VW, daß also ... daß es auch wieder direkt nach dem Anschlag, daß sie hinten den Kofferraumdeckel aufmachen mußten, um die Bombe elektrisch anzuschließen.

Ja, die sind dann eben zurückgefahren; und da kamen ja keine Nachrichten über den Anschlag, und die kam dann später, ich weiß es nicht mehr genau. Und da kam eben die Nachricht, daß Frau Buddenberg verletzt worden sei und Herr Buddenberg überhaupt nicht getroffen worden sei; und das, naja, das haben die eben bedauert, sie hatten es ja auf Herrn Buddenberg abgesehen und als dann nichts war, dann waren die auch ziemlich sauer dann. [...]

Also zu dem Anschlag auf Herrn Buddenberg muß ich noch sagen, daß sie in Beziehung standen zu ... Herr Buddenberg war mal eine gewisse Zeit verantwortlich oder verantwortlicher Haftrichter für Manfred Grashof, und über irgendwelche Kanäle war eine Presseerklärung der Anwälte, unter anderem Groenewold, in die Hände der RAF gelangt, wo eben Herr Buddenberg angegriffen wurde, weil Herr Grashof, der Meinung dieser Anwälte nach, zu schnell aus dem Krankenhaus in eine normale Zelle verlegt wurde.[229]

VORS.: Und wer kam denn auf diese Idee, dafür dann sich zu rächen?

ZEUGE MÜLLER: Ja, diese Anschläge, also speziell jetzt gegen LKA und Augsburg und Herrn Buddenberg, da war Baader dahinterher. Also er wollte in gewisser Weise Exempel statuieren, um eben einerseits Rache im Falle von Manfred Grashof, um die Richter dazu zu bringen, daß sie sich anders verhielten; oder im Falle München und Augsburg, daß eben eine, wenn man so will, eine Warnung an die Polizei ... es bestand ja in der RAF, oder es wurde ja in der RAF gezielt Propaganda gemacht, daß Thomas Weisbecker kaltblütig, wenn man so will, abgeschossen worden war, und da sollte ... in diesem Sinne sollten diese Anschläge eben dazu dienen, der Polizei zu sagen, sie könnten nicht einfach die Leute abschießen und sie müßten dann eben mit Bomben etc. rechnen.

VORS.: Das war Karlsruhe. Haben Sie zu weiteren oder Erinnerung an weitere Einsätze?

ZEUGE MÜLLER: Ja. Es befand sich, also Ulrike Meinhof war nach Frankfurt gekommen und sie wollte – das war ihr Einsatz – sie wollte einen Anschlag gegen Springer durchführen und hat es dann mit den anderen Leuten in der Gruppe, also mit Baader und Meins, mit Raspe, mit Ensslin besprochen; und es war ja ihre Idee und sie mußte diese Idee ja bei diesen Leuten durchsetzen. Sie konnte ja nicht einfach hergehen und sagen, ich mache jetzt das oder das; und das hatte sie schließlich auch durchgesetzt. Und für diesen Zweck hatte sie ... ja, wurden eben Rohrbomben hergerichtet – mehrere –, es waren vier oder fünf Stück, und die wurden eben, so, wie ich das vorhin schon angedeutet hatte, teilweise ... also nicht zündfertig, die waren eben nur – na, es ist auch kein großer Unterschied, wenn man sagt, sprengfertig –, also die elektrischen Drähte guckten raus, es waren Kabelklemmen angeschlossen, Bananenstecker, Kupplung usw., so daß sie eben in Hamburg elektrisch zusammenmontiert werden konnten und dann eben gelegt werden konnten. Sie erhielt dann auch in Frankfurt Anweisungen dafür, wie sie das eben zu machen hätte, damit das richtig ist. Ja, und dann ist sie mit den Dingern losgefahren.

Ich war später nach Hamburg gefahren und dort habe ich mit ihr über eben diesen Anschlag gesprochen. Und aber dieses ganze Gespräch entzündete sich eigentlich am Verhalten von Hausner. Sie hatte diesen Anschlag in gewisser Weise organisiert, indem sie eben gesagt hat, so und so viele Fahrzeuge, und die Leute steigen nach dem Ablegen der Bomben in diesen Wagen und jene in jenen Wagen und so war ... sie war mit einem Opel-Diplomat dort und die Abmachung war, mit den Leuten, die da beteiligt waren, daß Hausner zu ihr in den Diplomat steigen sollte, Jünschke hatte dort ein anderes Fahrzeug. Und als sie da ihre Bombe abgelegt hatte, mußte sie ... kam der Hausner nicht, sie wartete auf ihn und sie saß dann in dem Auto, in dem Diplomat,

Rechtsanwalt Dr. Hoffmann verlässt um 18.32 Uhr den Sitzungssaal.

und der Hausner kam einfach nicht. Und dann ist sie einfach schließlich losgefahren ohne ihn, und später hat es sich dann rausgestellt, daß er sich nicht an die Abmachung gehalten hatte und in den Wagen zu Jünschke gestiegen war.

Weiter weiß ich darüber, auch vom Hörensagen, daß sie eben versucht hätte, daß sie nun im Polizeirevier angerufen hätte und da nochmal eine Warnung durchgegeben hätte, weil sie den Eindruck hätte, daß die Warnung an Springer nicht ernst genommen werden würde, und sie sei da auch ziemlich aufgeregt gewesen. Und das war das, was ich von ihr erfahren hab. Jetzt fällt mir noch ein, am Tag des Anschlages also war ich in Frankfurt, und ich kam gerade vom Einkauf zurück in die Inheidener Straße, und ich hatte aber auch schon über Nachrichten über diesen Anschlag gehört. Und mir kam Baader entgegen, der gerade zu einer Telefonzelle wollte; und ich habe also mich da über diesen Anschlag kritisch geäußert und dann hat Baader gesagt, also ich soll mal gleich mitkommen, er würde eben die Meinhof anrufen. Und da hat er eben die Meinhof angerufen und was ich aus dem Gespräch mitgekriegt hab, war eben, daß er sie angegriffen hat wegen des Anschlages. Er hielt es so aus politisch-taktischen Gründen für unmöglich, er hat dann eben angewiesen, daß sie eben eine bestimmte Erklärung[230] zu schreiben habe und sie solle da ein paar Minuten zu der Warnzeit dazu schwindeln und sie solle auch das große Bedauern eben der RAF über diesen Anschlag ausdrücken. Ja, das ist dann auch gemacht worden, von ihr ist dann eine Erklärung dazu abgegeben worden, zu diesem Anschlag. Und soweit ich mich erinnere, hat es auch nochmal eine zweite Erklärung gegeben, weil eben Herr Springer auf die tatsächlichen Warnungszeiten angesprochen hat.

Vors.: Was hat denn diese Besorgnis wegen der politisch-taktischen Richtigkeit dieses Anschlags ausgelöst? Der Anschlag an sich oder waren es andere Umstände?

Zeuge Müller: Nein, die RAF nimmt ja für sich in Anspruch, wenn man es mal in ihren eigenen Worten sagen will, die Avantgarde des Proletariats zu sein. Man kann das natürlich nicht sein, wenn man eben das Proletariat zusammenbombt.

VORS.: Also wegen des Kreises der Opfer ...

ZEUGE MÜLLER: Ja.

VORS.: ... der hier betroffen worden ist, das hat nicht reingepasst.

ZEUGE MÜLLER: Ja. [...]

VORS.: Jetzt die Frage, können Sie noch und wollen Sie uns noch, wenn Sie etwas wissen, zu einem weiteren Anschlag etwas mitteilen?

ZEUGE MÜLLER: Ja. Also nach den erfolgten Anschlägen gab es ja von ziemlich viel Leuten ziemlich viel Kritik. Also das war für manche, auch für direkte und aktive Sympathisanten, doch ein dicker Brokken, so eine Reihe von Anschlägen, die waren da nicht unbedingt mit einverstanden. Und daraufhin sollte eben nochmal ein Anschlag auf eine amerikanische Einrichtung durchgeführt werden, um eben diese Sympathisanten eben entweder zu neutralisieren und andere auch z. B. zu gewinnen. Und die ... jedenfalls was ich weiß, kam die Idee für diesen Anschlag von der Ensslin, und die Angela Luther erhielt eben den Auftrag, die amerikanische Einrichtung in Heidelberg, in allgemeinen und in besonderen eben das Hauptquartier, das war, glaube ich, sogar ein Nato-Hauptquartier, abzuklären. [...]

Und sie hat dann eben die Sachen dort abgeklärt und sie war ja auch dafür geeignet, weil sie so die Fähigkeiten hat, sich seriös anzuziehen, also als Dame zu erscheinen. Und sie hatte das auch abgeklärt und sie war auch, was ich aus ihren Erzählungen weiß, mehrmals eben auch im Gelände gewesen und hat auch beobachtet, welche Fahrzeuge reinfahren und welche kontrolliert werden, welche nicht usw. Darauf ist eben beschlossen worden, daß da ein Anschlag verübt wurde; und zu den einzelnen Sachen, die Angela Luther wurde noch beauftragt, amerikanische Nummernschilder zu stehlen, weil sie eben beobachtet hatte, daß amerikanische Zivilwagen mit amerikanischen Nummern nicht durchsucht und kontrolliert wurden; und so sollte sie nach Ulm gehen und dort amerikanische Nummernschilder von Fahrzeugen zu stehlen. [...]

Ja, und dann ist also, als die Autos fertig waren, die Bomben eingebaut waren, dann wurde eben die Abfahrt vorbereitet und der Treff, wenn man so will, für die Abfahrt, war in der Nähe der Garage Ginnheimer Landstraße. Dort wurden dann die Autos, die einmal in der Dornbuschgarage standen, einmal in der Hofeckgarage, hingefahren, außerdem kamen dort auch die Begleitfahrzeuge hin. Und ich war z. B. auch dort, weil ich einen der Fahrer für die Wagen dort, die von dort aus abfuhren, zu einer Garage fahren mußte, um eben, damit er nicht laufen mußte oder mit der Straßenbahn fahren mußte. An dieser Abfahrtstelle haben schon die beiden ... also hier muß ich noch sagen, daß eben Luther für diesen Anschlag bestimmt wurde, weil sich der Streit zwischen Baader und Luther dahingehend war, daß sie eben von der RAF wegwollte und, soweit ich mitbekommen hatte, zum 2. Juni[231] wollte.

Rechtsanwalt Schlaegel erscheint wieder um 18.47 Uhr im Sitzungssaal.

ZEUGE MÜLLER: Und Baader wollte, daß Angela Luther eine der Bomben da reinfährt, um absolut sicherzustellen, damit sie nicht zur Polizei geht oder im Falle einer Verhaftung Aussagen dazu macht oder einen Grund weniger hat, dies zu tun.

Die beiden Bombenfahrzeuge, also VW-Käfer metallic, grün-metallic oder blau-metallic, und der helle Ford wurden in Frankfurt von Irmgard Möller und Angela Luther gefahren. Die Fahrzeuge waren zu diesem Zeitpunkt noch nicht elektrisch, also sprengfertig oder zündfertig, außerdem fuhren noch mit, mindestens zwei Begleitfahrzeuge und an Personen waren da noch dabei Andreas Baader und Meins. Ob Braun dabei war, kann ich nicht mehr sagen.

Die sind dann ... also es war so eine richtige Kolonne, es waren dann vier Wagen, die sind dann von dort weggefahren und sind dann von der Ginnheimer Landstraße von der Garage weggefahren nach Heidelberg. Und ich habe mich dann in Frankfurt bzw. in der Wohnung Inheidener Straße bewegt und Zeitpunkt, also ihre Wegfahrt, das war so früher Nachmittag. Und als die ... dann habe ich dann eben wieder von den einzelnen, als die wieder zurückkamen, von den einzelnen gehört, was die eben dazu sagten. Also wie gesagt z. B. Meins, der mir sagte, daß er schon auf der Rückfahrt im amerikanischen Radio, also in dem Radio für amerikanische Soldaten, daß er da bereits die Nachricht gehört hätte, über den Anschlag. Von Baader weiß ich, daß sie in der Nähe Heidelbergs auf einem Waldweg oder Feldweg gefahren seien, und daß er dort beide Uhren gestellt und eben die Sache elektrisch fertiggemacht hätte. Weiter hat er sich wieder, wie in der alten Art, lustig gemacht über die beiden Mädchen, die da von diesem Weg aus mit den sprengfertigen Autos dann in die Kaserne und noch aber eine Strecke fuhren. Und dann hat er auch noch eben damit geprotzt, wie genau die Zeiten gestimmt hätten, also daß sie noch besser gestimmt hätten als z. B. in Frankfurt.

Ja, ich habe dann noch mit den beiden Mädchen geredet und die waren einfach, wenn man so will, wenn man es so ausdrücken will, stolz auf die Ausführung. Also sie fühlten sich quasi als Stadt-Guerillas heißt es wohl, weiblich, bestätigt.

Ja, nun gab es eben noch ein weiteres Gespräch, also zwischen der Ensslin und der Möller, wo die Ensslin eben Bedenken zerstreute bei der Möller, wo sie eben sagte, naja, es wären eben Angehörige einer imperialistischen Streitmacht.

VORS.: Also wegen des Todes?

ZEUGE MÜLLER: Ja, als dann später bekannt wurde, daß da mehrere Soldaten ums Leben gekommen waren. Zu allen Anschlägen wäre vielleicht noch zu sagen, daß da … daß die Erklärungen dazu von Ulrike Meinhof geschrieben wurden, weil es war eben ihr Job unter anderem. Also sie war ja Journalistin und sie hatte eben diese Sachen immer zu machen.

VORS.: Nun liegt die Tatzeit in Heidelberg etwas spät, nach 18.00 Uhr, hatte das einen besonderen Grund, nach dem, was wir bisher von Zeugen gehört haben?

ZEUGE MÜLLER: Ja, Andreas Baader hatte diese Zeit gewählt, um eben deutsche Zivilangestellte nicht zu gefährden.

VORS.: Kann man daraus umgekehrt schließen, daß man sich in der

Gruppe bewußt war, daß, wenn so ein Ding hochgeht, das es eben zu Menschengefährdung führt?

ZEUGE MÜLLER: Ja, es hat explizit keine Warnungen gegeben, es sind keine gegeben worden, mit der Absicht, eben so viel wie möglich zu treffen. [...]

VORS.: Und zu diesem Motiv, wissen Sie sonst noch eine Überlegung, die man angestellt hat, welchen Zweck solche Anschläge verfolgen könnten?

ZEUGE MÜLLER: Ja, es war ja die, also im Sinne Baaders, im Sinne seiner taktischen Überlegungen ging es ja bei diesen Anschlägen eigentlich darum, die RAF als eine Organisation vorzustellen, die eine gewisse Gewalt oder Verfügung hat, bei Entführungen oder Geiselnahmen einen entsprechenden Druck ausüben zu können, um Verhandlungspartner gegenüber den Erpressten darstellen zu können.

VORS.: Also kann man das so zusammenfassen, durch verbreiteten Schrecken die Potenz der Gruppe zu beweisen, ihre Fähigkeit, solche Angriffe zu führen?

ZEUGE MÜLLER: Ja, ja. [...]

Dienstag, 13. Juli 1976
125. Verhandlungstag

[...]

VORS.: [...] Herr Müller, wir sind bei der Vernehmung soweit vorgerückt, daß Sie uns schildern konnten, was Sie wissen über die Kontakte, über die innere Struktur der Gruppe, über Vorbereitung von Sprengstoffanschlägen, schließlich dann auch die Durchführung von Sprengstoffanschlägen. Wir kommen jetzt zu der Zeit der Festnahmen. Darunter fällt ja auch Ihre eigene Festnahme, das steht ja objektiv fest. Das führt zunächst zu der Frage, hat man sich in der Gruppe irgendwelche Überlegungen gemacht, wie man sich für den Fall drohender Festnahmen verhalten solle?

ZEUGE MÜLLER: Für Festnahmen da gab es Anweisungen zu schießen eben.

VORS.: Anweisung zu schießen ...

ZEUGE MÜLLER: Ja.

VORS.: ... sagten Sie. Könnten Sie das etwas näher erläutern? Wie kam es dazu und wie war das im einzelnen gedacht und von wem gingen solche Anweisungen aus? [...]

ZEUGE MÜLLER: Also ich habe ... ich habe nicht eine Anweisung von einer bestimmten Person bekommen, wie ich mich zu verhalten hätte, aber es war aus Gesprächen innerhalb der Gruppe eben ... oder es wurde in Gesprächen innerhalb der Gruppe eben eine bestimmte Politik in dieser Hinsicht verfolgt, das heißt, es wurde ... das Tragen von Waffen wurde idealisiert, also daß ... wie soll man das sagen ... das ist der treffende Ausdruck eben, daß das Tragen von Waffen idealisiert wurde als eben einem Guerillero entsprechend, wenn man das mal so sagen will, und es wurden Schußwechsel, also die stattgefunden hatten, da wurden eben diejenigen, die entweder geschossen hatten, wurden eben gerühmt oder gelobt, wie man das nennen will, und ... oder wenn sie verletzt oder getötet worden waren, dann sind sie eben als Märtyrer hingestellt worden. Außerdem sind nachträglich alle Schußwechsel eben auch in Publikationen heroisiert worden und es gab in dieser Hinsicht dann auch eben Vorbilder. Also wenn ich ... naja als ein Beispiel, ich weiß eben zum Beispiel, der Grashof[232] stand da immer vorm Spiegel und hat dann immer das Ziehen geübt, außerdem wurden bestimmte Bücher ... ich sollte zum Beispiel auch bestimmte Bücher beschaffen also über ... Schießtechnik und solche Sachen. [...]

VORS.: Sie sollen gesagt haben, daß Baader ganz konkret den Befehl gegeben habe, bei Festnahmeversuchen durch die Polizei zu schießen. Das ist enthalten in Ihrer Aussage Blatt 206. Ich meine, es ist selbstverständlich, wenn Sie bei dieser polizeilichen Aussage etwas geschildert haben, was Sie heute nicht mehr bei genauer Überprüfung vertreten können, daß Sie dann sagen müssen, so stimmt es nicht, und es notfalls korrigieren.

RA Dr. Heldmann erscheint um 9.08 Uhr im Sitzungssaal.

ZEUGE MÜLLER: Nein, nein, das ist so richtig, also letztlich ging das ja alles von ihm aus.

VORS.: Nur, Sie sprachen von einem konkreten Befehl, das müßte also so, wenn man es sprachlich richtig versteht, gelautet haben, daß er sich an Sie zum Beispiel gewendet hat, oder in Ihrem Beisein an andere Mitglieder, und gesagt hat, ihr habt bei der und der Situation zu schießen. Ist so was geschehen? [...]

ZEUGE MÜLLER: Ja ich habe ja vorhin gesagt, daß also ... daß es ... wenn, das waren dann eben immer solche, wie soll man sagen, eben kleine Zusammenkünfte, wo über alles mögliche geredet wurde und dabei waren dann eben auch immer solche Sachen. Es war jetzt nicht so, daß es jetzt eine Riesenversammlung gegeben hätte in einer bestimmten Wohnung oder so mit Tafel und daß da eben jetzt angesetzt war Thema: »Verhalten bei Schußwechsel mit der Polizei«, sondern das war immer zwischen eingeflochten in Gesprächen innerhalb einer kleineren Gruppe, immer mit verschiedenen Leuten und deswegen ist mir das im Moment auch konkret nicht so eingefallen, was ich damals gesagt hatte, weil das immer unterschiedliche Leute waren, also weil auch die Zusammensetzung der Leute immer wechselte.

VORS.: Darf man das dahin verstehen, daß Sie diese verschiedenen Gespräche in der Gruppe dahin verstanden haben, daß es der Wille und der Wunsch von Baader sei, daß im Falle einer drohenden Festnahme durch die Polizei geschossen werde oder von der Schußwaffe Gebrauch gemacht würde?

ZEUGE MÜLLER: Ja, das ging ja auch darum, daß – jetzt, wo Sie mir den Vorhalt gemacht haben, fällt mir das auch wieder besser ein – daß Baaders Taktik eben darauf abzielte, die Leute zu kriminalisieren, um sie eben in die Gruppe zu zwingen.

VORS.: Das wäre also ein zweiter Effekt oder ging das ...

ZEUGE MÜLLER: Das geht in eins.

VORS.: Das geht in eines, daß er also gleichzeitig wohl die Wirkung der Befreiungsmöglichkeit erreicht wird, aber gleichzeitig auch dieser Zusammenhalt in der Gruppe dann auf diese Weise irgendwie verfestigt wird, ist das richtig?

ZEUGE MÜLLER: Ja es zwingt ja; denn dadurch, daß er eben eine Schußwaffe führt der Einzelne, zwingt es ihn ja zu einem bestimmten Verhalten, weil ja die Haftbefehle und das, was in der Presse steht, das zielt ja immer darauf ab, also heißt es: Vorsicht, Schußwaffe oder Gewaltverbrecher und er ist da automatisch oder halbautomatisch oder wie man's nennen will, in ein bestimmten Verhalten gezwungen, das heißt, es wurde natürlich, das impliziert einerseits, daß er die Schußwaffe auch gebraucht und andererseits, daß er sich dadurch, durch das Führen in ... erstensmal ist es ja sowieso schon insofern eine Kriminalisierung, als es ja gegen bestimmte Gesetze verstößt, eine Schußwaffe zu führen. Außerdem führt es ihn dann noch auf den Weg dazu, die auch, wenn er sie schon dabei hat, in dieser Situation eben, die dann zu gebrauchen.

VORS.: Nun, wenn das so gewesen ist, hätte das ja nur dann Sinn, wenn gleichzeitig damit die Pflicht verbunden worden wäre, auch Waffen tatsächlich zu tragen. Das Idealisieren des Waffentragens, das ist ja noch keine Verpflichtung im Einzelfall zu tragen. Bestand eine Anweisung, daß jeder, jedes Gruppenmitglied die Waffe trägt, eine Waffe trägt?

ZEUGE MÜLLER: Ja.

VORS.: War das Anweisung oder ergab sich das aus den gesamten Gebräuchen?

ZEUGE MÜLLER: Naja, es ist ein bißchen deswegen mißverständlich, weil man nicht so sagen kann, das war nicht wie beim Militär, wo es eben Tagesbefehle oder so gab, sondern es hatte oft eine legerere Form und das hatte auch möglicherweise für verschiedene Leute unterschiedliche Bedeutung. Für mich waren zum Beispiel eine solche Sache eine Anweisung.

VORS.: Ist über diese Punkte irgendwie dann in der Gruppe diskutiert worden oder blieb es da bei einer einseitigen Äußerung seitens Baaders?

ZEUGE MÜLLER: Diskutiert in der Form, ob jetzt gemeinsam von allen besprochen worden ist oder eben in einer Diskussion geklärt worden ist, daß dies so zu sein habe, so war das nicht, insofern war das eben eine Anweisung, die eben Baader auch in den Gesprächen mit den Einzelnen und ... die anderen eben durchzusetzen versuchten und auch durchgesetzt haben.

VORS.: Kann man sagen, daß jedenfalls dieser Wunsch von Baader oder diese Anweisung von den anderen, die bei den Gesprächen beteiligt waren, akzeptiert wurden oder gab es da Widerspruch? [...]

ZEUGE MÜLLER: Ja es hat dann, es hat letztlich jeder, der dort war, hat eine Waffe getragen und er mußte sie auch tragen, weil so ... wenn ich jetzt ein konkretes Beispiel bringen wollte, also mir hat das Ding nie richtig behagt und ich habe mir oft überlegt, ob ich nicht ohne damit herum gehen könnte, aber dann tauchte immer prompt die Frage auf, wie rechtfertige ich es eben gegenüber zum Beispiel Baader oder auch Ensslin oder sonst welchen Leuten.

VORS.: Man kann also davon ausgehen, daß sich die anderen diesem Wunsch oder dieser Anweisung gefügt haben?

ZEUGE MÜLLER: Ja. [...]

VORS.: Wir interessieren uns dafür, Sie waren Mitglied, Sie müssen ein Mitglied gewesen sein, das lässt sich folgern aus den Kenntnissen, die Sie hier preisgeben, das hohes Vertrauen genossen hat, also doch, muß man ganz klar sagen, in den inneren Kern Einblick gewonnen hat, wenn Ihre Aussagen zutreffen. Wie kommt es, daß Sie bereit sind, Aussagen zu machen?

ZEUGE MÜLLER: Ja, das ist nicht eine Sache, die sich plötzlich ergeben hat, ich meine, die hat sich so langsam angebahnt. Ein wichtiger Punkt war eben mein Hungerstreikabbruch. Ich war mit der Art und Weise, wie der geführt war, nicht einverstanden. Ich bin schließlich in, wenn man so will, in einen Gewissenskonflikt gekommen durch bestimmte Anschläge, die damals stattgefunden haben. Ich denke ... es gab einen Anschlag gegen Prof. Klug,[233] es gab einen Anschlag gegen den Hauptbahnhof,[234] es gab die Ermordung von Drenkmann,[235] und es gab dann das Verhalten verschiedener Leute mir gegenüber; also ich meine sowohl Mitglieder als auch Anwälte. Und ich habe mir eben ... aufgrunddessen habe ich mich entschlossen, aus der RAF rauszugehen, wegzugehen und habe mich dann in der Folge sehr stark mit diesen ganzen Problemen und dieser ganzen Problematik, die ja auch meine eigene Vergangenheit ist, beschäftigt. Und ich habe dann eben aufgrunddessen und weil ich ja auch inzwischen raus war, deswegen konnte ich das ja, also ist mir klar geworden, um was es sich eben bei der RAF handelt, und daß es hier nichts gibt, was in irgendeiner Weise zu verteidigen wäre, und daß es eben am ehestens notwendig ist, mal genau und im Detail zu sagen, was da eigentlich geschieht, daß es sich hier nicht um eine revolutionäre Organisation handelt oder daß es sich hier eben nicht um eine sogenannte Guerilla handelt, und was da eben so an großen und kleinen Schweinereien lief.

VORS.: Sind Ihnen von irgendeiner Seite bei Ihren Angaben, die Sie gemacht haben, vorher oder während der Aussagen, irgendwelche Versprechungen gemacht worden, irgendwelche Zusagen oder Vergünstigungen, um Sie zu diesen Aussagen zu zwingen oder um Ihre Aussagebereitschaft zu fördern?

ZEUGE MÜLLER: Nein, das ist nicht richtig.

VORS.: Wie ist denn die Vernehmung, die hier nun zugrundeliegt, abgelaufen? Sind Sie durch Polizeibeamte vernommen worden?

ZEUGE MÜLLER: Ich habe mich selbst, also wenn das die Frage sein sollte, ich habe mich selbst dazu entschlossen und ich stehe dahinter, und ich habe, soweit ich mich erinnere, die Polizeibeamten angesprochen.

VORS.: Wie ist denn die Vernehmung nun äußerlich verlaufen? Haben Sie etwa, was hier als Protokoll sichtbar ist, von sich aus diktiert oder ist das von Ihnen erzählt worden und die Herren haben es dann in ihrer Sprache diktiert und Sie mitverfolgt und abgezeichnet, wie ist das gegangen?

ZEUGE MÜLLER: Also es war ein Kampf.

VORS.: Ein Kampf?

ZEUGE MÜLLER: Ja.

VORS.: Den müssen Sie uns schildern, wer gegen wen und warum gekämpft hat.

ZEUGE MÜLLER: Also, weil ich immer sehr darauf bestanden habe, daß das so niedergeschrieben wird, wie ich das meine, und ... ja, und da haben sich ab und zu eben Differenzen ergeben, weil manchmal eben doch in der Wortwahl und so, die ist in gewisser Weise manchmal entscheidend, und ich habe eben darauf bestanden, daß es so und so geschrieben wird, also da, wo mir das wichtig erschien. Andererseits war es natürlich so, daß ich nicht die geistigen Fähigkeiten hab, also so das nur von mir allein herzumachen; in gewisser Weise habe ich auch wieder Formulierungshilfe bekommen.

VORS.: Konnten Sie sich, nachdem Sie Ihre Angaben gemacht hatten, und ein Protokoll erstellt war, jeweils davon überzeugen, ob das zumindest sinngemäß so niedergelegt wurde, wie Sie es ausgesagt haben?

ZEUGE MÜLLER: Ja, ich hab da also nachher dann, am Schluß jedes Vernehmungstages habe ich ja die Sache nochmal durchgelesen, habe sie geprüft, ob sie zumindest im Sinn das wiedergeben, was ich aussagen wollte und hatte dann die Sachen unterschrieben. [...]

Mittwoch, 14. Juli 1976
126. Verhandlungstag

Die Befragung des Zeugen Müller wird fortgesetzt. Mittlerweile ist das Fragerecht auf die Vertreter der Bundesanwaltschaft übergegangen.

[...]

OSTA ZEIS: Dann zu einem etwas anderen Thema, zum Hungerstreik. Herr Müller, wir wissen ja zwischenzeitlich, daß von der RAF seit ihrer Festnahme einzelne Mitglieder mehrere Hungerstreiks durchgeführt worden sind. Was war denn eigentlich der Zweck dieser Hungerstreiks?

ZEUGE MÜLLER: Der eigentliche Zweck der Hungerstreiks war eben, den Wiederaufbau der RAF draußen und die Leute draußen dazu zu bringen, was zu machen für die, die im Gefängnis sitzen, bis hin zu den Befreiungsaktionen. Und eben, wenn man so will, den Terrorismus in der Bundesrepublik zu installieren. [...]

OStA ZEIS: Sie sollen bei Ihrer polizeilichen Vernehmung gesagt haben zu diesem Thema. »Ich glaubte damals, Baader wollte mit dieser Aktion ein Auseinanderfallen der Gruppe verhindern.« Deckt sich das mit dem, was Sie in etwa jetzt sagen wollten. Daß also eine Art Disziplinierungsmaßnahme auch gewesen sein könnte?

ZEUGE MÜLLER: In diesem Sinne nicht. Das heißt, in dem Moment, wenn die Gruppe, also wenn da nix läuft, wenn draußen nix läuft und die sind da alle so still vor sich hin im Knast und so. Und da hat man natürlich auch eigene Überlegungen, die auch woanders hingehen. Das muß man so verstehen, daß eben, wenn jetzt ein Hungerstreik stattfindet, der wird dann quasi als Aktion propagiert und durchgeführt. Und dann findet ja auch ein Kampf von seiten der Vollzugsanstalten und vielleicht auch Presse und was weiß ich, ein Kampf dagegen statt. Und das bringt dann eben die Leute wieder dazu, zu einer Geschlossenheit.

OSTA ZEIS: Haben Sie möglicherweise noch eine andere Auffassung, zu welchem Zweck der Hungerstreik gedient haben könnte? Aus Ihrer heutigen Sicht?

ZEUGE MÜLLER: Als Auffassung, ich sag auch gleich, daß das eine Auffassung ist, also daß ich da nichts drüber konkret weiß, hat der Hungerstreik ganz klar der Vorbereitung der Geiselnahme in Stockholm[236] gedient.

OSTA ZEIS: War man sich eigentlich unter den Gruppenangehörigen der Gefährlichkeit des Hungerstreiks bewußt?

ZEUGE MÜLLER: Teils, teils.

OSTA ZEIS: Waren Sie sich der Gefährlichkeit bewußt, Herr Müller?

ZEUGE MÜLLER: Ja, ich hab ja verschiedene Hungerstreikerfahrungen gemacht oder gehabt. [...]

REG. DIR. WIDERA: Dann noch was, Sie sagten, die Sprengstoffanschläge insgesamt, seien dazu gemacht worden, um die Schlagkraft der Gruppe zu zeigen, damit spätere geplante Geiselnahmen gelingen könnten. Meine Frage ist, mit welchem Ziel, zu welchem Zweck sollten denn später Geiseln genommen werden?

ZEUGE MÜLLER: Zur Befreiung. Also Befreiung gefangener Mitglieder, die ja zum Teil seit 1970 einsaßen.

REG. DIR. WIDERA: Einziger Zweck?

ZEUGE MÜLLER: Ja ... Moment, es waren ja auch noch im Gespräch, das fällt mir jetzt gerade ein, finanziell, also Andreas Baader hatte auch geplant, Entführungen zu machen, weil er eben das Risiko bei einer Entführung kleiner hielt, als bei einem Banküberfall, das war auch noch ein Aspekt.

REG. DIR. WIDERA: Diese beiden Gründe?

ZEUGE MÜLLER: Ja.

REG. DIR. WIDERA: Vielen Dank. [...]

VORS.: Damit wären wir zunächst mal am 1. Teil zu Ende. Ich schlage vor eine Pause, dann wollen wir die Herren Verteidiger bitten, ihre Fragen zu stellen. Wobei ich die Herren Verteidiger vielleicht bitte, die Pause zu benutzen, um zu klären, in welcher Reihenfolge die Fragen gestellt werden sollen. Eine Viertelstunde Pause.

Pause von 10.25 Uhr bis 10.47 Uhr.

VORS.: Wir können die Sitzung fortsetzen. Ich glaube, der alten Regelung entsprechend haben die Herren drüben das Vorrecht und wie Sie sich der Reihenfolge nach an die Fragen einschalten wollen, das ist Ihre Sache. Bitte, ich glaube, Herr Rechtsanwalt Schily, Sie beginnen. [...]

RA SCHILY: Herr Müller, sind Sie nach Ihrer Inhaftierung von Kriminalbeamten zu Gesprächen bzw. zu Befragungen aufgesucht worden?

ZEUGE MÜLLER: Ja. [...]

RA SCHILY: Ja, und wie verliefen denn nun diese Gespräche, wie lange haben die gedauert etwa? Wenn die kamen, dauerte das eine halbe Stunde oder nur ein paar Minuten oder wie ging das vonstatten?

ZEUGE MÜLLER: Ja, große Einzelheiten habe ich da auch nicht mehr in der Erinnerung. Im Prinzip ging es darum, ob ich Aussagen machen würde. Ich kann jetzt nicht mehr sagen, ob der jetzt bei mir eine halbe Stunde war oder ob das 1½ Stunden waren; also meiner jetzigen Schätzung nach, waren das sicher nie mehr als eine Stunde oder so. Es muß ja auch langweilig für die gewesen sein. [...]

RA SCHILY: Sie sagten ja, der Zweck der Gespräche war, Sie vernehmen zu wollen.

ZEUGE MÜLLER: Ja.

RA SCHILY: Und Sie haben also das abgelehnt?

ZEUGE MÜLLER: Ja, nicht immer.

RA SCHILY: Nicht immer. Wann haben Sie denn das Verhalten geändert?

ZEUGE MÜLLER: Ja, das war anlässlich der Lorenz-Entführung.[237]

RA SCHILY: Wann war das?

ZEUGE MÜLLER: Ja, Anfang 75. [...]

RA SCHILY: Nun wollen wir den Zeitpunkt mal so als vielleicht so einen Anhaltspunkt benutzen, und nun würde mich interessieren, sind Ihnen denn vor, bevor Sie ... dieser Umschwung da nun stattfindet, bestimmte Vorhalte gemacht worden von den Vernehmungsbeamten?

ZEUGE MÜLLER: Wie darf ich das verstehen?

RA SCHILY: Na, z.B. daß man Ihnen gesagt hat, also Ihnen droht eine lebenslängliche Freiheitsstrafe und ähnliches?

ZEUGE MÜLLER: Ich kann mich daran nicht erinnern.

RA SCHILY: Na, Herr Müller, das ist doch, glaube ich, ein ziemlich wichtiger Punkt, wenn Ihnen jemand lebenslang so vor Augen führt.

ZEUGE MÜLLER: Das ist richtig, und deswegen lässt daraus schließen, daß das nicht der Fall war, sonst wüßte ich das wahrscheinlich noch.

RA SCHILY: Ja, aber Sie sagen, Sie wissen es aber nicht, ob das der Fall war.

ZEUGE MÜLLER: Ja.

RA SCHILY: Sind Ihnen denn überhaupt bestimmte Strafdrohungen mal so in Aussicht gestellt worden?

ZEUGE MÜLLER: Ja, in Form von Haftbefehlen oder von Anklagen.

RA Schily: Nein, nein, ich spreche von den Gesprächen; lassen Sie mal den Haftbefehl hier aus dem Spiel.

Zeuge Müller: Nein.

RA Schily: Nein? Nichts dergleichen, daß man gesagt hat: »Sie müssen damit rechnen.« Ist einmal Ihnen in diesen Gesprächen, und wenn ja, in welcher Form, gesagt worden »Also Sie müssen damit rechnen, daß vielleicht lebenslänglich oder eine sehr hohe Freiheitsstrafe auf Sie zukommt, aber Ihre Situation kann sich entscheidend verbessern, wenn Sie uns gegenüber Angaben machen«.

Zeuge Müller: Also, wenn Sie darauf hinauswollen, daß mir von Vernehmungsbeamten gesagt sein soll oder worden sein soll, daß man mir also quasi praktisch bei Vernehmungen mit »lebenslänglich« gedroht hat und mir dann angeboten hat, wenn ich Aussagen mache, bräuchte ich nichts zu befürchten, so was gab es nicht und so was war nicht. [...]

RA Schily: Sind Ihnen andere Angebote gemacht worden? Hat man Ihnen mal gesagt, Sie können auch dann Ihre finanzielle Lage verbessern?

Zeuge Müller: Auf diese Fragen habe ich gestern geantwortet, und zwar auf Fragen seitens des Gerichts, und ich denke das reicht auch.

Vors.: Ich weiß, daß das eine Wiederholung ist, aber wir haben nur den Rahmen erfragt; wir haben nicht diese Einzelfragen gestellt, die ganz speziell auf eine Vertiefung dieses Komplexes hinziehen. Ich bitte Sie deshalb, daß Sie diese Fragen beantworten, sie sind zulässig.

Zeuge Müller: Gut. Können Sie sich nochmal wiederholen?

RA Schily: Gerne, ja. Sind Ihnen Angebote gemacht worden, daß Ihre finanzielle Lage sich vielleicht verbessern könnte, durch ein bestimmtes Entgegenkommen Ihrerseits?

Zeuge Müller: Nein.

RA Schily: Nichts, überhaupt nichts, gar nichts in der Richtung?

Zeuge Müller: Soll ich zweimal nein sagen?

RA Schily: Ja, ich weiß nicht, wie Sie Ihre Aussage verantworten können, Herr Zeuge. Ist Ihnen mal angeboten worden, eine gesicherte Existenz im Ausland?

ZEUGE MÜLLER: Nein.

RA SCHILY: Hat man Ihnen angeboten: Andere Papiere?

ZEUGE MÜLLER: Nein.

RA SCHILY: Hat man Ihnen angeboten: Pressekontakte?

ZEUGE MÜLLER: Nein.

RA SCHILY: Hat man Ihnen angeboten, daß man Ihnen auch einen Anwalt zur Verfügung stellen könnte?

ZEUGE MÜLLER: Das war ein bißchen anders. Ich habe darauf bestanden, einen zu bekommen, weil man das bei solchen Anwälten braucht. [...]

RA SCHILY: Kennen Sie einen Herrn Franz Ruch?

ZEUGE MÜLLER: Ja.

RA SCHILY: Haben Sie mit dem Herrn Ruch mal gesprochen?

ZEUGE MÜLLER: Ja.

RA SCHILY: Bei welcher Gelegenheit?

ZEUGE MÜLLER: Anlässlich eines Besuches von Herrn Ruch in der JVA Köln-Ossendorf. [...]

RA SCHILY: Und was wurde da besprochen?

ZEUGE MÜLLER: Es ging darum, daß der Herr Ruch Interesse zeigte für eben für eine Veröffentlichung, die er in der Presse verbreiten wollte. [...]

RA SCHILY: Der Herr Ruch, der hat einen Artikel über Sie veröffentlicht, kennen Sie den?

ZEUGE MÜLLER: Ja, ich weiß nicht. Hat er nur einen oder mehrere oder welchen meinen Sie?

RA SCHILY: Also Sie kennen mehrere, ja?

ZEUGE MÜLLER: Nein, ich weiß es nicht. Ich weiß nur, daß der Herr mehrere Artikel geschrieben hat, aber einer war ..., war mindestens einer dabei, der sich nicht mit mir beschäftigt hat.

RA SCHILY: Haben Sie dem Herrn Ruch mal etwas darüber berichtet, daß Sie mit der Bundesanwaltschaft einen Handel abschließen wollen?

ZEUGE MÜLLER: Nein, wie komme ich dazu?

RA SCHILY: Das weiß ich nicht.

ZEUGE MÜLLER: Der hat immer einen sehr freizügigen Stil, der Herr Ruch.

RA Schily: Ja. Das ist hier ein ..., möchte ich mal vorhalten, ein Artikel in der »Bild am Sonntag« unter der Überschrift »Kronzeuge fordert freies Geleit. Baader-Meinhof Terrorist will auspacken« von Franz Ruch. Und da steht unter anderem drin »Der Herr Müller habe der Bundesanwaltschaft ein glattes Geschäft vorgeschlagen, freies Geleit, einen neuen Namen mit dazu passenden Personalpapieren, genug Geld um im Ausland ein zweites Leben aufbauen zu können, Straffreiheit oder zumindest nur eine geringe Strafe für sich.«

Nach Vorhalt dieses Zeitungsartikels, bleiben Sie bei Ihrer Aussage, daß Sie solche Forderungen oder Angebote Ihrerseits nicht gestellt haben?

Zeuge Müller: Ja, das ist korrekt. Ich kenne diesen Artikel auch, und ich weiß nicht, wie der Herr Ruch dazu gekommen ist, diesen zu schreiben.

RA Schily: Ja. Sie sagen das ist eine freie Erfindung, dieser Artikel?

Zeuge Müller: Ja, so wie das im Allgemeinen bei »Bild« üblich ist.

RA Schily: Ah ja. Sagen Sie, hatten Sie eigentlich Anlaß zu der Befürchtung, daß Sie auch eine lebenslange Freiheitsstrafe zukommen könnte, wenn Sie sich mit den Ermittlungsbehörden nicht einigen?

Zeuge Müller: Nein.

RA Schily: Hatten Sie keinen Anlaß. Haben Sie eigentlich einmal mit den Ermittlungsbeamten über den Entwurf eines Kronzeugengesetzes[238] gesprochen?

Zeuge Müller: Was, ich?

RA Schily: Ob Sie mal mit Ermittlungsbeamten den Entwurf eines Kronzeugengesetzes gesprochen haben?

Zeuge Müller: Nein. [...]

RA Schily: Haben Sie denn überhaupt über diese Gesetzesinitiative, ob ein solches Gesetz kommen könnte, wie es beschaffen sein könnte und ähnliches, niemals mit Ermittlungsbeamten gesprochen?

Zeuge Müller: Ganz pauschal kann ich das nicht verneinen. Sicher ist auch dadrüber gesprochen worden, aber z. B. nicht im Hinblick auf mich, sondern auf die allgemeine Wirkung, also ob und welche Bedeutung es z. B. in Bezug auf den Terrorismus in der Bundesrepublik haben könnte.

RA SCHILY: Wie, also Sie meinen nur die allgemeine politische Bedeutung oder ..., aber nicht auf Sie bezogen?

ZEUGE MÜLLER: Ja.

RA SCHILY: Was Sie davon für einen Gewinn haben könnten?

ZEUGE MÜLLER: Ja.

RA SCHILY: Ja, aber hat man denn über die Regelung gesprochen, was da nun an Regelungen da drin sein könnte?

ZEUGE MÜLLER: Ja, ich habe diese Frage beantwortet. Sie wollen darauf hinaus, daß offensichtlich darüber im Zusammenhang mit mir gesprochen worden ist?

RA SCHILY: Nein, ich frage Sie, ob man über die Regelungen, die da vorgesehen waren, und die an der Diskussion waren, ob man darüber sich unterhalten hat, wie sich das rechtlich auswirken könnte für einen potenziellen Kronzeugen?

ZEUGE MÜLLER: Ja, in allgemeiner Hinsicht.

RA SCHILY: In allgemeiner Hinsicht. Was wurde da gesagt?

ZEUGE MÜLLER: Ja, was da konkret gesagt wurde?

RA SCHILY: Ja.

ZEUGE MÜLLER: Es gab da verschiedene Meinungen dazu. Manche fanden das gut, und manche fanden das nicht gut. [...]

RA SCHILY: Aha. Haben Sie einmal sinngemäß erklärt, Sie seien zu Ihrem Bedauern gezwungen gewesen, einen Menschen zu erschießen, weil Sie von drei anderen RAF-Mitgliedern beobachtet wurden?

ZEUGE MÜLLER: Ja, das ist im Gegensatz zu Bild-Freiheit, die Quick-Freiheit.

RA SCHILY: Ja, was soll ich mit dieser Erklärung ...? Zunächstmal darf ich fragen, ob Sie diese Erklärung abgegeben haben?

ZEUGE MÜLLER: Nein.

RA SCHILY: Kennen Sie den Journalisten von Quick?

ZEUGE MÜLLER: Ich kenne von der Quick keinen Journalisten.

RA SCHILY: Mit keinem gesprochen?

ZEUGE MÜLLER: Nein.

RA SCHILY: Herr Müller, wo waren Sie im Oktober 1971?

ZEUGE MÜLLER: In Kiel und in Hamburg.

RA SCHILY: Kennen Sie die Straße Hegbarg und den Saßeler Damm?

ZEUGE MÜLLER: Ja.

RA SCHILY: Kennen Sie auch den großen Parkplatz hinter dem Einkaufszentrum?

ZEUGE MÜLLER: Herr Vorsitzender, ich meine das geht ein ganzes Stück zu weit.

VORS.: Wenn Sie sich im Zusammenhang mit dieser Frage auf den § 55 [StPO] berufen wollen, dürfen Sie das tun, das ist Ihr Recht.

ZEUGE MÜLLER: Ja.

RA SCHILY: Wie bitte?

ZEUGE MÜLLER: Ja.

RA SCHILY: Also Sie kennen den?

ZEUGE MÜLLER: Ja.

RA SCHILY: Wo waren Sie in der Nacht vom 21. zum 22. Oktober 1971?

VORS.: Wir haben das Mikrophon ausgeschaltet, so daß Sie sich unterhalten können, wenn es nicht ... Wenn eine längere Pause benötigt würde, bitte ich um eine Meldung.

ZEUGE MÜLLER: Nein, nein.

Der Zeuge Müller bespricht sich mit seinem Anwalt Huth.

ZEUGE MÜLLER: Die Fragen von Herrn Schily zielen offensichtlich auf die Ermordung des Polizisten Schmid[239] ab. Ich möchte im Hinblick, also das Verfahren läuft noch, ich habe da bisher keine Angaben gemacht, im Gegensatz zu den Unterstellungen dieser Anwälte, und ich möchte das im Moment auch nicht machen, weil das Verfahren noch läuft. Es ist aber so, daß ich den Polizisten Schmid nicht erschossen habe, und ich verweigere also auf weitere Fragen in diesem Zusammenhang die Aussage. [...]

RA SCHILY: Ja. Herr Zeuge, Sie haben uns hier geschildert, daß Sie da in einen Gewissenskonflikt geraten seien und ähnliches, und ein gewisser Reifeprozeß da stattgefunden habe, und daß das dann erst schließlich die Beendigung dieses Reifeprozesses Sie veranlasst habe, nun sich zu einer Vernehmung zur Verfügung zu stellen. Bleiben Sie bei dieser Aussage?

ZEUGE MÜLLER: Ja.

RA SCHILY: Können Sie dann mir sagen, aus welchem Grunde dieser Reifeprozeß jetzt nach dem Urteil am 16. März, in Ihrem Verfahren, zum Abschluß gekommen ist?

ZEUGE MÜLLER: So was braucht Zeit.

RA SCHILY: Es braucht Zeit. Können Sie etwas darüber sagen, ob das ein Grund war für die Protokollierung Ihrer Aussage, daß das Urteil vorher gefällt worden ist gegen Sie. Und nach Ablauf ...

ZEUGE MÜLLER: Das ist eine unglaubliche Unterstellung.

RA SCHILY: Und nach Ablauf der Revisionsfrist für die Staatsanwaltschaft.[240]

ZEUGE MÜLLER: Ja, ich sage nichts zu; das ist Quatsch.

VORS.: Auch hier, Herr Müller, ich bitte Sie ...

RA SCHILY: Ich bitte jetzt ..., aber ... Herr Vorsitzender, wirklich den Zeugen zu ermahnen, nicht hier mit Redewendungen wie »das ist Quatsch« und ähnlichem.

VORS.: Ich ermahne zunächst Sie, wenn ich jetzt hier das Wort ergriffen habe, mich nicht sofort zu unterbrechen. Im Augenblick war ich dabei, das zu tun, was Sie mit Ihrer Mahnung an mich erreichen wollten. Herr Müller, ich bitte Sie, daß Sie das unterlassen. Ich habe Ihnen schon zum Ausdruck gebracht, daß man ein gewisses Verständnis aufbringen kann. Sie leben hier als Zeuge unter erheblicher Spannung, Sie stehen auch schon seit einigen Stunden heute wieder als Zeuge zur Verfügung, aber Sie müssen sich trotzdem soweit zusammennehmen und das unterlassen, mit beleidigenden Ausdrücken zu reagieren. [...]

RA SCHILY: Ich möchte vielleicht so formulieren, Herr Müller: War es ein reiner Zufall, daß am 16. März in Ihrer Sache ein Urteil ergangen ist und daß dann die einwöchige Revisionsfrist für die Staatsanwaltschaft abgelaufen ist, ohne daß die Staatsanwaltschaft Revision eingelegt hat, und daß Sie dann am 31. März mit Ihren Aussagen begonnen haben?

B. Anwalt Dr. Wunder erscheint wieder um 16.35 Uhr im Sitzungssaal.

ZEUGE MÜLLER: In dem Sinne, wie Sie das meinen, ist das Zufall.

RA SCHILY: Ja nun – ich weiß nicht, was Sie da mir, wie ich es meine, unterstellen. Aber vielleicht können Sie mal ganz allgemein von Ihrem Standpunkt aus – und nur um den geht es – schildern, ob das ein Zufall war oder ob das eine gewisse Voraussetzung war, daß Sie überhaupt Aussagen machten.

ZEUGE MÜLLER: Was?

RA SCHILY: Das Urteil und der Ablauf der Revisionseinlegungsfrist für die Staatsanwaltschaft.

ZEUGE MÜLLER: Daß, wie Sie sagten – also ich hab diese Daten nicht im Kopf –, ungefähr Mitte März das Urteil gesprochen wurde und daß Ende März mit der Vernehmung begonnen wurde, ist einerseits Zufall, andererseits nicht, weil ich ja eben genau nach dem Urteil zu tun hatte, also das Urteil hat mir natürlich in gewisser Weise einen Schock versetzt, und ich war eben mit meinen Problemen beschäftigt; deswegen war ich nicht in der Lage, vorher Aussagen zu machen oder vielleicht direkt im Anschluß an den Ablauf der Revisionsfrist für den Staatsanwalt, wie Sie das vielleicht gewünscht hätten.

RA SCHILY: Herr Müller, haben Sie aber nicht schon vorher Aussagen gemacht, nur in anderer Form?

ZEUGE MÜLLER: Ich habe, wie ich bereits hier gesagt habe, informelle Aussagen gemacht, und ich habe auch den Zusammenhang erwähnt, und zwar war das die Lorenzentführung. Ich habe mich, als diese Lorenzentführung stattfand, mich verpflichtet gefühlt, Ermittlungsbeamten gegenüber meine Erkenntnisse, jedenfalls in bezug auf Berlin mitzuteilen.

RA SCHILY: Ja haben Sie denn nun diese informellen Äußerungen ... – da müssen Sie ja irgendwann mal gesagt haben: Das soll jetzt nicht mehr vertraulich sein; und jetzt bin ich also zu verwertbaren Angaben bereit. Und warum ist der Zeitpunkt für die Niederschrift solcher verwertbaren Angaben dann nach dem Urteil gewählt worden?

ZEUGE MÜLLER: Ja, ich war z. B. während des Prozesses unheimlich mit dem Prozeß beschäftigt; ich hätte gar nicht die Zeit dafür gehabt. Außerdem habe ich vorhin bereits gesagt, daß dieses Ganze ja auch eine Entwicklung ist und daß es eben auch Zeit braucht.

RA Schily: Also Sie bleiben dabei, daß das insofern eigentlich doch mehr zufällig war, daß da kein Bedingungszusammenhang besteht, daß Sie sagten ... daß gesagt wurde: Erst das Urteil: ich will wissen, was ich da bekomme, und dann aussagen.

Zeuge Müller: Ja. [...]

Donnerstag, 15. Juli 1976
127. Verhandlungstag

[...]

RA Dr. Heldmann: Haben Sie einen Haß auf Herrn Baader?

Zeuge Müller: In keiner Weise.

RA Dr. Heldmann: Spüren Sie Feindschaft gegenüber Baader?

Zeuge Müller: Nein.

RA Dr. Heldmann: Haben Sie Ihrem Interviewpartner vom »Stern« – veröffentlicht am 20. März 75 – gesagt: »Nein, nein«, sagt er, »ich sage auch vor Gericht nichts«, dann denkt er nach und ihm fällt wieder der Feind ein, den er hasst, als habe der ihm alles eingebrockt und sein Leben verpfuscht, er sagt: »Baader würde ich schon belasten.«

Zeuge Müller: Ja, ich meine das »sein Feind ein ...«, also diese, wenn ich das mal zitieren darf, »... den er hasst ...« das ist ja eine Formulierung dieses Typen vom »Stern« und nicht von mir. Sie können mir das jetzt nicht unterjubeln.

RA Dr. Heldmann: Nein, nein, das haben Sie sich selber untergejubelt, denn nicht ich habe das Interview im »Stern« gemacht, sondern Sie. Frage aber, haben Sie ..., ist es richtig, daß Sie dem »Stern«-Reporter gegenüber erklärt haben, Sie sagten vor Gericht nichts aus, jedoch Baader würden Sie schon belasten?

Zeuge Müller: Da fragen Sie zu viel.

RA Dr. Heldmann: Nein, Sie sind im Zeugenstuhl, nicht der »Stern«.

Zeuge Müller: Ja, es ist so gewesen, der Herr Schwarberg hat das auf Tonband aufgenommen und ich kann im einzelnen nicht mehr genau reproduzieren, was ich da gesagt habe, und es wäre wirklich besser, wenn Sie sich direkt an Herrn Schwarberg wenden würden.

RA Dr. Heldmann: Das, bitteschön, überlassen Sie mir, welche Art von Beweisanträgen ich hier evtl. in dieses Verfahren noch einführen werde. Ich sagte es schon einmal, Sie sind hier Zeuge und es ist unter anderem Zeugenpflicht, Fragen zu bejahen, solange diese Fragen nicht als unzulässig zurückgewiesen worden sind.

Vors.: Ja, zu »beantworten«, natürlich, aber das war ein Versprecher. Herr Müller, ich teile die Auffassung ...

RA Dr. Heldmann: Beantworten, natürlich.

Vors.: ... von Herrn Dr. Heldmann, was er im Augenblick sagte. Die Frage ging schlicht und einfach dahin, ob Sie durch Ihre Äußerungen diesem Journalisten Anlaß gaben, diese Formulierung zu bringen »vor Gericht«, »Baader, ja ...«

Zeuge Müller: Ja, ich habe diese Frage beantwortet und ich wollte Herrn Heldmann helfen, also, wenn er das mißversteht, kann ich auch nichts dafür.

Vors.: Wenn Sie die Antwort, die offenbar ein bißchen untergegangen ist, nochmals geben würden?

Zeuge Müller: Ja, daß ich mich da an die genauen Einzelheiten dieses Interviews nicht mehr erinnern kann.

RA Dr. Heldmann: Sie können sich nicht erinnern, eine solche Äußerung, wie sie hier als wörtliches Zitat wiedergegeben wird, eine solche Äußerung gegenüber dem Reporter des »Stern« getan zu haben?

Zeuge Müller: Nein, das ist ja darin eingeschlossen.

RA Dr. Heldmann: Erinnern Sie sich, am 27. Januar 75 an Martin Fochler in Heidelberg geschrieben zu haben: »Schließlich ist es so, daß mein Haß auf die RAF und bestimmte Leute sehr viel stärker ist, als z. B. auf die Leute, die gegenwärtig für meine Haftbedingungen verantwortlich zeichnen.«

Zeuge Müller: Können Sie bitte das Datum des Briefes sagen?

RA Dr. Heldmann: 27. Januar 75.

Zeuge Müller: Ja, ich habe einen Brief an Martin Fochler geschrieben und das, was Sie da zitieren, also ich meine, daß ich das auch geschrieben habe. Aber, naja, hier muß ich erklärend sagen, daß ich ja eben, wie Herr Schily bereits festgestellt hat, und wie ich das auch, also weil das ja so richtig ist, daß es ja von mir eine Entwicklung ist. Ich habe ja kurz nach meiner Trennung, das will ich im Allgemeinen jetzt mal sagen, die Trennung, die hat ja einen unheimlich starken emotionalen Aspekt gehabt und ich bin mit dieser Trennung eben nur ..., ich habe die erste Phase dieser Trennung eben nur hinter bzw. über mich gebracht – lebendig –, indem ich mir eben da einen Gegner ausgebaut hatte, wenn man das so will. Also in diesem Sinne Haß auf die RAF, also die ..., so ungefähr. Ich bin mir dann im Verlaufe der weiteren Zeit, ich habe hier auch bereits mehrmals gesagt, daß es eben alles seine Zeit braucht. Ich war mir bewußt geworden, daß da unheimlich viel Subjektivität von mir im Spiel ist und ich habe mich im Laufe der Zeit eben darum bemüht, so objektiv wie möglich zu sein, im Bezug auf die RAF. Und in diesem Sinne werden Sie hauptsächlich Briefe eben aus dieser Zeit zitieren können, weil das damals tatsächlich so war.

RA Dr. Heldmann: War ursächlich oder mitursächlich für Ihre Abkehr von der RAF fortlaufende Beleidigungen und Denunziationen von Baader gegen mich ..., gegen Sie?

Zeuge Müller: Das war mit ein Grund, wenn man es so richtig bezeichnen will. Ich habe das hier, soweit ich mich erinnere, auch bereits schon mal einmal gesagt, daß es bei meiner Trennung von der RAF, daß es unter anderem, daß die Geschichte verschiedene Aspekte hat, daß es einmal, was draußen war, um diese Anschläge ging, die ich bereits genannt habe. Daß es, was der innere Aspekt dieser Geschichte ist, daß es eben das Verhalten verschiedener Leute mir gegenüber war und darunter, unter diesen verschiedenen Leuten, darunter befindet sich auch Andreas Baader.

RA Dr. Heldmann: Ja. Haben Sie nach dem Beginn Ihrer Aussagen, wobei ich jetzt einmal davon ausgehe, daß Sie […] uns […] Anfang 1975 als Beginnszeitpunkt genannt haben, haben Sie nach dem Beginn dieser Aussagen zu Papier gebracht, und zwar am 8. Juni 75 in einem Brief an Brigitte Asdonk[241]: »Weiter denke ich, daß man, egal welche Position man einnimmt, Baader nur bekämpfen kann und zwar bis auf die Knochen.« Das war also nach dem Beginn Ihrer Aussagen, die unter anderem zu Ihrer heutigen Vernehmung führen.

ZEUGE MÜLLER: Was soll ich dazu sagen, oder war da eine Frage dabei oder wie?

RA DR. HELDMANN: Bestätigen, ob Sie diese schriftliche Äußerung getan haben, das wollte ich wissen, haben Sie das?

ZEUGE MÜLLER: Ich habe diese, also ich habe an Brigitte Asdonk geschrieben, ob es genau diese Formulierung war … Moment mal … das ist korrekt, ein Schreiben an Brigitte Asdonk …

RA DR. HELDMANN: Vom 8. Juni 75. […]

ZEUGE MÜLLER: Ja, ich habe an Brigitte Asdonk geschrieben, wobei ich nicht ausschließen will, daß diese Äußerung dabei ist. Der Hintergrund des Schreibens ist aber jetzt hier nicht … wie es der Herr Heldmann sehen will, unbändiger Haß gegen Andreas Baader, sondern ganz einfach, daß ich den Eindruck gewonnen habe, daß sich Brigitte Asdonk auch von der RAF trennen wollte. Diesen Eindruck habe ich ihrem Schreiben an mich entnommen, und ich habe sie in dieser Hinsicht angeschrieben, um sie dazu zu bringen und dafür zu gewinnen, sich ebenfalls von der RAF zu trennen, und in diesem Zusammenhang ist diese Formulierung zu verstehen. Weil mir … ich konnte das … ich kann, oder ich mußte das machen, weil mir, wenn man so will, die Verhältnisse innerhalb der RAF eben bekannt waren. […]

RA DR. HELDMANN: Diese Äußerungen, die ich Ihnen zitiert habe, liegen mit Ausnahme der ersten, soviel zur Überleitung, alle nach dem Beginn Ihrer Aussagen, welchen Sie mit Anfang 1975 datiert haben. Haben Sie da unter anderem ausgesagt, Baader hätte Ingeborg Barz[242] durch Genickschuß ermordet?

ZEUGE MÜLLER: Dazu verweigere ich die Aussage. […]

RA DR. HELDMANN: Nachdem ich Ihnen hier einige Ihrer eigenen Äußerungen, mit einer Ausnahme alle nach Beginn Ihrer Vernehmungen, in Erinnerung gerufen habe, ... wollen Sie bei Ihrer Antwort, jetzt kommt die Frage: Wollen Sie bei Ihrer Antwort bleiben, daß Sie gegenüber Baader keinen Haß spüren und keine Feindschaft empfinden?

ZEUGE MÜLLER: Ja, ich bleibe bei der Antwort. Ich möchte aber das revidieren in politischer Hinsicht.

RA DR. HELDMANN: Meine Frage ist beantwortet, wenn das Gericht weiteres hören will ...?

VORS.: Nun, Sie haben grundsätzlich das Recht, Fragen zu stellen, jetzt. Und wenn Sie wünschen, daß das, was der Herr Zeuge eben angedeutet hat, von ihm noch erläutert wird. Für das Gericht war es verständlich, was er damit gemeint hat. Es hängt von Ihnen ab, ob Sie eine Erläuterung ...

RA DR. HELDMANN: Ich sagte, meine Frage ist beantwortet.

VORS.: Bitte, weitere Fragen. [...]

RA DR. HELDMANN: Herr Müller, haben Sie am 15. Juni diesen Jahres an Frau Schiller[243] einen 12 Seiten langen Brief geschrieben?

ZEUGE MÜLLER: Ja, die Frage ist ja schon mal aufgetaucht. In diesem Zusammenhang verweigere ich die Aussage. [...]

RA DR. HELDMANN: Haben Sie diesen Brief zu dem Zweck geschrieben, Frau Schiller davon abzuhalten, Sie mit der Ermordung des Polizisten Norbert Schmid zu belasten?

VORS.: Dazu hat der Herr Zeuge schon erklärt, er beabsichtige nicht, zum Inhalt dieses Schreibens Stellung zu nehmen, berufe sich auf § 55 [StPO].

RA DR. HELDMANN: Ich habe auch nicht nach dem Inhalt gefragt, sondern nach dem Zweck des Schreibens.

VORS.: Das scheint doch der Inhalt zu sein.

RA DR. HELDMANN: Woher wissen Sie das, Herr Vorsitzender? ...

VORS.: Weil sich das normalerweise ...

RA DR. HELDMANN: ... daß Zweck und Inhalt dieses Briefes identisch sind, woher wissen Sie das?

VORS.: Wenn ich den Zweck aufdecke, muß ich den Inhalt aufdecken. Nun, Herr Zeuge, wollen Sie dazu etwas sagen?

ZEUGE MÜLLER: Nein.

RA DR. HELDMANN: Das habe ich mir gedacht. Wenn der Herr Vorsitzende die Fragen beantwortet, braucht der Zeuge nichts mehr zu sagen.

VORS.: Ich habe die Frage nicht beantwortet, ich kann sie auch nicht beantworten.

RA DR. HELDMANN: Eine weitere Frage: Wenn nicht Sie, wie Sie hier behauptet haben, Norbert Schmid erschossen haben, wer hat ihn dann erschossen?

ZEUGE MÜLLER: Verweigere ich die Aussage.

RA DR. HELDMANN: Keine Frage mehr. [...]

Der Zeuge Müller bleibt gem. § 60 Ziff. 2 StPO wegen Tatbeteiligung unbeeidigt.[244] [...]

22
DIE RAF IN STAMMHEIM

Die Angaben des Zeugen Müller zur Struktur der RAF und zur Rolle von Andreas Baader veranlassen die Verteidigung, die Ladung zahlreicher Mitglieder der RAF als Zeugen herbeizuführen, um die Angaben des Zeugen Müller zu widerlegen und seine Glaubwürdigkeit zu erschüttern. Den Anfang macht Brigitte Mohnhaupt.

Donnerstag, 22. Juli 1976
129. Verhandlungstag

[...]

Die Zeugin Mohnhaupt macht folgende Angaben zur Person:

Brigitte Mohnhaupt, 26 Jahre,
früher Studentin, nachträglich berichtigt: berufslos,
JVA Stuttgart.
Mit den Angeklagten nicht verwandt und nicht verschwägert;
wegen Eidesverletzung nicht vorbestraft.

VORS.: Nach einem Antrag der Verteidigung sollen Sie Angaben machen können dazu, wie die Struktur innerhalb der RAF gewesen ist, ob es eine Hierarchie gegeben hat, ob es ein Verhältnis der Über- oder Unterordnung gegeben habe. Ferner, wie die RAF strukturiert gewesen sei, ob es sich um eine sogenannte »offene Gruppe« gehandelt hat, das heißt also um eine Gruppe, wo jeder von jedem erfahren hat, hinsichtlich der Planungen und Vorhaben, oder ob es in der Gruppe so gewesen ist, daß man sich in eng begrenzten Gruppen, Kleingruppen, organisiert hat, und daß der Informationsaustausch eben beschränkt war auf die jeweils vorhandene Kleingruppe; ob die nun nach sachlichen oder örtlichen Gesichtspunkten getrennt war, das wird sich dann zeigen. Das sollen Sie bekunden können. Das ist das Beweisthema.

Frage zunächst: Waren Sie Mitglied der RAF oder sind Sie noch, wenn Sie ...

ZEUGIN MOHNHAUPT: Also um ... erstmal will ich nochmal kurz was zu der Befragung zur Person sagen. Das ist natürlich Quatsch zu sagen, Studentin, weil genau das völlig gelaufen ist, für jeden von uns und gelaufen war und ... also kann man nur sagen nichts dergleichen.

VORS.: Also müßten wir als Bezeichnung »berufslos« aufnehmen, ja.

ZEUGIN MOHNHAUPT: ... Also streichen Sie das, das ist lächerlich.

VORS.: Ist in Ordnung, ist berichtigt.

ZEUGIN MOHNHAUPT: Und dann der zweite Punkt ist, daß ich hier von Ihnen von dem Gericht und von der Bundesanwaltschaft sowieso keine Fragen beantworten werde. Das wäre völlig absurd, weil so ist das Verhältnis nicht. Das Verhältnis zwischen uns, dem Gericht, der Justiz, der Bundesanwaltschaft ist der genaue Begriff »Krieg«. Und der deutlichste Ausdruck dafür ist, daß vier Gefangene, vier von uns tot sind,[245] als Gefangene ermordet worden sind; und dazu gibt es überhaupt keine Möglichkeit der Auseinandersetzung hier auf dieser Ebene, das heißt, ich werde hier nur die Fragen der ...

VORS.: [...] Sie haben damit erklärt, Sie wollen dem Gericht gegenüber keine Fragen beantworten.

ZEUGIN MOHNHAUPT: Ich werde nur die Fragen der Verteidigung beantworten.

VORS.: Gut, das nehmen wir zur Kenntnis, bloß muß ich Sie darauf hinweisen, es ist nicht nur das Recht, sondern die Pflicht des Gerichts, Fragen an Zeugen zu stellen, auch Zeugen, die von der Verteidigung benannt sind. Und es ist meine weitere Pflicht, Sie darauf hinzuweisen, wenn Sie ohne gesetzlichen Grund – ich sehe keinen, die Erklärung, die Sie gerade abgegeben haben, gibt keinen gesetzlichen Grund – die Aussage verweigern gegenüber dem Gericht, dann müßten Sie als Zeugin gewärtigen, daß es dafür Zwangsmittel im Gesetz gibt, die ich Ihnen androhen müßte. Ich würde also meinen, und Sie werden nicht sehr viele Fragen vom Gericht hinnehmen müssen, jedenfalls von mir nicht, daß Sie sich zu den Punkten, die sich streng an das von den Verteidigern beantragte halten, durchaus auch dem Gericht gegenüber äußern können. [...]

ZEUGIN MOHNHAUPT: Also wenn Sie die juristische Formel brauchen, dann verweigere ich eben die Aussage zu allen Fragen von Ihnen und von der Bundesanwaltschaft.

VORS.: Also da wollen Sie sich auf § 55 [StPO] berufen, weil Sie die Gefahr strafgerichtlicher Verfolgung befürchten? Nun ...

ZEUGIN MOHNHAUPT: Wenn es die Sache abkürzt.

VORS.: [...] Sie können nicht erklären, dem Gericht und der Bundesanwaltschaft gebe ich auf Fragen einfach keine Antwort, weil das Verhältnis nicht das passende ist, weil vier Tote da seien. Und dann sagen: [§] 55 [StPO]. Sie haben jederzeit das Recht, auf einzelne Fragen, die gestellt werden, zu sagen; »Ich berufe mich auf § 55 [StPO]«. Aber Sie können nicht vorweg erklären, ich werde überhaupt keine Fragen des Gerichts beantworten.

ZEUGIN MOHNHAUPT: Ja, Tatsache ist, daß ich's gemacht habe und daß ich mich auch so verhalten werde.

VORS.: Und Sie können dann selbstverständlich sich entscheiden, ob Sie nicht ähnliche Fragen, vielleicht sind es ähnliche Fragen, wie wir sie gestellt hätten, der Verteidigung beantworten. [...]

Also Frage: Mitglied der RAF gewesen?

ZEUGIN MOHNHAUPT: Das ist erklärt worden, daß ich Ihnen keine Antwort gebe.

VORS.: Unter Berufung auf § 55 [StPO].

ZEUGIN MOHNHAUPT: Und ich werde dieses Ritual jetzt nicht bei jeder Frage wiederholen, also das ist unmöglich.

VORS.: Wollen Sie mir Antwort geben auf die Frage, ob Sie ...

ZEUGIN MOHNHAUPT: Nein, natürlich nicht.

VORS.: Lassen Sie doch die Frage wenigstens formulieren. Ob Sie imstande sind, Auskunft zu geben über die innere Struktur der RAF?

ZEUGIN MOHNHAUPT: Ihnen nicht.

VORS.: Können Sie dazu Auskunft geben, wie die RAF sich innerlich begriffen hat, als offene Gruppe oder als Teilzellen, die jede für sich eine Art Eigenleben geführt haben?

ZEUGIN MOHNHAUPT: Ich lehne es ab. [...]

VORS.: Ich stelle keine weiteren Fragen mehr an Sie. Sie geben also selbst, wenn Sie jetzt die Gelegenheit hätten, das von den Verteidigern genannte Beweisthema, im Zusammenhang, ohne weiteren Fragen zu beantworten, keine Antwort.

ZEUGIN MOHNHAUPT: Natürlich, wenn die Verteidiger jetzt anfangen, mich zu befragen, dann rede ich da drüber. [...]

VORS.: Gut, dann wollen Sie mal anfangen.

ZEUGIN MOHNHAUPT: Also warum überhaupt einer von uns nach Ulrikes Tod hier noch hergekommen ist, das ist, daß wir es für notwendig halten, die tatsächliche Struktur der Gruppe transparent zu machen durch das, was wir hier sagen können, also wie sie real war – eben nicht dieses Destillat der psychologischen Kriegsführung, was Müller da in seiner Aussage darstellt, was da behauptet wird – also faschistische Struktur praktisch, um es mal auf einen Begriff zu bringen. Und daran wird natürlich auch zerbrechen diese ganze Konstruktion, Ulrike hätte überhaupt Selbstmord begehen können. Das ist eigentlich alles, was dazu zu sagen ist. Und es geht auch auf gar keinen Fall darum, zu beweisen, wie Müller lügt oder daß Müller lügt. Also diese Ebene, Kriminalistik, um die geht es uns ganz sicher ... Es geht uns einfach um den Inhalt, den Inhalt der Politik darzustellen, den Inhalt der Struktur, wie sie wirklich war eben. Das ist natürlich ziemlich schwierig hier, aber man muß das versuchen, indem man es einfach beschreibt; und das werde ich jetzt mal versuchen.

Und ich will anfangen damit, mit dem Kern der Aussage Müller, worauf die zielt. Also die, na ja seine Aussage in Bezug auf die Anschläge und seine Zuordnung, also die Zuordnung, die der Staatsschutz für nötig hält, um überhaupt hier zur Verurteilung kommen zu können. Dazu ist zu sagen, daß die strategische Konzeption, die die RAF 72 entwickelt hat, sich gegen die militärische US-Präsenz in der Bundesrepublik gerichtet hat, daß die einzelnen taktischen und operativen Schritte dazu, der Angriff auf das CIA-Headquarter in Frankfurt war, und der Angriff auf das Headquarter von US-Armee in Heidelberg, und die Entführung der drei Stadtkommandanten in Berlin;[246] und daß diese Entscheidung, dieses Konzept entwickelt worden ist, im kollektiven Diskussionsprozeß von allen, die in der RAF organisiert waren, das heißt, es gab darüber einen Konsens aller Gruppen, aller einzelnen Einheiten in den Städten und ... also ein klares Bewußtsein von jedem, was das bedeutet, die Funktion dieser Angriffe. Und insofern sind wir alle für diese Angriffe auf die militärische US-Präsenz in der Bundesrepublik verantwortlich. Das heißt, wir sind alle verantwortlich für die Anschläge, für die Angriffe auf die Headquarters. Und das sagt eigentlich schon alles, also das sagt alles über die Struktur schon aus. Und darin wird unheimlich deutlich, das, was Müller versucht, diesen absoluten Irrsinn zu sagen, sechs Leute hätten, hätten überhaupt gekonnt, alle Anschläge zu machen, die stattgefunden haben. Das ist völlig absurd. Es ist auch unheimlich einfach, das zu sehen, wie absurd es ist. Und ich will da in dem Zusammenhang nochmal eingehen auf, vor allem auf die Entführung Stadtkommandanten in Berlin, also die Eskalation, die das darstellt, und die Eskalation, die darin enthalten war, über die allerdings ich hier nichts reden werde. Darüber gibt es hier nichts zu sagen. Ja will ich auch noch sagen, also diese Entscheidung, die Konzeption dieser Angriffe und unsere Verantwortung dafür, das erklärt sich auch ein wesentlicher Bestandteil unserer eigenen Geschichte, die Politisierung eben durch die Mobilisierung der Studentenbewegung[247] an der Opposition zum Vietnam-Krieg,[248] daß es einfach eine klare Vermittlung war für uns und eben Begriff von der Notwendigkeit und von der Begrenztheit, die damals die Vietnam-Mobilisierung dargestellt hat, die objektive Grenze, was sie erreichen konnte. Und dann eben auch ihre Zerschlagung, kann man sagen, und eben die Notwendigkeit, bewaffnet zu kämpfen. Das heißt, das Niveau zu erreichen, das der Situation entspricht, in der wir hier sind in der Bundesrepublik als US-Kolonie, strategisches Subzentrum, also die ganze Argumentation, die ja hier auch schon in Beweisanträgen, zum Beispiel, entwickelt worden ist. Ich glaube nicht, daß ich das jetzt hier nochmal wiederholen muß. Mir geht es jetzt drum, das aus der Gruppe raus zu erklären.

Und dazu jetzt konkret, zu den Stadtkommandanten. Die Entführung hatte darüber hinaus den Zweck, die Gefangenen zu befreien, das heißt, über die Entführung den Austausch zu erreichen, der Gefangenen von uns, die damals schon verhaftet waren, und gegen die damals schon Isolationsfolter eingesetzt worden ist. Das heißt, es war für die Gruppe eine objektive Notwendigkeit, die Gefangenen zu befreien; das ist überhaupt das einzige Mittel. Dann ... Ja also die Stadtkommandanten in Berlin: Davon taucht bei Müller nur, soweit ich weiß, in seiner »Stern-Kolportage« da was auf; in der Aussage ist das völlig rausgelassen und ich glaube, das hat einfach den gezielten Zweck, daß dadurch die ganze Politik natürlich rausgelassen wird, völlig weggedrückt wird, die Politik, die überhaupt die RAF gemacht hat. Denn das war eine entscheidende Sache für uns. Und auch ziemlich schwierig zu machen, also operativ schwierig. Drei Stadtkommandanten, es hieß drei große Kommandos, die das ausführen sollten. Und das war kurz, also das war schon in der Phase der Durchführung, die Aktion; und durch die Verhaftung konnte das dann nicht mehr laufen. Andreas ist ungefähr zwei Wochen, bevor es laufen sollte, verhaftet worden. Und dadurch ist natürlich ein Teil der Infrastruktur zusammengebrochen, das heißt, wir wußten nicht mehr was davon und ob überhaupt etwas bekannt geworden sein konnte, von dem Plan. Dazu kam, daß der US-Stadtkommandant ziemlich schwer bewacht war; und es war also für uns dann nicht mehr möglich, das auszuführen. Das war die Ebene, mit der wir beschäftigt waren, an der wir dran waren, und besonders Andreas und Gudrun.

Und es ist völliger Dreck, völliger Quatsch zu behaupten, wie der Staatsschutz das macht, in Müllers Aussage, daß Andreas / Gudrun an Anschlägen gegen Polizeieinrichtungen beteiligt waren, sich damit ... an solchen Aktionen beteiligt haben, es ist einfach, es entspricht nicht den Tatsachen, weil Andreas und Gudrun, wie gesagt, zu der Zeit mit mir in Berlin waren, und wir angefangen haben, das zu organisieren. Zu den Anschlägen gegen Polizeieinrichtungen, das heißt, also Augsburg und München und Buddenberg in Karlsruhe, wo Müller behauptet eben, ich glaube, Andreas und Holger, ja, das ist die gleiche verrückte Geschichte, daß Andreas und Holger und Jan und Gudrun, ne Gudrun läßt er dabei raus mal, daß die sämtliche Anschläge durchgeführt haben sollten, das heißt, es ist völlig absurd. Also wirklich, ich weiß auch nicht, das muß man sicher auch nicht ausführen, weil es jedem klar ist, wie lächerlich das ist, und wie deutlich der Zweck dadrin ... Also auch wie hier in dieser ganzen Geschichte hier, fünf Angeklagte, also es an fünf Angeklagten aufzuhängen, wo es jetzt nur noch drei sind, sowieso. Das ist alles die gleiche Richtung; und daran wird auch unheimlich klar die ganze Dramaturgie, also überhaupt auch diese Linie, die läuft, psychologische Kriegsführung, Bundesanwaltschaft und Gericht, wie dieses hier, daß das eben alles eine Linie ist, daß da überhaupt keine Widersprüche bestehen, natürlich auch gar keine bestehen können. Ja, also ich wollte noch Augsburg und München hier anführen, eben weil Müller da konkret, ich glaube Andreas nennt und Holger auch. Tatsache ist, daß weder der eine noch der andere daran beteiligt war. Ich habe das schon erklärt. Andreas war zu der Zeit in Berlin, und daß diese Aktionen durchgeführt worden sind, von den Gruppen, die in München waren, und ... Also so war die RAF damals organisiert von ... acht Gruppen in sechs Städten, davon zwei starke Gruppen in zwei Städten, und es gab also auch eine Gruppe in München. Die Gruppen waren ... Die einzelnen Einheiten waren an das Logistiksystem integriert. Es gab einen Diskussionszusammenhang zwischen den einzelnen Einheiten. Aber die einzelnen Einheiten waren autonom, also in ihrer Entscheidung über, also über operative Durchführung, das war den einzelnen überlassen; das kann auch gar nicht anders sein. Und es war so, daß wir von diesen Anschlägen vorher nichts gewußt haben. Und wenn wir es gewußt hätten, hätten wir es natürlich auch nicht verhindert, weil, na ja, das ist einfach überhaupt nicht Sache, das dann zu verhindern. Nur wir hätten es auch nicht verhindern können, weder zeitlich noch technisch. Das war nicht möglich unter den Bedingungen. Aber es war klar, was der Sinn der Anschläge war, eine Antwort darauf, daß die Fighter auf der Straße erschossen worden sind, also Petra[249] und Tommy[250] und ... also es insofern auch überhaupt niemals unsere Absicht hätte sein können, das zu verhindern. Nur ist der Zweck, den die Aussage Müller dabei verfolgt, natürlich genau die strategische Konzeption dabei zu verschleiern, also sie überhaupt völlig rauszulassen, völlig zu zerstören durch solche Zuordnung. Das ist die strategische Konzeption, die sich von Anfang an gegen die militärische US-Präsenz gerichtet hat, gegen die Besetzung durch die USA, gegen völlige Abhängigkeit von den USA, Bundesrepublik. Und das ist der Punkt, auf den die Aussage zielt, mit diesem Versuch eben, mit dieser Zuordnung. Und das ist sehr wichtig, weil das genau die Politik der Gruppe desavouieren soll, also vernichten soll. Dann gibt es ja noch diese Sache, die er da behauptet. Also vielleicht kann ich das dann an einzelnen Fragen, die von Euch dann kommen, jeweils noch konkretisieren. Ich mache das jetzt erstmal so allgemein. Also diese Behauptung, Ulrike hätte im Gegensatz zu Andreas oder Gudrun oder überhaupt im Gegensatz zum Teil der Gruppe, Hamburg, also diesen Anschlag auf das Springer-Hochhaus, gewollt und durchgeführt, und also mit der Behauptung, es hätte da eine Fraktionierung gegeben oder jedenfalls in dieser Richtung Kämpfe untereinander, Terror – oder was weiß ich, was das Schwein da behauptet – aber ...

Vors.: Frau Mohnhaupt, bitte unterlassen Sie derartige Bezeichnungen von hier vernommenen Zeugen.

Zeugin Mohnhaupt: Tatsache war, daß Ulrike, daß die Aktion in Hamburg durchgeführt wurde, und das ist hier, ich glaube in dem Prozeß auch schon erklärt worden, daß wir auch davon nichts wußten, also aufgrund der ganzen Struktur eben, der Gruppen, daß es autonome Entscheidungen gab, autonome Durchführung von Aktionen. Und daß es nach der Aktion gegen Springer eine starke Kritik gab in den Gruppen, in den einzelnen Gruppen, und daß daraufhin Ulrike nach Hamburg gefahren ist, um genau das zu ermitteln, weil die RAF nie Aktionen unter der Implikation konzipiert hat, daß dabei Zivilisten getroffen werden können. Das ist ein wesentlicher Bestandteil gewesen, in allen Diskussionen. Und die Kritik an der Gruppe in Hamburg war, daß sie die Aktion durchgeführt hat, ohne sich darüber klar zu sein, ohne das in ihre Konzeption einzubeziehen, daß Springer natürlich nicht räumen lassen wird, also darauf genau nicht gefaßt war; das war die Kritik, an der Gruppe, die die Aktion gemacht hat. Und genau zu dem Zweck ist Ulrike damals nach Hamburg gefahren, um das zu klären, um da zu ermitteln. Und nach ihren Feststellungen, hat sie dann die Erklärung zu dem Anschlag formuliert, in der das auch auftaucht, dieser ganze Ablauf, Warnung, Springer räumt nicht, und so weiter. Das heißt also, was Müller da behauptet, na ja, was man schon weiß ... zum gezielten Zweck. Und bei Ulrike jetzt, daß er behauptet, es hätte da eine Fraktionierung gegeben. Sie hätte überhaupt die Absicht gehabt ... haben können, Aktionen zu machen gegen die anderen, also völlig irre. Daß ... das natürlich entspricht der Linie, die jetzt behauptet wird, Spannungen, und daß das ja auch sowieso nur den Mord an ihr legitimieren soll. Die Behauptung, es hätte Spannungen gegeben, die Spannungen haben die Geschichte, die zurückreicht, was Müller jetzt hier bringt, die zurückreicht bis Hamburg, bis in die Struktur der Gruppe 72/71; das ist einfach ein ganzes Gebäude, was hier aufgebaut wird, zu dem einzigen Zweck, den Mord zu legitimieren ...

Vors.: So, jetzt will ich Ihnen sagen, Frau Mohnhaupt. Sie haben einiges geschildert, was hier zu den Tatsachen gehört, die ein Zeuge bekunden soll. Ihre Meinungen und Wertungen sind hier nicht Gegenstand. Die weitere Behauptung, hier sei ein Mord passiert, nehme ich auf gar keinen Fall mehr hin. Das würde also dazu führen, daß Sie mit Ordnungsmaßnahmen zu rechnen hätten. Ich weise jetzt daraufhin, daß Sie Ihre Aussage durchaus im Zusammenhang zu Ende bringen können. Aber es interessiert nur das Wissen. Ihre Bewertungen, Meinungen, sind hier vollkommen uninteressant. Und das nur zu diesen genannten Beweisthemen. Dazu sollen Sie im Zusammenhang sprechen.

ZEUGIN MOHNHAUPT: Ja, es gibt da noch einen Punkt, also zu Berlin, wo Müller ja auch sagt, er hätte Leute aus der Berliner Gruppe zu Anschlägen, also Andreas hätte da Anschläge befohlen oder Leute dazu gedrängt, ich weiß die Formulierung nicht genau. Also das ist einfach absurd deswegen, wie gesagt, weil da die Aktion gegen die Stadtkommandanten durchgeführt werden sollte, also unmittelbar vor der Ausführung war, es also überhaupt darüber keine Diskussion gab, da Anschläge durchzuführen. Und wenn Müller das sagt, dann heißt das entweder, das, was es nicht sein kann, da er ja schon die Stadtkommandantengeschichte im Stern rausgelassen hat, daß er nichts wüßte, könnte es heißen; aber, wie gesagt, das trifft nicht zu, weil es ihm bekannt war, wenn auch nur unheimlich vage. Sondern es ist einfach das, was ich schon vorhin gesagt habe; dadurch soll genau die politische Linie gebrochen werden, überhaupt keine Politik mehr stattfinden, in diesen Behauptungen. Das ist zu dem Komplex »Anschläge« jetzt alles, was mir unmittelbar dazu einfällt.

VORS.: Können Sie noch eine Frage dann beantworten. Sie sagten: Wir haben von Augsburg und München nichts gewußt. Wen meinen Sie mit wir? Sind Sie da selbst einbezogen?

ZEUGIN MOHNHAUPT: Ja, ich meine damit alle, die ich kannte in der Gruppe. Also ich weiß das zum Beispiel auch, daß sie das so gemacht haben, weil ich die Münchner Gruppe, die das gemacht hat, kannte, kenne, weil ich aus der Gruppe gekommen bin.

VORS.: Ja, nein, aber Sie sollen ja Aussagen machen zu dem Kenntnisstand auch der Angeklagten; sind die miteinbezogen unter diesem: »Wir haben nichts davon gewußt.«

ZEUGIN MOHNHAUPT: Ja, ich habe ja schon gesagt, daß die da zu der Zeit in Berlin waren und mit der Aktion der Entführung beschäftigt.

VORS.: Das müßte aber dann bedeuten, daß Sie zur damaligen Zeit Einblick gehabt haben, auch in die Berliner Verhältnisse, Sie selbst?

ZEUGIN MOHNHAUPT: Ich war in Berlin, das ist auch bekannt.

VORS.: Sie waren damals in Berlin, ja. Wollen Sie von sich aus sonst noch was dazu beitragen, haben Sie noch was?

ZEUGIN MOHNHAUPT: Ja, wenn da keine Fragen kommen.

VORS.: Nun, zunächst Fragen beim Gericht noch? Bitte, Herr Dr. Breucker.

RICHTER DR. BREUCKER: Frau Mohnhaupt, Sie sagten zu dieser Zeit seien ...

ZEUGIN MOHNHAUPT: Sie können es ruhig lassen; ich werde da sowieso nichts darauf sagen.

RICHTER DR. BREUCKER: ... Andreas und Gudrun in Berlin gewesen ...

VORS.: Frau Mohnhaupt bitte, hören Sie jetzt zuerst mal zu, dann können Sie eine Antwort geben.

RICHTER DR. BREUCKER: Sie sagten, Herr Baader und Frau Ensslin seien zu jener Zeit in Berlin gewesen. Wie stand es mit Herrn Raspe? War er auch in Berlin?

ZEUGIN MOHNHAUPT: Ich habe schon gesagt, also das ist wirklich nicht hier meine Angelegenheit, Ihre Fragen zu beantworten.

VORS.: Doch es ist Ihre Angelegenheit, dem Gesetze nach. Und sehen Sie, Frau Mohnhaupt, ich darf Ihnen nicht verhehlen ...

ZEUGIN MOHNHAUPT: Das weiß wohl ich am besten, was ich hier mache.

VORS.: ... dieses Auftreten, das hat nun also Züge an sich, die kann man wirklich unter Erwachsenen nicht recht begreifen. Es geht ja jetzt nur darum, daß Sie zu den Angeklagten etwas aussagen wollen. Und wenn Sie sagen, die Angeklagten waren in Berlin, dann ist die ergänzende Frage, weil Sie nur Baader und Ensslin erwähnten, ob auch Raspe damit gemeint ist, wirklich nichts, was Sie nun dazu führen müßte, eine solche Haltung einzunehmen. Das wird man doch von einer 26jährigen Zeugin erwarten können, daß sie dann noch autonom genug ist zu sagen, ja das bezieht sich auch auf Raspe und nicht warten muß, ob das die Herren Verteidiger fragen.

Zeugin Mohnhaupt: Ihre Unverschämtheiten können Sie ruhig lassen. Aber ich habe gesagt, ich mach das einfach grundsätzlich, nicht zu Ihren Fragen. Wenn ich es für nötig halte, darüber zu reden, dann mache ich das; aber ich habe genau das gesagt, was ich dazu sagen will.

Vors.: Dann mache ich Ihnen noch einen Vermittlungsvorschlag. Halten Sie es in diesem Zusammenhang genauso, wie Sie mir die Frage nach Baader und Ensslin beantwortet haben, im Zusammenhang mit Herrn Raspe auch für nötig. Das ist zweckmäßig.

Zeugin Mohnhaupt: Nein, halte ich unter den Umständen nicht für nötig.

Vors.: Will die Bundesanwaltschaft sich dazu äußern? Es sei denn natürlich, daß das wieder unter dem Vorbehalt des § 55 [StPO] stehen sollte. Das muß ich noch vorweg klären. Ich bitte um Verständnis.

BA Dr. Wunder: Herr Vorsitzender, ich glaube der Bogen wäre dann doch wohl sehr weit gespannt. Ich meine die Zeugin müßte jetzt darauf hingewiesen und belehrt werden, daß möglicherweise ein Antrag von Seiten der Bundesanwaltschaft gestellt wird, sie wegen grundloser Zeugnisverweigerung in Beugehaft zu nehmen.

Die Zeugin Mohnhaupt lacht

Vors.: Ja, Frau Mohnhaupt, ich würde darüber nicht so lachen, denn die Maßnahmen können doch empfindlich werden, die hier jetzt gerade angedeutet sind. Ich möchte Sie darauf hinweisen, daß der § 70 der Strafprozeßordnung nicht nur erlaubt, gegen Sie ein Ordnungsgeld festzusetzen bis zu 1000,– DM, und an dessen Stelle Ordnungshaft bis zu sechs Wochen, wenn Sie das nicht bezahlen könnten, sondern Sie können auch zur Erzwingung des Zeugnisses bis zu sechs Monaten in Haft genommen werden.

Zeugin Mohnhaupt: Ja, ja, ich kenn die Bestimmung; aber das interessiert mich wirklich absolut nicht. [...]

Vors.: Frage: Frau Mohnhaupt, wollen Sie Antwort geben oder nicht auf die Frage. Oder wollen Sie sich auf § 55 [StPO] berufen? Da könnten wir uns dann auch noch Gedanken drüber machen, ob das berechtigt ist oder nicht. Es geht also nur dahin, Sie sagten mir vorhin ...

ZEUGIN MOHNHAUPT: Ja gut, dann mache ich das. [...]

VORS.: [...] Dann darf ich den Herrn Verteidigern die Gelegenheit geben, wer von den Herren will beginnen? Herr Rechtsanwalt Dr. Temming.

RA DR. TEMMING: Noch eine Frage, das betrifft die Aussage des Zeugen der Anklage, Gerhard Müller, daß es geplant gewesen sei, Siegfried Hausner zu liquidieren. Wie ist das, weißt Du darüber etwas und weißt Du was darüber ... ob es Trennungen von Individuen von der Gruppe gab und wie die abgelaufen sind?

ZEUGIN MOHNHAUPT: Ja, also es gab natürlich Trennungen. Es wäre einfach falsch zu sagen, so was gibt es nicht. Es gibt natürlich solche Widersprüche in der Gruppe und die entstehen auch in dem Prozeß, in dem die Gruppe ist, also im Prozeß des Kampfes gibt es natürlich Widersprüche und es gibt Leute, die entscheiden sich irgendwann, den Job nicht mehr zu machen, weil sie das nicht mehr wollen, also an, ja, die Implikation eben, die da einfach drin ist, entscheiden sie sich umzudrehen, wieder zurück oder eben einfach versuchen, eine andere Praxis zu machen. Obwohl eigentlich jeder weiß, daß es nicht möglich ist, eine andere ... daß das gelogen ist, wenn man es mal gemacht hat. Also so eine Entscheidung kann nur ein Schritt zurück sein, man reist immer ein Schritt in den Dreck zurück.

Aber es gab solche Trennungen natürlich. Und es ist niemals von Liquidation geredet worden, also bei keiner Trennung. Es gab Trennungen von Leuten, was ich schon gesagt hab, die den Job nicht mehr machen konnten, nicht mehr machen wollten, eben, weil sie begriffen hatten, was Illegalität bedeutet, was bewaffneter Kampf bedeutet und das war ihre freie Entscheidung. Also es war richtig, daß sie gegangen sind, weil es wäre verrückt gewesen, sie zu halten, wozu, nicht? Also eine gemeinsame Praxis wäre da überhaupt nicht mehr möglich gewesen. Und es gab Trennungen, wo wir das bestimmt haben, also es waren Leute, also was wir gesagt haben, wir trennen uns von denen aus bestimmten Gründen. Also im Grunde genommen aus denselben natürlich, weil eine gemeinsame Praxis an einem bestimmten Punkt nicht mehr möglich war, dadurch, daß sich Widersprüche entwickelt

haben. Und, naja, die leben natürlich alle noch, also es ist völlig irre. Es gab ... es ist völlig normal gelaufen, natürlich. Sie haben sich getrennt, sie machen was anderes, eben in dem Bewußtsein, daß sie genau diese Praxis nicht mehr machen konnten.
Und vielleicht soll man dazu noch was sagen, wie das gelaufen ist, wenn sich Leute entschieden haben aufzuhören. Das war immer so, daß in Diskussionsprozessen entschieden worden ist, d.h. es waren alle beteiligt oder sehr viele, also alle, die ... wo es denen unter den Bedingungen möglich war, daran teilzunehmen. Und zwar, es und lief in Diskussionen, und es lief nicht abrupt, sondern es war jedesmal eine Entwicklung da. Und zwar eine Entwicklung, daß derjenige eben selber genauso begriffen hat, wie alle anderen in der Gruppe, daß der Punkt erreicht ist, wo eine gemeinsame Praxis wirklich unmöglich geworden ist, also wo er sich entscheiden muß, entweder er ändert sich jetzt, er will das noch, er bringt sich ... er schafft sich dahin und das ist klar, mit allen zusammen natürlich, oder er geht und dann geht er eben ohne Zwang, ohne Druck, sondern weil es seine Entscheidung ist, weil er es als seine Entscheidung auch begreifen kann, weil es so vermittelt war im Prozeß, also ohne Identitätsverlust, ohne ihn wegzuschmeißen; das ist unmöglich, also so ist es auch nie gelaufen; so war die Struktur ... Es ist auch ... also das ist auch der Punkt, der eben diese Hausner-Geschichte, die Müller da bringt, so absolut unmöglich macht wie Liquidation. Das heißt, unter bestimmten Umständen sagen wir natürlich, daß es grundsätzlich möglich ist, in bestimmten Situationen, da gibt es überhaupt kein Problem, das ist einfach so, aber es war 72 in dem Prozeß, in dem die Gruppe da war, wäre es falsch gewesen in dieser Situation, weil so eine Sache einen, der gehen will, wobei es einfach nicht stimmt, daß Hausner gehen wollte oder daß wir gesagt haben, er soll gehen; das ist in sich schon völlig falsch, weil es gar keinen Grund gab. Also in seiner Person, in dem, was er gemacht hat, war überhaupt kein Grund vorhanden zu sagen, der muß raus, der muß liquidiert werden, das ist völlig lächerlich. Es gab da nichts.

Und Fehler oder so was, das macht natürlich jeder; also diese Arroganz und diese Absolutheit, die hat auch keiner, daß er sagt, ich mache keine Fehler. Jedenfalls war die Situation ja in den Gruppen so, daß eine Sache wie zu sagen, der geht jetzt raus und wenn er nicht rausgeht, dann weiß er … also was er da sagt, ist doch, wenn er nicht nach Holland könnte oder wenn er nicht abgeschoben werden könnte ins Ausland, dann muß er einfach so, als Notlösung muß er dann liquidiert werden, das ist ja überhaupt das schweinischste überhaupt. Also die Situation war so, daß so eine Sache, wenn sie gemacht worden wäre, dann hätte sie die Gruppe, die einzelnen, die in der Gruppe gekämpft haben, natürlich niemals gestärkt, sondern geschwächt, zerstört, wirklich. Weil mit der Implikation, daß so was möglich ist, in der Gruppe, wie wäre es dann noch möglich, daß die einzelnen kämpfen, daß sie Mut haben, daß sie überhaupt noch Identität herstellen können. Also das halte ich für ausgeschlossen. Wenn es so laufen würde, wie Müller das darstellt, nur als Notlösung und nur, weil vielleicht kein Platz da ist, also völlig wahnsinnig. Also ist das alles? Also ist es daran jetzt klar?
Ach so, nein, dann kann man noch ein Beispiel bringen.
Es gibt die Geschichte, die auch bekannt ist, und zwar in Berlin, also Edelgard G. heißt die, glaube ich, G. jedenfalls; die hat ein halbes Dutzend Leute hochgehen lassen, also sie hat Leute verraten, Wohnungen verraten; und was passiert ist, was gemacht worden ist: sie hat einen Eimer Teer über die Fresse gekriegt und ein Schild um den Hals.[251] Also ich meine, wenn so was bekannt ist, daß jemand, der Leute verraten hat, d. h. er verrät sie und gibt sie praktisch zum Abschuß frei, denn man kann das ja nie wissen, wenn die Bullen in die Wohnung kommen, wie das da läuft, wenn der einen Eimer Teer über den Kopf kriegt, dann ist es umso absurder anzunehmen, einer, der niemanden verraten hat, könnte aufgrund einer bestimmten Situation, wo alles mögliche kulminiert, also wie Müller das darstellt, Fahndung und was weiß ich, Verhaftung, könnte der einfach so abgeknallt werden; das ist ausgeschlossen.

Und dann gibt es natürlich noch den stärksten Beweis, würde ich sagen, daß es nicht sein kann, daß das eine gezielte Behauptung ist einfach, daß Siegfried das Kommando Holger Meins[252] geführt hat. Also das ist ausgeschlossen, daß er das sonst gekonnt hätte, das gemacht hätte. Das ist einfach die Vermittlung, daß er das macht, daß er das gemacht hat. Die sagt einfach genau das richtige aus, über die Struktur, wie sie war. Ich glaube, das kann man auch gut begreifen. Wie sollte er es sonst machen können, wie soll der sonst kämpfen können, mit so einer Geschichte, wie Müller sie behauptet.

RA Dr. Temming: Ja. Dann noch, der Zeuge der Anklage, Müller, hat auch behauptet, daß die hierarchische Struktur durch Andreas Baader angeführt worden wäre. Andreas Baader habe einen Führungsanspruch gehabt. Mich würde interessieren, gab es so was oder gibt es so was in der Gruppe und wie ist das Verhältnis der Gruppe überhaupt zur Führung? [...]

Zeugin Mohnhaupt: Ja, also, wenn einer einen Führungsanspruch gehabt hätte, dann hätte er sich nur lächerlich gemacht. Also einen Anspruch zu führen ist einfach wirklich nur lächerlich. Die Sache ist ... wie sie war, wie wir das begriffen haben, daß Führung eine Funktion sein kann und in bestimmten Situationen auch sicher notwendig ist, z. B. in Aktionen und so haben wir das bestimmt. Und natürlich hat Andreas die Funktion von Führung; einfach, weil er einen unheimlich genauen Begriff von Situationen entwickeln kann und aus diesem Begriff, aus der Analyse von Situationen konzipieren kann, eine Taktik, eine bestimmte, einen Ablauf und so Linien festlegen kann, also eine bestimmte Linie. Aber das ist einfach eine Sache, die niemals im Alleingang oder im einsamen Entschluß von einem stattfindet, sondern so eine Konzeption, wenn die einer entwirft, dann ist die natürlich der Diskussion von allen unterworfen, denn alle sind an der Praxis sehr konkret beteiligt, d. h. an der Linie. Also sie müssen die Linie diskutieren, sie müssen sie begreifen, sie müssen sie weiterentwickeln, jeder muß sie bestimmen können in jeder Situation, denn in bestimmten Situationen bist du eben allein und wenn du es dann begriffen hast, dann, naja, dann läuft nichts mehr, nicht. Also solche ... was Andreas da gemacht hatte, das war dann der Diskussionsprozeß. Von allen ist es dann festgelegt worden, genauer bestimmt, weitergemacht worden. Und in dem Moment, wo es festgelegt worden ist, als Linie, in dem Moment war er natürlich der Linie genauso unterworfen bzw. an sie gebunden, aber eben nicht als Zwang, sondern einfach aus dem Begriff, daß das notwendig ist, daß das richtig ist, daß das eine richtige Perspektive ist, eine richtige Taktik, wie jeder andere auch. Also da ist es dann auch völlig aufgehoben gewesen. Das heißt, Führung hat immer nur eine bestimmte Funktion und die ist natürlich für die, die sie benutzen, nur erträglich, wie für die, an denen sie hängenbleibt, wenn sie keine Herrschaft ist, wenn sie völlig bestimmt ist über das, was alle wollen. Also sowieso ist ja das Prinzip in der Organisation Freiwilligkeit, d.h. daß jeder das eben auch können muß und können will, und ... also wir haben das genannt Kaderlinie, d.h., daß jeder dahinkommen muß, ob er nun lange bei der RAF war oder nicht so lange, das ist egal. Also daß jeder genau dahinkommen muß, so was selber zu können. Das heißt, dieser Schwachsinn da, den Müller behauptet hier, mit offener Gruppe, also praktisch, daß alle an allen Arbeitsprozessen beteiligt sind, das ist einfach völlig ... das gibt es überhaupt nicht. Also das würde bedeuten, das ist natürlich die Legitimation der Aussage, weil es bedeuten würde, daß jeder alles weiß und konkret eben, daß Müller alles weiß. Aber Müller weiß nicht alles, Müller war kein Kader. Das ist einfach nur seine Behauptung, in dem bestimmten Zweck, den er da verfolgt bzw. der Staatschutz da verfolgt. [...]

RA Dr. Temming: Wie verhält es sich denn dann mit der Befehlsgewalt, die Andreas Baader angeblich nach der Aussage des Zeugen der Anklage, Müller, gehabt und ausgeübt haben soll. Er hat das Beispiel, glaube ich, des Schießbefehls gegeben, daß sich jedes Mitglied aus der RAF im Falle der Verhaftung mit Waffengewalt zu wehren habe?

Zeugin Mohnhaupt: Ja. Naja, also ich würde mal die Antwort in zwei Sachen teilen. Einmal das Verhältnis, die Bestimmung, die die Gruppe zu Befehl hatte, wie sie das definiert hat, und es war auch ein Prozeß, das zu definieren, »Befehl«, was das ist, was wir für ein Verhältnis dazu hatten; und dann eben konkret zum Schießbefehl. Also ich will erstmal was zu Befehl allgemein sagen, und zwar hat sich das natürlich auch entwickelt. Also die Situation ist so, daß in bestimmten Situationen natürlich, also in der Aktion ... [...]

Ja, ich habe gesagt, erstmal Befehl allgemein, also was wir dazu für ein Verhältnis hatten. Und zwar haben wir es so gesehen, daß Befehl der kollektive Beschluß ist in der Phase der Durchführung. Das heißt, in der Phase z. B. Durchführung, also Aktion gibt es Befehl einfach, das ist eine militärische Notwendigkeit, das ist auch richtig, das ist auch funktional. Und eben weil es funktional ist, hat es überhaupt nichts mit Zwang zu tun, denn eine Aktion ist ja wie gesagt, ein kollektiver Beschluß, d. h. sie ist vorher durchgesprochen, bestimmt von allen, begriffen von allen, die jeweiligen Jobs, die einer hat. Und Befehl ist dann eigentlich nur noch Koordination. So, das ist das eine und das andere ist diese Befehlsgewalt. Dieses ganze Bild, was das entwirft, ist Andreas der Boss, der die absolute Gewalt hat.

Reg. Dir. Widera: Ich bitte ums Wort.

Vors.: Ist irgend etwas zu beanstanden?

Reg. Dir. Widera: Ja.

Vors.: Ja, bitte.

Reg. Dir. Widera: Es wird jetzt hier immer deutlicher, daß dort eine vorbereitete Aussage liegt, vor der Zeugin. Sie hat auch bei der letzten Frage erstmal umgewandt, das Blatt, und ist zum nächsten Blatt gegangen und verliest uns hier etwas, was sie vorbereitet hat.

Zeugin Mohnhaupt: Ich habe überhaupt nichts verlesen.

Reg. Dir. Widera: Das ist nicht Sinn einer Zeugenvernehmung. Wenn es sich darum gehandelt hätte, und deswegen haben wir solange gewartet, daß dort etwa Stichpunkte gestanden hätten ...

Zeugin Mohnhaupt: Ja.

Reg. Dir. Widera: ... denn es ist ja ein großes Gebiet, über das da zu berichten ist, nein, hier ist also vollkommen, eine Frage kommt, es braucht nicht einmal innerhalb der vielen Blätter gesucht zu werden, es wird das nächste Blatt genommen. Es ist hier eine vollkommen vorbereitete Geschichte, die hier abläuft und deswegen bitte ich die Zeugin zu veranlassen, ihre vorbereiteten Dinge da zu schließen und dann auf die Fragen des Herrn Rechtsanwalt Dr. Temming zu beantworten. […]

ZEUGIN MOHNHAUPT: Also, kann ich dazu mal was sagen?

VORS.: Frau Mohnhaupt, ich bin jetzt im Augenblick daran, das zu erklären. Wir haben die Zeugin auf das hin genau beobachtet. In der Tat ist es so, daß sie schriftliche Unterlagen besitzt, aber ihre Antworten sind nicht verlesen. Das Gericht hat sich immer wieder davon überzeugt, daß sie nicht abliest, sondern sie sucht Notizen und sicherlich vorbereiteten schriftlichen Unterlagen nach, das ist einem Zeugen gestattet. Hätte sie verlesen, dann hätte ich schon früher eingegriffen.

ZEUGIN MOHNHAUPT: Das ist der spezifische Kretinismus. Ich kann mich auch umdrehen, wirklich.

VORS.: Jetzt darf ich Sie darauf hinweisen, daß das Gericht nicht mehr bereit ist, Ihre Ausfälligkeiten, die Sie schon wiederholt trotz Abmahnungen nicht unterlassen haben, hinzunehmen. Es ist jetzt zu erwägen, ob gegen Sie eine Ordnungsmaßnahme in Betracht kommt. Wollen Sie sich dazu äußern?

ZEUGIN MOHNHAUPT: Nein.

VORS.: In Betracht käme Ordnungsgeld oder Ordnungshaft.[253]

ZEUGIN MOHNHAUPT: Nein, absolut nicht. Ich bleibe dabei, das ist wirklich der spezifische Kretinismus, daß natürlich die Bundesanwaltschaft überhaupt nicht glauben kann, denken kann, daß einer von uns das wirklich im Kopf hat und nicht auf dem Papier.

Natürlich, da machen Sie doch eine Ordnungsstrafe, sehr gerne. […]

(Nach geheimer Beratung)

Der Senat hat beschlossen

es wird gegen Sie eine Ordnungsstrafe von drei Tagen wegen Ungebühr verhängt.

Sie haben in Bezug auf Ausführungen der Bundesanwaltschaft von Kretinismus gesprochen und trotz …

ZEUGIN MOHNHAUPT: Spezifischen.

VORS.: ... – spezifischen Kretinismus – und trotz Abmahnung davon nicht abgelassen.

Sie können jetzt in Ihren Aussagen fortfahren, wobei es tunlich wäre, daß Sie sich dieser Unterlagen nicht allzu intensiv bedienen, denn dadurch entsteht in der Tat dieser Eindruck, Sie würden ablesen, und das ist nicht zulässig. Sie können sich schriftlicher Unterlagen zwar bedienen zur Orientierung, aber nichts verlesen.

ZEUGIN MOHNHAUPT: Ja, wo war ich denn überhaupt? Ach so, bei dem Schießbefehl. [...]

Tatsächlich ist es so, daß Müller natürlich weiß, daß es keinen Schießbefehl gegeben hat. Er hatte einfach keinen, wie keiner von uns einen hatte. Und warum er das behauptet, genau dazu habe ich das gesagt, was hier eben als nicht zur Sache gehörig bezeichnet wird, eben als das Destillat der psychologischen Kriegsführung, daß in dieser Aussage behauptet wird, verifiziert werden soll, daß es doch so gewesen sein sollte, eben genau zu dem Zweck die Gruppe kaputtzumachen. [...]

RA DR. TEMMING: [...] Dann noch eine Frage zum INFO[254]. Der Zeuge der Anklage, Müller, hat behauptet, das INFO habe dazu gedient, die kriminellen Ziele innerhalb und außerhalb, vor allen Dingen außerhalb der Gefängnisse, weiterzuverfolgen. Kannst Du etwas über die Funktion des INFO's, erstens über die Funktion des INFO's sagen, zweitens, gab es sowas wie einen Zwang, sich an dem INFO zu beteiligen, und drittens, wurde im Zusammenhang mit dem INFO irgendwelcher Druck über das INFO auf irgendwelche Gefangenen von irgendwelchen anderen Gefangenen ausgeübt? [...]

ZEUGIN MOHNHAUPT: Also, daß das INFO ein Disziplinierungsmittel gewesen sein soll?

RA DR. TEMMING: Ja.

ZEUGIN MOHNHAUPT: Das INFO war der absolute Gegensatz dazu. Also es war die einzige Möglichkeit, so, wie wir das bestimmt haben und wie es konzipiert worden ist, die einzige Möglichkeit überhaupt, von isolierten Gefangenen zu einer Interaktion, wenn sie natürlich auch sich nur als Kommunikationssurrogat abspielt, also, über Briefe, über Papier. Aber es war die einzige Möglichkeit überhaupt zur Diskussion, zur politischen Diskussion, zur politischen Information und zur Orientierung natürlich. Und es war also von hierarchischer Struktur oder sowas, war da natürlich überhaupt nichts, sondern das, was da Müller anführt mit INFO 1, ich weiß jetzt nicht mehr genau, wie das formuliert ist in den Zeitungen, aber daß es da verschiedene Kategorien gegeben hat, irgendwie, in dem man sich hochdienen sollte, so ein Aufsteigersystem. Das ist absurd. Die Einteilung, INFO 1, das waren alle, die in der RAF organisiert gewesen waren, und das ist einfach funktional gewesen. Natürlich haben alle Leute, die in der RAF organisiert waren, spezifische Informationen gehabt, spezifische Formen der Diskussion und der Kommunikation, also das hat überhaupt nichts mit Hierarchie zu tun, sondern das ist einfach eine Tatsache gewesen. So war es eben. Und INFO 2 hat es kaum gegeben. Das sollte mal gemacht werden, aber tatsächlich gab es das nie. Und das INFO 2, was nie gemacht worden ist, wurde dann zum INFO im Hungerstreik; und da waren alle Gefangenen beteiligt, die am Hungerstreik beteiligt waren.

Das heißt also, auch da sehe ich absolut keine Hierarchie, keine Kategorie, das sind einfach zwei verschiedene Gruppen. Die einen sind die Gefangenen aus der RAF gewesen, und das andere ist eine Gruppe von ganz anderen Gefangenen, zum Teil vom 2. Juni[255], von Münchner Stadtguerillagruppen[256] z. B. oder eben alle, die am Hungerstreik beteiligt waren. Das waren ja eine ganze Menge. Das sind zwei völlig verschiedene Gruppen. Es wär völlig unmöglich, das einfach kurzzuschließen. Das sind ganz verschiedene Ebenen der Diskussion und des Gruppenzusammenhangs. Das ist unmöglich, die kurzzuschließen. Dies einfach einen Einheitsramsch zu machen, der überhaupt in gar keiner Form real bestanden hat. Und INFO 3, da gibt es nun überhaupt nichts mit Hierarchie. INFO 3 war einfach die Information, das heißt Presseartikel, irgendwelcher Analysen, z. B. aus Zeitungen. Also das war einfach Informationsmaterial INFO 3. Also das, was jeder sowieso gekriegt hat. Also irgendwie, daß INFO 3 die unterste Stufe war, ist einfach schwachsinnig. Das war einfach eine bestimmte Form von Information INFO 3. Eben Presseberichterstattung, ausländische Berichterstattung, also alles, was man braucht, um bestimmten Überblick zu bekommen aus solchen Sachen, was da an Informationen zu haben ist, was da aktuell ist. Das war INFO 3. [...]

Also der Sinn des INFO's, seine ganze Funktion, wie wir sie bestimmt haben, war eben Mittel gegen die Isolation. Wir haben gesagt, jeder Satz, den ein Gefangener schreibt über das INFO, ist wie eine Tat, also jeder Satz ist eine Aktion. So war das für die Gefangenen. Sie haben ja keine Möglichkeit gehabt, irgend etwas zu machen in der Isolation, außer eben das zu benutzen, und da die Kommunikation. Und da war wirklich, also man kann sagen, ein radikaler Demokratisierungsprozeß, weil über das INFO natürlich jeder von jedem alles wußte, was der schrieb. Das heißt, unheimlich radikal-demokratisch. [...]

VORS.: Das Gericht hat keine Fragen mehr. Hat die Bundesanwaltschaft noch welche? Die übrigen Herren Verteidiger? Sie waren bereit, freundlicherweise zurückzustellen. Die Herren Verteidiger keine Fragen mehr. Bitteschön, Herr Bundesanwalt Zeis?

OSTA ZEIS: Frau Mohnhaupt, Sie haben vorhin auf die Frage von Herrn Rechtsanwalt Dr. Heldmann, glaube ich, gesagt, es hätte in der Gruppe keinen Schießbefehl gegeben. Darf ich fragen, warum Sie dann bei Ihrer Festnahme eine funktionstüchtige und schußbereite Waffe getragen haben?

ZEUGIN MOHNHAUPT: Also wirklich. Ich hab das Geschnatter hier, das ist so albern ...

VORS.: Halt, halt, halt. Werden Sie nicht mit Ihrer Antwort ausfällig. Sie könnten sonst bloß wieder Nachteile einhandeln.

ZEUGIN MOHNHAUPT: Ich sag da wirklich nichts drauf als Zeugin.

VORS.: Wollen Sie die Frage beantworten?

ZEUGIN MOHNHAUPT: Ne, ach quatsch.

VORS.: Was für einen Rechtsgrund wollen Sie geltend machen?

ZEUGIN MOHNHAUPT: Ach überhaupt keinen Rechtsgrund. Ich beantworte es nur nicht und dann fertig.

OStA Zeis: Herr Vorsitzender, es hat für uns den Anschein, als ob die Zeugin mutwillig die Frage verweigere. Dafür sieht § 70 StPO gewisse Konsequenzen vor.[257] Die Bundesanwaltschaft beantragt deshalb gegen die Zeugin ein Ordnungsgeld von DM 500, im Uneinbringlichkeitsfalle zehn Tage Haft zu verhängen. [...]

Vors.: Frau Mohnhaupt, ich möchte Sie jetzt bitten, daß Sie, wenn Sie keine Auskunft geben wollen, um Nachteile für sich und zwar völlig unnötige Nachteile zu vermeiden, ganz klar erklären, ob Sie sich auf die Sie schützende Bestimmung des § 55 [StPO] berufen. Das ist Ihr Recht. Kein Mensch kann Ihnen verübeln, wenn Sie sagen, ich möchte darauf keine Auskunft geben. Aber es geht nicht in der Form.

Zeugin Mohnhaupt: Natürlich gebe ich darauf keine Auskunft.

Vors.: Weitere Fragen bitte?

OStA Zeis: Eine letzte Frage, Herr Vorsitzender. Frau Mohnhaupt, Sie haben vorhin auf die Frage des Herrn Verteidigers dort drüben, ob es Rechtsanwälte als Mitglieder der RAF gegeben habe, gesagt, das sei ein Widerspruch in sich selbst. Haben Sie dabei auch an die Herren Rechtsanwälte ...

Zeugin Mohnhaupt: Tatsächlich?

OStA Zeis: ... Mahler[258], Haag[259], Lang[260] und Becker[261] gedacht?

Zeugin Mohnhaupt: Also ich hab ...

RA Dr. Temming: Ich beanstande die Frage. Und jedenfalls soweit sie sich auf die Herren Haag, Becker und Lang beziehen. Deren Mitgliedschaft oder Nichtmitgliedschaft ist in keiner Weise irgendwo bewiesen. Und auch nicht rechtskräftig festgestellt im Gegensatz zu Herrn Mahler, da kann ich nicht dagegen ...

OStA Zeis: Dem Herrn Rechtsanwalt Dr. Temming scheint offenbar unbekannt zu sein, daß der Herr Rechtsanwalt Lang, bevor er in den Untergrund gegangen ist, durch seine damaligen Rechtsanwälte eine Erklärung vor Gericht hat verlesen lassen, aus der sich eindeutig ergibt, daß er sich als Mitglied der RAF fühlt. [...]

Vors. (nach geheimer Umfrage):

Der Senat hat beschlossen, die Frage ist zulässig. Sie dient zur

Überprüfung einer Antwort der Zeugin, die sie gegeben hat, und gibt ihr anhand von Beispielen die Möglichkeit, diese Antwort nochmals richtig zu stellen, sofern sie nicht richtig gegeben worden sein soll im Hinblick darauf, daß die Zeugin diese genannten Namen nicht vor Augen gehabt hätte, bitteschön.

ZEUGIN MOHNHAUPT: Also die Frage ist einfach so dumm, daß eigentlich schon wieder ganz gut ist, darauf zu antworten.

VORS.: Sie können sich jetzt dazu äußern, daß eine erneute Ordnungsstrafe gegen Sie zu erwägen ist, wegen Ihrer beleidigenden Form. Wollen Sie sich dazu äußern?

Zeugin lacht.

ZEUGIN MOHNHAUPT: Es häuft sich jetzt. Ach, naja.

VORS.: Ja, Sie müssen es wissen, Frau Mohnhaupt. Wollen Sie sich dazu äußern. Ich habe es Ihnen jetzt mehrfach gesagt.

ZEUGIN MOHNHAUPT: Ach, ich äußer mich da zu so einem Krempel da ...

VORS.: Gut. Dann beantworten Sie jetzt zunächst die Frage und wir werden dann über das beschließen, was im Augenblick von Ihnen nicht weiter belegt wurde.

ZEUGIN MOHNHAUPT: Die Frage habe ich vorhin schon beantwortet, in dem, was ich gesagt hab. Also es gibt da wirklich nichts dazu zu sagen.

VORS.: Sie wollen Ihre Antwort, die Sie gegeben haben, nicht irgendwie ändern damit?

ZEUGIN MOHNHAUPT: Ne, die ist sehr klar gewesen, wie ich das gesagt hab. Da gibt es überhaupt keinen Widerspruch.

VORS. (nach geheimer Umfrage):

Der Senat hat beschlossen:

Gegen die Zeugin wird eine erneute Ordnungsstrafe in Form einer Ordnungshaft von drei Tagen verhängt. Sie hat sich einer Ungebühr schuldig gemacht, indem Sie eine korrekte und zugelassene Frage der Bundesanwaltschaft als so dumm bezeichnet hat, daß darauf keine Antwort zu geben sei. [...]

VORS.: Sind noch Fragen? Ich darf Sie jetzt bitten ...

OStA Zeis: Bei diesem Verhalten der Zeugin haben wir keine weiteren Fragen mehr. Danke.

Vors.: Keine weiteren Fragen. Sonstige Fragen an die Frau Zeugin? Ich sehe nicht.

Die Zeugin Mohnhaupt bleibt gem. § 60 Ziffer 2 StPO wegen Verdachtes der Tatbeteiligung unbeeidigt und wird im allseitigen Einvernehmen um 15.55 Uhr entlassen. [...]

*In den folgenden Verhandlungstagen erscheinen etliche weitere Mitglieder der RAF in Stuttgart-Stammheim: Ilse Stachowiak, Christa Eckes, Klaus Jünschke, Manfred Grashof, Helmut Pohl, Margrit Schiller, Ronald Augustin, Werner Hoppe, Irmgard Möller, Ingrid Schubert, Ralf Reinders. Der Aufnahme ihrer Aussagen auf das Gerichtstonband stimmen sie überwiegend nicht zu; die Aussagen finden sich daher nur unvollständig im Protokoll. Zum Teil werden Aussagen auch ganz verweigert: Die Zeuginnen Stachowiak und Eckes etwa geben mehrfach an, zur Aussage gesundheitlich aufgrund des Transports und der »Vernichtungshaft« nicht in der Lage zu sein. Gegen sie wird Beugehaft verhängt. Grashof und Jünschke machen ihre Aussagen von verschiedenen Bedingungen abhängig. Fragen des Gerichts oder der Bundesanwaltschaft werden von den meisten Zeug*innen gar nicht erst beantwortet, stattdessen fallen regelmäßig Beleidigungen, was zur Verhängung von Ordnungsstrafen und Ordnungshaft führt. Hoppe teilt dem Vorsitzenden Dr. Prinzing mit: »Wir sind es nicht gewohnt, mit Leuten wie Ihnen zu reden, sondern auf Leute wie Sie zu schießen.«*[262]

Mittwoch, 28. Juli 1976
131. Verhandlungstag

[...]

Der Zeuge Klaus Jünschke – vorgeführt aus Untersuchungshaft – erscheint um 14.03 Uhr im Sitzungssaal.

Der Zeuge Klaus Jünschke wird gem. §§ 57 und 55 StPO belehrt.

Vors.: Wir haben hier ein Tonbandgerät angeschaltet. Sind Sie damit einverstanden, daß Ihre Aussage hier mit auf dem Tonband aufgenommen wird.

Zeuge Jünschke: Nein.

In der Folge wird das Tonband ausgeschaltet, solange sich der Zeuge äußert. Rechtsanwalt Dr. Heldmann erscheint wieder um 14.06 Uhr im Sitzungssaal.

Der Zeuge Jünschke verweigerte die Angaben über seine Person und erklärte, daß diese Angaben unwichtig und bereits bekannt seien.

Er erklärte: Wenn Sie dieses Ritual brauchen, dann können Sie es »mit diesen dreckigen Faschisten da drüben« ... (Deutet auf die Vertreter der Anklage).

Der Vorsitzende wies den Zeugen darauf hin, daß er wegen der Äußerung zu der Bundesanwaltschaft »die Faschisten da drüben« in eine Ordnungsstrafe genommen werden könne.

Zeuge Jünschke: Ich sagte »dreckige Faschisten«.

Der Zeuge erhielt Gelegenheit, sich zu der Frage der Ordnungsstrafe zu äußern.

Er gab keine Äußerung ab.

Vors. (nach geheimer Umfrage):

Beschluß:

Der Zeuge Jünschke wird wegen Ungebühr in eine Ordnungshaft von einer Woche genommen. Er hat die Bundesanwaltschaft außerordentlich schwer beleidigt, indem er sie als »dreckige Faschisten« bezeichnete und das noch wiederholte.

Herr Jünschke, Ihr Vorname bitte. Es ist kein Ritual, das wir um unsret Willen durchführen wollen. Und ich sehe auch nicht recht ein; Sie sind als Zeuge der Verteidigung hier geladen worden, d.h. als Zeuge, der auf Veranlassung der Herrn Verteidiger hierher gestellt worden ist. Es ist natürlich für einen Zeugen kein glückliches Bild, wenn er sich so aufführt. Sie tun sich und dem Antragsteller damit keinen Gefallen. Das müssen Sie sich selbst überlegen. Wollen Sie nun Ihre Personalien angeben?

ZEUGE JÜNSCHKE: Die sind bekannt.

VORS.: Gut, dann darf ich davon ausgehen; wenn Sie Ihre Personalien hier jetzt nicht angeben wollen, ich benenne sie. Wo kein Widerspruch erfolgt, sind das Ihre Personalien.

Die Personalien des Zeugen werden wie folgt festgestellt:

Klaus Jünschke, derzeit berufslos,
Justizvollzugsanstalt Zweibrücken.

Mit den Angeklagten nicht verwandt und nicht verschwägert. Wegen Eidesverletzung nicht vorbestraft.

Auf die Frage des Vorsitzenden, wie alt er ist, erklärte der Zeuge, daß dies auf dem Ladungsplan stehe.

Auf weitere Fragen des Vorsitzenden, welchen Ladungsplan er meine, gab er keine Antwort.

VORS.: Das Alter wird sich noch nachträglich feststellen lassen. Die Herren Verteidiger wollen Sie gehört haben zu folgenden Themen: Ob es – das ist der Punkt eins – ob es in der Roten Armee Fraktion eine hierarchische Struktur oder ein sonstiges Verhältnis der Über- und Unterordnung, etwa auch nur in tatsächlicher Hinsicht, gegeben habe, Punkt zwei, ob die Rote Armee Fraktion eine »offene Gruppe« gewesen sei oder ob es nicht so gewesen sei, daß die Rote Armee Fraktion in kleinen, zahlenmäßig eng begrenzten Gruppen organisiert war, wobei sich der Informationsaustausch auf die jeweilige Gruppe und deren Mitglieder beschränkte.

Also Punkt eins, hierarchische Struktur, ob ja oder nein und sonstiges Verhältnis der Über- und Unterordnung, etwa auch nur in tatsächlicher Hinsicht. Können Sie dazu etwas sagen?

RA DR. HELDMANN: Herr Vorsitzender, jetzt bitte ich kurz ums Wort.

VORS.: Bitte, Herr Dr. Heldmann.

RA DR. HELDMANN: Und zwar möchte ich einen Antrag stellen.

Ich beantrage, dem Zeugen die ausreichende Zeit zu geben, um sich in dieser Vernehmung eines Rechtsbeistands zu bedienen.

Begründung:

Seit der bekannten Entscheidung des Bundesverfassungsgerichts[263] ...

Vors.: Darf ich Sie fragen, Herr Dr. Heldmann, aus welcher Legitimation heraus Sie diesen Antrag stellen wollen?

RA Dr. Heldmann: Aus meinem Interesse, dem Interesse meines Mandanten an der …

Vors.: Nein, Herr Dr. Heldmann, ich bedaure, Ihnen zu diesem Antrag das Wort jetzt nicht weiter erteilen zu können.

RA Dr. Heldmann: Doch, weil Sie seine Begründung nicht kennen. Aus der Begründung … Sie ersehen …

Vors.: Nein, Sie sind nicht legitimiert, diesen Antrag hier vorzubringen. Ich bitte jetzt …

Zeuge Jünschke: Ja, ich will auch da mitreden. Lass mal (zu RA Dr. Heldmann) […]

RA Dr. Heldmann: Herr Vorsitzender … […]

Zeuge Jünschke (zu Dr. Heldmann): Lass mich mal reden, weil sich das dann, durch das, was ich sagen werde, klären wird. Wir haben bis jetzt in Zweibrücken die Protokolle Müller sowie die Angaben von Bullen noch nicht erhalten. Wir haben auch nicht die Gerichtsprotokolle von hier. Und deshalb, weil Müller auch nach Kaiserslautern kommt, sind das Prozeßmaterialien, die wir einsehen wollen und einsehen können. Ich werde auch keine Aussagen machen, hier, heute.

Vors.: Ich habe an Sie keine Fragen, nachdem Sie die Beweisthemen, die ich Ihnen angedeutet habe, nicht beantworten wollen. Hat die Bundesanwaltschaft Fragen? – Ich sehe beim Gericht sind keine Fragen. Keine Fragen bei der Bundesanwaltschaft.

Zeuge Jünschke: Was heißt denn das?

Vors.: Dann darf ich jetzt die Herrn …

Zeuge Jünschke: Was heißt denn das?

Vors.: Augenblick.

Zeuge Jünschke: Ich möchte dazu Stellung nehmen.

Vors.: Nein, Sie haben mir gegenüber erklärt, dem Gericht beantworten Sie die Fragen nicht. Sie sagten, wir machen, bevor wir nicht bestimmte Bedingungen erfüllt sehen, nämlich Unterlagen, die mit Ihrem Verfahren im übrigen nichts zu tun haben … –

ZEUGE JÜNSCHKE: Das ist ein Irrtum.

VORS.: Ja, das meinen Sie. Heute machen Sie keine Aussagen. Das Gericht hat keine Fragen mehr an Sie. Die Bundesanwaltschaft auch nicht. Die Herrn Verteidiger haben jetzt Gelegenheit, Ihre Fragen zu stellen, bitte.

ZEUGE JÜNSCHKE: Was heißt denn das?

RA DR. HELDMANN: Herr Zeuge, ich möchte Sie etwas fragen. Ich bitte Sie, meine Fragen zu beantworten. Es werden nicht viele sein.

1. Wann sind Sie benachrichtigt worden davon, daß der heutige Termin stattfindet?

ZEUGE JÜNSCHKE: Ich glaube, letzten Freitag.

RA DR. HELDMANN: Ist Ihnen das Beweisthema, zu welchem Sie heute hier gehört werden sollen, genannt worden?

ZEUGE JÜNSCHKE: Was wir bekamen, das war eine Abschrift eines Fernschreibens. Und die Abschrift des Fernschreibens machte der Knast. Da stand, daß wir geladen sind zu dem Termin, zur Struktur der RAF und Informationsaustausch der RAF.

RA DR. HELDMANN: Sind Sie derzeit ... Sie sind derzeit noch als Angeklagter in der Hauptverhandlung in Kaiserslautern?

ZEUGE JÜNSCHKE: Ja. [...]

RA DR. HELDMANN: Hat man Sie, hat die Justizvollzugsanstalt oder hat ein Richter oder ein Staatsanwalt oder ein Beamter der Polizeibehörden Sie belehrt, daß Sie sich für Ihre Vernehmung heute mit einem Rechtsbeistand ausstatten dürften, der an dem Tischchen neben Ihnen gesessen hätte, wenn Sie ihn hiergehabt hätten und bei dem Sie hätten rückfragen können, wenn Sie auf bestimmte Fragen oder in bestimmter ... Vernehmungssituation Zweifel bekommen hätten?

ZEUGE JÜNSCHKE: Ich brauche hier keinen Anwalt, der neben mir sitzt. Aber die Bemühungen in den letzten Monaten auf Grund der Hetze gegen die Anwälte einen Anwalt zu finden, sind allerdings durch sie hier insofern sabotiert worden. Und deshalb habe ich zur Zeit keinen Anwalt.

RA DR. HELDMANN: Sie haben – nochmal meine Frage, Sie haben sie nicht exakt beantwortet, bitte, – Sie sind nicht belehrt worden, daß Sie hier einen Rechtsbeistand mitbringen dürften?

ZEUGE JÜNSCHKE: Nein, sagte ich doch. Ich sagte doch, daß wir uns seit Monaten bemühen, Anwälte zu finden, u. a. für die Vernehmung hier.

RA DR. HELDMANN: Eine weitere Frage, haben Sie – jetzt speziell für die Aussage hier – haben Sie in der Zeit zwischen Ihrer Benachrichtigung von diesem Beweisaufnahmetermin und Ihrer Abreise aus Zweibrükken die Gelegenheit, tatsächlich, die Gelegenheit gehabt, einen Anwalt für den heutigen Termin zu beauftragen?

ZEUGE JÜNSCHKE: Naja, ist doch klar. Die Gelegenheit besteht natürlich. Nur die Schwierigkeiten liegen eben nicht in der Justizvollzugsanstalt Zweibrücken, sondern bei diesen Figuren hier.

VORS.: Nochmal die Frage: Sie haben diesen Ausdruck, der sonst bei Ihnen geläufig ist, doch offensichtlich in einem Sinne gebrauchen wollen, der abträglich ist? Ich muß Sie erneut darauf hinweisen, daß Sie eine Ordnungsstrafe, wie Sie schon erfahren haben, zu gewärtigen haben, wenn Sie hier gegen irgendeinen der Prozeßbeteiligten ausfällig werden. Das ist eine Warnung noch, nachdem Sie die erste Erfahrung bekommen haben, unterlassen Sie auch solche …

ZEUGE JÜNSCHKE: Na mach doch, Du Faschist.

VORS.: Sie wissen, was der Senat sich überlegt. Wollen Sie sich dazu äußern?

(Nach geheimer Umfrage)

Der Senat hat beschlossen:

> Es wird gegen den Zeugen eine weitere Woche Ordnungshaft festgesetzt, weil er zunächst die Bundesanwaltschaft mit den Worten »Figuren« beleidigt und auf Mahnung des Vorsitzenden diesen als einen »Faschisten« bezeichnet hat.

Sind weitere Fragen an den Herrn Zeugen?

RA DR. HELDMANN: Ja. Ich meinte, ich meine das so. Haben Sie faktisch Gelegenheit gehabt, sich einen Anwalt zu holen? Kamen Sie denn überhaupt … hatten Sie Kontakt aus der Vollzugsanstalt heraus?

ZEUGE JÜNSCHKE: Zur Zeit läuft die Kontaktaufnahme mit einem Anwalt – den Namen möchte ich nicht nennen –, der mit mir schon in der Justizvollzugsanstalt Zweibrücken gesprochen hat und der wenig später auch ein Gespräch über eine formale Mandatsaufnahme mit Manfred Grashof führen wollte; und der daraufhin von Stiefenhöfer gesagt bekam, daß allein schon eine formale Kontaktaufnahme nach diesem Unvereinbarkeitsparagraphen[264] nicht möglich ist. Es sei unmöglich, daß er überhaupt noch nach dem Gespräch mit Grashof in diesem Verfahren tätig sein kann. Wir haben dagegen Einspruch eingelegt – das dauerte ein paar Wochen. Vor drei Tagen bekamen wir Bescheid, daß dieser Anwalt doch dieses formale Kontaktgespräch über das Mandat mit Manfred Grashof haben kann. Erst wenn das gelaufen ist, werden wir uns entscheiden.

RA DR. HELDMANN: Der Zeuge ist noch beim Sprechen.

VORS.: Herr Rechtsanwalt, aber ich habe das Gefühl, daß Sie von der unrichtigen Voraussetzung ausgehen, daß ein Zeuge irgend einer Belehrung zu unterziehen wäre, über seine Möglichkeit, mit einem Rechtsanwalt aufzutreten.

RA DR. HELDMANN: Herr Vorsitzender, ich bin in der Zeugenbefragung.

VORS.: Und der Herr Zeuge hat zusätzlich erklärt, daß er das weiß ...

RA DR. HELDMANN: Können Sie Ihre Gefühle bis dahin zurückstellen, bis ich fertig bin.

ZEUGE JÜNSCHKE: Ja ich möchte mal ... vielleicht ist nicht klar geworden ...

VORS.: Ich darf Sie vielleicht bitten, daß Sie langsam mit Fragen zur Sache kommen.

RA DR. HELDMANN: Ich bin bei der Sache.

ZEUGE JÜNSCHKE: Vielleicht ist das nicht klar geworden. Wir haben Interesse, hier auszusagen und zwar gerade hier, weil wir ja in die Pfalz geräumt wurden. Die Identität der Prozesse ergibt sich aus denselben Zeugen, aus der gleichen Anklageschrift. Die in Kaiserslautern ist ja zum großen Teil identisch.

Und wir meinen, daß das, was in Kaiserslautern läuft, nicht wichtig ist, weil der Prozeß gegen die RAF hier läuft und hier geführt wird. Was wir allerdings wollen, sind Prozeßmaterialien: Müllers Aussage, die Bullenaussage und Prozeßprotokolle von hier; die Tagesprotokolle, die hier angefertigt worden sind, als Müller auftrat.

Müller wird in Kaiserslautern erscheinen, und diese Akten werden Prozeßmaterialien sein. Das haben wir bis jetzt noch nicht. Das ist beantragt. Wir haben aber noch keine Auskunft, ob wir es überhaupt bekommen. Und das ist der Grund, weswegen wir heute nichts sagen können.

Ich würde vorschlagen, daß wir in 14 Tagen wieder geladen werden, daß wir in 14 Tagen wieder hierher kommen und bis dahin die Protokolle durchgelesen haben. Und zu diesem Vorschlag ...

VORS.: Ich würde jetzt bitten, Herr Rechtsanwalt Dr. Heldmann, fahren Sie in den Fragen fort. Vorschläge des Herrn Zeugen zu der Verfahrensgestaltung sind nicht Gegenstand der Antworten. Bitte fahren Sie fort.

ZEUGE JÜNSCHKE: Ich möchte noch ein paar Sätze sagen.

VORS.: Nein. Sie haben nicht mit Vorschlägen hier zu kommen, sondern Sie haben Fragen zu beantworten. Sie sind in der Rolle des Zeugen und nicht derjenige, der hier als Prozeßberater dient. [...]

RA DR. HELDMANN: Herr Vorsitzender, Ihre Belehrung an den Herrn Zeugen wäre richtig, wenn ich eben damit, was er eben gesagt hat, der Zeuge hat erklären wollen, warum er nicht heute aussagen will. Gleich, ob diese Erklärung Ihr Ergebnis trägt oder nicht. Aber er hat es erklären wollen.

ZEUGE JÜNSCHKE: Ja, dann möchte ich aussprechen.

VORS.: Nein, ich bitte Sie jetzt, Ihre Fragen zu stellen. Wenn es um Vorschläge geht, nicht. Wenn Sie eine Antwort geben auf die Frage, das dürfen Sie selbstverständlich, Herr Jünschke.

RA DR. HELDMANN: Herr Jünschke, dann machen wir es so.

ZEUGE JÜNSCHKE: Ja, dann machen wir Schluß, würde ich sagen.

RA DR. HELDMANN: Bitte?

ZEUGE JÜNSCHKE: Dann machen wir Schluß, würde ich sagen.

RA Dr. Heldmann: Nocheinmal, haben Sie denn die faktische Möglichkeit gehabt, von Freitag bis heute einen Rechtsanwalt für den heutigen Termin zu kriegen?

OStA Zeis: Herr Vorsitzender, die Frage ist beantwortet.

Vors.: Die Frage ist beantwortet. Es ist eine Wiederholung, die nicht mehr zulässig ist. Bitte, weitere Fragen …

Zeuge Jünschke: War ich unverständlich? Also, ich kann das nochmal sagen, wie das war.

Vors.: Nein, es ist beantwortet, Herr Jünschke, und jedem zu Gehör gekommen. Offenbar Herrn Rechtsanwalt Dr. Heldmann nicht. Bitte die Fragen jetzt weiter zu stellen.

RA Dr. Heldmann: Und warum wollen Sie heute nicht aussagen? Sie waren dabei, es zu erklären; und da hat der Herr Vorsitzende Sie unterbrochen. Jetzt bitte, fahren Sie fort.

Vors.: Also auch in der Beziehung, Herr Jünschke, soweit ist Ihre Antwort verstanden worden, daß Sie sagen, Sie wollten die Prozeßmaterialien haben, sprich Protokolle Müller; denn der Prozeß gegen die RAF finde hier statt, nicht in Kaiserslautern; Sie empfänden die Trennung ohnedies als eine Taktik, um den Prozeß zu zersplittern. Und im übrigen würden Sie vorschlagen, daß Sie in 14 Tagen erst gehört werden könnten, wenn Sie die Prozeßmaterialien hätten. Das haben Sie als Grund bisher angegeben. Wenn Sie dem noch etwas hinzuzufügen haben, dann ist das statthaft. Aber nicht die Wiederholung dessen, was bereits gesagt worden ist.

RA Dr. Heldmann: Ich hab auch gesagt: »Bitte fahren Sie fort«. Ich habe nicht gesagt, wiederholen Sie. Bitte fahren Sie fort, Herr Jünschke, nach der abermaligen Unterbrechung.

Zeuge Jünschke: Ja, und weil die Prozesse gegen die RAF ein Prozeß ist und gerade, weil das hier im Falle Kaiserslautern und Stammheim schon an Zeugen und Anklageschrift sichtbar ist, beantragen wir – Manfred Grashof und ich –, daß wir, wenn wir in 14 Tagen wieder hier erscheinen, vorher mindestens drei Stunden mit den drei Gefangenen – Gudrun, Andreas und Jan – sprechen können.

VORS.: Also Anträge von Zeugen in dieser Form sind an sich auch ungewöhnlich. Aber wenn's Ihnen (= Dr. Heldmann) als Antwort genügt, was jetzt gegeben worden ist, bitte. Sonst bitte ich weitere Fragen zu stellen.

RA DR. HELDMANN: Vielen Dank, ich habe jetzt keine Frage mehr, nachdem der Herr Zeuge erklärt hat, daß er nicht zur Sache aussagen werde.

Daraufhin steht der Zeuge Jünschke von seinem Stuhl auf, rennt um den Zeugentisch herum und ruft: »Wart' ich komm«.

Mit zwei bis drei schnellen Schritten springt er auf den Richtertisch hinauf und stürzt sich mit beiden Händen voraus auf den Vorsitzenden. Beide fallen dadurch hinter dem Richtertisch zu Boden.

Mehrere Richter, Vollzugs- und Polizeibeamte überwältigen den Zeugen Jünschke. Noch am Boden liegend schreit der Zeuge: »Für Ulrike, Du Schwein!«

Der Zeuge Jünschke wird anschließend von mehreren Vollzugsbeamten an den Händen und Füßen unter lautem Stöhnen um 14.25 Uhr aus dem Sitzungssaal getragen.

Während des Vorfalls:

RA DR. HELDMANN: Ich habe gewußt, warum ich um einen Anwalt bitte. [...]

Als alle gestellten Beweisanträge beschieden sind, wird die Beweisaufnahme am Ende des 148. Verhandlungstages zum ersten Mal geschlossen und die Vertreter der Bundesanwaltschaft beginnen mit ihren Plädoyers. Die Verteidigung versucht weiterhin, eine unzulässige Einflussnahme auf den »Kronzeugen« Müller zu beweisen und stellt hierzu eine Reihe von Beweisanträgen. Die Beweisaufnahme wird daraufhin wieder eröffnet; allerdings lassen sich entsprechende Erkenntnisse in der Folgezeit nicht gewinnen.

23
BEFANGEN

Am 171. Verhandlungstag lehnt die Verteidigung den Vorsitzenden Dr. Prinzing abermals wegen Besorgnis der Befangenheit ab. Zuvor war bekannt geworden, dass Dr. Prinzing kommentierte Protokollauszüge an den Richter am BGH Mayer weitergegeben hatte, der zu dieser Zeit Mitglied des 3. Strafsenats am BGH und damit zuständig für Entscheidungen über Beschwerden gegen Entscheidungen und Verfügungen des 2. Strafsenats des OLG Stuttgart, vor dem das Verfahren gegen Baader und andere geführt wurde, war. Auch im Falle einer späteren Revision hätte die Zuständigkeit beim 3. Strafsenat gelegen. Mayer wiederum hatte einen Protokollauszug an den Chefredakteur der Tageszeitung »Die Welt« geschickt. Die Ablehnungen werden noch am selben Tag als unbegründet zurückgewiesen: Die Herausgabe der Aktenteile habe im Ermessen des Vorsitzenden Dr. Prinzing gelegen. Ein Grund, aus diesen Vorgängen die Besorgnis der Befangenheit herzuleiten, bestehe bei vernünftiger Betrachtung, auch aus Sicht der Angeklagten, nicht.[265] *Außerhalb der Hauptverhandlung bringt Rechtsanwalt Künzel ein weiteres Ablehnungsgesuch an.*

3458 / 299
13156

BRECHT MAYER Mn, Gu
[illegible] AM BUNDESGERICHTSHOF

75 KARLSRUHE 51 20.Juli 76.
WICHTELMÄNNLERWEG 19

Herrn Einschreiben

Chefredakteur
Dr. Herbert Kremp
Zentralredaktion "Die Welt"

Kölner Str.99

53 Bonn /Rh.

Lieber Cartellbruder Kremp!

Vielleicht erinnerst Du Dich noch an mich: wir hatten im Frühjahr 1973 ein Telefongespräch, dessen Gegenstand eine von mir vorgeschlagene Veröffentlichung über experimentelle Untersuchungen der Sicherungsgruppe des Bundeskriminalamts gewesen ist, mit denen die Möglichkeit überprüft worden war, ob der bekannte Ensslin-Kassiber, aus dem Zellenfenster gehalten, vom nahegelegenen Landgericht Essen aus mit einem Fernglas hatte abgelesen oder mit einem Teleobjektiv hatte aufgenommen werden können. Die Welt berichtete dann über diese Untersuchungen.
In derselben Sache wende ich mich heute wiederum an Dich. Vorige Woche ist in Stgt.-Stammheim das frühere Bandenmitglied Gerhard Müller als Zeuge vernommen worden. Ich übersende Dir als Anlagen

1. auszugsweise Ablichtungen der kriminalpolizeilichen Vernehmung Müllers (S. 46,95,180),
2. Auszug aus dem (vom Tonband übertragenen) Wortprotokoll vom 13. Juli 76.

Der "kleine Dicke" ist der in Entebbe getötete Wilfried Böse. Daß es sich bei dem von ihm übergebenen Papier um den wenige Tage später der Meinhof abgenommenen Ensslin-Kassiber handelte, hat sich in der Verhandlung klar ergeben.

Schreiben des Richters am BGH Mayer an den Chefredakteur der »Welt« vom 20. Juli 1976.

3458 / 300

13157

- 2 -

Möchte sich die "Welt" nicht unter dem Aspekt dieser neuen Erkenntnisse noch einmal mit dem Aufsatz im "Spiegel" vom 4.9.72 (Nr.37) S.67 befassen? Nicht um meinetwillen, sondern um einmal wieder die Haltung und die Taktiken dieses Blattes deutlich werden zu lassen, das sich seinerzeit mit eilfertiger Bereitwilligkeit die - wie sich nun zeigt - von Ströbele und Müller ausgeheckte Entlastungslegende zu eigen machte und das den Baader-Meinhof-Leuten soviel publizistische, gelegentlich sogar materielle Unterstützung (Honorare für Interviews aus der Untersuchungshaft) zuteil werden ließ. Vielleicht könnte diese Aufgabe gar einen Chefredakteur reizen?

Zum - etwa noch nötigen - besseren Verständnis der Zusammenhänge füge ich eine Abschrift des damaligen Beschlusses des Bundesgerichtshofs bei. Der handschriftliche Vermerk auf dem Wortprotokollauszug stammt übrigens vom Vorsitzenden und bezieht sich eben auf Schily. Es wäre mir lieb, wenn die übersandten Unterlagen, mit Ausnahme der Beschlussabschrift, falls Ihr auf sie Wert legt, nach Ausgebrauch vernichtet würden.

Der Übersendung eines Belegexemplars, falls die angeregte Betrachtung erscheinen sollte, bedarf es nicht; ich habe die "Welt" abonniert.

Solltest Du in der Sache noch eine Frage haben: ich bin im allgemeinen (mit Ausnahme des Mittwoch) von 9 - 12 Uhr unter 0721/159439 (Durchwahl) beim BGH, ab 16 Uhr unter 0721 884414 in meiner Wohnung erreichbar.

Ich sah Dich im übrigen kürzlich zu nachmitternächtlicher Stunde in Jahns Keller nach dem Festkommers in München und wechselte, neben Dir stehend, mit Franz Josef Strauß ein paar Worte. Ich hätte Dich gerne begrüsst, wollte aber nach dieser Störung die ersichtlich angeregte Unterhaltung zwischen Dir und FJS nicht noch länger unterbrechen.

Mit herzlichen Grüssen
bin ich Dein

3458 / 301

13158

\- 1 -

Fortsetzung der Hauptverhandlung
am Dienstag, den 13. Juli 1976 um
9.02 Uhr.

(125. Verhandlungstag)

Gericht und Bundesanwaltschaft erscheinen in derselben Besetzung wie am 1. Verhandlungstag.

Als Urkundsbeamte sind anwesend:

Just.O.Sekr. Janetzko
Just.Ass.z.A. Scholze

Die Angeklagten sind nicht anwesend.

Die Als Verteidiger sind anwesend:

Prof.Dr.Azzola, Rechtsanwälte Hoffmann, Eggler, Künzel,
Schnabel und Grigat.

Da fehlt einer – wie übrigens immer, wenn es um den Ensslin-Komplex gegangen ist. Ca. 15 Min. nach deren Eröffnung erschien der Fehlende!

Als Zeuge ist anwesend:

Gerhard Müller
\- vorgeführt aus Untersuchungshaft -
mit Rechtsanwalt Huth.

V.: Bitte Platz zu nehmen. Wir setzen die Sitzung fort. Die Verteidigung ist gewährleistet. Herr Rechtsanwalt Schwarz ist für den heutigen Vormittag entschuldigt, Herr Rechtsanwalt Künzel ist ab 10.40 Uhr für den Vormittag entschuldigt. Herr Rechtsanwalt Schlaegel wird sich etwas verspäten. Ich darf noch nachtragen, daß Herr Rechtsanwalt Schnabel für den vergangenen Donnerstagnachmittag entschuldigt gewesen ist.

RA Geulen erscheint um 9.03 Uhr
im Sitzungssaal.

Vorgesehen ist für heute die Fortsetzung der Vernehmung des Herrn Zeugen Müller. Er ist anwesend mit seinem bevollmächtigten Rechtsanwalt Huth aus Bonn.
Herr Müller, wir sind bei der Vernehmung soweit vorgerückt, daß Sie uns schildern konnten, was Sie wissen über die Kontakte, über die innere Struktur der Gruppe, über Vorbereitung von Sprengstoffanschlägen, schließlich dann auch die Durchführung von Sprengstoffanschlägen. Wir kommen jetzt zu der Zeit der Festnahmen. Darunter fällt ja auch Ihre eigene Festnahme, das steht ja objektiv fest.

./.

Dem Schreiben beigefügter Auszug des Sitzungsprotokolls vom 13. Juli 1976.

Donnerstag, 13. Januar 1977
172. Verhandlungstag

[...]

VORS.: Ich bitte Platz zu nehmen. Wir setzen die Sitzung fort. Die Verteidigung ist gewährleistet. Herr Rechtsanwalt Künzel?

RA KÜNZEL: Sie haben durch drei Richter des Senats einen von mir außerhalb der Hauptverhandlung gestellten Ablehnungsantrag als unzulässig zurückgewiesen. Dieser Beschluß ging mir vor etwa knapp zehn Minuten zu. Und ich bin nun leider auch in der Verlegenheit, prüfen zu müssen, ob aufgrund dieser Behandlung meines Antrags ein weiterer Ablehnungsantrag zwingend notwendig ist; und ich bitte mir dazu 20 Minuten Bedenkzeit einzuräumen.

VORS.: Gut. In 20 Minuten Fortsetzung.

Pause von 10.06 Uhr bis 10.30 Uhr

VORS.: Sie wollen das Wort, bitte, Herr Rechtsanwalt Künzel.

RA KÜNZEL: In der Strafsache gegen Andreas Baader, hier betreffend die Frau Ensslin

> lehne ich namens der Frau Ensslin den Vorsitzenden Richter Dr. Prinzing, den Richter Dr. Foth, den Richter Maier und den Richter Dr. Breucker wegen der Besorgnis der Befangenheit ab.

Zur Begründung dieses Antrags trage ich vor:

Ich habe gestern gegen 20 Uhr in den Nachtbriefschalter des Oberlandesgerichts ein Ablehnungsgesuch geworfen, das eben aus der Schreibmaschine genommen wurde kurz zuvor und das folgenden Wortlaut hatte. Es war ein Ablehnungsgesuch gegen den Vorsitzenden Richter Dr. Prinzing. Zu der Begründung dieses Gesuches habe ich ausgeführt;

> »Am 29. Juli 1976, dem 132. Verhandlungstag, ließ die Angeklagte ein Ablehnungsgesuch stellen und zur Begründung vortragen, es sei während der Hauptverhandlung zu telefonischen Kontaktaufnahmen zwischen dem abgelehnten Richter und Richtern übergeordneter Gerichte gekommen.

Der abgelehnte Richter hat dazu erklärt:
›Ich gebe aus grundsätzlichen Erwägungen über private Gespräche, auch wenn sie sich mit Rechtsproblemen befasst haben, keine Äußerung ab.‹
Aus der dienstlichen Erklärung des abgelehnten Richters vom 10. Januar 1977 ergibt sich, daß vor dem 29. Juli 1976 ein Telefongespräch mit dienstlichem Inhalt zwischen dem abgelehnten Richter und dem Richter Mayer vom Bundesgerichtshof stattfand. Dieses Gespräch muß zwischen dem 14. Juli – frühester Zeitpunkt der Fertigstellung des Protokolls vom 13. Juli – und dem 20. Juli 76 stattgefunden haben. Denn mit einem Begleitschreiben von diesem Tag hat der Bundesrichter die Aktenauszüge an seinen Kartellbruder Dr. Kremp weitergeleitet.[266]
Zur Glaubhaftmachung[267] verweise ich auf die Sitzungsniederschrift mit Anlagen, auf eine dienstliche Erklärung des abgelehnten Richters und auf eine Erklärung des Richters am BGH Mayer.
Wegen der Unverzüglichkeit[268] dieses Antrages verweise ich darauf, daß erst nach dem Sitzungstag vom Montag, den 10. Januar 77 anhand der Protokolle festgestellt werden konnte, daß die Erklärung des abgelehnten Richters über telefonische dienstliche Kontakte zu Richtern am Bundesgerichtshof zeitlich nach dem 20. Juli 76 lag.
Die Erklärung vom 29. Juli 1976 ist nur verständlich, wenn damit gesagt sein soll, daß keine anderen als private telefonische Kontakte zwischen dem abgelehnten Richter und Richtern am BGH stattgefunden haben. Anders wäre ihr Inhalt als Stellungnahme zu diesen behaupteten Kontakten ohne Sinn.
Nun hat damals aber nur wenige Tage zuvor ein solcher dienstlicher telefonischer Kontakt stattgefunden. Der Sachgehalt der Erklärung vom 29. Juli 1976 ist also objektiv unrichtig.
Aus der Sicht der Angeklagten gibt es dafür, daß in der dienstlichen Erklärung dieses Telefongespräch unerwähnt blieb, keinen die Besorgnis der Befangenheit ausschließenden plausiblen Grund. Daß

der abgelehnte Richter das Gespräch nicht in Erinnerung gehabt haben könnte, scheidet aus. Es lag erst Tage zurück; es war zudem ein ungewöhnlicher Vorgang. Wenn der 3. Strafsenat ein Interesse an den Akten gehabt hätte, dann hätte der abgelehnte Richter ein schriftliches Ersuchen mit Begründung des berechtigten Interesses erwarten dürfen – ja müssen. Vielleicht ist deshalb der Vorgang unerwähnt geblieben, weil aus dieser formlosen Handhabung eines Aktenersuchens, das gegen Ziffer 190 der Richtlinien für das Strafverfahren und das Bußgeldverfahren[269] verstoßen würde, besonders enge Kontakte – ein heißer Draht – zum 3. Strafsenat des BGH offengelegt worden wäre. Die Aktenausfolge per telefonischem Abruf läßt an eine bereitwillige Kollegialität denken, die Interessen der Angeklagten demgegenüber zurücktreten läßt.
Eine solche Kollegialität könnte das Verhalten des abgelehnten Richters dann aber auch gegenüber anderen staatlichen Stellen bestimmen. Dies muß sich der Angeklagten um so mehr aufdrängen, als sonst in Stellungnahmen des Senats zur Aktenausfolge an Dritte,[270] die Anliegen der Angeklagten einen hohen Stellenwert eingenommen haben.
Der abgelehnte Richter könnte das dienstliche Telefongespräch in der Erklärung vom 29. Juli 1976 unerwähnt gelassen haben, weil es eine Befangenheit der Richter aufdecken könnte, die für eine spätere Revision zuständig wären.[271] Denn mit wahrer richterlicher Unabhängigkeit eines BGH-Senats ließe es sich schwerlich vereinbaren, daß er außerhalb eines geordneten Rechtsganges bei einem untergeordneten Gericht Akten aus einem dort laufenden Verfahren anfordert. Ein solches Gebaren ist zumindest schlechter richterlicher Stil. Er weicht die Grenzen zwischen den Instanzen auf. Was soll denn ein Angeklagter von einem Revisionsgericht denken, wenn er weiß, daß dieses Gericht schon die ganze Zeit per Aktenauszug am vorinstanzlichen Verfahren teilgenommen hat. Neugierde, auch die eines BGH-Senats kann kein berechtigtes Interesse für eine Aktenausfolge begründen. Deshalb hätte der

abgelehnte Richter ein offizielles Aktenersuchen ablehnen müssen und deshalb durfte möglicherweise ein telefonisches Ersuchen in der Erklärung keinen Niederschlag finden.

Der abgelehnte Richter mußte aber auch davon ausgehen, daß im Falle einer Erwähnung des Gesprächs die Verteidigung auf Aufklärung gedrängt hätte. Es wäre dann zu Tage gekommen, daß der an den 3. Strafsenat des Bundesgerichtshofes abgegangene Protokollauszug den auf einen Verteidiger abzielenden Vermerk trägt: ›Da fehlt einer – wie immer, wenn es um den Ensslin-Kassiber gegangen ist. Ca. 15 Minuten nach dieser Erörterung erschien der Fehlende!‹[272] Dieser Vermerk muß die Befürchtung der Angeklagten bestärken, es bestehe ein reger Austausch zwischen dem Senatsvorsitzenden und dem 3. Strafsenat am Bundesgerichtshof. Denn bei einer gebotenen Distanz zwischen den beiden Senaten könnte doch wohl nicht so korrespondiert werden.

Der Randvermerk zielt offenbar darauf ab, einen zusätzlichen Verdacht gegen den Verteidiger zu begründen. Dieser zusätzlich dem Bundesgerichtshof mitgeteilte Verdachtsmoment steht in unerträglichem Widerspruch zum Inhalt der Erklärung vom 10. Januar 1977, nach welcher zum Ausdruck gebracht worden sein soll, daß eher erleichternde Umstände erkennbar wurden.

Dieser Widerspruch und der Umstand, daß in der Erklärung vom 29. Juli 76 jeder telefonische dienstliche Kontakt mit Richtern am BGH in Abrede gestellt wurde, muß das Vertrauen der Angeklagten in die Richterpersönlichkeit erschüttern. Die Angeklagte hat durch Zufall von dem Vorgang Kenntnis erhalten. Sie hat keine Gewähr dafür, daß es nicht noch mehr solche Zufälle geben könnte. Das Vertrauen in das Gericht ist schlechterdings die materielle Grundlage für die formelle Rechtsfindung. Wo dieses Vertrauen erschüttert ist, kann die Besorgnis der Befangenheit nicht mehr verdrängt werden.«

Zur Glaubhaftmachung verweise ich auf diesen Antrag.

Nunmehr ist mir kurz vor 10 Uhr eine Entscheidung der Richter Prinzing, Foth und Maier, also der abgelehnten Richter zugegangen mit folgender Begründung:

»Die dienstliche Erklärung vom 29. Juli 1976 ging der Angeklagten Ensslin noch an diesem Tage, spätestens mit der alsbald darauf erfolgten Überlassung der Tonbandniederschrift dieses Tages, zu. Die dienstliche Erklärung vom 10. Januar 77 erhielt die Angeklagte (ebenso wie schon zuvor ihr Verteidiger Rechtsanwalt Künzel) am selben Tag etwa 12.15 Uhr. Von diesem Zeitpunkt ab konnte sie den behaupteten Widerspruch zwischen den dienstlichen Erklärungen in einem Ablehnungsgesuch vorbringen. Es kann dahinstehen, ob eine gewisse Überlegungs- und Überprüfungszeit zuzubilligen wäre; denn die Anbringung des Ablehnungsgesuchs am 12. Januar 77 nach Dienstschluß (der Schriftsatz fand sich im Nachtbriefkasten des Oberlandesgerichts) ist auf jeden Fall verspätet, die Ablehnung daher unzulässig. Bei der Auslegung des Begriffs ›unverzüglich‹ ist ein strenger Maßstab anzulegen, zumal dann, wenn, wie hier, die Hauptverhandlung vermeidbar verzögert wird.«

Diese Begründung geht offensichtlich, wie es bei auch nur einigermaßen sorgfältiger Überlegung den abgelehnten Richtern sich hätte aufdrängen müssen, von falschen Voraussetzungen aus. Der Sitzungstag am 10. Januar 77 dauerte nach meiner Erinnerung bis zum Abend. Ich habe die Sitzungsprotokolle nicht hier, sondern in einem eigenen Raum für diesen Zweck in meinem Büro in Waiblingen. Ich konnte also frühestens ab Dienstag die Vorgänge des Montags erörtern. Das mußten aber die abgelehnten Richter wissen.

Es ist schlechterdings ausgeschlossen, ab 12.15 Uhr diese Erklärung zu überprüfen. Mir blieb also der Dienstag und der Mittwoch. Der Bundesgerichtshof sagt, daß eine gewisse Bedenkzeit erforderlich sein dürfe. Das richtet sich wohl immer nach den ganz konkreten Umständen. Es ist ein anderes, einen Amtsrichter abzulehnen, ein anderes ist es, einen Vorsitzenden Richter eines Strafsenates abzulehnen. Es ist ein anderes, ob ich als gewählter Verteidiger oder ob ich als sogenann-

ter Zwangsverteidiger eine solche Ablehnung stelle. Nichtwahr, da würde zunächst wieder Literatur notwendig. Ich muß doch prüfen, ob das möglich ist. Es gibt da verschiedene Entscheidungen und ich muß mich dann erst dazu durchringen, daß es ein Grundrecht auch des Pflichtverteidigers ist, der keinen Kontakt mit seiner Mandantin hat, einen solchen Antrag stellen kann. Eine der wenigen Möglichkeiten übrigens wohl, um dieses Verfahren verfassungsrechtlich überprüfen zu lassen, wenn es Grundrecht des Pflichtverteidigers ist. Wenn ich eine Vorstellung über die Rechte eines Pflichtverteidigers habe, dann muß ich prüfen, ob ich auch die Pflicht habe, einen solchen Antrag zu stellen. Und dann muß ich ihn formulieren. Und dann muß ich die Vermutung beseitigen, daß Zweifel an einer richterlichen Erklärung eigentlich gar nicht aufkommen dürfen. Und dann muß ich mit dem Problem fertig werden und dann kann ich den Antrag stellen.
Der Antrag ist deshalb ganz offensichtlich, ganz offensichtlich nicht verspätet gestellt. In der-etwa-Entscheidung VRS,[273] sie ist bei Kleinknecht zitiert – ich hab es mir von meinem Büro sagen lassen – ging es darum, daß eine vom 12.–23. unterbrochene … eines Monats unterbrochene Hauptverhandlung gegeben war und daß der Verteidiger den Ablehnungsantrag dann erst am 23. mit in die Sitzung brachte. Das Gericht hat dort ausgeführt, das wäre nun freilich möglich gewesen, an einem Montag nach Sitzungsschluß hätte er es frühestens bringen können und dann hätte es keine Verzögerung gegeben, weil innerhalb dieser elf Tage hätte dieses Gesuch behandelt werden können. Das scheidet hier eigentlich alles aus. Es war keine Verzögerung … ich hätte es gar nicht machen können. Aber das muß, es war den abgelehnten Richtern Prinzing, Foth und Maier bekannt … Und nun drängt sich auf, daß dieses Ablehnungsgesuch deshalb als unzulässig abgelehnt wurde, weil damit der in dem Gesuch abgelehnte Richter Dr. Prinzing gedeckt werden sollte. Diese Ausflucht auf die Verspätung des Gesuches ist aber auch eine Beschränkung der Verteidigung, eine bewußte Beschränkung der Verteidigung. Denn irgendwie muß das ja alles verarbeitet sein. Und deshalb beschränken die abgelehn-

ten Richter die Verteidigungsmöglichkeit, wenn sie ein ausführlich begründetes Ablehnungsgesuch so abtun. Daß diese Motive vorliegen, ergibt sich dann aber auch aus dem Beschluß vom 11. Januar 1977, an dem der abgelehnte Richter Dr. Breucker mitgewirkt hat. Dort heißt es auf Seite 2: »Ergänzend ist hierzu noch festzustellen, daß es sich bei den von der Geschäftsstelle mit der Dienstpost übersandten Ablichtungen der Tonbandniederschrift und den möglicherweise mit übersandten Ablichtungen.« »Möglicherweise«, damit soll der Sachverhalt in einem milderen Licht erscheinen. Nun weiß man aber, und wußte der abgelehnte Richter Dr. Breucker, daß tatsächlich dieses Protokoll mitübersandt wurde. Das ergibt sich aus dem Begleitschreiben. Und deshalb spricht dieses »möglicherweise« dafür, daß es darum geht, einen Schutzraum um den Vorsitzenden Richter zu schaffen.

Die abgelehnten Richter tun aber auch der Rechtsprechung, dem Recht keinen guten Dienst. Die Gründe in diesem Ablehnungsantrag vom 12. Januar 1977 gehören bereinigt, gehören offen diskutiert. Sonst hat dieses Verfahren einen Makel, von dem es nicht mehr befreit werden kann. Zur Glaubhaftmachung verweise ich auf den Beschluß vom 13. Januar 1977, auf den Beschluß vom 11. Januar 1977, auf eine dienstliche Erklärung der abgelehnten Richter. Dazu, daß ich nicht einen Moment, nachdem ich entschlossen war, das Ablehnungsgesuch zu stellen, schuldhaft verzögert habe, das versichere ich eidesstattlich, das versichere ich als Anwalt.

VORS.: Weitere Wortmeldungen zur Antragstellung? Will sich die Bundesanwaltschaft äußern? Bitte, Herr Bundesanwalt Dr. Wunder.

BA DR. WUNDER: Ein sachliches Eingehen auf das ursprüngliche Gesuch ist jetzt nicht mehr statthaft. So wie geschehen, Zurückweisung eines außerhalb der Hauptverhandlung angebrachten Ablehnungsantrag ebenfalls außerhalb der Hauptverhandlung, durfte verfahren werden. Der Begriff »unverzüglich« war entsprechend dem Sprachgebrauch und dem mit der förmlichen Regelung des Ablehnungsgesuches verfolgten Zweck eng auszulegen. Bei mehrtägigen Verhandlungspausen war es deshalb erforderlich, das Gesuch außerhalb der Hauptverhandlung anzubringen. Dementsprechend wurde es behandelt. Ich verweise in diesem Zusammenhang auch noch auf eine Entscheidung des 4. Strafsenates des BHG 512/66 vom 10. November 1967.[274] Bemerkenswert ist, daß der Richter Dr. Breucker an dieser Beschlußfassung überhaupt nicht beteiligt war. Ersichtlich ist nicht, weshalb dieser Richter wegen Mitwirkung bei anderen Entscheidungen hier abgelehnt werden soll. Bei dieser Sachlage ist das Gesuch jedenfalls unbegründet. Es kann angesichts der Tatsache, daß dem Verteidiger diese Rechtsprechung bekannt ist, nur so gedeutet werden, daß mit ihm nicht verfahrensbezogene Zwecke verfolgt werden. Ich beantrage, es nach § 26 a Ziffer 3 StPO[275] zurückzuweisen.

Vors.: Ich bitte um 10.15 Uhr wieder anwesend zu sein, 11.15 Uhr wieder anwesend zu sein. Es wird dann bekanntgegeben, wie es weitergeht. Ich möchte aber angesichts dieser sehr schwerwiegenden Vorwürfe, die wiederum erhoben worden sind, sagen: Wenn es auf eine dienstliche Erklärung ankommen sollte und ich die abgeben müßte, dann würde ich diese dienstliche Erklärung nach der Entscheidung auch der Presse bekanntgeben, damit nicht in solchen Fällen völlig einseitige Informationen zustande kommen, wie es schon geschehen ist. Um 11.15 Uhr wird bekanntgegeben, wie es weitergeht.

Pause von 10.52 Uhr bis 11.39 Uhr

Fortsetzung der Hauptverhandlung um 11.39 Uhr.

Vors.: Der Senat hat folgenden Beschluß gefasst:

Beschluß:

Die Ablehnung des Vorsitzenden Richters Dr. Prinzing und der Richter Dr. Foth, Maier und Dr. Breucker wird einstimmig als unzulässig verworfen.

Gründe:

Der Verteidiger Rechtsanwalt Künzel lehnt die Richter Dr. Prinzing, Dr. Foth und Maier ab, weil sie einen vorhergehenden Ablehnungsantrag des Verteidigers als verspätet verworfen haben. Er hat eine andere Vorstellung von der richtigen Auslegung des Begriffs »unverzüglich« im Sinn des § 25 Abs. 2 StPO. Die von dem Senat abwei-

chende Rechtsauffassung des Verteidigers allein begründet aber eine Ablehnung der beteiligten Richter umso weniger, als sich der Senat mit seiner Auslegung auf die Entscheidung des Bundesgerichtshofs 21. Band, S. 334 gestützt hat. Dort heißt es auf S. 345 dieser umfangreichen Entscheidung: »Bei der Auslegung des Begriffs unverzüglich ist daher ein strenger Maßstab anzulegen. Hätte der Angeklagte, was ihm ohne weiteres möglich gewesen wäre, den Ablehnungsgrund alsbald zu Protokoll der Geschäftsstelle vorgebracht, so hätte die Entscheidung darüber vor dem nächsten Hauptverhandlungstag getroffen und die Verhandlung in der Sache selbst entsprechend dem Zweck der förmlichen Regelung des Ablehnungsverfahrens ohne vermeidbare Verzögerung fortgesetzt oder abgebrochen werden können. Das Gesuch ist also in jedem Falle verspätet gestellt worden.« Darauf vor allem kam es aber an, daß der vorhergehende Ablehnungsantrag des Verteidigers ohne weiteres so rechtzeitig hätte gestellt werden können, daß eine Entscheidung jedenfalls vor der beabsichtigten Fortsetzung der Hauptverhandlung hätte getroffen werden können. Dem Verteidiger ist diese Rechtsprechung erklärtermaßen bekannt. Wenn er gleichwohl vorträgt, die abgelehnten Richter bewegten sich außerhalb des rechtlich Vertretbaren, so verfolgen damit er und die Angeklagte Ensslin offensichtlich nur verfahrensfremde Zwecke (§ 26 a Abs. 1 Nr. 3 StPO). Die Ablehnung des Richters Dr. Breucker ist schon deshalb verspätet, weil der gegen ihn geltend gemachte Ablehnungsgrund jedenfalls schon mit dem vorhergehenden Ablehnungsantrag des Rechtsanwalts Künzel hätte vorgebracht werden können.
Herr Rechtsanwalt Künzel, das waren die Gründe dieses Beschlusses. Ich möchte Ihnen nur folgendes sagen dazu: Die getroffene Entscheidung war rechtlich geboten. Ich persönlich bedauere, dadurch außerstande zu sein, Ihnen sachlich erwidern zu können. Aber soviel möchte ich Ihnen erklären: Wenn der Vorwurf unkorrekten Verhaltens – auch in der von Ihnen jetzt vorgetragenen Form – oder der Befangenheit gegen mich berechtigt wäre, hätte ich die rechtlich möglichen Konsequenzen gezogen.[276] [...]

Donnerstag, 20. Januar 1977
174. Verhandlungstag

[...]

Vors.: [...] Herr Rechtsanwalt Dr. Heldmann hat mitteilen lassen, daß er Anträge zu stellen beabsichtigt. Sie haben das Wort.

RA Dr. Heldmann: Herr Baader lehnt den Vorsitzenden Richter Dr. Prinzing wegen der Besorgnis der Befangenheit ab.

Gründe:

Der abgelehnte Richter hat mit einem der Verteidiger in diesem Verfahren außerhalb der Hauptverhandlung Kontakt aufgenommen, um mit ihm über in der Hauptverhandlung gestellte Anträge, zumindest jedoch über einen in der Hauptverhandlung gestellten Antrag zu sprechen. Im Verlauf dieses Gesprächs hat der abgelehnte Richter sinngemäß folgendes geäußert:

1. Es mache einen Unterschied aus, ob ein Ablehnungsgesuch von dieser oder von jener Seite der Verteidigerbänke gestellt werde.

2. Den Ablehnungsanträgen lägen ohnehin nur die Vorstellungen der antragstellenden Verteidiger zugrunde.

3. Hingegen käme es den Angeklagten doch auf Ablehnungsgründe gar nicht an.

Glaubhaftmachung: Dienstliche Äußerung des abgelehnten Richters.

Damit hat der abgelehnte Richter erneut seine Befangenheit gegenüber den Angeklagten und auch in seinem Verhältnis zu deren Verteidigern offenbart. Seine Äußerungen begründen die Besorgnis seiner Befangenheit gegenüber dem Angeklagten Baader auch insoweit,

a) daß der abgelehnte Richter Anträge der von den Angeklagten gewählten Verteidiger gegenüber denen der anderen Verteidiger von vornherein geringer bewertet und – sind es Ablehnungsanträge Unabhängiger – von ihrem Inhalt als zumindest unbegründigt würdigt; dem entspricht im übrigen seine Praxis, diesen für Ablehnungsanträge ganz regelmäßig jegliche Pause zu verweigern, wo an anderer Stelle, gegenüber einem Anderen, antragsgemäß Pause gewährt hat

– Glaubhaftmachung insoweit Tonbandniederschriften –,

und

b) daß der abgelehnte Richter für die Angeklagten eine Besorgnis der Befangenheit von vornherein ausschließt – beziehe also auf Punkt drei des Tatbestands – von vornherein ausschließt, was zu der bekannten Folge führt, daß die Bestimmungen der Strafprozeßordnung über die Richterablehnung in diesem Verfahren nach Richterermessen als unanwendbar behandelt werden. Das ist ungesetzlich, das weiß – wie jeder Jurist – auch der abgelehnte Richter. Schließlich: Diesen Ablehnungsantrag hat Herr Baader heute zur Kenntnis bekommen, was ich hiermit anwaltlich versichere. [...]

Die Hauptverhandlung wird um 9.11 Uhr unterbrochen.

Dr. Theo Prinzing
Vors. Richter am OLG
Stuttgart, 20.1.1977
Dienstliche Erklärung

Herr Rechtsanwalt Künzel hat in der Begründung seines Ablehnungsgesuchs vom 13.1.77 gegen mich nachdrücklich betont, die von ihm vorgetragenen Umstände bedürften einer sachlichen Diskussion, sonst bliebe am Verfahren ein Makel haften. Er zeigte beim Vortrag seines Antrags starkes persönliches Engagement, das ihn sehr betroffen scheinen ließ, als der Senat keine sachliche Entscheidung getroffen, die Ablehnung vielmehr aus formellen Gründen verworfen hat. Da außerdem die gegen mich und anschließend die weiteren Mitglieder des Senats erhobenen sehr schweren Vorwürfe (bewußte Tatsachenunterdrückung, Rechtsmissbrauch) für mich in einem offensichtlichen Missverhältnis zu der Sorgfalt standen, die Herr Rechtsanwalt Künzel bei der Ermittlung der der Ablehnung zugrundegelegten Umstände angewandt hatte (er benutzte ein falsches Zitat als Ausgangspunkt), schien es auch mir notwendig, sachlich zu den aufgestellten Behauptungen Stellung zu nehmen.

Ich beabsichtigte dies zunächst in der Hauptverhandlung zu tun, beließ es dann aber bei einer kurzen allgemeinen Bemerkung über die Unbegründetheit der Besorgnis Rechtsanwalts Künzels, es sei unkorrekt vorgegangen worden. Ich wollte auch vermeiden, ihn in öffentlicher Sitzung auf seine geringe Sorgfalt angesichts so schwerer Vorwürfe hinzuweisen. Nach längerer Überlegung entschloss ich mich, Herr Rechtsanwalt Künzel wenigstens außerhalb der Hauptverhandlung über die Grundlosigkeit seiner sachlichen Bedenken aufzuklären, aber auch, ihn darauf hinzuweisen, daß er diese Bedenken bei größerer Sorgfalt leicht hätte vermeiden können.

Ich habe betont, welcher Belastung das Gericht und speziell ich gegenwärtig im Zusammenhang mit der Aktenanforderung des Herrn RiBGH Mayer ausgesetzt seien, und daß es eine zusätzliche Belastung bedeute, wenn von Seiten der nicht von den Angeklagten gewählten Pflichtverteidiger auch derartig schwerwiegende Vorwürfe in der Öffentlichkeit vorgetragen werden würden. Damit sprach ich lediglich die zu erwartende – und wohl auch eingetretene – besondere Aufmerksamkeit an, die nach früheren Erfahrungen Anträge von dieser Seite der Verteidigerbank in der Öffentlichkeit finden. Eine unterschiedliche Bedeutung der Anträge »von dieser oder jener Seite« für das entscheidende Gericht war damit nicht gemeint; ich kenne diesen Unterschied auch nicht.

Herr Rechtsanwalt Künzel bestätigte mir meine Vermutung, daß ihm die Antragstellung schwer gefallen sei. Er verwies dabei darauf, er müsse als Anwalt alles aus der Sicht der Mandanten sehen. – Ich füge hier ein, daß ich Begegnungen mit Anstaltsbediensteten der VA Stuttgart häufig dazu benütze, um Fragen nach dem Gesundheitszustand der Angeklagten und der Auswirkung des Prozeßgeschehens auf ihren Zustand zu stellen. Dazu halte ich mich, nachdem ich keinen eigenen Eindruck von den Angeklagten gewinnen kann, als Haftrichter für verpflichtet. Einen oder zwei Tage vor dem Ablehnungsantrag vom 13.1. erfuhr ich auf eine solche Frage, der Zustand der Angeklagten sei unverändert, von den bekanntgewordenen Vorgängen im Zusammenhang mit der sogenannten Akten-Affäre zeigten sie sich merkwürdig unberührt und ohne Interesse, Baader habe sogar geäußert, was das »wieder für eine Kiste« eines Rechtsanwalts sei. –

Herrn Rechtsanwalt Künzels Hinweis (Sicht der Angeklagten) veranlaßte mich, ihm als Verteidiger diese Kenntnis mitzuteilen. Es kann sehr wohl

sein, daß ich daraus ihm gegenüber die Schlußfolgerung gezogen habe, daß die Angeklagten (bisher) kein Interesse gezeigt und keine eigenen Vorstellungen eingebracht hätten.
Daß es den Angeklagten generell auf Ablehnungsgründe nicht ankäme oder das für sie die Akten-Affäre grundsätzlich bedeutungslos wäre, war damit weder gesagt noch gemeint. Es ging hier nur um die augenblickliche Situation hinsichtlich eines vom Gericht bereits entscheidungsmäßig beurteilten Vorganges. Auf die zukünftige Verteidigertätigkeit Herrn Rechtsanwalts Künzels habe ich nicht einwirken wollen, sieht man davon ab, daß ich den Hinweis auf eine mögliche bessere Sorgfalt gegeben habe.
Ich fühle mich nicht befangen.
Prinzing

Rechtsanwälte Manfred Künzel u. a.
An den 2. Strafsenat beim Oberlandesgericht
20. 1. 1977
Zu der dienstlichen Erklärung des Herrn Vorsitzenden Richter Dr. Prinzing vom 20. 1. 1977 gebe ich folgende Stellungnahme ab:
Herr Dr. Prinzing hat mich am Abend des 13. 1. 1977 angerufen. Er sagte, er rufe mich an, weil er den Eindruck habe, daß mir die Stellung eines Ablehnungsantrags sehr schwer gefallen sei. Er sagte, wenn ich nur wenigstens richtig zitiert hätte. Ich nahm diesen Vorwurf hin, weil mir das Gespräch zur Klärung von Einzelheiten, die die Verteidigung betreffen, ungeeignet schien. Herr Dr. Prinzing sagte mir, daß mein Antrag das Schlimmste gewesen sei was er in den zwei Jahren mitgemacht habe und brachte zum Ausdruck, daß es für ihn ein Unterschied mache, von welcher Seite ein solcher Antrag käme. Herr Dr. Prinzing hielt mir weiter vor, daß jetzt die Presse wieder über ihn her falle. Ich erklärte Herr Dr. Prinzing, daß seine Stellungnahme vom 29. 7. 76 in einem Ablehnungsverfahren für alle Beteiligten unverständlich gewesen sei. Dadurch, daß er auf die Vorwürfe, er habe Kontakt zu Richtern übergeordneter Instanzen, lediglich erklärte habe, er sage über private Gespräche, auch wenn sie sich mit Rechtsfragen befassen, nichts aus, habe er doch der Vermutung Nahrung gegeben, daß solche Kontakte tatsächlich bestanden.

Ich bat Herrn Dr. Prinzing, sich doch einmal in die Lage der Frau Ensslin zu versetzten, die sich nun sagen müsse, daß eine zukünftige Revision sinnlos ist und die sich später immer sagen müsse, daß ihre Revision sinnlos gewesen sei, weil ja ein Austausch zwischen den beteiligten Senaten stattgefunden habe [mit dem Ziel, ein revisionssicheres Urteil zu erstellen.]
Herr Dr. Prinzing sagte darauf wörtlich:
»Das ist doch der Frau Ensslin egal; das kommt doch alles von Rechtsanwalt Schily.«
Ich sagte, daß ich mir das nicht vorstellen könne wenn ich versuche, mir die Lage der Frau Ensslin zu vergegenwärtigen. Herr Dr. Prinzing sagte darauf, das würde ich abstrakt sehen, er wisse konkret, daß es Frau Ensslin egal sei.
Von Herrn Baader war in dem ganzen Gespräch nicht die Rede. Aber auch dieser Hinweis wäre nicht geeignet gewesen, meine im Telefonat zu Ausdruck gebrachte Besorgnis zu entkräften. Wenn mir Herr Dr. Prinzing schon in dem Telefonat zur Begründung seiner vermeintlichen Unbefangenheit eine Äußerung von Herrn Baader entgegengehalten hätte (nach einem Zitat vom Hörensagen), dann hätte ich gerade darin erneut einen Ausdruck der Befangenheit des Vorsitzenden Richters gesehen und dies zum Ausdruck gebracht.
Es mag sein, daß der Vorsitzende Richter auf meine zukünftige Verteidigertätigkeit keinen Einfluß nehmen wollte. Auf mich hat dieses Gespräch anders gewirkt und mußte anders wirken, zumal da Herr Dr. Prinzing sagte: »Wenn ich das nicht durchhalte, Herr Künzel…«
Ein Richter der diese Sorge hat, sie einem anderen gegenüber äußert und dies gegenüber einem Verteidiger, der gerade einen Ablehnungsantrag gegen ihn gestellt hat, will auf die Verteidigung einwirken.
Künzel

[…]
Fortsetzung der Hauptverhandlung um 16.45 Uhr
Der Senat ist nunmehr in folgender Besetzung anwesend:
Richter am OLG Dr. Foth – als Vorsitzender

Richter am OLG Maier
Richter am OLG Dr. Berroth
Richter am OLG Dr. Breucker
Richter am OLG Vötsch – als beisitzende Richter
Richter am OLG Dr. Nerlich
Richter am OLG Meinhold
Richter am OLG Freuer – als Ergänzungsrichter
[...]
VORS.: Die Sitzung wird fortgesetzt.
Ich habe folgenden Beschluß zu verkünden, der außerhalb der Hauptverhandlung gefaßt wurde:
Der Vorsitzende verliest den Beschluß vom 20. Januar 1977.

> Die Ablehnung des Vorsitzenden Richters Dr. Prinzing ist begründet.
> Gründe:
> Darauf, ob Dr. Prinzing befangen ist oder sich befangen fühlt, kommt es entscheidend nicht an. Maßgebend ist, ob aus der Sicht der Angeklagten vernünftigerweise Mißtrauen in die Unparteilichkeit des Richters gesetzt werden kann. Diese Befürchtung ist nicht ganz von der Hand zu weisen, wenn Dr. Prinzing – nach seiner dienstlichen Erklärung – Rechtsanwalt Künzel seine »Kenntnis« mitgeteilt hat, die Angeklagten zeigten sich von den bekanntgewordenen Vorgängen im Zusammenhang mit der sog. Akten-Affäre merkwürdig unberührt und ohne Interesse, Baader habe sogar geäußert, was das wieder für eine Kiste eines Rechtsanwalts sei, oder – nach der Erinnerung von Rechtsanwalt Künzel – »Das ist doch der Frau Ensslin egal, das kommt doch alles von Rechtsanwalt Schily.«
> Ging der abgelehnte Richter von einem solchen Sachverhalt aus, ohne daß eine Klärung stattgefunden hätte, und brachte er ihn in Zusammenhang mit vorausgegangenen Anträgen der Verteidigung, so ist aus der Sicht der Angeklagten die Befürchtung nicht unbegründet, Dr. Prinzing messe aufgrund eines solchen ungeprüften Vorganges derartigen Anträgen eine geringere Bedeutung bei, als ihnen sonst zukäme.
> Da dieser Grund geeignet ist, die Ablehnung zu begründen, kommt es auf die sonst geltend gemachten Ablehnungsgründe nicht an.

Der Beschluß wird als Anlage 1 zu Protokoll genommen.

Dieser Beschluß hat zur Folge, daß – wie Sie sehen – ich auf diesem Stuhle Platz genommen habe. Als erster Ergänzungsrichter[277] ist Herr Richter am Oberlandesgericht Vötsch nachgerückt. Sodann habe ich die Frage zu stellen, ob irgendwelche Anträge zu stellen sind?

RA Schily: Ich bitte zunächst um eine Pause von zehn Minuten.

Vors.: Ja, ich sehe an sich nicht recht ein, zu welchem Behufe?

RA Schily: Zur Vorbereitung weiterer Anträge.

Vors.: Ja, ich meine, zur Vorbereitung weiterer Anträge, sollen das Beweisanträge sein?

RA Schily: Beweisanträge, ja.

Vors.: Beweisanträge, ja. [...]

Unter der Leitung des neuen Vorsitzenden Dr. Foth wird die Beweisaufnahme fortgeführt; das noch anstehende Beweisprogramm ist aber nicht mehr umfangreich. Versuche der Verteidigung, Beweise für den Verbleib des RAF-Mitglieds Ingeborg Barz zu finden, wodurch frühere Angaben des Zeugen Müller über ihre angebliche Erschießung durch Andreas Baader widerlegt und so seine Glaubwürdigkeit erschüttert werden sollen, bleiben erfolglos.

24
ABGEHÖRT

Dienstag, 15. März 1977
184. Verhandlungstag

[...]

VORS.: [...] [B]itte, Herr Rechtsanwalt.

RA SCHILY: Dann stelle ich zunächst den Antrag,

> die Hauptverhandlung zu unterbrechen und Herrn Bundesinnenminister Maihofer[278] zu vernehmen zur Klärung der Frage, ob Gespräche zwischen den Angeklagten dieses Verfahrens einerseits und Gespräche zwischen den Angeklagten dieses Verfahrens und ihren Verteidigern unzulässiger Weise heimlich abgehört, auf Tonband aufgezeichnet und Staatsschutzbehörden oder anderen Dienststellen zur Auswertung überlassen worden sind. Es liegen Anhaltspunkte vor, daß die beschriebenen unzulässigen Abhörmaßnahmen auch im Bereich von Vollzugsanstalten durchgeführt werden und es erscheint geboten, zur Wahrung der Rechte der Verteidigung diese Frage aufzuklären und vorläufig auch in dem Verfahren nicht fortzufahren.

Das ist der erste Antrag, den ich an erster Stelle ...

VORS.: Sie sind möglicherweise bereit, Herr Rechtsanwalt, diese Anhaltspunkte zu nennen. Das könnte ja für die Bescheidung von Bedeutung sein, daß wir die kennen.

RA SCHILY: Ich kann u.a. nennen, u.a. betone ich, da Sie ja sicherlich im Zusammenhang mit dem Fall Traube[279] sich einmal beschäftigt haben mit den Kriterien, die bestimmte Dienststellen für ausreichend halten, um solche Abhörmaßnahmen durchzuführen. Wenn man allein mal die Kriterien sich anschaut, dann würde allein daraus sich ein bestimmtes Verdachtsmoment, bestimmte Verdachtsmomente ergeben. Ich darf aber auch hinweisen auf die Erklärung des Vorsitzenden der Bundestagsfraktion der Sozialdemokratischen Partei Deutschlands, Herrn Herbert Wehner, der in letzten Presseberichten zitiert worden ist und der sinngemäß die Forderung aufgestellt hat, daß auch in Zukunft Abhörmaßnahmen, wie etwa im Fall Traube, in Haftanstalten unterbleiben sollen. Die besondere Hervorhebung in der Erklärung von Herrn Wehner, daß auch solche Maßnahmen in Haftanstalten unterbleiben sollen, hat sicherlich ihren, eine solide Grundlage in Informationen, die Herrn Wehner vorliegen. Welche weiteren Anhaltspunkte für die von der Verteidigung gewünschte Aufklärung vorliegen, werden wir möglicherweise zu gegebener Zeit dem Gericht noch vortragen. [...]

OStA Zeis: Ich möchte dazu Stellung nehmen, Herr Vorsitzender.

Vors.: Bitte sehr.

OStA Zeis: [...] Zum Antrag [...], die Hauptverhandlung zu unterbrechen, den Zeugen Maihofer zur Klärung der Frage hier zu laden, ob Gespräche zwischen den Angeklagten einerseits und zwischen den Angeklagten und ihren Anwälten überwacht worden sind, dazu folgendes: Es konnte ja wohl nicht erwartet werden, daß der Herr Rechtsanwalt Schily aus dem Fall Traube nicht versuchen würde, auch Kapital zu schlagen. In seinem Bestreben, öffentlichkeitswirksame Anträge hier in diesem Gerichtssaal zu stellen, geht er jetzt schon soweit, daß er Beweisantrag und Beweisermittlungsantrag durcheinander bringt[280] und nicht mehr auseinanderhält. Tatsächlich handelt es sich nämlich hier um einen reinen Beweisermittlungsantrag. Die Bundesanwaltschaft ist der Überzeugung, daß auch die Sachaufklärung gem. § 244 Abs. 2 StPO[281], zumal bei einem solch haltlosen Antrag, nicht gebietet den, Zeugen darüber zu vernehmen.

Vors.: Herr Bundesanwalt, auch Sie darf ich bitten, möglichst jegliche Schärfe und dergleichen und abwertende Äußerungen zu vermeiden. Wir wollen uns an die Sache halten; dann kommen wir der Sache am nächsten.

OStA Zeis: Herr Vorsitzender, ich bin gerne bereit, Ihrer Bitte zu entsprechen. Ich meine aber, wenn hier unterstellt wird, daß mittels irgendwelcher Lauschmittel Gespräche zwischen Angeklagten einerseits und Angeklagten und Verteidigern andererseits überwacht werden würden, dann meine ich doch von Seiten der Bundesanwaltschaft hier auch einmal ein solches Wort sagen zu dürfen. [...]

Vors.: [...] Der Antrag, die Hauptverhandlung zu unterbrechen und Herrn Bundesminister des Innern Maihofer zu vernehmen, wird abgelehnt.

Gründe:

Der Senat sieht keine konkreten Anhaltspunkte, die ihn veranlassen könnten, die vom Antragsteller gewünschten Ermittlungen anzustellen. [...]

Donnerstag, 17. März 1977
185. Verhandlungstag

Der Zeuge B. macht Angaben darüber, dass er im Frühjahr/Sommer 1972 eine Person, die er mit Hilfe eines Fahndungsplakats als Ingeborg Barz zu erkennen glaubte, in Frankfurt a.M. gesehen habe. In einer Pause werden den Prozessbeteiligten Ablichtungen eines Fernschreibens übergeben, das frühere, offenbar dem zuvor Gesagten widersprechende Angaben des Zeugen bei der Polizeistation Mörfelden vom 25. Mai 1972 enthält.

Vors.: Die Sitzung wird fortgesetzt. [...]

Dann habe ich zunächst folgenden Hinweis zu geben ...

RA Schily: Herr Vorsitzender, ich bitte um's Wort.

Vors.: Ja, also erst bin ich dran jetzt. Ich habe folgenden Hinweis zu geben: Der Senat hat aus einer Nachrichtensendung im Radio entnommen, daß Justizminister Bender erklärt habe, es seien Gespräche zwischen Häftlingen und Verteidigern hier in Stuttgart-Stammheim abgehört worden. Dieser Umstand kann unter Umständen das Verfahren berühren,[282] deshalb wird der Senat der Sache nachgehen.

Das zunächst hierzu. Wenn Sie etwas erklären wollen, Herr Rechtsanwalt Schily, bitte.

RA SCHILY: Ja, im Anschluß an diese Mitteilung, Herr Vorsitzender und die Herren des Senats: Auch die Verteidigung hat von diesen Nachrichten Kenntnis erhalten. Sie werden sich erinnern, daß ich vor zwei Tagen den Antrag gestellt habe, der Senat möge Aufklärung darüber sich verschaffen, ob hier im Hause oder in der Vollzugsanstalt – der benachbarten –, wobei ja dies Haus nur eine Dependenz der Vollzugsanstalt ist, Abhörmaßnahmen durchgeführt werden, mit denen Verteidigergespräche abgehört, ausgeforscht werden.

Die Bundesanwaltschaft hat hier die Stirn gehabt, von einem Propagandaantrag zu sprechen. Die Terminologie, die sie gerne anwendet, um Fakten unter den Teppich zu kehren. Und die Verteidigung hat nicht einmal erwartet, daß die verantwortlichen Herren so schnell der Wahrheit die Ehre geben. Aber immerhin, innerhalb von 48 Stunden war es dann doch möglich, daß eine solche Erklärung der Öffentlichkeit bekanntgegeben wurde. Das, was jetzt an das Tageslicht kommt, meine Herren, das ist eigentlich wirklich, nach dem, was wir alles hier in diesem Verfahren haben erfahren müssen an Verletzungen, an Beseitigungen rechtsstaatlicher Grundsätze, in der Tat wiederum eine Eskalation, die sich ein normaler rechtstreuer Bürger kaum noch vorstellen kann. Was hier stattfindet in diesem Verfahren, das kann man nicht anders benennen als die systematische Zerstörung aller rechtsstaatlichen Garantien. Insofern hat das Verfahren für den Zustand dieser Republik in politischen Verfahren, was politische Verfahren anbelangt, seine exemplarische Bedeutung.

Die Verteidigung kann es unter keinen Umständen verantworten, hier auch nur eine Minute länger in dem Verfahren mitzuwirken, um hier noch vielleicht als eine Art Alibi aufzutreten, daß es noch so etwas gebe wie eine Verteidigung.

Wir stellen den Antrag,

> die Hauptverhandlung zunächst zu unterbrechen und alle Vorgänge, die in diesem Zusammenhang stehen, rückhaltlos aufzuklären.

Dazu gehört insbesondere, daß die Verantwortlichen, die diese Maßnahmen angeordnet haben, zur Rechenschaft gezogen werden; daß die Unterlagen, die insoweit angefertigt worden sind, der Verteidigung vorgelegt werden; ich nenne nur zwei Maßnahmen, die unter anderem erforderlich sind. Welche weiteren Maßnahmen sich ergeben, auch vielleicht die Notwendigkeit von Strafanträgen, weitere prozessuale Anträge und was sonst noch in Betracht zu ziehen ist, das wird die Verteidigung genau prüfen und überdenken. Vorläufig, und im gegenwärtigen Stadium, sehen wir keine Möglichkeit, hier an dem Verfahren mehr teilzunehmen. Ob und wie weit die Entscheidungen sich dann noch, welche Entscheidungen, weitere Entscheidungen zu treffen sein werden, das wird die Verteidigung, wie gesagt, abschließend zu klären haben in den nächsten Tagen. [...]

VORS.: Herr Rechtsanwalt Schily, Sie dürfen natürlich vom Senat nichts Unmögliches verlangen; also irgend jemand zur Rechenschaft zu ziehen, da bin ich im Augenblick nicht recht im Bilde, was damit für Maßnahmen gemeint sind. Das müßten Sie vielleicht noch näher konkretisieren, um Ihren Antrag ...

RA SCHILY: Naja, Rechenschaft zu ziehen, das, ich meine, der Senat ist nicht für Disziplinarmaßnahmen zuständig, – das werden Sie nicht mißverstehen – sondern es geht darum, daß wir die vollständige Aufklärung dessen, was da stattgefunden hat, verlangen; das ist damit gemeint. [...]

VORS.: Herr Bundesanwalt Zeis, jetzt ist Ihr ...

OSTA ZEIS: Für die Bundesanwaltschaft erkläre ich: Keiner der Sitzungsvertreter der Bundesanwaltschaft hat von den betreffenden Vorgängen Kenntnis gehabt. Eine weitere Erklärung wird abgegeben werden, sobald sich die Bundesanwaltschaft sachkundig gemacht hat, danke.

VORS.: Danke sehr. Nun ist es so, wir haben noch einen Zeugen hier sitzen; dieser Zeuge muß ja irgendwie ordnungsgemäß aus dem Hause gelangen. Ich sehe im Augenblick keinen Grund, warum man nicht die Vernehmung dieses Zeugen soll zu Ende führen können. Wir haben den Vermerk über die damalige, über die damaligen Angaben des

Zeugen in Mörfelden. Ich meine, es stünde nichts im Wege, den Zeugen, der hier ist, nochmals zu befragen, ob er diese Angaben damals gemacht hat, die nun zu einem Teil seinen heutigen Angaben widersprechen.

Rechtsanwalt Weidenhammer verläßt um 15.27 Uhr den Sitzungssaal.

VORS.: Ich meine, wir dürften den Zeugen nicht einfach jetzt fortschicken mit einer möglicherweise falschen Aussage hinter sich. Ich meine, wir müßten ihm die Gelegenheit geben, am gleichen Sitzungstage noch mit den früheren, andersartigen Dingen konfrontieren; ... [...]

RA SCHILY: Ich stelle den Antrag auf Aussetzung des Verfahrens, und ich sage Ihnen: Ich sehe im gegenwärtigen Zeitpunkt keine Möglichkeit mehr, in dem Verfahren mitzuwirken, bevor diese Dinge hier ganz glasklar geklärt sind, Herr Vorsitzender. Für mich gibt es da überhaupt keine Grenze mehr. [...]

VORS.: Trotzdem, ich meine trotzdem, Sie beantragen's, aber ich meine, wir können den Zeugen, wir können den Zeugen B. nicht so ohne Weiteres mit dieser Aussage nach Hause schicken.[283]

RA SCHILY: Ja, Herr Vorsitzender, dann verlasse ich jetzt unter Protest den Gerichtssaal.

VORS.: Ich kann Sie nicht halten; ich meine, Sie sollten hierbleiben.

Rechtsanwalt Schily verläßt um 15.30 Uhr den Sitzungssaal.

VORS.: Sonstige Äußerungen zunächst nur zu dieser Frage, ob man den Herrn B. ...?

RA KÜNZEL: Es könnte sich ja herausstellen, Herr Vorsitzender, daß eine rechtsstaatliche Verteidigung ex tunc[284] von dem Zeitpunkt an, wo die erste Wanze eingebaut wurde, eigentlich nicht mehr möglich ist. Und deshalb kann eigentlich dieser Zeuge jetzt nicht mehr zu Ende vernommen werden. Das Risiko, daß dieser Zeuge noch einmal herfährt, wenn sich herausstellt, daß die Verteidigung jetzt schwärzer sieht als die Landschaft ist, ist sicherlich das kleinere Risiko von dem, was jetzt auf dem Spiel steht. [...]

VORS.: Sonstige Stellungnahmen hierzu? Nicht. Dann werden wir uns über diesen Antrag Gedanken machen. Fortsetzung: 15.50 Uhr.

Pause von 15.33 bis 15.53 Uhr

VORS.: Der Senat würdigt die Argumente der Verteidigung und will in der Tat die Sitzung heute nicht mehr fortsetzen, sondern erst am Dienstag, den 22. 3. 77, 9.00 Uhr. Es steht zu hoffen, daß bis zu diesem Zeitpunkt Aufklärung geschafft werden kann; falls nicht, müßte eben weiteres ins Auge gefaßt werden. [...]

Dienstag, 22. März 1977
186. Verhandlungstag

[...]

VORS.: Ich bitte Platz zu nehmen. [...] Ich habe bekanntzugeben, daß der Senat an Herrn Justizminister Dr. Bender einen Brief geschrieben hat, am 18. März 1977, folgenden Inhalts:

Vorsitzender verliest den Brief an Justizminister Dr. Bender vom 18. März 1977.

> Sehr geehrter Herr Minister!
> Wie der Senat aus Rundfunk und Presse erfahren hat, sind in der Vollzugsanstalt Stuttgart Gespräche zwischen Häftlingen und Verteidigern abgehört worden; es soll sich hierbei um Häftlinge der »Baader-Meinhof-Gruppe« gehandelt haben.
> Der Senat ist gehalten, darauf zu achten, daß in der oben genannten Strafsache die gesetzlichen Vorschriften eingehalten werden. Hierzu zählt insbesondere § 148 StPO, der den unüberwachten mündlichen Verkehr zwischen Angeklagtem und Verteidiger gewährleistet. Der Senat muß darauf bestehen, daß diese Bestimmung befolgt wird. Um sich ein Bild über die Vorgänge verschaffen und um beurteilen zu können, ob, gegebenenfalls welche Maßnahmen im anhängigen Verfahren erforderlich sind, bittet der Senat um Mitteilung,
> a) zu welchen Zeiten
> b) auf welche Weise
> c) zwischen welchen Personen

> d) zu welchen konkreten Zwecken
> Gespräche abgehört wurden.
> Dagegen will der Senat von dem inhaltlichen Ergebnis solcher Abhöraktionen nicht unterrichtet werden, da solche Unterrichtung dem § 148 StPO (dessen Sinn nicht zuletzt dahin geht, den Angeklagten davor zu schützen, daß seine Äußerungen gegenüber dem Verteidiger zur Kenntnis des in der Sache entscheidenden Gerichtes gelangen) zuwider liefe.
> Der Senat bittet um umgehende Unterrichtung (bis spätestens Montag 21. März 1977, nachmittags). da die Hauptverhandlung am 22. März 1977, 9.00 Uhr fortgesetzt werden und bis dahin Klarheit bestehen soll.
> Mit vorzüglicher Hochachtung
> (Dr. Foth)
> Richter am Oberlandesgericht

Das Schreiben wird in Ablichtung als Anl. 1 zum Protokoll genommen.
Vors.: Der Justizminister hat darauf folgendes geschrieben:
Vorsitzender verliest daraufhin das Antwortschreiben des Justizministers Dr. Bender vom 18. März 1977.

> Sehr geehrter Herr Vorsitzender!
> Auf Ihre Anfrage vom 18. März 1977 teile ich Ihnen folgendes mit:
> a) Die beiden Abhörmaßnahmen erfolgten in der Zeit vom 25. April 1975 bis 9. Mai 1975 und vom 6. Dezember 1976 bis 21. Januar 1977, und zwar im ersten Zeitraum an insgesamt zehn Tagen und im zweiten an insgesamt zwölf Tagen. Die Zahl der Gespräche ist nicht mehr feststellbar, da die Aufzeichnungen, soweit sich aus ihnen keine Erkenntnisse über bevorstehende schwerste Verbrechen ergaben, sofort vernichtet wurden, ohne daß sie zuvor einem Dritten zur Kenntnis gebracht worden waren.
> b) Durch Mikrofone.
> c) Abgehört wurden Gespräche zwischen den Angeklagten und ihren Vertrauensanwälten.
> d) Zweck der Maßnahmen war ausschließlich die Abwehr von konkreten Gefahren für Leib und Leben unschuldiger dritter Personen.

aa) Die erste Maßnahme erfolgte nach dem Stockholmer Anschlag (24. April 1975), der u. a. der Befreiung der Stammheimer Angeklagten dienen sollte. Es bestand der konkrete Verdacht, daß in unmittelbarem Zusammenhang mit diesem Anschlag weitere Terrorakte und Geiselnahmen bevorstanden. Dabei mußte nach den damaligen polizeilichen Erkenntnissen davon ausgegangen werden, daß die beabsichtigten Straftaten – genauso wie die Aktion in Stockholm selbst – aus den Zellen der Vollzugsanstalt Stuttgart heraus geplant wurden.

bb) Die zweite Maßnahme wurde durch die Festnahme von Rechtsanwalt Siegfried Haag und Roland Mayer ausgelöst (30. November 1976). Aus den damals sichergestellten Unterlagen ergab sich, daß die Festgenommenen Teil einer organisierten Terrorbande waren, deren konkretes Nahziel die Befreiung inhaftierter Gewalttäter, auch in Stuttgart-Stammheim, war. Es mußte damit gerechnet werden, daß die noch in Freiheit befindlichen mindestens acht Gruppenmitglieder auch nach der Festnahme Haag's die bisherige Planung spontan in die Tat umsetzen würden. Bei der am gleichen Tage erfolgten Festnahme der Elisabeth von Dyck waren Fotografien gefunden worden, die in der siebten Etage der Vollzugsanstalt Stuttgart, also im Unterbringungsbereich der Baader-Meinhof-Häftlinge, aufgenommen worden waren. Daraus ergab sich, daß die Gruppe Haag mit den inhaftierten Terroristen über deren Vertrauensanwälte in Verbindung stand. Ähnlich wie bei dem Stockholmer Anschlag mußte davon ausgegangen werden, daß eine Aktion nur in Absprache mit den in der Vollzugsanstalt Stuttgart inhaftierten Baader-Meinhof-Gefangenen in Betracht kam.

Mit vorzüglicher Hochachtung
Bender

Dieses Schreiben wird in Ablichtung als Anl. 2 zum Protokoll genommen.

Vors.: Der Senat entnimmt dieser Stellungnahme, daß die Abhörungen sachlich völlig unabhängig vom Verfahren geblieben sind. Prozessual freilich ist der geschehene Verstoß gegen § 148 StPO[285] nicht aus der

Welt zu schaffen. Der Senat in allen seinen Mitgliedern hat von diesen Abhörungen nichts gewußt. Das erkläre ich hier in aller Form. Der Senat wird beim Ministerium nochmals darauf dringen, behält sich auch weitere Maßnahmen vor, daß § 148 StPO in Zukunft ohne jede Einschränkung beachtet wird, sozusagen ohne Hörner und Zähne.

Werden hierzu irgendwelche Stellungnahmen gewünscht oder wird eine Pause gewünscht?

RA Schwarz: Ich bitte um's Wort.

Vors.: Bitte, Herr Rechtsanwalt Schwarz.

RA Schwarz: Ich beantrage, die Anfrage des Herrn Vorsitzenden an den Justizminister Dr. Bender in zwei Punkten zu ergänzen und bis zum Vorliegen einer Antwort des Ministers die Hauptverhandlung erneut zu unterbrechen.

Die bisherigen Erklärungen der beteiligten Minister beziehen sich auf das Abhören von Gesprächen zwischen den Untersuchungsgefangenen und Verteidigern in der Justizvollzugsanstalt Stuttgart-Stammheim. Da seit Beginn dieser Hauptverhandlung ein großer Teil der Gespräche mit den Verteidigern in diesem Haus, also im sogenannten Mehrzweckgebäude, geführt wurden, mag sich der Herr Justizminister dazu äußern, ob, wenn ja wann, wie lange und in welchen Räumen dieses Mehrzweckgebäudes Gespräche abgehört wurden und welche Personen von derartigen Maßnahmen betroffen wurden.

Zweitens, der Justizminister hat in einer öffentlichen, vor dem Fernsehen abgegebenen Erklärung behauptet, bei einem der in der JVA Stammheim zwischen einem namentlich nicht genannten Gefangenen und einem ebenfalls nicht genannten Verteidiger sei im Zusammenhang mit einer der Gefangenenbefreiung dienenden dazu geplanten Geiselnahme von einem Kinderspielplatz gesprochen worden. Rechtsanwalt Schily hat insofern für alle Gefangenen und die in Frage kommenden Verteidiger sprechend in seiner Pressekonferenz diese Behauptung des Ministers auf das entschiedenste bestritten und von einem weiteren Akt der psychologischen Kriegsführung gesprochen. Da in der Tat die Öffentlichkeit durch diese Erklärung des Ministers besonders stark emotionell bewegt wurde, besteht ein besonders dringendes Bedürfnis nach Aufklärung. Der Minister möge erklären, ob er bereit ist, dem davon betroffenen Gefangenen und dem am Gespräch beteiligten Verteidiger eine Bandaufzeichnung des von ihm geschilderten Gesprächs zur Verfügung zu stellen. Dasselbe gilt für sämtliche Gespräche, in denen angeblich Geiselnahmen als Befreiungsaktion erörtert wurden, Geiselnahmen, die aus der Haftanstalt gesteuert worden sein sollten. Nachdem der Herr Minister in der Antwort an den Senat erklärt, es seien nicht sämtliche Gespräche vernichtet worden, müssen derartige Gesprächsaufzeichnungen vorhanden sein, aus denen sich dann strafbare Aktivitäten der Gesprächsteilnehmer ergeben würden. Ich habe demgegenüber festzustellen, daß trotz bestehenden Verfolgungszwangs[286] für die abhörende Behörde bisher keine Ermittlungen gegen angeblich beteiligte Anwälte bekanntgeworden sind, ja noch nicht einmal Anträge, solche Verteidiger vom Verfahren auszuschließen. [...]

VORS.: Herr Bundesanwalt Widera, Sie wollten etwas erklären.

REG. DIR. WIDERA: Ja. Zunächst möchte ich nochmal auf die Erklärung, die Herr Kollege Zeis hier abgegeben hat, zurückkommen, wonach niemand der Sitzungsvertreter von den erfolgten Abhörmaßnahmen etwas gewusst hat und von möglichen dabei gewonnenen Erkenntnissen auch nichts erfahren hat. Diese Erklärung gilt auch für den Behördenleiter selbst und für alle Mitarbeiter der Bundesanwaltschaft.

Dann zu dem Antrag, der von den hier anwesenden Verteidigern gestellt wurde; wir treten dem Antrag auf Unterbrechung des Verfahrens nicht entgegen.

Zu dem Anliegen, das in dem Punkt eins des Antrags enthalten ist, eine Ergänzung darüber herbeizuführen, ob auch hier in dem Mehrzweckgebäude Abhörmaßnahmen durchgeführt worden sind, meinen wir, daß eine Ergänzung an sich nicht notwendig wäre und das deshalb nicht, weil beide Minister von Anfang an, also bereits in ihrer Presseerklärung vom 17. März 1977 nur davon gesprochen haben, daß in der Vollzugsanstalt Stuttgart-Stammheim Gespräche zwischen

Angeklagten und Verteidigern abgehört worden sind. Allein deshalb, um hier nicht den geringsten Anlass dafür zu bieten, es sollte irgend etwas verborgen bleiben, mag eine ergänzende Auskunft eingeholt werden. Eine Ergänzung der Erklärung des Ministers zu dem Punkt zwei des hier gestellten Antrages bedarf es unserer Auffassung allerdings nicht. Niemand von den Prozeßbeteiligten wußte bis zu der Presseerklärung der Minister von den erfolgten Abhörmaßnahmen. Es sind also mögliche dabei gewonnene Erkenntnisse auch nicht in das Verfahren eingeführt worden. Für dieses Verfahren kommt es deshalb nicht darauf an, aus welchen ausschließlich präventiv polizeilichen Anlässen oder Überlegungen diese Maßnahmen angeordnet worden sind. Vielen Dank. [...]

Dienstag, 29. März 1977
187. Verhandlungstag

[...]

VORS.: Ich erkläre die Hauptverhandlung für eröffnet. [...] Das Gericht hat, d.h. der Vorsitzende hat am 22. März 77 – wie den Prozeßbeteiligten bekannt – nochmals ein Schreiben an den Herrn Justizminister Dr. Bender gerichtet. [...]

Auf dieses Schreiben ist ein Antwortschreiben des Herrn Justizministers Dr. Bender eingegangen, gestern nachmittag zu später Stunde, da heißt es:

Der Vorsitzende verliest das Antwortschreiben vom 28. März 1977 des Justizministers Dr. Bender.

> Sehr geehrter Herr Vorsitzender!
> Zu Ihrem vorgenannten Schreiben, mit dem Sie aufgrund entsprechender Anträge der Verteidigung um ergänzende Aufklärung bitten, versichere ich vorweg, daß ich volles Verständnis für die Haltung des Senats und der Verteidigung habe. Ich möchte aber betonen, daß die beiden

Abhöraktionen in der Vollzugsanstalt Stuttgart als Mittel der vorbeugenden Verbrechensverhütung rein präventiver Natur waren und deshalb keinen Bezug zu dem beim 2. Strafsenat anhängigen Verfahren hatten.
Zu den zusätzlichen Fragen nehme ich im Einvernehmen mit dem Herrn Innenminister wie folgt Stellung:

1. Im Mehrzweckgebäude sind keine Gespräche abgehört worden.
2. Es war angeordnet worden, daß die Gespräche zwischen den Angeklagten Baader, Ensslin, Meinhof und Raspe und den von ihnen gewählten Verteidigern befristet abgehört werden sollen. Nach dem Besucherbuch der Vollzugsanstalt Stuttgart sind die Angeklagten in den beiden fraglichen Zeiträumen von den Verteidigern Becker, Chotjewitz, Dr. Croissant, Düx, Haag, Köncke, Müller, v. Plottnitz, Riedel, Ripke, Ströbele, Temming, Tilgener, Schily und Weidenhammer besucht worden. Ob alle Genannten von den Abhörmaßnahmen auch tatsächlich betroffen worden sind, läßt sich heute nicht mehr feststellen. Die Bandaufzeichnungen sind – von der unter Ziff. 3 genannten Ausnahme abgesehen – weisungsgemäß unverzüglich nach dem Abhören gelöscht worden, da sie keine Hinweise auf möglicherweise geplante schwere Straftaten enthielten. Auch gibt es keine schriftlichen Vermerke darüber, wessen Gespräche abgehört worden sind. Eine Schlußfolgerung dahin, daß alle Gespräche der Angeklagten mit den obengenannten Verteidigern überwacht worden sind, kann also nicht gezogen werden.

Alsbaldige Löschung der Bänder und Unterlassen schriftlicher Aufzeichnungen waren geboten, um den präventiven Eingriff so gering wie möglich zu halten. Zugleich sollte verhindert werden, daß über den alleinigen Zweck der Gefahrenabwehr hinaus die Tatsache der Abhörung Verwendung finden könnte. Dies entsprach dem Interesse am Schutz des Vertrauensverhältnisses zwischen den Angeklagten und den von ihnen gewählten Verteidigern. Das Landeskriminalamt hat sich damit streng an die Voraussetzungen des § 34 StGB[287] gehalten, von dem die Angemessenheit des Mittels im Verhältnis zu der drohenden Gefahr verlangt wird.

3. Das Landeskriminalamt Baden-Württemberg ist lediglich noch im Besitz der Tonbandaufzeichnung eines Gesprächs vom 29. April 1975

zwischen Ulrike Meinhof und einem inzwischen aus anderen Gründen gemäß § 138 a StPO vom Verfahren ausgeschlossenen Verteidiger. Dabei hat Ulrike Meinhof die Möglichkeit der Geiselnahme eines Kindes erwähnt.

Das Innenministerium und das Landeskriminalamt beabsichtigen nicht, diese Aufzeichnung dem von ihr Betroffenen zur Verfügung zu stellen, zumal das Gespräch am Verfahren nicht mehr beteiligte Personen betrifft.

4. Die Abhörmaßnahmen, die ausschließlich der Verhütung schwerer Straftaten dienten, haben den hinreichenden Verdacht einer konkret geplanten strafbaren Handlung nicht ergeben. Schon deshalb kamen strafprozessuale Maßnahmen nicht in Betracht.

Mit vorzüglicher Hochachtung
Bender

[...]

RA Schwarz: Herr Vorsitzender, der Senat hat in einem an den Herrn Justizminister gerichteten Brief vom 18. März 1977 mitgeteilt, er sei gehalten, darauf zu achten, daß in dieser Strafsache die gesetzlichen Vorschriften eingehalten würden. Er hat weiter darauf hingewiesen, er müsse darauf bestehen, daß diese Bestimmung befolgt wird. Und ich habe dem gegenüber festzustellen, daß ungeachtet der absolut unzureichenden Auskünfte, die der Herr Minister dem Senat gegeben hat, sowohl der Herr Justizminister, als auch der Herr Innenminister, zuletzt noch vor dem Landtag, die Erklärung abgegeben haben, sie würden in einer vergleichbaren Situation wieder in der gleichen Weise handeln.

Der Gehilfe des RA Weidenhammer, Herr Wackernagel, verläßt um 12.01 Uhr den Sitzungssaal.

Das heißt, sie behaupten nicht nur rechtmäßig gehandelt zu haben, sondern sie rücken es durchaus in den Bereich der Möglichkeit, daß zu einem, wiederum ihrer Meinung nach, wohl dann außerhalb des Verfahrens durchzuführenden Weise erneut Abhörmaßnahmen durchgeführt werden. Bei dieser Situation meine ich, ist der Senat den Angeklagten, aber auch den übrigen Prozeßbeteiligten, eine Erklärung dahin schuldig, wie er es bewerkstelligen will, daß er seine Meinung, das nicht überwachte Verteidigergespräch sei unabdingbar und er müsse darauf achten, daß es so gehandhabt wird, wie er diese Meinung durchsetzen will. Solang der Senat das nicht kann und nicht tut, bin ich der Meinung – und das ist jetzt mein Antrag –,

muß das Verfahren erneut unterbrochen oder dann gegebenenfalls ausgesetzt[288] werden.

Denn es ist eine Unzumutbarkeit, daß man sich auf der einen Seite damit befaßt, daß erklärt wird, die und die gesetzlichen Bestimmungen müssen eingehalten werden, und auf der anderen Seite diejenigen, die in der Vergangenheit diese gesetzlichen Bestimmungen nicht eingehalten haben, in schöner Offenheit erklären, wenn es notwendig wird, wird wieder genau so verfahren. [...]

RA Künzel: Ich beantrage, das Verfahren auszusetzen, bis eine sichere Gewähr dafür gegeben ist, daß die Überwachung eines Verteidigergesprächs nicht mehr stattfindet, und auch sonst die Voraussetzungen geschaffen sind, die eine vom Vertrauen der Angeklagten getragene Verteidigung wieder möglich machen.

Zur Begründung trage ich vor [...]:

Unabdingbare Voraussetzung einer vom Vertrauen des Angeklagten getragene Verteidigung ist die Vertraulichkeit des Verteidigergesprächs. Dies ist so selbstverständliche Voraussetzung, daß sie eigentlich keiner weiteren Begründung bedarf. Es kommt gar nicht darauf an, ob das Gericht Kenntnis vom Inhalt der Gespräche bekam, bekommt oder bekommen wird, entscheidend ist, daß durch das heimliche Abhören die Verteidigung in ihrer Substanz getroffen wurde.

So wie ich als Verteidiger sicher davon ausgehen würde, daß Ihnen als Richter ein Richten nicht mehr möglich wäre, wenn das geheime Beratungsgespräch abgehört würde, so sollten Sie als Richter davon ausgehen, daß es einem Verteidiger nicht mehr möglich ist, eine Verteidigung zu führen, wenn er mit einem Abhören des Verteidigergesprächs rechnen muß. Wo die Totalität des Staates, die den Gefangenen im Gefängnis umgibt, bis in das Gespräch zwischen Verteidiger und Angeklagten hineinreicht, ist das Maß an Freiheit nicht mehr vorhanden, ohne das der Angeklagte noch um seine Freiheit kämpfen könnte. Wo der Gesprächsraum, den der Staat zum Verteidigergespräch zur Verfügung stellt, mit Wanzen besetzt ist, kann ein Verteidiger diesen Raum nicht mehr betreten. [...] Ich sehe es so, daß der überwachte Pflichtverteidiger des Vertrauens der Angeklagten Ensslin sachgerecht und standesgerecht handelt, wenn er sich weigert, nach dieser Abhöraffäre in dem Gerichtssaal weiter zu agieren. Nun gehe ich davon aus, daß das Gesetz das Primat des Verteidigers, der Verteidigung des Vertrauens angenommen hat. Das folgt aus § 143 der StPO[289] ebenso unmißverständlich wie aus Artikel 6 der Menschenrechtskonvention.[290] Es steht deshalb fest, daß im Augenblick die Verteidigung, die das Gesetz bei aller Einheit der Verteidigung mit einem Primat versieht, nicht mehr möglich ist. Hieraus ergeben sich Konsequenzen für das Gericht und zwar aus seiner Fürsorgepflicht. [...] Aus dieser Fürsorgepflicht ergibt sich, daß das Gericht gehalten ist, alles zu tun, um die Verteidigung durch einen Verteidiger des Vertrauens wiederherzustellen. Wenn es richtig ist, was Herr Herold hier[291] gesagt hat, daß jeder Prozeß seine Eigengesetzlichkeit hat, so meine ich, daß dieser Prozeß jetzt gebietet, daß das Gericht alles tut, um, notfalls auch mit unkonventionellen Mitteln, zu erreichen, daß eine sachgemäße Verteidigung wieder möglich ist. Unabdingbare Voraussetzung hierfür ist, daß Garantien dafür geschaffen werden, daß sich ein solcher Abhörfall nicht wiederholen kann und daß diese Garantien so sind, daß Verteidiger und Angeklagten in sie Vertrauen haben können. Ich meine, daß auch ein Verteidiger, der nicht das Vertrauen der Angeklagten hat, im Augenblick ein Verteidigergespräch nicht führen könnte, weil er vor solchen Abhörmaßnahmen nicht sicher wäre, und deshalb besteht in der Tat ein Zustand, der eine Verteidigung unmöglich macht. [...]

Am 188. Verhandlungstag verliest der Vorsitzende eine haftrichterliche Verfügung, nach der jegliche Überwachung des mündlichen Verkehrs zwischen Angeklagten und der Verteidigung untersagt werde; auch Minister Bender teilt er dieses in einem Schreiben mit. Damit, so der Vorsitzende, sei hinreichende Sicherheit dafür geschaffen, dass sich solche Abhörungen nicht wiederholen würden. Rechtsanwalt Künzel gibt sich damit nicht zufrieden und bittet um weitere Aufklärung. Auch an dem Antrag auf Aussetzung der Hauptverhandlung hält er fest. Am 189. Verhandlungstag gibt der Vorsitzende den Beschluss bekannt, dass die Hauptverhandlung nicht ausgesetzt werde. Am 191. Verhandlungstag teilt Rechtsanwalt Künzel schließlich mittels Telegramm mit, dass er sich außerstande sehe, weiter an der Hauptverhandlung teilzunehmen.

Diese befindet sich mittlerweile erneut im Stadium der Schlussanträge: Von den fünf noch anwesenden Verteidigern beantragen vier die Einstellung des Verfahrens. Einzig Rechtsanwalt Schnabel stellt keinen Antrag, sondern bittet um eine gerechte Entscheidung. Die Plädoyers der Verteidigung dauern insgesamt mit Unterbrechungen keine drei Stunden.

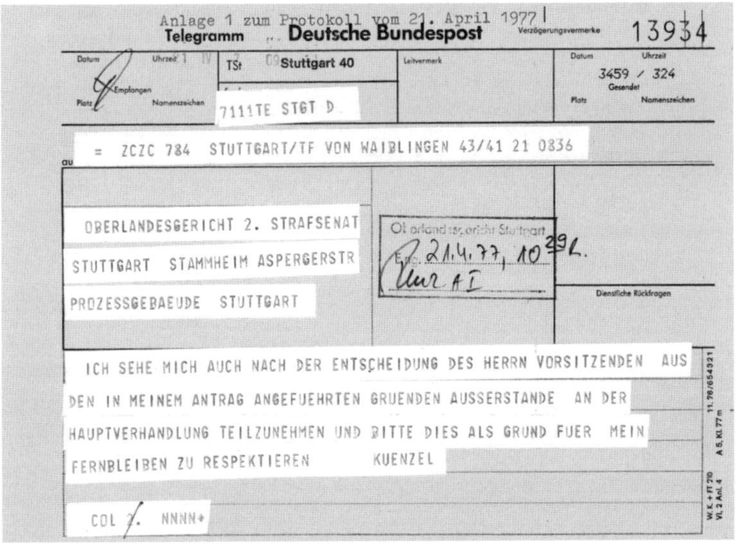

Anlage 1 zum Protokoll vom 21. April 1977

Telegramm Deutsche Bundespost 13934

TSt Stuttgart 40

7111TE STGT D

3459 / 324

= ZCZC 784 STUTTGART/TF VON WAIBLINGEN 43/41 21 0836

OBERLANDESGERICHT 2. STRAFSENAT
STUTTGART STAMMHEIM ASPERGERSTR
PROZESSGEBAEUDE STUTTGART

Oberlandesgericht Stuttgart
Eing. 21.4.77, 10 29 h.

ICH SEHE MICH AUCH NACH DER ENTSCHEIDUNG DES HERRN VORSITZENDEN AUS DEN IN MEINEM ANTRAG ANGEFUEHRTEN GRUENDEN AUSSERSTANDE AN DER HAUPTVERHANDLUNG TEILZUNEHMEN UND BITTE DIES ALS GRUND FUER MEIN FERNBLEIBEN ZU RESPEKTIEREN KUENZEL

COL ./. NNNN+

Telegramm des RA Künzel.

Anlage 5 zum Protokoll vom 31. März 1977

13882

30.3.1977

Zu 31.3.77

3459 / 288

2 StE (OLG Stgt.) 1/74

An den
Herrn Vorstand der
Vollzugsanstalt Stuttgart
Herrn Leitenden Regierungs-
direktor Nusser o.V.i.A.

Betr.: Strafsache gegen Andreas Baader, Gudrun Ensslin, Jan-Carl Raspe

Sehr geehrter Herr Leitender Regierungsdirektor!

Die in letzter Zeit bekannt gewordenen Vorkommnisse geben mir Anlaß zu folgender haftrichterlicher Anordnung (§ 126 Abs. II Satz 3 StPO):
§ 148 StPO gewährleistet den unüberwachten mündlichen Verkehr zwischen den Angeklagten und ihren Verteidigern. Irgendwelche Überwachungen, durch welche Institution, welche Person und mit welchem Rechtsgrund auch immer (sei es auch dem des präventiv polizeilichen Eingriffs) lasse ich als Haftrichter nicht zu und untersage dergleichen ausdrücklich.
Für Verteidigergespräche in anhängigem Verfahren sind ab sofort Besucherzellen zur Verfügung zu stellen, in denen keine Abhörvorrichtungen angebracht sind.
Hinter dieser Anordnung treten alle anderen Befugnisse zurück.
Ich bitte um sorgfältige und uneingeschränkte Beachtung. Gelegentliche Überprüfung, unter Umständen unter Beiziehung einschlägiger Fachleute, behalte ich mir vor.

Mit vorzüglicher Hochachtung

(Dr. Foth)
Richter am Oberlandesgericht

Haftrichterliche Verfügung des Vorsitzenden Dr. Foth zur Untersagung jeglichen Abhörens von Gesprächen der Angeklagten mit ihren Verteidiger*innen.

Anlage 6 zum Protokoll vom 31. März 1977 13833

30.3.1977

3459 / 289

2 StE (OLG Stgt.) 1/74

Herrn
Justizminister
Dr. B e n d e r

Justizministerium
Baden-Württenberg
Schillerplatz 4
7000 Stuttgart 1

Betr.: Strafsache gegen Andreas Baader, Gudrun Ensslin, Jan-Carl Raspe

hier: Abhören von Gesprächen zwischen den Angeklagten des hier anhängigen Verfahrens und ihren Verteidigern

Anlage: Ablichtung eines Schreibens an den Leiter der Vollzugsanstalt Stuttgart mit haftrichterlicher Anordnung

Sehr geehrter Herr Minister!

Für Ihr Schreiben vom 28.März 1977 danke ich verbindlich.

Anbei übersende ich ein an den Leiter der Vollzugsanstalt Stuttgart gerichtetes Schreiben mit der Bitte um Kenntnisnahme und mit der Bitte, die darin enthaltene haftrichterliche Anordnung uneingeschränkt zu beachten.

Auch die Frage vorbeugender Verbrechensverhütung ist übrigens der haftrichterlichen Tätigkeit keineswegs fremd (vergl. Kleinknecht, StPO, 33 Aufl., 13 zu § 119 StPO).
Ich bitte Sie, mir den Erhalt dieses Schreibens zu bestätigen.

Mit vorzüglicher Hochachtung

(Dr. Foth)
Richter am Oberlandesgericht

Schreiben des Vorsitzenden Dr. Foth an Justizminister Dr. Bender.

25
URTEIL

Donnerstag, 28. April 1977
192. Verhandlungstag

[...] Die Angeklagten sind nicht anwesend.
Als deren Verteidiger sind anwesend, RAe. Dr. Holoch (als Vertreter für RA Schwarz), Schnabel, Eggler, Schlaegel und Grigat. [...]
Der Vorsitzende verkündet folgendes Urteil:

IM NAMEN DES VOLKES!

1. Die Angeklagten Andreas Baader, Gudrun Ensslin und Jan-Carl Raspe sind schuldig, folgende Taten jeweils gemeinschaftlich begangen zu haben:

a) 3 tateinheitliche Morde in Tateinheit mit 6 versuchten Morden,
b) einen weiteren Mord in Tateinheit mit einem versuchten Mord,
c) in zwei Fällen jeweils einen versuchten Mord,
d) in einem Fall zwei tateinheitliche versuchte Morde,
e) in einem weiteren Fall 23 tateinheitliche versuchte Morde,
f) in sämtlichen Fällen zugleich eine tateinheitlich herbeigeführte Sprengstoff-Explosion.

2. Außerdem sind schuldig:

a) der Angeklagte Baader zweier versuchter Morde,
b) der Angeklagte Raspe zweier tateinheitlich begangener versuchter Morde,
c) die Angeklagte Ensslin eines versuchten Mordes,
d) in den Fällen a) bis c) jeweils in Tateinheit mit Widerstand gegen Vollstreckungsbeamte.

3. Jeweils in Tateinheit mit den unter 1.) und 2.) angeführten Taten sind die Angeklagten schuldig, eine kriminelle Vereinigung gebildet zu haben.
4. Jeder der drei Angeklagten wird zu einer lebenslangen Freiheitsstrafe verurteilt.
5. Die in der Anlage in den Listen I bis XL aufgeführten Gegenstände werden eingezogen.[292]
6. Die Angeklagten tragen die Kosten des Verfahrens.[293]

Der Senat geht zwar davon aus, dass nicht alle Angeklagten an jedem Tatort der Sprengstoffanschläge mitgewirkt haben; überzeugt ist er lediglich von der Anwesenheit Baaders in Frankfurt a. M. Darauf komme es aber im Einzelnen nicht an. Entscheidend sei, dass alle sechs Anschläge auf Absprachen unter den Angeklagten beruhten, und sie ferner alle Taten organisierten, indem sie Ort, Objekt und Zeit der Anschläge, sowie die Art und Zahl der von ihnen bereitgestellten Sprengkörper festlegten. Damit folgt der Senat der Angabe des Zeugen Müller, dass alle Taten aus der Frankfurter Zentrale heraus von einem Kreis, zu dem auch die Angeklagten gehörten, gelenkt und organisiert worden seien und nicht etwa von »autonomen Gruppen« ohne das Wissen der Angeklagten.[294]

EPILOG

Die Angeklagten legen gegen das Urteil das Rechtsmittel der Revision ein.

Bevor hierüber entschieden werden kann, überschlagen sich die Ereignisse: Mit der Entführung des Arbeitgeberpräsidenten Hanns-Martin Schleyer durch ein RAF-Kommando beginnt am 5. September 1977 der sogenannte Deutsche Herbst.[295] Die Entführer fordern im Austausch gegen Schleyer die Freilassung von insgesamt elf inhaftierten RAF-Mitgliedern. Die Bundesregierung unter Bundeskanzler Helmut Schmidt (SPD) lässt allerdings nicht mit sich verhandeln. Die Lage spitzt sich zu, als PLO-Mitglieder am 13. Oktober ein Passagierflugzeug der Lufthansa, die Landshut, nach Dubai (Vereinigte Arabische Emirate) entführen, um die Forderungen der RAF zu unterstützen. Die Angehörigen Schleyers scheitern mit einem Eilantrag vor dem Bundesverfassungsgericht, durch den die Bundesregierung zu dem Austausch verpflichtet werden soll.

Die Landshut, inzwischen in Mogadischu (Somalia) gelandet, wird in der Nacht zum 18. Oktober 1977 durch ein GSG-9-Kommando gestürmt. Alle Geiseln werden befreit. Vermutlich hört Raspe über sein Radio vom Scheitern der Geiselnahme und informiert die anderen Inhaftierten über eine heimlich installierte Wechselsprechanlage. Wenige Stunden später, am Morgen des 18. Oktober, begehen Andreas Baader, Gudrun Ensslin und Jan-Carl Raspe kollektiv Suizid. Baader und Ensslin werden bereits tot in ihren Zellen aufgefunden; Baader mit einer Genickschusswunde, Ensslin erhängt mit einem Kabel am Fensterkreuz. Der ebenfalls durch eine Schussverletzung schwer verletzte Raspe stirbt kurz darauf im

Krankenhaus. Nur die ebenfalls in Stammheim inhaftierte Irmgard Möller überlebt die sogenannte Todesnacht von Stammheim mit mehreren Stichverletzungen. Die RAF verkündet daraufhin die Tötung Schleyers. Nach 44 Tagen in Gefangenschaft wird seine Leiche am 19. Oktober 1977 im Kofferraum eines Pkw in Mülhausen (Frankreich) gefunden.

Mit dem Tod der Angeklagten endet auch das Strafverfahren. Über die Revision wird nicht mehr entschieden. Das Urteil des 2. Strafsenats des OLG Stuttgart wird damit nie rechtskräftig.

ANHANG

Anmerkungen

1 DER SPIEGEL, Ausgabe 19/1977 vom 1. Mai 1977, S. 36.

2 Terhoeven, Die Rote Armee Fraktion, 2017, S. 69; krit. hierzu auch Tenfelde, Die Rote Armee Fraktion und die Strafjustiz, 2009, S. 100 f.

3 Zu den Haftbedingungen s. Bergstermann, Stammheim, 2016, S. 97 ff., insbesondere S. 103 ff. zum Vorwurf der Isolationsfolter; Riederer, Die RAF und die Folterdebatte der 1970er Jahre, 2014, S. 270 ff.

4 Da zu diesem Zeitpunkt der Senat als Gericht der Hauptsache zuständig für den Vollzug der Untersuchungshaft und damit auch für Entscheidungen über die Haftbedingungen war (§ 126 Abs. 2 StPO), machten die Angeklagten ihn und insbesondere den Vorsitzenden Dr. Prinzing unmittelbar für den Tod von Holger Meins verantwortlich. Gegen Prinzing (und weitere) erstattete Rechtsanwalt von Plottnitz im Namen von Meins' Angehörigen sowie im eigenen Namen Strafanzeige wegen Mordes (Auszüge sind abgedruckt in Stuberger, »In der Strafsache gegen Andreas Baader, Ulrike Meinhof, Jan-Carl Raspe, Gudrun Ensslin wegen Mordes u. a.«, 5. Aufl. 2014, S. 195 f.; vollständig, aber schlecht lesbar, befindet sich die Strafanzeige auch im Anhang zu Anlage 1 zum Protokoll vom 19. Juni 1975, 7. Verhandlungstag, S. 644 ff.).

5 Bakker Schut, Stammheim, 2. Aufl. 2007, S. 132 ff.

6 Den drei Rechtsanwälten warf man die Unterstützung der kriminellen Vereinigung RAF vor, die die Inhaftierten auch aus der Haft heraus fortführen würden. Am 23. Juni 1975 wurden die Kanzleiräume der Rechtsanwälte Dr. Croissant, Groenewold und Ströbele sowie der Rechtsanwältin Becker durchsucht. Rechtsanwältin Becker wurde einen halben Tag festgehalten und schließlich wieder entlassen, Croissant und Ströbele wurden verhaftet (s. hierzu die Ausführungen des Rechtsanwalts Dr. Heldmann am 9. Verhandlungstag, S. 748 ff. des Protokolls der Hauptverhandlung, und der Rechtsanwältin Becker, S. 754 f. des Protokolls). Rechtsanwalt Dr. Croissant wurde am 16. Februar 1979 vom Landgericht Stuttgart zu einer Freiheitsstrafe in Höhe

von zweieinhalb Jahren, Rechtsanwalt Groenewold am 10. Juli 1978 vom Oberlandesgericht Hamburg zu einer Freiheitsstrafe in Höhe von zwei Jahren auf Bewährung und Rechtsanwalt Ströbele am 24. März 1982 vom Landgericht Berlin zu einer Freiheitsstrafe in Höhe von zehn Monaten auf Bewährung verurteilt. Gegen Rechtsanwalt Dr. Croissant wurde ein vierjähriges Berufsverbot verhängt, gegen Rechtsanwalt Groenewold ein Teilberufsverbot für Strafsachen für die Dauer von fünf Jahren, wovon zum Zeitpunkt der Entscheidung bereits vier durch ein vorläufiges Berufsverbot abgegolten waren (Bakker Schut, Stammheim, 2. Aufl. 2007, S. 156 ff., 537 ff.; Pflieger, Die Rote Armee Fraktion, 3. Aufl. 2011, S. 52; s. ferner das Interview mit Groenewold, in Diewald-Kerkmann/Holtey [Hrsg.], Zwischen den Fronten, 2013, S. 49, 70 f.).

7 Bakker Schut, Stammheim, 2. Aufl. 2007, S. 212 f.; s. auch die Presseerklärung Haags in Anlage 1 zum Protokoll vom 21. Mai 1975, S. 12 des Protokolls der Hauptverhandlung, 1. Verhandlungstag.

8 In Fällen der notwendigen Verteidigung ist die Mitwirkung eines Verteidigers oder einer Verteidigerin gesetzlich vorgeschrieben (§ 141 StPO a. F.; seit dem 13. Dezember 2019 ist die Bestellung in manchen Fällen von einem Antrag der Beschuldigten abhängig, § 141 Abs. 1 StPO). In diesem Verfahren ergab sich die notwendige Verteidigung daraus, dass die Hauptverhandlung im ersten Rechtszug vor dem Oberlandesgericht stattfand (§ 140 Abs. 1 Nr. 1 StPO), und aus dem Vorwurf eines Verbrechens (§ 140 Abs. 1 Nr. 2 StPO; ein Verbrechen liegt vor bei einer Mindestfreiheitsstrafe von einem Jahr, § 1 Abs. 1 StGB a. F.; heute: § 12 Abs. 1 StGB), sowie der Inhaftierung der Beschuldigten für einen Zeitraum von mehr als drei Monaten (§ 140 Abs. 1 Nr. 5 StPO a. F.; heute ist die zeitliche Vorgabe entfallen).

9 Nach § 192 Abs. 2 GVG können Vorsitzende bei Verhandlungen längerer Dauer die Zuziehung von Ergänzungsrichter*innen anordnen, die der Verhandlung beiwohnen und im Falle der Verhinderung mitwirkender Richter*innen für diese einzutreten haben. Stehen in einem solchen Verhinderungsfall keine Ergänzungsrichter*innen zur Verfügung, die der Hauptverhandlung von Beginn an beigewohnt haben, so muss die Verhandlung wiederholt werden. Werden Ergänzungsrichter*innen eingesetzt, die nicht an der gesamten Hauptverhandlung teilgenommen haben, ist dies zudem ein absoluter Revisionsgrund i. S. d. § 338 Nr. 1 StPO (vorschriftswidrige Besetzung des Gerichts) und führt zur Aufhebung des Urteils.

10 Beschuldigte können sich in jeder Lage des Verfahrens des Beistands von bis zu drei gewählten Verteidiger*innen bedienen (§ 137 Abs. 1 StPO).

11 Die Hauptverhandlung beginnt mit dem Aufruf der Sache (§ 243 Abs. 1 Satz 1 StPO). Hierdurch werden sowohl die Prozessbeteiligten als auch die Öffentlichkeit über den Beginn der Strafsache informiert.

12 Die Anfertigung eines Wortprotokolls ist in deutschen Strafverfahren unüblich. Gesetzlich vorgeschrieben ist lediglich ein sog. Ergebnisprotokoll, in welchem der Gang und die wesentlichen Ergebnisse der Hauptverhandlung sowie die wesentlichen Förmlichkeiten festgehalten werden (§§ 272, 273 StPO).

13 § 240 StPO sieht vor, dass der*die Vorsitzende den anderen Prozessbeteiligten Fragen an Angeklagte, Zeug*innen und Sachverständige auf Verlangen gestattet.

14 Das Recht der Beschuldigten auf Hinzuziehung von Verteidiger*innen in jeder Lage des Verfahrens (§ 137 Abs. 1 Satz 1 StPO) umfasst auch das Recht auf deren Anwesenheit in der Hauptverhandlung, um eine angemessene Verteidigung zu gewährleisten (Thomas/Kämpfer, in Knauer/Kudlich/Schneider [Hrsg.], Münchener Kommentar zur Strafprozessordnung, Band 1, 1. Aufl. 2014, § 137 Rn. 22; Sommer, StraFo 1999, S. 402, 403).

15 § 138 StPO enthält Vorgaben darüber, welche Personen als Wahlverteidiger*innen tätig werden können. Die folgenden Vorschriften enthalten die Bestimmungen über ihren Ausschluss.

16 S. Anm. 10.

17 Anordnungen des*der Vorsitzenden, die die Sachleitung betreffen, können als unzulässig beanstandet werden (§ 238 Abs. 2 StPO). Über die Beanstandung entscheidet sodann das Gericht, in diesem Fall der Senat in voller Besetzung.

18 Wer sich als Richter*in, Amtsträger*in oder Schiedsrichter*in bei der Leitung oder Entscheidung einer Rechtssache zugunsten oder zum Nachteil einer Partei das Recht beugt, macht sich nach § 336 StGB a. F. (heute: § 339 StGB) strafbar. Der Begriff der Rechtsbeugung wird in der Rechtsprechung restriktiv ausgelegt. Darunter fällt nicht bereits jede Falschanwendung des Rechts, sondern nur ein solcher Verstoß gegen die Rechtspflege, bei dem sich der*die Täter*in »bewusst und in schwerer Weise zugunsten oder zum Nachteil einer Partei von Recht und Gesetz entfernt« (BGH, Urt. v. 5. 12. 1996 – Az.: 1 StR 376/96, BGHSt 42, S. 343, 344).

19 Hans-Jochen Vogel (SPD) war von 1974 bis 1981 Bundesminister der Justiz.

20 §§ 147, 148 StPO enthalten die grundlegenden Rechte der Verteidigung, etwa das Akteneinsichtsrecht sowie den Grundsatz der ungestörten Kommunikation zwischen Beschuldigten und Verteidiger*innen.

21 Erlangt die Rechtsanwaltskammer Kenntnis über berufsrechtliche Pflichtverletzungen von Anwält*innen, so kann sie entweder – falls die Schuld nur gering ist – selbst eine Rüge aussprechen (§ 74 BRAO), oder bei der Staatsanwaltschaft die Einleitung eines anwaltsgerichtlichen Verfahrens (früher »Ehrengerichtsverfahren«) beantragen (§ 122 BRAO). Durch Einreichen einer Anschuldigungsschrift bei dem zuständigen Anwaltsgericht kann diese das

Verfahren einleiten (§ 121 BRAO). Das Gericht kann verschiedene Maßnahmen verhängen; diese reichen – je nach Schwere des Verstoßes – von einer Warnung (§ 114 Abs. 1 Nr. 1 BRAO) bis zum Ausschluss aus der Rechtsanwaltschaft (§ 114 Abs. 1 Nr. 4 BRAO a. F.; heute: § 114 Abs. 1 Nr. 5 BRAO).

22 § 138a Abs. 1 StPO a. F. lautete: »Ein Verteidiger ist von der Mitwirkung in einem Verfahren auszuschließen, wenn er dringend oder in einem für die Eröffnung des Hauptverfahrens rechtfertigenden Grade verdächtig ist, an der Tat, die den Gegenstand der Untersuchung bildet, beteiligt zu sein [...].« Der Umfang des Ausschlusses geht hieraus nicht eindeutig hervor. Am 1. September 1975 brachte die Bundesregierung einen Änderungsentwurf ein. Die für § 138a StPO vorgesehene Ergänzung stellte nun ausdrücklich fest, dass der Ausschluss auch für andere Beschuldigte im selben Verfahren gilt, um sicherzustellen, dass konspiratives Verhalten von Verteidiger*innen möglichst umfassend verhindert wird und für andere Auslegungen der Norm kein Raum bleibt (BT-Drs. 7/4005, S. 11). Diese Regelung wurde schließlich mit Gesetz vom 18. August 1976 (BGBl. I, S. 2181) eingeführt. Seither wurden die Ausschlusstatbestände noch weiter ausgedehnt, insbesondere für Verfahren, die Straftaten nach § 129 a StGB (Bildung terroristischer Vereinigungen), auch in Verbindung mit § 129 b Abs. 1 StGB (Erweiterung des § 129 a StGB auf Auslandstaten), zum Gegenstand haben.

23 Eine Gegenvorstellung ist ein Rechtsbehelf, der zwar nicht in der Strafprozessordnung vorgesehen, allerdings in Rechtsprechung und -wissenschaft überwiegend anerkannt ist. Sie beinhaltet die formlose Aufforderung, über eine getroffene Entscheidung erneut zu befinden und die Entscheidung aufzuheben oder abzuändern (Hoch, in Satzger/Schluckebier/Widmaier [Hrsg.], Strafprozessordnung, 4. Aufl. 2020, Vor §§ 296 ff. Rn. 39 ff.).

24 Nach § 138c Abs. 1 Satz 1 StPO liegt die Zuständigkeit für Ausschließungsentscheidungen grundsätzlich beim Oberlandesgericht. Ist das Verfahren, wie hier, bereits vor einem Senat eines Oberlandesgerichts anhängig, so entscheidet über die Ausschließung ein anderer Senat des Oberlandesgerichts (§ 138c Abs. 1 Satz 3 StPO).

25 Vorgaben über die Beratung und Abstimmung in einem Kollegialgericht finden sich in den §§ 192 ff. GVG. Die Art und Weise der Abstimmung ist allerdings nicht näher geregelt. Nach § 194 Abs. 1 GVG sammelt der*die Vorsitzende die Stimmen; § 193 Abs. 1 GVG schreibt zudem vor, dass außer den zur Entscheidung berufenen Personen (mit wenigen Ausnahmen, etwa im Rahmen der Ausbildung) niemand bei der Beratung und Abstimmung zugegen sein darf. Das bedeutet allerdings nicht, dass die Beratung stets in einem hierfür vorgesehenen Beratungszimmer stattzufinden hat. In einfachen Fällen ist auch die Beratung im Sitzungssaal möglich, solange das Beratungsge-

heimnis (durch Flüstern o.ä.) gewahrt werden kann (Kulhanek, in Knauer/Kudlich/Schneider [Hrsg.], Münchener Kommentar zur Strafprozessordnung, Band 3/2, 1. Aufl. 2018, § 193 GVG Rn. 4).

26 Rechtsanwalt König gehörte zu denjenigen Verteidigern, die den Angeklagten (hier: der Angeklagten Meinhof) gegen ihren Willen durch das Gericht beigeordnet worden waren.

27 Die wörtliche Protokollierung ist nach § 273 Abs. 3 Satz 1 StPO lediglich dann vorgesehen, wenn es auf die Feststellung des Wortlauts einer Aussage oder Äußerung ankommt. Sie wird durch den*die Vorsitzende*n auf Antrag oder von Amts wegen angeordnet; die protokollierte Stelle ist im Anschluss zu verlesen.

28 »Zwangsverteidiger« ist kein offizieller Begriff. Er wurde von den Angeklagten in Abgrenzung zu den sog. Vertrauensverteidiger*innen verwendet. Im juristischen Schrifttum war die Zulässigkeit der Beiordnung von Pflichtverteidiger*innen gegen den Willen der Angeklagten neben vorhandenen (Wahl-)Verteidiger*innen lange umstritten. Die Rechtsprechung ließ diese sog. Sicherungsverteidigung allerdings zu (BVerfG, Beschl. v. 28.3.1984 – Az.: 2 BvR 275/83, BVerfGE 66, S. 313, 321; BGH, Urt. v. 11.12.1952 – Az.: 3 StR 396/51, BGHSt 3, S. 395, 398). Erst mit Gesetz vom 10. Dezember 2019 (BGBl. I, S. 2128) wurde hierfür in § 144 StPO auch eine gesetzliche Regelung geschaffen.

29 Rechtsanwalt Schmidt-Leichner äußerte u.a. seine Bedenken im Hinblick auf die Bestellung, Auswahl und Entlassung von Pflichtverteidiger*innen sowie das Verhältnis zur Wahlverteidigung. Es scheine, »daß der ›Verteidiger des Vertrauens des Angeklagten‹ in den ›Verteidiger des Vertrauens des Gerichts‹ umgewandelt werden« solle. Er verwendet den Ausdruck »aufgezwungener Pflichtverteidiger« und schlägt vor, dass die Bestellung von Pflichtverteidiger*innen nur noch mit Zustimmung der Beschuldigten und deren Wahlverteidiger*innen erfolgen solle, und sie auf Antrag (in Konfliktfällen) wieder zu entlassen seien. Die Auswahl solle in jedem Fall den Beschuldigten überlassen sein (Schmidt-Leichner, NJW 1975, S. 417, 421 f.).

30 Nach § 138c Abs. 1 Satz 1 StPO liegt die Zuständigkeit für Ausschließungsentscheidungen grundsätzlich beim Oberlandesgericht. Ist das Verfahren bereits vor dem OLG anhängig, so entscheidet über die Ausschließung ein anderer Senat (§ 138c Abs. 1 StPO). Ab dem Zeitpunkt der Erhebung der öffentlichen Klage entscheidet das Gericht zudem nicht mehr auf Antrag der Staatsanwaltschaft, sondern auf Vorlage des Gerichts, bei dem das Verfahren anhängig ist (§ 138c Abs. 2 StPO).

31 Die Hauptverhandlung beginnt nach dem Aufruf der Sache und Feststellung der Anwesenheit mit der Vernehmung der Angeklagten zur Person, an die

sich die Verlesung der Anklage (heute außerdem: Mitteilung über ggf. stattgefundene Erörterungen) sowie die Vernehmung der Angeklagten zur Sache anschließen. Hierauf folgt die Beweisaufnahme (§§ 243, 244 StPO). Das Verfahrensstadium zwischen dem Aufruf der Sache und der Vernehmung zur Person ist nicht geregelt und nimmt üblicherweise nur wenig Raum ein. In diesem Verfahren allerdings fand die Vernehmung zur Person sowie die Verlesung der Anklageschrift erst am 26. Verhandlungstag statt.

32 Hiermit bezieht sich Rechtsanwalt Künzel auf die sog. Vertrauensverteidigung, also die Verteidiger*innen, die von den Angeklagten ursprünglich frei gewählt waren.

33 Es ist unklar, worauf Rechtsanwalt Künzel sich hier bezieht. Eine Entscheidung des Bundesverfassungsgerichts mit diesen Angaben ist nicht auffindbar.

34 § 177 GVG eröffnet die Möglichkeit, Angeklagte wegen ordnungswidrigen Benehmens aus dem Sitzungszimmer zu entfernen. Nach § 231b Abs. 1 StPO kann die Hauptverhandlung sodann in Abwesenheit der Angeklagten fortgeführt werden, wenn das Gericht ihre Anwesenheit nicht für unerlässlich hält und solange weitere schwerwiegende Störungen zu befürchten sind.

35 In dem hier vorliegenden Fall der notwendigen Verteidigung (Anm. 8) darf die Hauptverhandlung gegen unverteidigte Angeklagte nicht fortgeführt werden. Bleiben Verteidiger*innen aus, so kann der*die Vorsitzende zwar eine*n andere*n Verteidiger*in bestellen (§ 145 Abs. 1 Satz 1 StPO); hierfür durfte die Hauptverhandlung aber gem. § 229 Abs. 1 StPO a. F. für maximal zehn Tage (heute: drei Wochen) unterbrochen werden. Bei Überschreitung der Frist (durch eine längere Unterbrechung oder Aussetzung der Hauptverhandlung) hätte mit der Hauptverhandlung von neuem begonnen werden müssen (§ 229 Abs. 3 Satz 1 StPO a. F.; heute: § 229 Abs. 4 Satz 1 StPO). Die Aussetzung kann zudem erforderlich werden, wenn der*die neu bestellte Verteidiger*in erklärt, dass die verbleibende Zeit zur Vorbereitung der Verteidigung nicht ausreiche (§ 145 Abs. 3 StPO); auch in diesem Fall hätte mit der Hauptverhandlung von neuem begonnen werden müssen.

36 Da die Beiordnung von Verteidiger*innen dem öffentlichen Interesse dient, dafür zu sorgen, dass Beschuldigte in schwerwiegenden Fällen rechtskundigen Beistand erhalten und der ordnungsgemäße Verfahrensablauf gewährleistet wird, hat sie u. a. zur Folge, dass beigeordnete Verteidiger*innen einen Vergütungsanspruch gegen die Staatskasse erhalten (damals § 97 BRAGO, inzwischen ersetzt durch § 45 Abs. 3 RVG).

37 Der 3. Strafsenat des BGH war nach dem Geschäftsverteilungsplan u. a. zuständig für Beschwerden gegen Beschlüsse und Verfügungen der Oberlandesgerichte, sodass er auch zuständig war für die Entscheidungen über

Beschwerden gegen den Ausschluss von in diesem Verfahren tätigen Verteidiger*innen.

38 Außerhalb der Vernehmung der Angeklagten zur Sache sind allgemeine Erklärungen der Angeklagten, die nicht zur Antragsbegründung dienen, nur im Hinblick auf vorangegangene Beweiserhebungen vorgesehen (§257 Abs. 1 StPO).

39 Siegfried Buback war zum Zeitpunkt der Hauptverhandlung Generalbundesanwalt und damit Leiter der Strafverfolgungsbehörde »Generalbundesanwalt beim Bundesgerichtshof«, welche das Amt der Staatsanwaltschaft beim BGH, sowie in den zur Zuständigkeit der Oberlandesgerichte im ersten Rechtszug gehörenden Strafsachen ausübt (§§142 Nr. 1, 142a Abs. 1 GVG).

40 BVerfG, Beschl. v. 10.7.1975, Az.: 2 BvR 548/75, Anlage 1 zum Protokoll vom 16. Juli 1975, 17. Verhandlungstag, S. 1342.

41 Gemäß §24 Abs. 1 StPO können Richter*innen wegen Besorgnis der Befangenheit abgelehnt werden. Die Ablehnung findet statt, wenn ein Grund vorliegt, der geeignet ist, Misstrauen gegen ihre Unparteilichkeit zu rechtfertigen (§24 Abs. 2 StPO).

42 §25 Abs. 1 Satz 2 StPO a. F. (heute: Abs. 1 Satz 3) schreibt vor, dass alle Ablehnungsgründe gleichzeitig vorzubringen sind (sog. Konzentrationsmaxime). Geschieht dies nicht, ist ein neuerliches Ablehnungsgesuch, das sich auf solche Gründe stützt, die zum Zeitpunkt des letzten Ablehnungsgesuchs bereits vorgelegen haben, aber nicht zur Begründung herangezogen wurden, wegen Verspätung nach §26a Abs. 1 Nr. 1 StPO als unzulässig zu verwerfen.

43 Am 30. Juni 1975 begann vor dem Landgericht Hamburg das Verfahren gegen Irmgard Möller und Gerhard Müller, die sich beide zu diesem Zeitpunkt seit drei Jahren in Untersuchungshaft befanden: Gerhard Müller war bereits am 15. Juni 1972 mit Ulrike Meinhof in Langenhagen, Irmgard Möller zusammen mit Klaus Jünschke am 8. Juli 1972 in Offenbach festgenommen worden (Peters, Tödlicher Irrtum, 4. Aufl. 2008, S. 297 ff.).

44 Zu einem Verfahren in Saarbrücken liegen keine verlässlichen Informationen vor. Vermutlich bezieht sich Meinhof auf Zweibrücken; dort saßen zu diesem Zeitpunkt die vor dem Landgericht Kaiserslautern Angeklagten Manfred Grashof, Klaus Jünschke und Wolfgang Grundmann in Untersuchungshaft. Verhaftet wurden sie bereits im Jahr 1972: Grundmann und Grashof am 2. März 1972, Jünschke am 9. Juli 1972 (Pflieger, Die Rote Armee Fraktion, 3. Aufl. 2011, S. 31 f., 45).

45 Wie bereits Holger Meins starb auch Siegfried Hausner, während er sich in Haft und damit in Obhut des Staates befand. Er erlag Verletzungen, die er

während der Geiselnahme in der Deutschen Botschaft in Stockholm im April 1975 (Anm. 236) erlitten hatte (Forsbach, Die 68er und die Medizin, 2011, S. 95 f.; Peters, Tödlicher Irrtum, 4. Aufl. 2008, S. 766 Anm. 80). Bei Katharina Hammerschmidt traten während der Untersuchungshaft erste Symptome einer Krebserkrankung auf. Die von Hammerschmidt geäußerten gesundheitlichen Probleme wurden von den Gefängnisärzten aber nur unzureichend untersucht, weshalb der Tumor lange Zeit unerkannt blieb. Aufgrund der fortschreitenden Erkrankung wurde sie im Januar 1974 entlassen und starb schließlich Ende Juni 1975 in West-Berlin (Diewald-Kerkmann, Frauen, Terrorismus und Justiz, 2009, S. 196 ff.; Terhoeven, Deutscher Herbst in Europa, 2014, S. 329). Für alle drei Tode machten die Angeklagten staatliche Akteure verantwortlich (s. dazu auch die Ausführungen von Andreas Baader auf S. 586 f. des Protokolls der Hauptverhandlung, 6. Verhandlungstag).

46 Das Strafgesetzbuch ist in einen Allgemeinen Teil und einen Besonderen Teil aufgeteilt. Der Allgemeine Teil enthält Vorschriften, die für alle Straftaten gleichermaßen gelten, etwa allgemeine Begriffsbestimmungen, Regelungen über verschiedene Beteiligungsformen und Rechtfertigungs- und Entschuldigungsgründe. Im Besonderen Teil befinden sich die einzelnen Straftatbestände des StGB. Der erste Abschnitt dieses Besonderen Teils ist überschrieben mit »Friedensverrat, Hochverrat und Gefährdung des demokratischen Rechtsstaats (§§ 80 – 92 b)« und enthält Straftaten, die in besonderem Maße politisch motiviert sind.

47 Verhandlungsfähigkeit ist die Fähigkeit »in und außerhalb der Verhandlung seine Interessen vernünftig wahrzunehmen, die Verteidigung in verständiger und verständlicher Weise zu führen sowie Prozesserklärungen abzugeben oder entgegenzunehmen« (BGH, Beschl. v. 8. 2. 1995 – Az.: 5 StR 434/94, BGHSt 41, S. 16, 18). Die Verhandlungsunfähigkeit bildet ein vorübergehendes oder dauerndes Verfahrenshindernis (§§ 205, 206a StPO). Ist ein*e Angeklagte*r eingeschränkt verhandlungsfähig, kann dem durch die Anordnung besonderer Maßnahmen (ärztliche Unterstützung, Einlegung von Erholungspausen o. ä.) begegnet werden (s. dazu auch Rechtsanwalt Dr. Heldmann auf S. 1255 f. des Protokolls der Hauptverhandlung, 15. Verhandlungstag). Bei vorsätzlicher und schuldhafter Herbeiführung der Verhandlungsunfähigkeit kann die Hauptverhandlung in Abwesenheit der Angeklagten durchgeführt werden (§ 231a StPO).

48 Der Anstaltsarzt Dr. Helmut Henck wurde als erster Sachverständiger zur Frage der Verhandlungsfähigkeit der Angeklagten angehört. Eine Behandlung durch ihn lehnten die Angeklagten jedoch ab. Zur Vernehmung des Herrn Dr. Henck s. S. 357 ff. des Protokolls der Hauptverhandlung (5. Verhandlungstag), S. 937 ff. (12. Verhandlungstag) und S. 1725 ff. (21. Verhandlungstag).

49 Prof. Dr. Joachim Rauschke war Leiter des Instituts für Rechtsmedizin am Gesundheitsamt der Stadt Stuttgart und ebenfalls beauftragt worden, zur Verhandlungsfähigkeit der Angeklagten Stellung zu nehmen. Zur Vernehmung des Prof. Dr. Rauschke s. S. 1102 ff. des Protokolls der Hauptverhandlung (14. Verhandlungstag). Eine Untersuchung durch ihn lehnten die Angeklagten ebenfalls ab.

50 Eberhard Schmidt war ein Strafrechtswissenschaftler und Rechtshistoriker. Als jüngster Schüler von Franz von Liszt durchlief er nach seiner Habilitation im Jahr 1921 eine erfolgreiche Karriere. Er lehrte Strafrecht, Strafprozessrecht und preußische Rechtsgeschichte unter anderem in Breslau, Kiel, Hamburg, Leipzig und schließlich als Nachfolger Gustav Radbruchs in Heidelberg. Am 11. November 1933 hielt er eine der Ansprachen beim Bekenntnis der Professoren an den deutschen Universitäten und Hochschulen zu Adolf Hitler und dem nationalsozialistischen Staat. Von 1939 bis 1945 war er zudem nebenamtlich als Militärjurist am Kriegsgerichtsrat in Dresden und Leipzig tätig, bevor er 1945 kurzzeitig in amerikanische Kriegsgefangenschaft geriet. Nach 1945 beschäftigte er sich auch mit der Rolle des Richters im Rechtsstaat und dem Wiederaufbau der Strafjustiz nach dem nationalsozialistischen Unrechtsregime. Die Stellung der Strafjustiz war für Schmidt dabei der Gradmesser, inwieweit sich ein Staat zum Rechtsstaatsprinzip bekennt. Er betonte, durch seine Erfahrung im Nationalsozialismus den Wert des Rechtsstaats und seine Fragilität verstanden zu haben und wollte sich deshalb mit Wegen beschäftigen, wie dieser effektiv zu schützen sei. Sein heute bekanntestes Werk ist die »Einführung in die Geschichte der deutschen Strafrechtspflege« (Hardenberg, Eberhard Schmidt (1891–1977), 2009, S. 159 ff., 381, 542 ff.; Koch, »Eberhard Schmidt«, in Historische Kommission bei der Bayerischen Akademie der Wissenschaften [Hrsg.], Neue Deutsche Biographie, Band 23, 2007, S. 181 f.).

51 Gemeint sein dürfte René Spitz, ein österreichisch-amerikanischer Psychoanalytiker, dessen Schwerpunkt im Bereich der Hospitalismusforschung lag. Dabei konzentrierte er sich überwiegend auf die soziale Entwicklung von Säuglingen und Kleinkindern in Abhängigkeit von der (fehlenden) Beziehung zu ihren Müttern (s. etwa Spitz, The First Year of Life, 1965).

52 Prof. Dr. Wilfried Rasch gehörte dem Gremium aus Sachverständigen an, die gerichtlich bestellt wurden, um aus verschiedenen Fachrichtungen heraus die Frage der Verhandlungsfähigkeit der Angeklagten zu beantworten.

53 Die Beiordnung als Pflichtverteidiger*in dient dem öffentlichen Interesse, dafür zu sorgen, dass Beschuldigte in schwerwiegenden Fällen rechtskundigen Beistand erhalten und der ordnungsgemäße Verfahrensablauf gewährleistet wird. Deshalb gehen mit ihr besondere Pflichten einher. Darunter fällt

auch die Anwesenheitspflicht während der Hauptverhandlung, und zwar unabhängig davon, ob weitere (Pflicht-)Verteidiger*innen anwesend sind (OLG Stuttgart, Beschl. v. 14.12.2015 – Az.: 2 Ws 203/15, NStZ 2017, S. 436, 437 f.). Darüber, wie die Interessen der Beschuldigten gegenüber dem Interesse an der Sicherung eines ordnungsgemäßen Verfahrens zu gewichten seien, gab es im Prozess häufig Auseinandersetzungen. Eine mögliche Konsequenz pflichtwidrigen Verhaltens ist die Zurücknahme der Bestellung als Pflichtverteidiger*in (Entpflichtung).

54 Zum Begriff der Gegenvorstellung s. bereits Anm. 23.

55 Die Hauptverhandlung befindet sich noch immer im Stadium zwischen der Feststellung der Anwesenheit und der Vernehmung der Angeklagten zur Person (§ 243 Abs. 1 und 2 StPO). Dieser Verfahrensabschnitt ist nicht gesondert geregelt und nimmt üblicherweise nur wenig Raum ein. Die Erklärungsrechte der Verteidigung sind nach § 257 Abs. 2 StPO zeitlich und inhaltlich in den Zusammenhang mit vorangegangenen Beweismitteln gestellt.

56 Der Senat war ab dem Zeitpunkt der Erhebung der öffentlichen Klage als Gericht der Hauptsache – das Gericht, bei dem das Strafverfahren anhängig war – auch zuständig für den Vollzug der Untersuchungshaft und damit auch für Entscheidungen über die Haftbedingungen (§ 126 Abs. 2 StPO).

57 Der Unmittelbarkeitsgrundsatz beruht auf der gerichtlichen Aufklärungspflicht nach § 244 Abs. 2 StPO sowie der Vorschrift des § 261 StPO, wonach das Gericht nur auf der Grundlage der von ihm selbst (unmittelbar) in der Hauptverhandlung wahrgenommenen Umstände entscheiden darf (sog. formeller Unmittelbarkeitsgrundsatz). Dieser Grundsatz gilt jedoch nur im sog. Strengbeweisverfahren (auch »förmliche Beweisaufnahme«), das in den §§ 244 bis 256 StPO geregelt ist und zum Beweis aller Tatsachen angewendet wird, die die Straf- und Schuldfrage betreffen, d. h. den Tathergang, die Schuld des*der Täter*in sowie die Höhe der Strafe. Für die Frage der Verhandlungsfähigkeit als Prozessvoraussetzung findet jedoch das sog. Freibeweisverfahren Anwendung: Einschränkungen ergeben sich hier weder aus dem Unmittelbarkeitsgrundsatz noch aus dem Prinzip der Mündlichkeit (Krehl, in Hannich [Hrsg.], Karlsruher Kommentar zur Strafprozessordnung, 8. Aufl. 2019, § 244 Rn. 16).

58 Die Zurücknahme der Bestellung als Pflichtverteidiger*in (Entpflichtung) wegen pflichtwidrigen Verhaltens war gesetzlich nicht vorgesehen, allerdings im Falle eines Fehlverhaltens von besonderem Gewicht und nach voriger Abmahnung ausnahmsweise anerkannt. Erst seit dem 13. Dezember 2019 enthält § 143a Abs. 2 Nr. 3 StPO ausdrücklich die Möglichkeit der Entpflichtung, wenn »aus einem sonstigen Grund keine angemessene Verteidigung des Beschuldigten gewährleistet ist«. Darunter wird auch der Fall der groben

Pflichtverletzung gefasst (Schmitt, in Meyer-Goßner/Schmitt, Strafprozessordnung, 63. Aufl. 2020, § 143a Rn. 26).

59 Die Strafprozessordnung sieht eine grundsätzliche Anwesenheitspflicht der Angeklagten vor (§ 231 Abs. 1 StPO). Neben der Fortsetzung der Hauptverhandlung in Abwesenheit der Angeklagten im Falle ordnungswidrigen Verhaltens (§ 177 GVG i.V.m. § 231b StPO) gibt es in der ersten Instanz allerdings weitere Ausnahmen: § 231 Abs. 2 StPO ermöglicht eine Hauptverhandlung in Abwesenheit der Angeklagten, wenn sie über die Anklage bereits vernommen worden sind, trotz Hinweises in der Ladung auf der Möglichkeit der Verhandlung in Abwesenheit eigenmächtig der Hauptverhandlung fernbleiben und das Gericht die Anwesenheit nicht für erforderlich erachtet. Werden nur geringe Strafen erwartet, kann unter bestimmten Voraussetzungen nach § 232 StPO in Abwesenheit der Angeklagten verhandelt werden, oder sie können nach § 233 StPO auf Antrag vom Erscheinen entbunden werden. Schließlich ist nach § 231a StPO unter bestimmten Voraussetzungen die Verhandlung in Abwesenheit gegen verhandlungsunfähige Angeklagte möglich, die sich selbst vorsätzlich und schuldhaft in diesen Zustand versetzt haben (s. zur Einführung dieser Vorschrift zum 1. Januar 1975 Anm. 84).

60 Nach ihrer Verhaftung im Jahr 1972 verbrachten nicht alle Angeklagten die gesamte Haftdauer in Untersuchungshaft. Andreas Baader saß noch bis zum 1. November 1974, Gudrun Ensslin bis zum 1. August 1974 in Strafhaft. Sie verbüßten jeweils den Rest einer dreijährigen Haftstrafe, zu der sie im sog. Frankfurter Kaufhausbrandstiftungsprozess verurteilt worden waren (s. S. 2378 des Protokolls der Hauptverhandlung, 29. Verhandlungstag). Ulrike Meinhof wurde vom Landgericht Berlin mit Urteil vom 29. November 1974 wegen ihrer Beteiligung an der Befreiung von Andreas Baader aus der Haft am 14. Mai 1970 zu einer Freiheitsstrafe in Höhe von acht Jahren verurteilt (Diewald-Kerkmann, Frauen, Terrorismus und Justiz, 2009, S. 95 ff.). Die Freiheitsstrafe wurde allerdings erst ab dem 29. Januar 1976 vollstreckt (s. den entsprechenden Hinweis des Vorsitzenden Dr. Prinzing am 71. Verhandlungstag, S. 6396 des Protokolls der Hauptverhandlung).

61 Diese sechs Fälle beziehen sich auf die sechs Sprengstoffanschläge im Rahmen der sog. Mai-Offensive zwischen dem 11. und 24. Mai 1972.

62 § 211 StGB enthält den Straftatbestand des Mordes und erfasst die vorsätzliche Tötung einer Person bei gleichzeitigem Vorliegen eines sog. Mordmerkmals, beispielsweise die heimtückische Tötung einer Person oder eine Tötung mit »gemeingefährlichen Mitteln«. Heimtückisch handelt nach ständiger Rechtsprechung, wer eine zum Zeitpunkt des Angriffs bestehende Arg- und Wehrlosigkeit des Opfers bewusst zur Tat ausnutzt (BGH, Urt. v. 4. 7. 1984 – Az.: 3 StR 199/84, BGHSt 32, 382, 388 m. w. N.). Gemeingefährlich sind Mittel,

die geeignet sind, in der konkreten Tatsituation eine größere Zahl von Personen an Leib und Leben zu gefährden, weil die Ausdehnung der Gefahr für den*die Täter*in nicht beherrschbar ist (BGH, Urt. v. 13.2.1985 – Az.: 3 StR 525/84, NJW 1985, S. 1477, 1478). Dazu kann auch der Einsatz von Sprengkörpern gehören. Die einzig vorgesehene Strafe für Mord ist eine lebenslange Freiheitsstrafe.

63 Nach § 73 Abs. 1 StGB a. F. (heute: § 52 Abs. 1 StGB) erkennt das Gericht nur auf eine Strafe, wenn »dieselbe Handlung mehrere Strafgesetze oder dasselbe Strafgesetz mehrmals« verletzt (Tateinheit). Was unter einer Handlung zu verstehen ist, ist im Einzelnen durchaus umstritten. Auch bei mehreren Einzelakten kann unter bestimmten Voraussetzungen eine einheitliche Handlung angenommen werden (sog. natürliche Handlungseinheit). Die tateinheitliche Begehung hat zur Folge, dass die Strafe nach dem Gesetz bestimmt wird, das die schwerste Strafe androht; weist einer der verwirklichten Tatbestände eine Mindeststrafe auf, so darf die Strafe nicht milder sein (§ 73 Abs. 2 StGB a. F.; heute: § 52 Abs. 2 StGB).

64 Eine Straftat versucht, wer »den Entschluß, ein Verbrechen oder Vergehen zu verüben, durch Handlungen, welche einen Anfang der Ausführung dieses Verbrechens oder Vergehens enthalten, betätigt hat« (§ 43 Abs. 1 StGB a. F.; heute mit abweichender Definition: § 22 StGB). Strafbar ist dies, wenn es sich bei der versuchten Tat um ein Verbrechen (Mindestfreiheitsstrafe von einem Jahr, § 1 Abs. 1 StGB a. F.; heute: § 12 Abs. 1 StGB) handelt, oder die Versuchsstrafbarkeit ausdrücklich im Gesetz bestimmt ist (§ 43 Abs. 2 StGB a. F.; heute: § 23 Abs. 1 StGB). Die versuchte Tat kann milder bestraft werden als die vollendete (§ 44 Abs. 1 StGB a. F.; heute: § 23 Abs. 2 StGB).

65 Eine Entsprechung für § 311 Abs. 2 StGB a. F. (Gefährdung durch Explosion in einem besonders schweren Fall) gibt es heute nicht mehr. Der Grundtatbestand der Herbeiführung einer Sprengstoffexplosion (§ 311 Abs. 1 StGB a. F.) ist heute in § 308 Abs. 1 StGB geregelt. Das damalige Regelbeispiel des § 311 Abs. 3 StGB a. F. – die leichtfertige Verursachung des Todes eines Menschen durch die Tat – ist heute als selbstständiger Straftatbestand (sog. Erfolgsqualifikationstatbestand) in § 308 Abs. 3 StGB mit einer Freiheitsstrafe nicht unter zehn Jahren bedroht.

66 Diese zwei Fälle beziehen sich auf zwei Banküberfälle, einen am 15. Januar 1971 in Kassel und einen weiteren am 22. Dezember in Kaiserslautern, in dessen Verlauf ein Polizeibeamter erschossen wurde (S. 123 ff., 173 ff. der Anklageschrift).

67 Das Mitsichführen einer Waffe sowie das Mitwirken von mehreren Personen, die sich zur fortgesetzten Begehung von Raub verbunden haben, erfüllt den Tatbestand des schweren Raubes (sog. Qualifikationstatbestand), der mit ei-

ner Freiheitsstrafe von nicht unter fünf Jahren bedroht war (§§ 249 Abs. 1, 250 Abs. 1 Nr. 1 und 2 StGB a. F.; heute würde die bandenmäßige Begehung mit Waffen zu einer Freiheitsstrafe von nicht unter zehn Jahren führen, § 250 Abs. 2 Nr. 2 StGB).

68 Der Raub mit Todesfolge (§ 251 StGB) wird mit einer Freiheitsstrafe von nicht unter zehn Jahren bestraft.

69 Das Mordmerkmal der Verdeckungsabsicht umfasst auch solche Fälle, in denen zwar die Tat selbst, nicht aber die Täterschaft bekannt ist und der*die Täter*in handelt, um unerkannt zu entkommen. Gleiches gilt, wenn der*die Täter*in der Tat zwar bereits verdächtig ist, die genauen Tatumstände aber noch nicht in einem die Strafverfolgung sicherstellenden Umfang aufgedeckt sind. Nicht ausreichend ist, wenn der*die Täter*in bei bekannter Tat und Täterschaft lediglich handelt, um sich der Verhaftung zu entziehen (BGH, Urt. v. 17. 5. 2011 – Az.: 1 StR 50/11, BGHSt 56, S. 239, 244 f.).

70 Das Verabreden zu einem Verbrechen (§ 49a Abs. 2 i. V. m. Abs. 1 StGB a. F.; heute: § 30 Abs. 2 i.V.m. Abs. 1 StGB) wird gleich den Vorschriften über den Versuch des Verbrechens bestraft. Die Strafe ist jedoch zu mildern.

71 Die Annahme von Mittäterschaft (§ 47 StGB a. F.; heute: § 25 Abs. 2 StGB) ermöglicht das wechselseitige Zurechnen objektiver Tatbeiträge mehrerer Beteiligter, wenn die gemeinschaftliche Tatausführung auf einem gemeinsamen Tatplan beruht. Wie diese Form der Täterschaft von der bloßen Teilnahme an der Tat einer anderen Person abgegrenzt wird, ist umstritten. Während die Rechtsprechung bis in die 1970er Jahre einen vorwiegend subjektiven Ansatz verfolgte, der maßgeblich auf den Täterwillen abstellte (sog. animus-Theorie; s. noch BGH, Urt. v. 12. 3. 1974 – Az.: 1 StR 39/77, GA 1977, S. 306), stellt das juristische Schrifttum überwiegend darauf ab, ob eine beteiligte Person objektiv einen wesentlichen Beitrag geleistet hat (funktionelle Tatherrschaft). Inzwischen zieht die Rechtsprechung neben subjektiven auch objektive Elemente heran (sog. normative Kombinationstheorie).

72 Hat eine Person mehrere Straftaten begangen, wird bei gleichzeitiger Aburteilung auf eine Gesamtstrafe erkannt (§ 74 StGB a. F.; heute: § 53 StGB). Dazu werden zunächst für alle Taten Einzelstrafen gebildet. Anschließend wird die Gesamtstrafe durch Erhöhung der höchsten verwirkten Strafe gebildet (§ 75 Abs. 1 StGB a. F.; heute: § 54 Abs. 1 Satz 2 StGB), wobei die Summe der Einzelstrafen nicht erreicht werden darf (§ 75 Abs. 2 StGB a. F.; heute: § 54 Abs. 2 StGB).

73 Der Anklagepunkt B bezieht sich auf weitere Raub- und Diebstahlsdelikte. Die Strafverfolgung wurde später allerdings auf die Straftaten im Zusammenhang mit den Sprengstoffanschlägen, den Festnahmen der Angeklagten sowie der Bildung einer kriminellen Vereinigung beschränkt, sodass über

diese Anklagewürfe kein Beweis mehr erhoben wurde; gleiches gilt für die Anklagepunkte A.2 lit. a und b (S. 13 938 f. des Protokolls der Hauptverhandlung, 192. Verhandlungstag; s. auch den Antrag der Bundesanwaltschaft am 113. Verhandlungstag, S. 9859 ff. des Protokolls der Hauptverhandlung, sowie den Hinweis des Vorsitzenden Dr. Prinzing am selben Tag auf S. 9867 f. des Protokolls der Hauptverhandlung).

74 Das Einbrechen in ein Gebäude ist als Regelbeispiel eines besonders schweren Falls des Diebstahls in § 243 Abs. 1 Nr. 1 StGB enthalten; das Beisichführen einer Waffe stellt zum Grunddelikt des Diebstahls eine Qualifikation mit einer angedrohten Freiheitsstrafe von sechs Monaten bis zu zehn Jahren dar (§ 244 Abs. 1 Nr. 1 StGB a. F.; heute: § 244 Abs. 1 Nr. 1 lit. a StGB).

75 Am 1. Juni 1972 versuchten Andreas Baader und Holger Meins gemeinsam, sich der Festnahme in Frankfurt a. M. durch die Abgabe von mehreren Schüssen zu entziehen (S. 318 ff. der Anklageschrift).

76 Am 17. Januar 1972 soll Baader in Köln versucht haben, sich durch den Schuss auf einen Polizeibeamen einer Festnahme zu entziehen, nachdem er von dem Polizeibeamten zum Vorzeigen von Fahrzeugpapieren aufgefordert worden war (S. 193 ff. der Anklageschrift).

77 Widerstand gegen Vollstreckungsbeamte sieht bei Annahme eines besonders schweren Falls (der u. a. vorliegt, wenn der*die Täter*in eine Waffe bei sich geführt hat; heute auch: wenn er*sie die Tat gemeinschaftlich mit einer anderen Person begangen hat) nach § 113 Abs. 1, 2 StGB einen Regelstrafrahmen von sechs Monaten bis zu fünf Jahren vor.

78 Die Angeklagte Ensslin versuchte, sich am 7. Juni 1972 in Hamburg ihrer Festnahme zu entziehen; dabei versuchte sie, an eine in ihrer Handtasche befindliche Schusswaffe zu gelangen, konnte aber durch Polizeibeamte daran gehindert werden (S. 234 ff. der Anklageschrift).

79 Dieser Anklagepunkt bezieht sich auf den Versuch, sich der eigenen Festnahme am 1. Juni 1972 in Frankfurt a. M. durch die Abgabe von mehreren Schüssen zu entziehen (S. 312 ff. der Anklageschrift).

80 Das Gründen einer kriminellen Vereinigung und die Beteiligung als Mitglied sind strafbar nach § 129 Abs. 1 StGB. Das Beteiligen als Rädelsführer*innen ist als Regelbeispiel eines besonders schweren Falles mit einem Regelstrafrahmen von sechs Monaten bis zu fünf Jahren versehen. Die Art der Straftaten, auf die sich die Tätigkeit oder der Zweck der Vereinigung ausrichtete, war nach § 129 Abs. 1 StGB a. F. nicht eingeschränkt; heute sind nur noch Straftaten mit einer Mindesthöchststrafe von zwei Jahren Freiheitsstrafe umfasst. Für viele schwerere Straftaten ist inzwischen § 129a StGB – die Bildung terroristischer Vereinigungen – einschlägig. Der Tatbestand des § 129a StGB wurde allerdings erst mit Gesetz vom 18. August 1976 (BGBl. I, S. 2181) einge-

führt. Er konnte für die hier angeklagten Taten auf Grund des Rückwirkungsverbots (Art. 103 Abs. 2 GG) keine Anwendung mehr finden.

81 Der Rechtsanwalt Horst Mahler war ein führendes Mitglied der ersten RAF-Generation. Seine zentrale Rolle bei der Entstehung der RAF ist jedoch gegenüber derjenigen der hier Angeklagten Baader, Ensslin und Meinhof in den Hintergrund gerückt. Er war maßgeblich an der Vorbereitung der als »Geburtsstunde der RAF« bezeichneten Befreiung Baaders aus der Haft im Mai 1970 beteiligt. Im September 1970 überfiel er u. a. zusammen mit Andreas Baader und Irene Goergens eine Bank in West-Berlin; bereits eine Woche später wurde er verhaftet. Zwischen Mahler und dem Führungsduo Baader/Ensslin ergaben sich immer wieder Differenzen. Spätestens mit der Ablehnung seiner Freilassung im Austausch gegen den im Februar 1975 entführten Berliner CDU-Landesvorsitzenden Peter Lorenz (Anm. 237) sagte er sich endgültig von der RAF los. Nach seiner Haftentlassung im Jahr 1980 durchlief Mahler eine radikale politische Kehrtwende. Ende der 1990er Jahre bekannte er sich erstmals öffentlich zum Rechtsradikalismus, im Jahr 2000 trat er in die NPD ein. Nachdem er mit antisemitischer Hetze in Erscheinung getreten war, wurde er mehrfach wegen Volksverhetzung und Holocaustleugnung zu mehrjährigen Haftstrafen verurteilt (Jander, in Kraushaar [Hrsg.], Die RAF und der linke Terrorismus, Band 1, 2006, S. 372 ff.; Terhoeven, Die Rote Armee Fraktion, 2017, S. 40 ff., 53, 67 f.).

82 Bei der Stadtguerilla handelte es sich um eine Form des Partisanenkampfes. Die ersten Guerillakämpfer*innen, die ihren Kampfplatz vom Land in die Städte verlagerten, waren die Tupamaros in Uruguay. Während der 1960er Jahre wurden sie mit dieser neuen Strategie zum Vorbild für andere gewaltbereite Gruppen innerhalb und außerhalb Südamerikas. Auch die RAF orientierte sich an ihnen und veröffentlichte 1971 mit dem »Konzept Stadtguerilla« ihre erste Programmschrift (Fischer, in Kraushaar [Hrsg.], Die RAF und der linke Terrorismus, Band 2, 2006, S. 736, 739 ff.; Huthöfer, in Straßner [Hrsg.], Sozialrevolutionärer Terrorismus, 2008, S. 345 f., 348 ff.; Sturm, in Weinhauer/Requate/Haupt [Hrsg.], Terrorismus in der Bundesrepublik, 2006, S. 99 ff., 106 ff.).

83 Nach § 2 Abs. 2 StGB a. F. (heute: § 2 Abs. 1 StGB) ist für die Bestimmung der Strafe und ihrer Nebenfolgen (z. B. das Auferlegen der Verfahrenskosten) das zum Zeitpunkt der Tat (bzw. ihrer Beendigung) geltende Gesetz anzuwenden. Eine Ausnahme gilt nur, soweit das zum Zeitpunkt der Verurteilung geltende Recht milder ist; in diesem Fall ist das mildere Gesetz anzuwenden. Durch das Zweite Strafrechtsreformgesetz vom 4. Juli 1969 (BGBl. I, S. 717) traten zum 1. Januar 1975 einige Änderungen in Kraft; so wurde etwa der Allgemeine Teil des StGB vollständig neu strukturiert, sodass viele der anzu-

wendenden Vorschriften im Zeitpunkt der Verurteilung bereits nicht mehr galten. § 2 StGB ist Ausdruck des in Art. 103 Abs. 2 GG verankerten Rückwirkungsverbots.

84 Nach § 231a StPO kann die Hauptverhandlung in Abwesenheit der Angeklagten fortgeführt werden, wenn diese noch nicht zur Anklage vernommen wurden, sie sich vorsätzlich und schuldhaft in den Zustand der Verhandlungsunfähigkeit versetzt haben und das Gericht ihre Anwesenheit nicht für unerlässlich hält. Die Vorschrift wurde erst mit Wirkung zum 1. Januar 1975 eingeführt (BGBl. I, S. 3686). Bereits vor dem Inkrafttreten der neuen Norm war eine solche Vorgehensweise zumindest für den Zeitraum nach Vernehmung der Angeklagten zur Sache zulässig, da das eigenmächtige Versetzen in den Zustand der Verhandlungsunfähigkeit mit dem eigenmächtigen Entfernen der Angeklagten aus der Hauptverhandlung gleichgesetzt wurde. Für diesen Fall galt schon damals § 231 Abs. 2 StPO, der die Fortsetzung der Hauptverhandlung in Abwesenheit der Angeklagten ermöglichte. Die Einführung des § 231 a StPO führte nur insofern zu einer Verschärfung der Rechtslage, als dass die Verhandlung in Abwesenheit der Angeklagten nun bereits vor Abschluss der Vernehmung zur Sache möglich wurde. Für die Zeit danach ist auch heute noch § 231 Abs. 2 StPO anwendbar (Meyer-Goßner, in Meyer-Goßner/Schmitt, Strafprozessordnung, 63. Aufl. 2020, § 231 Rn. 17 ff.).

85 Die Frage der Verhandlungsfähigkeit ist im sog. Freibeweisverfahren zu beantworten. Dieses findet Anwendung zum Beweis von Tatsachen, die nicht die Straf- oder Schuldfrage, d. h. den Tathergang, die Schuld des*der Täter*in sowie die Höhe der Strafe, betreffen. Im Unterschied zum dort anzuwendenden Strengbeweisverfahren ist das Gericht im Freibeweisverfahren nicht auf die Wahl bestimmter Beweismittel beschränkt, sondern kann grundsätzlich alle verfügbaren Erkenntnisquellen nutzen; auch an die im Strengbeweisverfahren vorgeschriebene Form ist es nicht gebunden (BGH, Urt. v. 28. 6. 1961 – Az.: 2 StR 154/61, BGHSt 16, S. 164, 166). Einschränkungen ergeben sich im Freibeweis weder aus dem Unmittelbarkeitsgrundsatz, noch aus dem Prinzip der Mündlichkeit (Krehl, in Hannich [Hrsg.], Karlsruher Kommentar zur Strafprozessordnung, 8. Aufl. 2019, § 244 Rn. 16).

86 Die Stellungnahme der Bundesanwaltschaft zum Befund der Gutachter über die nur eingeschränkte Verhandlungsfähigkeit der Angeklagten wurde der Verteidigung im schriftlichen Verfahren außerhalb der Hauptverhandlung zugestellt. Sie ist im Protokoll nicht enthalten. Es ist davon auszugehen, dass die Bundesanwaltschaft darin beantragte, die Verhandlung in Abwesenheit der Angeklagten fortzuführen.

87 Der Anspruch auf rechtliches Gehör, der in Art. 103 Abs. 1 GG ausformuliert ist, ist eine Ausprägung sowohl des Rechtsstaatsprinzips aus Art. 20 Abs. 3

GG als auch der Menschenwürdegarantie aus Art. 1 Abs. 1 GG (BVerfG, Beschl. v. 8.1.1959 – Az.: 1 BvR 396/55, BVerfGE 9, S. 89, 95). Zusätzlich zu dieser verfassungsrechtlichen Grundlage ist der Anspruch in § 33 Abs. 1 StPO geregelt. S. zur Argumentation des Rechtsanwalts Dr. Heldmann auch die im Namen des Angeklagten Baader gegen den Beschluss erhobene Beschwerde, abgedruckt in Stuberger, »In der Strafsache gegen Andreas Baader, Ulrike Meinhof, Jan-Carl Raspe, Gudrun Ensslin wegen Mordes u. a.«, 5. Aufl. 2014, S. 132 ff.

88 S. Anm. 34.

89 S. bereits Anm. 25.

90 Die Entscheidung, einen Antrag anzunehmen, ist Bestandteil der Verhandlungsleitung, welche durch den*die Vorsitzende*n ausgeübt wird (§ 238 Abs. 1 StPO). Es besteht aber keine Verpflichtung, Anträge zu jeder Zeit entgegenzunehmen. Prozessbeteiligte, die einen Antrag zu einem ungünstigen Zeitpunkt stellen, können daher auf einen späteren Zeitpunkt verwiesen werden (Meyer-Goßner, in Meyer-Goßner/Schmitt, 63. Aufl. 2020, § 238 Rn. 5). Diese Grundsätze gelten auch für Ablehnungsgesuche. Aus der Verpflichtung, das Gesuch unverzüglich zu stellen (§ 25 Abs. 2 Nr. 2 StPO), folgt keine Pflicht des Gerichts, eine sofortige Gelegenheit zur Anbringung des Gesuchs zu geben.

91 Die Ablehnung wegen Besorgnis der Befangenheit musste nach § 25 Abs. 2 Satz 1 Nr. 2 StPO a. F. ab dem Zeitpunkt der Vernehmung der Angeklagten zur Sache unverzüglich, also »ohne eine nicht durch die Sachlage begründete Verzögerung« (BGH, Urt. v. 10.11.1967 – Az.: 4 StR 512/66, BGHSt 21, S. 334, 339) erfolgen (heute gilt dies bereits ab der Vernehmung der*des Angeklagten über die persönlichen Verhältnisse); andernfalls wäre sie nach § 26 a Abs. 1 Nr. 1 StPO wegen Verspätung als unzulässig zu verwerfen. Zulässig ist allerdings, zunächst noch abzuwarten, ob sich der Eindruck der Befangenheit verfestigt (OLG München, Beschl. v. 22.11.2006 – Az.: 4 StRR 182/06, NJW 2007, S. 449, 451).

92 Eine Ablehnung wegen Besorgnis der Befangenheit hatte nach damaliger Rechtslage zur Folge, dass der*die abgelehnte Richter*in vorläufig amtsunfähig wurde und damit ab dem Zeitpunkt der Ablehnung nicht mehr an Entscheidungen mitwirken durfte; eine Ausnahme galt nur für unaufschiebbare Handlungen (§ 29 StPO a. F.). Unaufschiebbar ist eine Handlung dann, wenn sie wegen ihrer Dringlichkeit nicht aufgeschoben werden kann, bis ein*e Ersatzrichter*in eintritt (BGH, Beschl. v. 3.4.2003 – Az.: 4 StR 506/02, BGHSt 48, S. 264, 265; BGH, Urt. v. 14.2.2002 – Az.: 4 StR 272/01, NStZ 2002, S. 429, 430). Das Verfahren nach einer Ablehnung wurde zuletzt mit Gesetz vom 10. Dezember 2019 (BGBl. I, S. 2121) grundlegend neu geregelt. Die Durchführung

der Hauptverhandlung wird heute nach § 29 Abs. 2 Satz 1 StPO gesetzlich als unaufschiebbar eingeordnet.

93 Gemeint ist § 231a StPO, der die Verhandlung in Abwesenheit der Angeklagten bei vorsätzlich und schuldhaft herbeigeführter Verhandlungsfähigkeit ermöglicht; s. dazu Anm. 84.

94 Hat ein Rechtsbehelf aufschiebende Wirkung, bedeutet dies, dass die Wirkung der angefochtenen Entscheidung – hier die Fortsetzung der Hauptverhandlung in Abwesenheit der Angeklagten – bis zur Entscheidung über den Rechtsbehelf gehemmt wird. Die aufschiebende Wirkung der sofortigen Beschwerde gegen den Beschluss nach § 231a StPO ist in § 231a Abs. 3 Satz 3 StPO geregelt.

95 Nach § 229 Abs. 1 StPO a. F. durfte die Verhandlung grundsätzlich nur für maximal zehn Tage unterbrochen werden (heute: drei Wochen), im Falle von zehn vorher stattgefundenen Verhandlungstagen – das ist hier der Fall – aber immerhin einmal auch für 30 Tage (§ 229 Abs. 2 Satz 1 StPO a. F.). Bei Überschreitung der Frist hätte mit der Hauptverhandlung von neuem begonnen werden müssen (§ 229 Abs. 3 StPO a. F.).

96 Notwendigerweise Gegenstand der Hauptverhandlung ist alles, was der Beantwortung der Schuld- und Straffrage dient, d. h. der Tathergang, die Schuld der Angeklagten sowie die Höhe der Strafe, da nur solche Tatsachen zur Begründung des Urteils herangezogen werden dürfen, die (prozessordnungsgemäß) in die Hauptverhandlung eingeführt wurden (§ 261 StPO); andere Vorgänge müssen nicht zwingend Bestandteil der Hauptverhandlung sein. Ablehnungsgesuche können nach § 26 StPO entweder beim Gericht oder zu Protokoll der Geschäftsstelle angebracht werden. Der Bundesgerichtshof hat mittlerweile klargestellt, dass es die freie Entscheidung des*der Antragssteller*in ist, wie das Gesuch geltend gemacht wird: Die Praxis, Befangenheitsgesuche in der Hauptverhandlung nur im Einzelfall zuzulassen und im Übrigen auf Geltendmachung außerhalb der Hauptverhandlung zu verweisen, widerspreche § 26 StPO. Es gehöre »zu den grundlegenden Rechten eines Angeklagten, in einer laufenden Hauptverhandlung sachdienliche Anträge zu seiner Verteidigung zu stellen«. Die Sachleitungsbefugnis des*der Vorsitzenden geht daher nicht so weit, Befangenheitsgesuche in der Hauptverhandlung gar nicht zuzulassen (BGH, Beschl. vom 8.6.2005 – Az.: 2 StR 118/05, StV 2005, S. 531).

97 BGH, Beschl. v. 22.10.1975 – Az.: 1 STE 1/74 – Az.: 1 StE 1/74 – NJW 1976, S. 116.

98 In Berliner Haftanstalten befanden sich u. a. Brigitte Mohnhaupt, Ingrid Schubert, Irene Goergens und Heinrich Jansen. Brigitte Mohnhaupt befand sich seit ihrer Festnahme vom 9. Juni 1972 in Untersuchungshaft in Berlin.

Am 30. August 1974 wurde sie vom Landgericht Berlin wegen Beteiligung an einer kriminellen Vereinigung, Urkundenfälschung und unerlaubtem Waffenbesitz zu einer Freiheitsstrafe von vier Jahren und sechs Monaten verurteilt (Diewald-Kerkmann, Frauen, Terrorismus und Justiz, 2009, S. 92 ff.). Ingrid Schubert und Irene Goergens saßen wegen gemeinschaftlichen versuchten Mordes seit ihrer Verurteilung vom 21. Mai 1971 in Berlin in Strafhaft (Diewald-Kerkmann, Frauen, Terrorismus und Justiz, 2009, S. 310). Sie waren gemeinsam mit Horst Mahler und Brigitte Asdonk Anfang Oktober 1970 von der Berliner Polizei festgenommen worden (Diewald-Kerkmann, Frauen, Terrorismus und Justiz, 2009, S. 285 ff.; Riederer, Die RAF und die Folterdebatte der 1970er Jahre, 2014, S. 136). Heinrich Jansen saß unter strengen Haftbedingungen in der JVA Berlin-Moabit ein (Diewald-Kerkmann, Frauen, Terrorismus und Justiz, 2009, S. 285 ff.).

99 OLG Stuttgart, Beschl. v. 4.11.1975 – Az.: 2 StE 1/75, NJW 1976, S. 157. Die später gegen den Beschluss des 2. Strafsenats gerichtete Verfassungsbeschwerde des Rechtsanwalts Köncke wurde nicht zur Entscheidung angenommen (BVerfG, Beschl. v. 13.1.1976 – Az.: 2 BvR 1001/75, abgedruckt in Stuberger, »In der Strafsache gegen Andreas Baader, Ulrike Meinhof, Jan-Carl Raspe, Gudrun Ensslin wegen Mordes u. a.«, 5. Aufl. 2014, S. 46 f., S. 43 f.).

100 S. Anm. 69.

101 Zum Zeitpunkt der Hauptverhandlung sah § 59 StPO a. F. die Vereidigung von Zeug*innen noch als Regelfall vor, wenn nicht ein Vereidigungsverbot (§ 60 StPO a. F.) vorlag. Nach § 61 StPO a. F. konnte das Gericht zudem in Ausnahmefällen von der Vereidigung absehen. Im Unterschied dazu bestimmt der heutige § 59 Abs. 1 Satz 1 StPO, dass eine Vereidigung nur dann erfolgt, wenn es das Gericht wegen der ausschlaggebenden Bedeutung der Aussage oder zur Herbeiführung einer wahren Aussage nach seinem Ermessen für notwendig hält.

102 Der Meineid ist strafbar nach § 154 StGB.

103 Die falsche uneidliche Aussage ist strafbar nach § 153 StGB.

104 Der fahrlässige Falscheid war strafbar nach § 163 StGB a. F. (heute: § 161 StGB).

105 Nach der damaligen Rechtsprechung bedurfte die Tonbandaufnahme in der Hauptverhandlung stets der Zustimmung der Beteiligten (BGH, Urt. v. 4.2.1964 – Az.: 1 StR 510/63, NJW 1964, S. 602 f.). Heute wird die gerichtliche Tonbandaufnahme z. T. auch ohne Zustimmung der Beteiligten für zulässig erachtet (Schmitt, in Meyer-Goßner/Schmitt, Strafprozessordnung, 63. Aufl. 2020, § 169 GVG Rn. 13).

106 Seit dem 41. Verhandlungstag verfügte die Verteidigung über ein eigenes Tonbandgerät.

107 Landes- und Bundesbeamt*innen sind zur Verschwiegenheit verpflichtet bezüglich aller Angelegenheiten, die ihnen im Rahmen ihrer amtlichen Tätigkeit bekannt geworden sind. Aussagen vor Gericht hierüber sind nur nach und im Umfang der Genehmigung durch den*die jeweilige*n Dienstherr*in gestattet. § 54 Abs. 1 StPO stellt sicher, dass die Verschwiegenheitspflicht auch im Falle einer Vernehmung als Zeug*in in einem Strafprozess fortbesteht.

108 Im Protokoll beschränkt sich die Rednerbezeichnung an dieser Stelle auf »RA Sch.«. Damit könnten Rechtsanwälte Schily, Schlaegel, Schnabel oder Schwarz gemeint sein.

109 Richterliche Vernehmungen von Zeug*innen waren zum damaligen Zeitpunkt in zwei verschiedenen Konstellationen möglich. Während des Ermittlungsverfahrens kamen (und kommen auch heute noch) Vernehmungen durch den*die Ermittlungsrichter*in in Betracht. Grundsätzlich ist zwar die Staatsanwaltschaft die Herrin des Ermittlungsverfahrens, d. h. Ermittlungshandlungen führt sie entweder selbst oder unter Zuhilfenahme der Polizeibehörden durch (§§ 160 Abs. 1, 161 StPO). Auch jenseits derjenigen Untersuchungshandlungen, für die richterliche Anordnungen gesetzlich vorgeschrieben sind, kann sie allerdings gerichtliche Untersuchungshandlungen beantragen (§ 162 StPO). So hat die richterliche im Vergleich zur polizeilichen Zeugenvernehmung den Vorteil, dass in bestimmten Situationen nur die Verlesung des richterlichen, nicht jedoch des polizeilichen Vernehmungsprotokolls in der Hauptverhandlung zulässig ist (§ 251 Abs. 1 StPO a. F.; entspricht heute weitestgehend § 251 Abs. 2 StPO). Auch die Vernehmung der Verhörperson ist im Falle einer richterlichen Vernehmung in bestimmten Fällen von dem aus § 252 StPO hergeleiteten Beweisverwertungsverbot ausgenommen. Zum damaligen Zeitpunkt sah § 178 StPO a. F. darüber hinaus in den Fällen, in denen die Zuständigkeit des Oberlandesgerichts in erster Instanz begründet war, noch eine gerichtliche Voruntersuchung vor, in deren Rahmen Untersuchungsrichter*innen funktionell als Ermittlungsorgan tätig wurden. Die gerichtliche Voruntersuchung gehörte gemeinsam mit dem vorbereitenden Verfahren (§§ 158 ff. StPO a. F.), das in den Händen der Staatsanwaltschaft lag, dem sog. Vorverfahren an. Mit Wirkung zum 1. Januar 1975 wurde die gerichtliche Voruntersuchung abgeschafft.

110 Der Vorhalt ist ein Vernehmungsbehelf im Rahmen des Zeugenbeweises. Der Begriff des Vorhalts ist nicht gesetzlich geregelt, sondern in der gerichtlichen Praxis entstanden. Vorhalte werden bei Vernehmungen von Zeug*innen zur Prüfung der Glaubwürdigkeit und zur Auffrischung des Gedächtnisses genutzt. Der typische Fall ist die (ausschnittweise) Verlesung einer früheren Äußerung zur Überprüfung der Aussagekonstanz von Zeug*innen.

Beweismittel ist damit nicht der vorgehaltene Inhalt, sondern lediglich das, was sie anschließend aussagen (Diemer, in Hannich [Hrsg.], Karlsruher Kommentar zur Strafprozessordnung, 8. Aufl. 2019, § 249 Rn. 42). Vorhalte spielen insbesondere in der Abgrenzung zum (häufig unzulässigen, § 250 Satz 2 StPO) Urkundenbeweis eine Rolle.

111 § 250 StPO enthält den Grundsatz der persönlichen Vernehmung. Danach darf die Vernehmung einer Person über Tatsachen, die sie wahrgenommen hat, nicht durch die Verlesung einer früheren Vernehmung oder einer schriftlichen Erklärung ersetzt werden (wobei die §§ 251 ff. StPO enge Ausnahmen von diesem Grundsatz enthalten). Zulässig ist im Rahmen des Zeugenbeweises aber der Vorhalt als Vernehmungsbehelf (zum Begriff des Vorhalts s. Anm. 110). Damit die Grenze zum (unzulässigen, § 250 StPO) Urkundenbeweis nicht überschritten wird, ist darauf zu achten, dass Beweismittel die anschließende Erklärung bleibt, sodass nur das verwertet werden darf, was der*die Zeug*in – ggf. nach entsprechendem Vorhalt – noch erinnert. Die bloße Bestätigung, die damalige Aussage sei ordnungsgemäß protokolliert worden, kann eine fehlende Erinnerung nicht ersetzen (BGH, Urt. v. 31.5.1960 – Az.: 5 StR 168/60, BGHSt 14, S. 310, 312).

112 Prof. Dr. Axel Azzola, Professor für öffentliches Recht an der Technischen Hochschule in Darmstadt, war seit dem 1. Dezember 1975 als Wahlverteidiger für Ulrike Meinhof tätig. Am 52. Verhandlungstag nahm er zum ersten Mal an der Hauptverhandlung teil.

113 Im Zuge der Dekolonisation seit dem Ersten Weltkrieg kam es verstärkt zu nationalen Befreiungsbewegungen in den (ehemaligen) europäischen Kolonialreichen, die vor allem auf die weltpolitischen Umwälzungen nach dem Ende des Zweiten Weltkriegs reagierten, um das schon im Zuge des Ersten Weltkriegs von Lenin und Präsident Wilson verkündete Selbstbestimmungsrecht der Völker durchzusetzen. Die Formen des Unabhängigkeitskampfes variierten dabei – insbesondere in Abhängigkeit vom Widerstand der Kolonialmächte – zum Teil stark. Neben gewaltsamen Aufständen und kriegerischen Auseinandersetzungen (z. B. im Algerienkrieg) vollzogen sich auch friedliche(re) Loslösungsprozesse (Indien). Darüber hinaus wurden viele Befreiungsbewegungen von Intellektuellen und Theoretiker*innen geprägt. Von der Neuen Linken wurden ihre Theorien begeistert rezipiert und die »Dritte Welt« zum »revolutionären Subjekt« (Fanon) stilisiert (Deppe, Politisches Denken im Kalten Krieg, Teil 2, 2008, S. 301 ff.; Jansen/Osterhammel, Dekolonisation, 2013, S. 25, 107 f.).

114 Die chinesische Revolution zeichnet sich im Gegensatz zu vielen anderen Revolutionen durch ihre schwer bestimmbare Dauer aus. Gudrun Ensslin bezieht sich an dieser Stelle wahrscheinlich auf den Prozess der Erringung

nationaler Souveränität durch den siegreichen Kampf Chinas gegen die japanische Besatzung (1937–1945) und die bereits im chinesischen Bürgerkrieg (1946–1949) beginnende Umgestaltung der bisherigen politischen und Eigentumsverhältnisse zugunsten der ländlichen Bevölkerung. Diese Umgestaltung wurde nach der Gründung der Volksrepublik China im Jahr 1949 fortgesetzt und wenig später in der speziellen Form eines chinesischen Sozialismus auf sämtliche Bereiche der Gesellschaft und des Staates ausgedehnt. Als Staatsoberhaupt verfolgte Mao Tse-tung die kommunistische Umgestaltung der chinesischen Gesellschaft. Eine landesweit umgesetzte Bodenreform und der ungeordnete Versuch, die agrarisch geprägte Wirtschaft innerhalb kürzester Zeit zu industrialisieren, führten ab 1959 zu einer Hungerkatastrophe und dem Tod von – groben Schätzungen zufolge – 20 bis 40 Millionen Menschen. Diese Darstellung der chinesischen Revolution ist nach Auffassung vieler Historiker*innen jedoch eine unzulässige Verkürzung des langen revolutionären Prozesses, der noch vor dem Sturz des chinesischen Kaisertums im Jahr 1911 begann und keinesfalls als reine Bauernrevolution zu kennzeichnen ist (Dabringhaus, Mao Zedong, 2008, S. 83 ff.; Osterhammel, in Wende [Hrsg.], Große Revolutionen der Geschichte, 2000, S. 244 ff.).

115 Als vietnamesische Revolution oder »Augustrevolution« wird die Unabhängigkeit Vietnams von der französischen Kolonialmacht und der japanischen Besatzung bezeichnet, welche die von dem kommunistischen Aktivisten und Politiker Ho Chi Minh 1941 gegründete Liga für die Unabhängigkeit Vietnams (Viet Minh) im August 1945 erreichte. Der kurzen Phase der Unabhängigkeit folgte der Rückeroberungsfeldzug Frankreichs im ersten Indochina-Krieg von 1946 bis 1954, der nach acht Kriegsjahren zur Teilung Vietnams in die nordvietnamesische Demokratische Republik Vietnam und die südvietnamesische Republik Vietnam führte. Nach dem Krieg regierte Ho als Präsident bis zu seinem Tod 1969 das kommunistische Nordvietnam (Frey, Geschichte des Vietnamkriegs, 10. Aufl. 2016, S. 11 ff.; Krieger, Geschichte Asiens, 2003, S. 241 f.).

116 Als Mao Tse-tung, Staatsoberhaupt der 1949 gegründeten Volksrepublik China, den Rückhalt in der Kommunistischen Partei Chinas zu verlieren drohte, rief er 1966 mit Hilfe einer fanatisch entfesselten Jugend die sog. Kulturrevolution aus, die die Ausschaltung »reaktionärer« Kräfte innerhalb der Partei und dem Staat zum Ziel hatte und in deren Folge Millionen Menschen ihr Leben verloren. Von verschiedenen Guerillabewegungen weltweit wurde Mao allerdings als Theoretiker und Stratege bewundert (Dabringhaus, Mao Zedong, 2008, S. 89 ff.; Nerb, in Straßner [Hrsg.], Sozialrevolutionärer Terrorismus, 2008, S. 88).

117 Wladimir Iljitsch Lenin (eigentlich Uljanow, 1870–1924) war ein marxistischer Theoretiker und Revolutionär, der die Lehren von Marx und Engels fortentwickelte. In zahlreichen Schriften setzte er sich u. a. mit Themen der Entwicklung des Kapitalismus in Russland sowie einer wissenschaftlichen Analyse des Imperialismus als höchstes Stadium des Kapitalismus auseinander. Nachdem er auf dem II. Parteitag der Sozialdemokratischen Arbeiterpartei Russlands seine Parteikonzeption durchsetzen konnte, spaltete sich die Partei; unter seiner Führung entstanden die Bolschewiki. Lenin trat u. a. für einen bedingungslosen Kampf gegen den Zaren und die Beendigung des Ersten Weltkriegs ein. Nachdem im Jahr 1917 die sog. Februarrevolution zum Rücktritt des Zaren und zur Beendigung der Monarchie geführt hatte, kündigte die Übergangsregierung für Herbst 1917 eine verfassungsgebende Versammlung an, die über die künftige Regierungsform entscheiden sollte. Dem kamen die Bolschewiki durch die sog. Oktoberrevolution zuvor und übernahmen unter Lenins Führung die Macht im russischen Reich. Es schloss sich ein mehrjähriger Bürgerkrieg an, nach dessen Ende 1922 die Sowjetunion unter der Herrschaft der Kommunistischen Partei Russlands gegründet wurde.

118 Karl Marx (1818–1883) war ein deutscher Philosoph und Ökonom. Er gehört bis heute zu den einflussreichsten Theoretiker*innen der politökonomischen Ideengeschichte. Unter seiner Leitung wurde 1847 der »Bund der Kommunisten« in Brüssel gegründet. In enger Zusammenarbeit mit Friedrich Engels verfasste er zahlreiche Schriften. Sein Hauptwerk »Das Kapital« umfasst drei Bände, von denen er allerdings nur den ersten 1867 selbst herausbringen konnte; Band zwei und drei veröffentlichte Engels posthum 1884 und 1885 auf Grundlage seiner Aufzeichnungen. Marx und Engels gelten als Begründer des wissenschaftlichen Sozialismus (Wächter, in Ders. [Hrsg.], Ökonomen auf einen Blick, 2017, S. 170 ff.).

119 Friedrich Engels (1820–1895) war ein bedeutender Theoretiker der Arbeiterklasse. Seit 1844 arbeitete er eng mit Marx zusammen. Zu seinen bekanntesten Werken zählt die zwischen 1876 und 1878 in der Zeitung »Vorwärts« veröffentlichte Abhandlung »Herrn Eugen Dührings Umwälzung der Wissenschaft«, die aufgrund der kritischen theoretischen Auseinandersetzung mit Dührings philosophischen und ökonomischen Ansichten auch als »Anti-Dühring« bezeichnet wurde (Wächter, in Ders. [Hrsg.], Ökonomen auf einen Blick, 2017, S. 181 ff.).

120 Rosa Luxemburg (1871–1919) wuchs im russisch besetzten Polen auf, ging aber nach ihrem Abitur in die Schweiz und studierte an der Universität Zürich u. a. Philosophie, Naturwissenschaften, Nationalökonomie und Staatswissenschaften. 1887 wurde sie promoviert. 1898 erwarb sie die

deutsche Staatsbürgerschaft und zog nach Berlin, wo sie in die SPD eintrat. Zusammen mit Karl Liebknecht war sie 1914 an der Gründung der Gruppe Internationale beteiligt. Während des Ersten Weltkriegs verbrachte die radikale Kriegsgegnerin mehrere Jahre in Haft, zunächst in Vollstreckung einer einjährigen Haftstrafe, überwiegend aber in militärischer Schutzhaft. Dort verfasste sie die erst nach ihrem Tod aus ihrem Nachlass von Paul Levi veröffentlichte Schrift »Zur russischen Revolution«, aus der ihr wohl bekanntester Satz stammt: »Freiheit ist immer die Freiheit des Andersdenkenden«. Nach ihrer Haftentlassung 1918 war sie Mitbegründerin der Kommunistischen Partei Deutschlands (Spartakusbund, KPD), für die sie das Parteiprogramm verfasste. 1919 wurde sie zusammen mit Liebknecht von Offizieren der Garde-Kavallerie-Schützen-Division verhaftet und kurz darauf ermordet (Clark, Rosa Luxemburg, »The Russian Revolution«, in Studies in East European Thought 2018, S. 153, 154; Laschitza, Rosa Luxemburg, 2000, S. 41, 66 ff., 487 ff., 531 ff., 492 f., 620 ff.).

121 Antonio Gramsci (1891–1937) war ein italienischer Journalist, Schriftsteller und Philosoph. Er setzte sich intensiv mit den Schriften von Marx und Engels auseinander. Dabei stellte er u. a. das in ihnen enthaltene Verständnis von Herrschaft und Staat in Frage und prägte den Begriff der Hegemonie. 1921 war er Mitbegründer der Kommunistischen Partei Italiens. Noch vor der Machtergreifung der Faschisten unter der Führung von Benito Mussolini ging er zunächst nach Moskau und später nach Wien; nach seiner Rückkehr wurde er im Jahr 1926 verhaftet. Während seiner Haftzeit entstanden mit den sog. Gefängnisschriften seine wohl bekanntesten Werke. Ihre Veröffentlichung wurde maßgeblich ermöglicht durch seine Schwägerin Tatjana Schucht, die die Hefte an der Zensur vorbei aus dem Gefängnis brachte und dem damaligen Vorsitzenden der Kommunistischen Partei, Palmiro Togliatti, zukommen ließ. Dieser veröffentlichte zwischen 1948 und 1951 eine Auswahl der Schriften; eine Gesamtausgabe erschien erst 1975. Gramsci selbst erlebte die Veröffentlichungen allerdings nicht mehr. Nur wenige Tage nach seiner Haftentlassung starb er 1937 in Rom im Alter von 46 Jahren (Deppe, Politisches Denken im 20. Jahrhundert. Band 2, 2016, S. 208, 217, 221 f., 245 ff.).

122 Obwohl unter den genannten Personen keineswegs Einigkeit über die Vorstellung von dem richtigen Weg in eine sozialistische bzw. kommunistische Gesellschaft und der Rolle des Staates darin bestand, kamen sie gleichwohl nicht ohne die (zeitweise) Instrumentalisierung des Staates und den Einsatz seiner Macht und Strukturen aus. So ist es nach dem im »Kommunistischen Manifest« (Anm. 125) dargelegten Vorgehen erforderlich, dass in einem ersten Schritt der Arbeiterrevolution das Proletariat zur herrschenden Klasse wird und die erlangte politische Macht nutzt, um die Produktionsmittel in

Staatseigentum umzuwandeln, wodurch sie gesellschaftlich kontrolliert und zum Nutzen der gesamten Gesellschaft eingesetzt werden können. Der Staat wird damit Mittel zum Zweck in einem Prozess, an dessen Ende – dem vollendeten Kommunismus – er nicht mehr gebraucht wird; indem das Proletariat als herrschende Klasse die Produktionsverhältnisse aufhebt, werden gleichzeitig auch alle Klassengegensätze aufgehoben und damit auch die Bedingung für die eigene Herrschaft (s. die kommentierte Ausgabe in Stedman Jones, Das Kommunistische Manifest, 2012, S. 253, 275 ff.; zu Lenins Verständnis von der »Diktatur des Proletariats« s. auch Deppe, Politisches Denken im 20. Jahrhundert, Band 1, 2016, S. 291 ff.). Insbesondere Gramsci stellte der marxistischen Vorstellung des Staates als unterdrückende Einheit eine komplexere Darstellung entgegen, in der er zwischen politischer Gesellschaft und Zivilgesellschaft differenziert. Für eine erfolgreiche Revolution sei es entscheidend, die Ideen und Ideale zunächst in der Zivilgesellschaft zu verankern (Deppe, Politisches Denken im 20. Jahrhundert, Band 2, 2016, S. 245 ff.; Langemeyer, in Hepp/Krotz/Thomas [Hrsg.], Schlüsselwerke der Cultural Studies, 2009, S. 72, 74 f.). Mit dem zunehmenden Erfolg sozialistischer Parteien Ende des 19. Jahrhunderts in mehreren Ländern wurde die Frage nach der richtigen politischen Taktik drängender, verschob sich aber auch weiter in Richtung staatstragender Reformvorstellungen. Rosa Luxemburg beschrieb diesen Konflikt mit der Frage »Sozialreform oder Revolution?« in ihrer gleichnamigen Schrift aus dem Jahr 1899. Darin stellte sie sich gegen den insbesondere von Eduard Bernstein verfolgten revisionistischen Ansatz, soziale Gerechtigkeit mit den Mitteln eines parlamentarisch-demokratischen Staates zu verfolgen (Danzer, in Ders. [Hrsg.], Europa, deine Frauen, S. 266, 268 f.; Sassmannshausen, in Salzborn [Hrsg.], Handbuch Politische Ideengeschichte, S. 183, 187 ff.).

123 Der Gründungsparteitag der Kommunistischen Partei Deutschland (Spartakusbund, KPD) fand vom 30. Dezember 1918 bis zum 1. Januar 1919 im Preußischen Landtag statt. Rosa Luxemburg, eine der Führungspersönlichkeiten des linksradikalen Spartakusbundes und Mitglied des KPD-Parteivorstandes, stellte am 31. Dezember 1918 das Parteiprogramm vor. Während ihrer Rede distanzierte sie sich vom Weg der demokratischen Umgestaltung der politischen und gesellschaftlichen Verhältnisse, den vor allem die SPD ihrer Ansicht nach zu lange erfolglos verfolgt habe. Stattdessen sprach sie sich unter Bezug auf Karl Marx für eine grundlegende sozialistische Umwälzung aus, die nun konsequent einzuleiten sei und an deren Ziel die proletarische Klassenherrschaft zu stehen habe (abgedruckt ist die Rede in Weber [Hrsg.], Der Gründungsparteitag der KPD, 1993, S. 172 ff.; s. auch Weber/Herbst, Deutsche Kommunisten, 2. Aufl. 2008, S. 567 f.).

124 »Staat und Revolution« aus dem Spätsommer 1917 ist eine der grundlegenden Schriften Lenins zur sozialistischen Staatstheorie. Darin widmete er sich dem Prozess der Zerstörung des bürgerlichen Staates und der Entstehung einer proletarischen Diktatur (Beyrau, in Wende [Hrsg.], Große Revolutionen der Geschichte, 2000, S. 190 f., 205; Llanque, Politische Ideengeschichte, 2011, S. 410 f.).

125 Karl Marx erarbeitete zusammen mit Friedrich Engels ab 1847 das »Manifest der Kommunistischen Partei« (auch: Kommunistisches Manifest) im Auftrag des Bundes der Kommunisten – einer Nachfolgeorganisation des 1838 gegründeten revolutionären Zirkels »Bund der Gerechten« (Stedman Jones, Das Kommunistische Manifest, 2012, S. 53 ff., 65 f.). In dem Manifest arbeiteten sie insbesondere die erforderlichen Schritte einer proletarischen Revolution und dem anschließenden Übergang in den Kommunismus heraus. Das Manifest wurde im Februar 1848 in London veröffentlicht und mittlerweile in über 100 Sprachen übersetzt. Im Juni 2013 wurde es in das UNESCO-Weltdokumentenerbe aufgenommen.

126 Nach § 257 Abs. 2 StPO ist der Verteidigung – ebenso wie der Staatsanwaltschaft – nach der Vernehmung der Angeklagten sowie nach jeder einzelnen Beweiserhebung auf Verlangen die Gelegenheit zu geben, sich dazu zu erklären.

127 Nach § 140 StGB a. F. machte sich der Billigung von Straftaten strafbar, wer bestimmte Taten – darunter solche nach § 211 StGB (Mord) sowie § 311 StGB a. F. (Herbeiführung einer Sprengstoffexplosion; heute § 308 StGB) – nach ihrer Begehung öffentlich billigt (in der heutigen Fassung schreibt § 140 StGB zudem vor, dass die Billigung in einer Weise erfolgen muss, die geeignet ist, den öffentlichen Frieden zu stören).

128 Der französische Begriff Levée en masse bezeichnet die massenhafte Aushebung von Rekrut*innen für die Armee. Seine einschlägige Bedeutung erhielt der Begriff im Zuge der Französischen Revolution, als die junge Republik im August 1793 zu der Rekrutierung einer bis dahin in ihrer Größe, Struktur und Ausrichtung nicht dagewesenen nationalen Armee aufrief. Mit der Levée en masse verband sich die Idee einer vollständigen Neustrukturierung des alten Militär- und Söldnerwesens. Zugleich sollte der vom Geist der Revolution getragene ideologische Überbau die gesamte französische Bevölkerung zur Unterstützung des Krieges gegen die ausländischen Feinde der Republik mobilisieren (Caiani, »Levée en Masse«, in Institut für Europäische Geschichte (IEG) [Hrsg.], Europäische Geschichte Online (EGO), 2010, Abs. 1 ff., abrufbar unter http://www.ieg-ego.eu/caiania-2010-de, zuletzt abgerufen am 1.02.2021; Kruse, Die Französische Revolution, 2005, S. 228 f.; Kruse, Die Erfindung des modernen Militarismus, 2003, S. 133, 165).

129 Die erste Genfer Rotkreuz-Konvention (»Genfer Konvention zur Verbesserung des Loses der verwundeten Soldaten der Armeen im Felde«) wurde am 22. August 1864 verabschiedet und zählt mit zu den ersten Schritten in Richtung des Schutzes von Opfern kriegerischer Auseinandersetzung (Crawford/Pert, International Humanitarian Law, 2015, S. 6f.; Heintschel von Heinegg, in Epping/Heintschel von Heinegg [Hrsg.], Ipsen, Völkerrecht, 7. Aufl. 2018, § 60 Rn. 8).

130 Die sog. erste Haager Landkriegsordnung wurde als Anhang zum II. Haager Abkommen (»Abkommen betreffend die Gesetze und Gebräuche des Landkrieges«) auf der ersten Haager Friedenskonferenz 1899 verabschiedet, die auf eine Initiative des russischen Zaren zurückging. Sie enthält unter anderem Regelungen zum Umgang mit bestimmten Personengruppen im Krieg sowie Beschränkungen der Mittel und Methoden der Kriegsführung. Heutzutage gilt ihr Inhalt als Völkergewohnheitsrecht (Crawford/Pert, International Humanitarian Law, 2015, S. 10ff.; Heintschel von Heinegg, in Epping/Heintschel von Heinegg [Hrsg.], Ipsen, Völkerrecht, 7. Aufl. 2018, § 60 Rn. 9).

131 Die Genfer Konventionen unterlagen einer stetigen Entwicklung. So wurden zwischen 1974 und 1977 internationale Konferenzen geführt, die letztlich im Abschluss des ersten Zusatzprotokolls (ZP) von 1977 mündeten. Gemäß Art. 43 II ZP I werden vom Kombattantenbegriff Angehörige der Streitkräfte einer am Konflikt beteiligten Partei (mit Ausnahme des in Artikel 33 des Dritten Abkommens bezeichneten Sanitäts- und Seelsorgepersonals) umfasst. Demgemäß kennzeichnet sich ihre Stellung dadurch, dass sie zur unmittelbaren Teilnahme an Kampfhandlungen berechtigt sind. Mit Betonung des Erfordernisses der Zugehörigkeit zu einer Streitkraft werden daher regelmäßig Guerillas nicht vom Kombattantenbegriff im Sinne des Zusatzprotokolls miteingeschlossen (Buß, Der Kombattantenstatus, 1992, S. 229f.).

132 In Folge mehrerer terroristischer Anschläge in den 1970er Jahren, insbesondere des Attentats auf die israelische Mannschaft bei den Olympischen Spielen 1972 in München, initiierte der damalige UN-Generalsekretär Kurt Waldheim einen Prozess zur Ausarbeitung eines gemeinsamen Terrorismusbegriffs unter dem Dach der Vereinten Nationen. In diesem Rahmen legten die USA den Entwurf einer »convention for the prevention and punishment of certain acts of international terrorism« vor. Letztlich konnte aber keine Einigung über Inhalt und Reichweite des Terrorismusbegriffs erzielt werden (näher Geßner, Die Rolle der Vereinten Nationen bei der multilateralen Terrorismusbekämpfung, 2011, S. 106; Wandscher, Internationaler Terrorismus und Selbstverteidigungsrecht, 2006, S. 28f.).

133 Die Palestine Liberation Organization (PLO) wurde 1964 als Dachorganisation verschiedener palästinensischer Gruppierungen gegründet. 1969

setzte sich die Fatah, eine von Jassir Arafat angeführte palästinensische Befreiungsbewegung, innerhalb der PLO durch. Unter ihrer Führung wurden in den folgenden Jahren zahlreiche Anschläge gegen Israel verübt. Israel begegnete dem Ziel der Palästinenser*innen nach einem eigenen Staat mit einer Ausweitung der Siedlungspolitik in den besetzten Gebieten und damit verbundener Militärstützpunkte. Während die PLO zunächst ihrer Nationalcharta von 1968 entsprechend den bewaffneten Kampf als »einzig möglichen Weg« ansah, wurde in den 1970er Jahren zunehmend auf politische Verhandlungslösungen gesetzt und ein palästinensischer Teilstaat neben Israel in Betracht gezogen. Dieser zunehmend diplomatische Ansatz führte schließlich dazu, dass die UN-Generalversammlung die PLO im Oktober 1974 als Repräsentantin des palästinensischen Volks anerkannte (Böhme/Sterzing [Hrsg.], Kleine Geschichte des israelisch-palästinensischen Konflikts, 8. Aufl. 2018, S. 36 ff.; Pabst, Der Nahostkonflikt, 2018, S. 30, 97 f., 103 ff., 114 ff.).

134 Für die Behandlung von Kriegsgefangenen gelten nach dem humanitären Völkerrecht (welches im internationalen oder nichtinternationalen bewaffneten Konflikt anwendbar ist) besondere Regelungen. Diese sind im Genfer Abkommen über die Behandlung der Kriegsgefangenen (III. Genfer Konvention) von 1949, sowie in den beiden Zusatzprotokollen von 1977 niedergelegt. Danach sind Kriegsgefangene jederzeit mit Menschlichkeit zu behandeln (Art. 13 der III. Genfer Konvention), sie haben unter allen Umständen Anspruch auf Achtung ihrer Person und ihrer Würde (Art. 14 der III. Genfer Konvention). In Art. 13 heißt es außerdem: »Jede unerlaubte Handlung oder Unterlassung seitens des Gewahrsamsstaates, die den Tod oder eine schwere Gefährdung der Gesundheit eines in ihrem Gewahrsam befindlichen Kriegsgefangenen zur Folge hat, ist verboten und als schwere Verletzung des vorliegenden Abkommens zu betrachten.«

135 In Südvietnam gründete sich 1960 die Nationale Front zur Befreiung Südvietnams (FNL) als Widerstandsgruppe u. a. gegen die Herrschaft der südvietnamesischen Regierung, gegen die zunehmende US-amerikanische Präsenz in Südvietnam und für die Wiedervereinigung (zur Teilung Vietnams nach dem ersten Indochina-Krieg s. Anm. 115). Vor dem Hintergrund des Kalten Kriegs und mit dem Ziel, die Ausbreitung des Kommunismus in Südostasien einzudämmen, führten die USA in Vietnam von 1964 bis 1973 einen Luft- und Bodenkrieg gegen die FNL und nordvietnamesische Truppen. Trotz wachsender Proteste in der amerikanischen Bevölkerung und entgegen den Einschätzungen und Warnungen hochrangiger Berater, entschieden sich mehrere US-Präsidenten für die Fortsetzung der Kämpfe. Dabei griff das US-amerikanische Militär auf Methoden zurück (u. a. search

and destroy, Phoenix-Programm), die darauf ausgerichtet waren, möglichst viele Gegner*innen auszuschalten und deren Strukturen zu zerschlagen (Fischer, Die USA im Vietnamkrieg, 2009, S. 104ff.; Frey, Geschichte des Vietnamkriegs, 2016, S. 83ff., 126ff., 144ff., 187ff.; Greiner, Krieg ohne Fronten, 2007, S. 56ff.). Am 27. Januar 1973 unterzeichneten die Demokratische Republik Vietnam, die Republik Südvietnam als provisorische Regierung der befreiten südvietnamesischen Gebiete, die Republik Vietnam und die USA Friedensabkommen, in deren Folge sich die amerikanischen Truppen vollständig aus Vietnam zurückzogen. Dies wurde als großer Erfolg von Nordvietnam und der FNL verbucht. Bis 1975 gelang den nordvietnamesischen Truppen darüber hinaus die Eroberung Südvietnams (Frey, Geschichte des Vietnamkriegs, 2016, S. 173ff., 208ff., 215ff.).

136 In Kambodscha kämpften seit 1970 die kommunistischen Roten Khmer gegen die Regierung von General Lon Nol. Dieser war 1970 im Rahmen eines Putsches an die Macht gelangt und hatte sich mit US-amerikanischen und südvietnamesischen Truppen gegen Nordvietnam und die Nationale Front zur Befreiung Südvietnams (FNL) verbündet. In den folgenden Jahren wurde das zuvor neutrale Kambodscha zu einem weiteren Schauplatz des Indochina-Kriegs, der das Land innenpolitisch zunehmend spaltete und schließlich zu einem Bürgerkrieg führte. Die Roten Khmer, die nach ihrem Sieg im Jahr 1975 eine grausame Diktatur errichten sollten, sahen sich dabei als Befreiungsbewegung und erhielten während des Bürgerkriegs Unterstützung von der kambodschanischen Landbevölkerung, einer Exilregierung unter dem gestürzten Prinzen Sihanouk und der Volksrepublik China (Bultmann, Kambodscha unter den Roten Khmer, 2017, S. 54ff.; Stöver, Geschichte Kambodschas, 2015, S. 144ff., 157ff.).

137 Während des Vietnamkriegs pflegte die laotische, kommunistische Guerillabewegung Pathet Lao enge Verbindungen zur kommunistischen Bewegung in Vietnam. Als 1971 ein im Zuge des Vietnamkriegs unternommener Invasionsversuch US-amerikanischer und südvietnamesischer Truppen in Laos von der Pathet Lao zurückgeschlagen werden konnte, gelangten große Teile Laos unter deren Kontrolle. Der anschließende Bürgerkrieg zwischen der Pathet Lao und ehemaligen königlichen Truppen endete 1973 mit einem Waffenstillstand. 1975 übernahm die Pathet Lao die Regierungsgewalt in Laos und proklamierte Ende desselben Jahres die Demokratische Volksrepublik Laos (Frey, Geschichte des Vietnamkriegs, 2016, S. 201, 220f.; Krieger, Geschichte Asiens, 2003, S. 244f.).

138 Die ehemaligen portugiesischen Kolonien Guinea-Bissau, Mosambik, São Tomé und Príncipe erlangten 1975 im Zuge des Sturzes der portugiesischen Diktatur ihre Unabhängigkeit. In Guinea und Mosambik hatten seit 1962

bzw. 1964 Befreiungsbewegungen in langjährigen Guerillakriegen gegen die Kolonialherrschaft gekämpft. Der Comissão de Libertação de São Tomé e Príncipe (CLSTP) bzw. ab 1972 der Movimento de Libertação de São Tomé e Príncipe (MLSTP) traten von Gabun aus für die Unabhängigkeit von São Tomé und Príncipe ein (Abele, Kein kleines Land, 2017, S. 69, 111 f., 199 ff., 254, 264 ff.).

139 Zur Entstehung der FNL s. bereits Anm. 135. Die FNL umfasste zunächst sehr heterogene Gruppen, wurde aber im Laufe der Jahre immer mehr von südvietnamesischen Kommunist*innen und dem nordvietnamesischen Regime gesteuert. Während des Vietnamkriegs konnte sie auf vielfältige Unterstützung aus der Bevölkerung zurückgreifen. Mit mehreren zehntausend Kämpfer*innen führte die FNL einen zermürbenden Guerillakrieg gegen die technisch weit überlegenen US-Truppen (Frey, Geschichte des Vietnamkriegs, 2016, S. 65 ff.).

140 Die Neo Lao Hak Sat (Laotische Patriotische Front) war eine 1956 gegründete laotische Organisation. Sie fungierte als politischer Arm der laotischen, kommunistischen Guerillabewegung Pathet Lao (Anm. 137).

141 Der Front Uni National du Kampuchea (FUNK) wurde im Frühjahr 1970 von dem angesichts eines Putsches von kambodschanischen Rechtskonservativen und Amerikanern ins chinesische Exil geflüchteten kambodschanischen König und Staatspräsidenten Sihanouk gegründet. Der FUNK führte einen Befreiungskampf gegen die von den USA unterstützte Republik Khmer von General Lon Nol. Auch die Kommunistische Partei Kampuchea (KPK) unter Pol Pot und damit die Roten Khmer schlossen sich dem FUNK an. Nach fünf Jahren gelang es dem FUNK im April 1975 den Kampf gegen die Herrschaft von Lon Nol für sich zu entscheiden. Dem Sturz dieses Regimes folgte die Errichtung einer Diktatur durch die Roten Khmer, die sich mittlerweile innerhalb des FUNK durchgesetzt hatten (Bultmann, Kambodscha unter den Roten Khmer, 2017, S. 58 ff.; Stöver, Geschichte Kambodschas, 2015, S. 138, 144 ff., 160 f., 166 ff.).

142 Die Frente de Libertação de Moçambique (Frelimo) ist eine mosambikanische Partei. Hervorgegangen ist sie aus einem Zusammenschluss dreier mosambikanischer Befreiungsbewegungen (der Mozambican African National Union, der União Democrática Nacional de Moçambique und der União Nacional Africana de Moçambique) im Jahr 1962. Im September 1964 trat die Frelimo in einen zehnjährigen Guerillakrieg gegen die portugiesische Kolonialherrschaft ein, der bereits in den benachbarten Ländern Guinea und Kap Verde geführt wurde. Obwohl die Frelimo nach und nach Gebiete in Mosambik unter ihre Führung stellen konnte, führte erst der Sturz der portugiesischen Diktatur 1974 durch die Bewegung der Streitkräfte (Movimen-

to das Forcas Armadas, MFA) zu einem Ende der Auseinandersetzungen im September 1974 und der Unabhängigkeit der Volksrepublik Mosambik im Juni 1975. Die junge Volksrepublik wurde jedoch schon bald nach ihrer Gründung von einem sechzehnjährigen Bürgerkrieg erschüttert (Abele, Kein kleines Land, 2017, S. 111 f., 199 ff., 264 ff.).

143 Der 1956 in Bissau gegründete Partido Africano da Independência da Guiné e Cabo Verde (PAIGC) führte ab Anfang 1963 einen Guerillakrieg gegen Portugal, um die Unabhängigkeit für Guinea und Kap Verde zu erkämpfen. Schon nach kurzer Zeit konnte der PAIGC große Gebiete unter seine Kontrolle bringen. 1973 verkündete der PAIGC als erste der Unabhängigkeitsbewegungen in den (ehemaligen) portugiesischen Kolonien einseitig die Unabhängigkeit für Guinea-Bissau (Abele, Kein kleines Land, 2017, S. 69, 111 f., 200, 254).

144 S. Anm. 133.

145 In Nordirland kämpfte die Irish Republican Army (IRA) bereits seit dem Irischen Unabhängigkeitskrieg (1919 – 1921) immer wieder mit terroristischen und Guerillamethoden für die Unabhängigkeit von Großbritannien. Mit den Unruhen von 1969 infolge der Straßenschlachten von Londonderry sowie der Abspaltung der Provisional Irish Republican Army (PIRA) von der nun Official IRA (OIRA) genannten Organisation Ende des Jahres 1969 begann eine neue Phase des Konflikts, der Anfang der 1970er Jahre zu einer Eskalation der Gewalt und ab Mitte des Jahrzehnts in einen von der PIRA ausgerufenen »Langen Krieg« gegen britische und irische Sicherheitskräfte sowie loyalistische Extremisten mündete (Riegler, Terrorismus, 2009, S. 60 f., 66 ff.).

146 Im bewaffneten Konflikt sind Kombattant*innen berechtigt, bestimmte bewaffnete Schädigungshandlungen vorzunehmen, sodass sie hierfür nicht strafrechtlich belangt werden können (sog. Kombattantenimmunität); freilich kommt Kombattant*innen dieses Privileg nur zu, sofern sie sich in dem von dem Recht des bewaffneten Konfliktes vorgegebenen Rahmen halten (Crawford/Pert, International Humanitarian Law, 2015, S. 87 ff.; Heintschel von Heinegg, in Epping/Heintschel von Heinegg [Hrsg.], Ipsen, Völkerrecht, 7. Aufl. 2018, § 63 Rn. 3).

147 Zwischen der Antragsstellung durch Prof. Azzola und den folgenden Ausführungen von Ulrike Meinhof findet die Vernehmung des Zeugen K. statt. Um den thematischen Zusammenhang an dieser Stelle zu wahren, findet sich diese erst in Kapitel 13.

148 Am 6. Oktober 1973, dem israelischen Feiertag Jom Kippur, griffen Ägypten und Syrien die seit sechs Jahren von Israel besetzten Golan-Höhen und den Sinai an. Damit begann der sog. Jom-Kippur-Krieg, der auf arabischer Seite

auch Ramadan-Krieg genannt wird. Nach Interventionen der USA und der Sowjetunion sowie des UN-Sicherheitsrates endete der Krieg am 24. Oktober 1973. Die UN beschloss am 25. Oktober 1973 in Resolution 340, Friedenstruppen zu entsenden. Israel zog im Februar 1974 seine Truppen von der »afrikanischen« Seite des Suezkanals ab. 1981 wurde der Sinai als Teil eines umfassenden Friedensvertrages vollständig an Ägypten übergeben (Elron, in Förster/Pöhlmann/Walter [Hrsg.], Schlachten der Weltgeschichte, 2001, S. 374, 391 f.; Pabst, Der Nahostkonflikt, 2018, S. 120 ff.).

149 Wie bereits in Guinea-Bissau und Mosambik (Anm. 138) brach auch in Angola ein Guerillakrieg gegen die portugiesische Kolonialmacht aus. Anders als dort war die Befreiungsbewegung aber weniger einheitlich; stattdessen konkurrierten drei Bewegungen miteinander – die Volksbewegung für die Befreiung Angolas (MPLA), die Nationale Front für die Befreiung Angolas (FNLA) sowie die Nationale Union für die vollständige Unabhängigkeit Angolas (UNITA) –, die von jeweils anderen Staaten unterstützt wurden. Nach dem Sturz der portugiesischen Diktatur im Jahr 1974 erreichte auch Angola die Unabhängigkeit und die MPLA übernahm die Kontrolle. Damit waren die Konflikte zwischen den drei Bewegungen aber nicht beendet. 1976 konnte die MPLA einen militärischen Sieg über die FNLA verzeichnen; in der Folgezeit setzte sich aber der Konflikt zwischen der MPLA und der UNITA in einer Bürgerkriegssituation fort. Da die MPLA u. a. von der Sowjetunion und Kuba, die UNITA durch das Apartheidregime Südafrikas sowie später die USA unterstützt wurde, wurde Angola auch zum Schauplatz des Ost-West-Konflikts. Nach einer kurzen Phase der Verständigung, in der eine freie Parlamentswahl im Jahr 1992 zum Sieg der MPLA führte, brach der Bürgerkrieg erneut aus, da die UNITA den Wahlsieg nicht anerkannte. Mit wenigen Unterbrechungen dauerte der Krieg bis zum Jahr 2002 fort (Gleijeses, Journal of Cold War Studies, 2006 (2), S. 3, 4 ff.; Hill, The Journal Of Slavic Military Studies, 2021, S. 139, 141 f.; Pearce, African Affairs, 2012, S. 442, 460 f.).

150 Im Oktober 1973 kam es in Thailand zum Volksaufstand, der zum Sturz des autoritären Ministerpräsidenten Thanom Kittikachorn führte. Ab Ende 1972 hatten vor allem linke Studierende gegen das Militärregime, für einen demokratischen Staat und eine neue Verfassung protestiert. Nachdem Anfang Oktober eine Reihe an Oppositionellen und studentischen Aktivist*innen festgenommen worden waren, gingen am 14. Oktober 1973 schließlich 400 000 Studierende auf die Straße. Dem Protest begegnete die Regierung mit massiver Gewalt, wodurch über 100 Studierende starben. Zu diesem Zeitpunkt hatte die Regierung endgültig die Unterstützung des thailändischen Königs verloren und gab noch am selben Abend ihren Rücktritt bekannt. Die Gewalt endete jedoch erst damit, dass die »Drei Tyrannen«,

bestehend aus Ministerpräsident Thanom Kittikachorn, seinem Stellvertreter Praphass Charusathien und seinem Sohn Narong Kittikachorn, am 15. Oktober 1973 ins Exil verbannt wurden. Die in den darauffolgenden Jahren entstehende Demokratie wurde jedoch bereits am 6. Oktober 1976 durch einen Militärputsch beendet. Ausgelöst durch das Thammasat-Universitäts-Massaker, bei dem 46 linke Studierende von rechtsradikalen Bürgerwehren und dem Militär brutal ermordet wurden, übernahm das Militär, geleitet durch den extrem rechten Thanin Kraivixien, abermals die Macht (Leifer, »Thammasat University Massacre 1976«, in Liow [Hrsg.] Dictionary of the Modern Politics of South-East Asia, 4. Aufl. 2015, S. 368, 368 f.; Prizzia, Thailand in Transition, 1985, S. 22, 76 ff.; Zimmermann, Asian Survey, 1974, S. 509, 510 ff.).

151 S. Anm. 145.

152 Nach dem Ersten Weltkrieg und der Kapitulation der deutschen Truppen übertrug der Völkerbund Südafrika das Mandat für die Verwaltung der ehemaligen deutschen Kolonie Südwestafrika (ab 1968 Namibia). In der Bevölkerung wuchs allerdings die Ablehnung dieser Fremdverwaltung und der Widerstand insbesondere gegen die in den 1950er Jahren von Südafrika eingeführten rassistischen Apartheidsgesetze. Als die Generalversammlung der Vereinten Nationen Südafrika im Oktober 1966 das Mandat entzog und die Verantwortung stattdessen den Vereinten Nationen übertrug (Res. 2145 (XXI)), weigerte sich Südafrika, dies anzuerkennen. Von diesem Zeitpunkt an führte Südafrika einen über 20 Jahre langen Krieg gegen Guerillakämpfer*innen der 1960 gegründeten South West African People's Organization (SWAPO). Die SWAPO erhielt während des gesamten Konflikts Unterstützung durch die DDR, indem etwa SWAPO-Kämpfer*innen zur medizinischen Behandlung in die DDR eingeflogen wurden. Obwohl der Internationale Gerichtshof im Jahr 1971 die fortdauernde Besetzung Namibias durch Südafrika als illegal bestätigte und die Resolution des UN-Sicherheitsrates im Jahr 1978 (Res. 435) die weiteren Grundlagen für die Unabhängigkeit Namibias schuf, fanden die ersten freien Wahlen erst Ende 1989 statt. Am 21. März 1990 erreichte Namibia die Unabhängigkeit (Melber, Understanding Namibia, 2014, S. 8 f., 12, 16; Weis, Journal of Southern African Studies, 2011, S. 351, 358).

153 1950 wurde Ahmed Sukarno, eine der Führungspersonen der indonesischen nationalen Befreiungsbewegung, der erste Präsident der Republik Indonesien. Gestützt auf das Militär und in Verbindung mit der Kommunistischen Partei Indonesiens (Partai Komunis Indonesia, PKI) führte Sukarno Indonesien in den folgenden Jahren im Sinne einer »gelenkten Demokratie«, die u. a. eine völlige Aushöhlung des Parlaments bedeutete. Von Beginn an herrschte

jedoch ein angespanntes Verhältnis zwischen Militär und Kommunist*innen. Das Ende seiner Amtszeit wurde 1965 durch einen noch immer ungeklärten kommunistischen Putschversuch am 1. Oktober 1965 und einen militärischen Gegenputsch herbeigeführt, in dessen Folge das Militär unter Generalmajor Suharto mit der Errichtung einer Diktatur begann. Das Militär hatte bereits vor dem 1. Oktober Verbindungen zu antikommunistischen Zivilorganisationen aufgebaut; nach dem Putschversuch kam es zu einem Massaker gegen Anhänger*innen der PKI, das nicht nur durch Militärangehörige, sondern zu erheblichen Anteilen auch durch die Zivilbevölkerung verübt wurde. Über die Zahl der ermordeten Opfer gibt es uneinheitliche Angaben von mehreren Hunderttausenden bis hin zu mehr als einer Million (Jansen/Osterhammel, Dekolonisation, 2013, S. 61 f.; Krieger, Geschichte Asiens, 2003, S. 248 f.; Schulze, Kleine Geschichte Indonesiens, 2015, S. 157 ff.; Tömmel, Bonn, Jakarta und der Kalte Krieg, 2018, S. 41 f., 46 ff.).

154 Portugal führte zwischen 1961 und 1974 einen Dekolonisierungskrieg an gleich drei Fronten, nämlich in Guinea-Bissau, Mosambik und Angola (Anm. 138, 149). Zu dieser Zeit herrschte in Portugal die Diktatur des »Estado Novo«, der von António de Oliveira Salazar Anfang der 1930er Jahre gegründet und nach Salazars krankheitsbedingter Absetzung 1968 von Marcelo Caetano fortgeführt wurde. Die Fortsetzung des Kriegs wurde zunehmend kritisiert, unter anderem von Antonío de Spínola (Anm. 156) und der Bewegung der Streitkräfte (Movimento das Forças Armadas, FMA). Am 25. April 1974 führte die sog. Nelkenrevolution, ein von der FMA geführter Putsch, zur Absetzung des Diktators und kurz darauf zum Ende des Kolonialkriegs. Unter Spínolas Führung wurde eine Übergangsregierung aus Vertretern verschiedener politischer Richtungen eingesetzt und der Grundstein für die Demokratisierung Portugals gelegt. Schon bald kam es allerdings zu Spannungen zwischen Spínola und linken und kommunistischen Teilen der Regierung, die im September 1974 schließlich zu Spínolas Rücktritt führten. Im Laufe des Jahres 1975 erlangten nun auch die ehemaligen Kolonien offiziell die Unabhängigkeit. Das Verschieben der Kräfteverhältnisse zugunsten der Kommunist*innen wurde von den NATO-Ländern allerdings mit Sorge beobachtet; ab 1975 versuchten sie, aktiv Einfluss auf die zunehmend konfliktreichen innenpolitischen Verhältnisse zu nehmen, so auch der damalige Bundeskanzler Willy Brandt, der an der Bildung eines Solidaritätskomitees für Portugal mitwirkte und diesem vorsaß. Die am 2. April 1976 verkündete Verfassung schrieb das Ziel einer sozialistischen Gesellschaft fest. Bei der Wahl zum ersten Parlament Ende April wurde die »Sozialistische Partei« (SP) mit 34,8 Prozent zur stärksten Kraft (Abele, Kein kleines Land, 2017, S. 30 ff., 75 ff., 251 ff.; Rother, in Ders. [Hrsg.], Willy Brandts Außenpolitik,

2014, S. 259, 274 ff.; Sperling, Die Nelkenrevolution in Portugal, 2014, S. 12, 20 f., 30 ff., 42 ff., 83, 107 f., 122).

155 Über die Frage, welche Rolle die Bundesrepublik und speziell der Bundesnachrichtendienst (BND) bei dem Sturz Sukarnos (Anm. 153) spielten, herrscht Uneinigkeit. Die Annahme, der BND habe indonesische Militärs logistisch unterstützt und mit Waffen beliefert, wird z. B. von dem Politikwissenschaftler Rainer Werning vertreten (Werning, in Oberbürgermeister der Stadt Osnabrück/Präsident der Universität Osnabrück [Hrsg.], Osnabrücker Jahrbuch Frieden und Wissenschaft XV (2008), S. 183, 184 ff.). Zu einer anderen Einordnung s. Tömmel, Bonn, Jakarta und der Kalte Krieg, 2018, S. 233 ff.

156 António Sebastião Ribeiro de Spínola war ein portugiesischer, konservativer General, der im Spanischen Bürgerkrieg für Franco gekämpft hatte und 1968 zum Militärgouverneur in der portugiesischen Kolonie Guinea-Bissau ernannt wurde. Nach der erfolgreichen Nelkenrevolution im April 1974 (Anm. 154) wurde Spínola als neutraler Kandidat von der MFA als Präsident der Übergangsregierung akzeptiert. Dieses Amt übte er bis September 1974 aus. Der Übergang zu einer stabilen Demokratie wurde jedoch schon bald unter anderem von Spínola selbst erschwert. Seine ablehnende Haltung gegenüber der Unabhängigkeit der portugiesischen Kolonien und dem Erstarken sozialistischer Kräfte führte zum Bruch mit der MFA und zu mehreren, von ihm initiierten rechtsextremen Putschversuchen (Abele, Kein kleines Land, 2017, S. 204 f., 260 ff.).

157 Nguyễn Văn Thiệu war ein General der südvietnamesischen Armee und von 1967 bis 1975 Präsident der südvietnamesischen Republik Vietnam (Anm. 115).

158 Im Juni 1973 wurde der König Afghanistans Zahir Shah während eines kurzen Auslandsaufenthalts durch seinen Cousin Daoud Khan entthront. Die friedliche Machtübernahme führte zur Abschaffung der Monarchie und der Ausrufung der Demokratischen Republik Afghanistan, zu deren Staats- und Regierungschef sich Daoud erklärte. Unterstützt wurde er dabei zunächst von der kommunistisch geprägten Demokratischen Volkspartei Afghanistans. Anschließend entfernte sich Daoud jedoch zunehmend von seinen marxistischen Verbündeten und ließ im April 1978 führende Persönlichkeiten der Partei inhaftieren. Sein autoritäres Regime endete im selben Jahr mit der sog. Saur-Revolution. Am 27. April putschten Kräfte des Militärs unter Anweisungen der Demokratische Volkspartei gegen Daoud, der zusammen mit großen Teilen seiner Regierung getötet wurde. Der Saur-Revolution wurde durch den Einmarsch der Sowjetunion am 29. Dezember 1979 ein Ende gesetzt, der eine jahrzehntelange Besetzung Afghanistans einleitete (Adamec, The A to Z of Afghan Wars, Revolutions and Insurgencies, 2010,

S. 220f.; Barfield, Afghanistan, 2010, S. 170; Edwards, Before Taliban: Genealogies of the Afghan Jihad, 2002, S. 27ff., 87).

159 Mitte der 1970er Jahre befand sich der Sudan in einer Phase zwischen zwei verheerenden Bürgerkriegen. Der erste sudanesische Bürgerkrieg begann 1955 und dauerte 17 Jahre an. 1972 endete er mit dem Friedensvertrag von Addis Abeba. Dieser schaffte es jedoch nicht, die innersudanesischen Spannungen zu lösen, sodass es in den folgenden Jahren zu mehreren Putschversuchen kam. Ein solcher Putsch durch das sudanesische Militär scheiterte im September 1975; ein weiterer, diesmal unterstützt durch Libyen, erst nach mehreren Tagen blutigen Gefechts im Juli 1977. Nach einem Verstoß gegen den Friedensvertrag durch Präsident Numayri brach 1983 schließlich der zweite sudanesische Bürgerkrieg aus, der erst 2005 enden sollte (Collins, Civil Wars and Revolution in the Sudan, 2005, S. 45f., 49, 51f.; Schmidinger, Sudan, 2020, S. 55).

160 1974 wurde der äthiopische Kaiser Haile Selassie in einem blutigen Militärputsch gestürzt. Die Putschisten des von Armeeoffizieren gegründeten »Koordinationskomitee der Streitkräfte, Polizei und Territorialarmee«, schaffte daraufhin die Monarchie ab und übernahm selbst die Macht. Dies führte zu einem 17-jährigen Bürgerkrieg, in welchem eine Vielzahl an Konfliktparteien blutige Machtkämpfe führte. Die äthiopische Regierung wurde dabei von den kommunistischen Ländern, u.a. von Kuba, der DDR und der Sowjetunion, unterstützt, während ihre Gegner*innen Hilfe vor allem aus den USA und Großbritannien erhielten (Gupta, India Quarterly, 1978, S. 158, 163ff.; Young, Peasant Revolution in Ethiopia, 2009, S. 59ff.).

161 Nachdem 1974 offiziell das Ende der Kolonisierung der Westsahara durch Spanien beschlossen wurde, stellte sich auf internationaler Ebene die Frage, ob es sich bei dem Territorium um eine sog. terra nullis handelte, ein Gebiet, welches niemandem gehört. In einem Gutachten verneinte der Internationale Gerichtshof dies, bestritt aber auch Herrschaftsansprüche des angrenzenden Königreichs Marokko und Mauretaniens. Marokko, das das Gebiet aufgrund eines losen Abhängigkeitsverhältnisses in vorkolonialer Zeit als Teil seines Territoriums betrachtete, marschierte am 6. November 1975 in Westsahara ein. Mauretanien besetzte daraufhin den südlichen Teil des Gebiets. Am 14. November wurde zwischen Spanien, Marokko und Mauretanien in Madrid ein Abkommen unterzeichnet, welches Spaniens endgültigen Rückzug aus Westsahara festlegte und es Marokko und Mauretanien erlaubte, das Gebiet zwischen sich aufzuteilen, was einen Verstoß gegen das Mandat der Vereinten Nationen bedeutete. Die Besetzung der Westsahara führte zur Vertreibung von über 100 000 Sahrauis, die in Geflüchtetenlagern in Algerien aufgenommen wurden. Auf Seiten der Westsahara kämpfte die

Frente Polisario, eine sozialistische Befreiungsbewegung, die durch Algerien unterstützt wurde, gegen die einmarschierten Besatzer. Die Gruppe war bereits 1973 als revolutionäre Kraft gegen den spanischen Kolonialismus gegründet worden. In den kommenden Jahren kam es zu zahlreichen blutigen Auseinandersetzungen zwischen der Frente Polisario und dem marokkanischen Militär. Während Mauretanien bereits 1979 Frieden mit der Frente Polisario schloss, kam es erst 1991 zu einem Waffenstillstand mit Marokko. Der völkerrechtliche Status der Westsahara ist bis heute umstritten (Hegoa/Aranzadi, Voces del desierto, 2014, S. 2; Azuke/Orellana, In occupied land, 2016, S. 27, 29; Beristain/Hidalgo, The Oasis of Memory, 2012, S. 37).

162 Mit dem sog. Obristen-Putsch durch führende griechische Militärs, gelenkt von Oberst Georgios Papadopoulos, begann am 21. April 1967 in Griechenland eine Militärdiktatur. Der Putsch kann dabei als Reaktion auf politische Spannungen innerhalb des Landes gesehen werden und war getrieben von einer Angst des Militärs vor Machtverlust durch wachsende liberale und linke Kräfte im Land. Geprägt wurde die Diktatur durch politisch motivierte Verfolgungen und Diskriminierungen einzelner Gruppen und der Propagierung klassisch rechts-konservativer Vorstellungen in der Familien- und Geschlechterpolitik, dem nationalen Erbe und religiöser Lebensführung. Auf Grundlage eines geteilten Antikommunismus genoss das Militärregime auch die Unterstützung der USA. Ab 1973 häuften sich die Proteste gegen das Regime, die anfangs noch brutal niedergeschlagen wurden, darunter der Studentenaufstand im November 1973. Ein Ende fand die Diktatur schließlich durch die Zuspitzung des Konflikts mit der Türkei auf Zypern (Anm. 163). Der Bemühungen der Militärjunta, die zypriotische Nationalgarde dabei zu unterstützen, einen Anschluss an Griechenland zu erreichen, überforderte das Militär und zwang es schließlich zur Kapitulation. Am 24. Juli 1974 wurde Kostas Karmanalis als Premierminister eingesetzt (Nalbadidacis, in Ganzenmüller [Hrsg.], Europas vergessene Diktaturen?, 2018, S. 91 ff., 96, 107 ff.; Tzortzis, Greek Democracy and the Junta, 2020, S. 32 ff.).

163 Am 20. Juli 1974 besetzten türkische Truppen den Norden der Insel Zypern. Dies bildete den Höhepunkt eines Konflikts, der bereits nach der Erlangung der Unabhängigkeit von Großbritannien im Jahr 1960 eingesetzt hatte. Ab Ende des Jahre 1963 kam es wiederholt zu blutigen Auseinandersetzungen zwischen griechischen Zyprioten und der türkischen Minderheit, in deren Folge sich die beiden Gruppen weiter voneinander abgrenzten und im Norden der Insel ein zum größten Teil türkisch besiedeltes Gebiet entstand. Friedensbemühungen der UN und der NATO sowie innerzypriotische Dialoge blieben in den darauffolgen Jahren ohne Erfolg. Eine Eskalation des

Konflikts begann am 15. Juli 1974, als die zypriotische Nationalgarde, unterstützt durch die griechische Militärjunta in Athen und mit dem Ziel, einen Anschluss Zyperns an Griechenland zu erzwingen, gegen die zypriotische Regierung putschte. Die militärische Intervention der Türkei fünf Tage später erfolgte unter Berufung auf ihr Interventionsrecht aus einem 1960 geschlossenen Garantievertrag, der Großbritannien, Türkei und Griechenland dazu verpflichtet hatte, die Unabhängigkeit Zyperns zu respektieren und zu wahren (Arsava, Der Zypernkonflikt, 1997, S. 12, 20; Gürbey, Zypern, 1988, S. 18 ff., 29; Richter, APuZ, 12/2009, S. 3, 5 ff.). Obwohl sich die griechische Militärjunta schnell zurückzog, entschied sich die Türkei am 15. August 1974, die Invasion auszuweiten und besetzte schließlich rund 37 Prozent der Insel. Während die völkerrechtliche Bewertung des ersten Teils der Invasion umstritten ist, wird dieser zweite Teil der sog. Operation Attila als Akt gewaltsamer Expansion und völkerrechtswidrige Okkupation eingeordnet. Die Invasion führte schließlich zu einer endgültigen territorialen Trennung. Die 1983 ausgerufene Türkische Republik Nordzypern ist bis heute international nicht anerkannt. 2014 wurde die Türkei vom Europäischen Gerichtshof für Menschenrechte zu einer Schmerzensgeld- und Entschädigungszahlung in Höhe von 90 Millionen Euro an Zypern verurteilt, um für die Folgen der militärischen Invasion einzustehen (EGMR, Urt. v. 12. 5. 2014 – Az.: 25781/94, NJOZ 2015, S. 627, 631 f.; Richter, APuZ, 12/2009, S. 3, 7 f.).

164 S. Anm. 145.

165 Horst Herold war von 1971 bis 1981 Präsident des Bundeskriminalamtes (s. die vorangestellte Vita in Bundeskriminalamt [Hrsg.], Festschrift für Horst Herold zum 75. Geburtstag, 1998, S. 15, 17).

166 Mit »Trakt«, auch »Toter Trakt«, bezeichneten die Angeklagten einen isolierten Trakt innerhalb einer JVA. In der JVA Köln-Ossendorf befand sich ein solcher Trakt in der psychiatrischen Frauenabteilung, in der zunächst Astrid Proll, später auch Ulrike Meinhof untergebracht war, bevor sie im April 1974 nach Stuttgart-Stammheim verlegt wurde. Im Februar 1974 wurde auch Gudrun Ensslin für zwei Monate nach Köln-Ossendorf verlegt (Bergstermann, Stammheim, 2016, S. 97 ff.). Meinhof beschrieb den Zustand im Trakt mit den Worten: »Das Gefühl, es explodiert einem der Kopf (das Gefühl, die Schädeldecke müsste eigentlich zerreißen, abplatzen) – das Gefühl, es würde einem das Rückenmark ins Gehirn gepresst […]. das Gefühl, die Zelle fährt […] rasende Aggressivität, für die es kein Ventil gibt. Das ist das Schlimmste. Klares Bewußtsein, daß man keine Überlebenschance hat […]« (Erklärung von Ulrike Meinhof, abgedruckt in Stuberger, »In der Strafsache gegen Andreas Baader, Ulrike Meinhof, Jan-Carl Raspe, Gudrun Ensslin wegen Mordes u. a.«, 5. Aufl. 2014, S. 103 ff.; s. auch die Ausführungen im An-

trag der Angeklagten am 5. Verhandlungstag, Anlage 1 zum Protokoll vom 12. Juni 1975, insbes. die S. 425 ff. des Protokolls bzw. 20 ff. der Anlage; s. zu den Haftbedingungen in Köln-Ossendorf aber auch Riederer, Die RAF und die Folterdebatte der 1970er Jahre, 2014, S. 95 ff.).

167 Im Nord-Süd-Konflikt positionierten sich ab Mitte der 1960er Jahre postkoloniale Staaten, insbesondere die sog. bündnisfreien Regierungen, gegen die wirtschaftliche Vorherrschaft der Industrienationen des Globalen Nordens und das damit verbundene Fortbestehen ausbeuterischer Strukturen. Mit dieser Blockbildung, die eine bewusste Distanzierung von dem vorherrschenden Schema des Ost-West-Konflikts darstellte, verbanden die bündnisfreien Regierungen und postkolonialen Staaten Ansprüche wie wirtschaftliche Modernisierung, Anerkennung ihrer Souveränität und internationales Mitspracherecht. Insgesamt zielten sie auf die Entstehung einer neuen internationalen (Wirtschafts-)Ordnung ab (Dinkel, in Reichherzer/Droit/Hansen [Hrsg.], Den Kalten Krieg vermessen, 2018, S. 45, 49 ff.; Jansen/Osterhammel, Dekolonisation, 2013, S. 98 ff.).

168 Die Kommando-Erklärung ist abgedruckt in ID-Verlag (Hrsg.), Rote Armee Fraktion. Texte und Materialien zur Geschichte der RAF, 1997, S. 145. Zu Petra Schelm s. Anm. 219.

169 Die im Folgenden abgedruckte Vernehmung des Zeugen K. fällt chronologisch in den in Kapitel 12 abgedruckten Abschnitt der Hauptverhandlung (vgl. Anm. 147).

170 Inhaltlich nahm Baader darin Stellung zu einer zuvor in DER SPIEGEL veröffentlichten (und vermutlich unrichtigen) Pressenotiz, nach der Baader über einen Anwalt angeboten haben soll, sich zu stellen. Im Schreiben führte er u. a. aus: »Ich denke nicht daran, mich zu stellen. … Erfolgsmeldungen über uns können nur heißen: verhaftet oder tot« (zum weiteren Inhalt s. S. 192 f. der Anklageschrift).

171 Die Kommando-Erklärung ist abgedruckt in ID-Verlag (Hrsg.), Rote Armee Fraktion. Texte und Materialien zur Geschichte der RAF, 1997, S. 147 f. Das Datum 15. Juli nimmt Bezug auf den Todestag Petra Schelms (Anm. 219).

172 Gemeint ist ein Getränkeautomat.

173 Die Sicherungsgruppe ist eine Abteilung des Bundeskriminalamtes. Die SoKo B/M (Sonderkommission Baader/Meinhof) wurde 1971 als Teil der Sicherungsgruppe für Ermittlungen betreffend die RAF eingerichtet (Klaus, Sie nannten mich Familienbulle, 2008, S. 23).

174 Die Inaugenscheinnahme gehört zu den zulässigen Beweismitteln im sog. Strengbeweisverfahren, welches zum Beweis von Tatsachen Anwendung findet, die die Straf- und Schuldfrage betreffen, d. h. den Tathergang, die Schuld des*der Täter*in sowie die Höhe der Strafe. Sie erfolgt durch eine

unmittelbare sinnliche Wahrnehmung. Anders als der Wortlaut vermuten lässt, ist diese nicht auf die Wahrnehmung durch Sehen beschränkt, sondern umfasst mit den Wahrnehmungen durch Hören, Riechen, Schmecken und Fühlen auch alle anderen Sinneswahrnehmungen (BGH, Urt. v. 28.9.1962 – Az.: 4 StR 301/62, BGHSt 18, S. 51, 53).

175 Die Erklärung vom 16. Mai 1972 ist abgedruckt in ID-Verlag (Hrsg.), Rote Armee Fraktion. Texte und Materialien zur Geschichte der RAF, 1997, S. 145 f. Zum Tod Weisbeckers s. Anm. 221.

176 Die Kommando-Erklärung vom 20. Mai 1972 ist abgedruckt in ID-Verlag (Hrsg.), Rote Armee Fraktion. Texte und Materialien zur Geschichte der RAF, 1997, S. 146. RAF-Mitglied Grashof war bei seiner Festnahme im März 1972 im Rahmen eines Schusswechsels, bei dem er einen Polizeibeamten erschoss, selbst schwer verletzt worden. Die RAF beschuldigte den u. a. für Haftsachen zuständigen Bundesrichter Wolfgang Buddenberg, die Verlegung von Grashof in eine Zelle zu einem Zeitpunkt veranlasst habe, als der Transport und die Infektionsgefahr für ihn noch lebensgefährlich gewesen seien. Damit habe Buddenberg »den Mordversuch an Grashof, der den Bullen nicht gelungen ist, an dem wehrlosen Grashof wiederholt«. Buddenberg, der bereits 1937 in die NSDAP eingetreten war, war im Jahr 1962 zudem an den Geschehnissen um die sog. SPIEGEL-Affäre beteiligt, indem er u. a. den Haftbefehl gegen Rudolf Augstein sowie diverse Durchsuchungs- und Beschlagnahmebeschlüsse unterzeichnete (DER SPIEGEL, Ausgabe 43/2002 vom 20. Oktober 2002, S. 62, 80).

177 Die Erklärung vom 20. Mai 1972 ist abgedruckt in ID-Verlag (Hrsg.), Rote Armee Fraktion. Texte und Materialien zur Geschichte der RAF, 1997, S. 147. Der Name des Kommandos nimmt Bezug auf den Todestag des Studenten Benno Ohnesorg am 2. Juni 1967 (Anm. 247).

178 Anlagen 2 bis 10 zum Protokoll vom 4. Mai 1976, S. 9379 ff. des Protokolls der Hauptverhandlung.

179 S. 9417 ff. des Protokolls der Hauptverhandlung.

180 Anlage 12 zum Protokoll vom 4. Mai 1976, S. 9425 ff. des Protokolls der Hauptverhandlung.

181 Dierk Hoff, der in seiner Werkstatt einige der von der RAF verwendeten Sprengkörperhüllen hergestellt hatte, wurde als einer der Hauptbelastungszeugen bereits ab dem 68. Verhandlungstag vernommen. Die Verteidigung war der Auffassung, die Bundesanwaltschaft habe in unzulässiger Weise Einfluss auf die Aussage Hoffs genommen, etwa durch das in Aussicht stellen nicht vorgesehener Vorteile, um ihn dadurch gesetzeswidrig als Kronzeugen zu gewinnen. Um dies zu beweisen, stellte Rechtsanwalt Dr. Heldmann am 89. Verhandlungstag den Antrag, den Generalbundesanwalt Siegfried Bu-

back als Zeugen zu vernehmen (S. 7962 ff. des Protokolls der Hauptverhandlung). Der Senat lehnte den Antrag später ab (S. 11 473 des Protokolls der Hauptverhandlung, 142. Verhandlungstag), nachdem bereits behördliche Erklärungen des Generalbundesanwalts in der Hauptverhandlung verlesen worden waren. Daraufhin lud die Verteidigung ihn unmittelbar selbst zur Hauptverhandlung. Er sagte schließlich am 153. Verhandlungstag als Zeuge aus.

182 Am 3. Oktober 1976 fand die Wahl zum 8. Deutschen Bundestag statt. Dabei verlor die SPD ihre Stellung als stärkste Partei an die Union. Trotzdem konnte die Koalition aus SPD und FDP ihre 1972 gewonnene Mehrheit behaupten, sodass der Kandidat der SPD, Helmut Schmidt, erneut zum Bundeskanzler gewählt wurde. Damit setzte er sich gegen Helmut Kohl durch, der für die CDU angetreten war.

183 § 146 StPO soll die Gefahr eines Interessenkonflikts verhindern; ein solcher ist im Falle des Todes der früheren Mandantin ausgeschlossen.

184 Nach der öffentlichen Bekanntgabe, Ulrike Meinhof habe Selbstmord begangen, kam es in mehreren deutschen Städten zu Protesten. In anderen europäischen Ländern wurden deutsche Einrichtungen angegriffen. Die übrigen RAF-Insass*innen sowie weitere Sympathisant*innen und Unterstützer*innen gingen von Mord aus. Meinhofs Tod wurde damit zu einem auch medial breit diskutierten Ereignis. Auf Druck u. a. von Meinhofs Angehörigen wurde schließlich eine Nachobduktion durchgeführt, die jedoch zu keinem eindeutigen Ergebnis führte. Außerdem nahm sich eine internationale Untersuchungskommission des Falls an. Sie bestand überwiegend aus Jurist*innen, Ärzt*innen und Journalist*innen aus Frankreich, Belgien, den Niederlanden und Dänemark; unter den Mitgliedern befanden sich auch bekannte Persönlichkeiten wie etwa Simone de Beauvoir. In ihrem Bericht aus dem Jahr 1978 kam die Kommission zu dem Schluss, dass ein Selbstmord Meinhofs nicht erwiesen sei. Beweise für die Mordthese konnte die Kommission allerdings ebenfalls nicht vorlegen. Die genauen Umstände von Meinhofs Tod blieben weiterhin umstritten (Bakker Schut, Stammheim, 2. Aufl. 2007, S. 394 ff.; Bergstermann, Stammheim, 2016, S. 268 ff.; März, Linker Protest nach dem Deutschen Herbst, 2012, S. 159 ff.; Terhoeven, Deutscher Herbst in Europa, 2014, S. 398 ff.; zum Bericht der Kommission s. Internationale Untersuchungskommission zum Tode Ulrike Meinhofs, Der Tod Ulrike Meinhofs: Bericht der Internationalen Untersuchungskommission, 1979).

185 Dr. Traugott Bender (CDU) war von 1972 bis 1977 Justizminister des Landes Baden-Württemberg.

186 Während ihrer Inhaftierung in der JVA Hamburg waren einige Häftlinge wie Margrit Schiller und Wolfgang Grundmann (vor seiner Verlegung in die JVA

Zweibrücken) strengen Haftbedingungen ausgesetzt (vgl. zu den jeweiligen Haftbedingungen die Dokumentation der entsprechenden Anordnungen bei Enzensberger/Michel, Kursbuch 32, Folter in der BRD, August 1973, S. 22 f.).

187 Vor dem Landgericht Kaiserslautern fand zu dieser Zeit die Hauptverhandlung gegen die RAF-Mitglieder Manfred Grashof, Wolfgang Grundmann und Klaus Jünschke statt. Die Beschuldigten waren in der JVA Zweibrücken inhaftiert (zu den Haftbedingungen s. die Dokumentation in Enzensberger/Michel, Kursbuch 32, Folter in der BRD, August 1973, S. 21 f., 44 ff.).

188 Das Zitat entstammt einem Gespräch des Generalbundesanwalts Buback mit den Spiegel-Redakteuren Rolf Lamprecht und Hans-Wolfgang Sternsdorff: »Staatsschutz lebt davon, dass er von Leuten wahrgenommen wird, die sich dafür engagieren. Und Leute, die sich dafür engagieren, wie Herold und ich, die finden immer einen Weg« (DER SPIEGEL, Ausgabe 8/1976 vom 16. Februar 1976, S. 30, 34).

189 S. Anm. 45.

190 Mehrfach im Verlauf der Hauptverhandlung warf der Angeklagte Raspe dem Vorsitzenden Dr. Prinzing vor, nicht verteidigt zu sein. Richtig ist, dass ihm seit der Entpflichtung des Rechtsanwalts von Plottnitz kein Verteidiger seines Vertrauens mehr beigeordnet war. Auch sein Wahlverteidiger Spangenberg wurde aufgrund des Verbots der Mehrfachverteidigung ausgeschlossen. Zudem gestaltete sich wohl das Auffinden neuer Vertrauensverteidiger*innen aufgrund einer weiten Auslegung des Verbots der Mehrfachverteidigung durch den 2. Strafsenat als schwierig (s. zuletzt die Diskussion um die mögliche [Nicht-]Zulassung der Rechtsanwältin Bahr-Jendges am 96. Verhandlungstag, S. 8645 ff. des Protokolls der Hauptverhandlung). Die Beiordnung des Rechtsanwalts Eschen wurde schließlich mit der Begründung abgelehnt, dieser sei in Berlin ansässig (s. dazu die Ausführungen des Rechtsanwalts Geulen am 87. Verhandlungstag, S. 7788 des Protokolls der Hauptverhandlung).

191 Die zwei »Lager« der Verteidigung – die Vertreter*innen der Vertrauensverteidigung auf der einen, die von den Angeklagten sog. Zwangsverteidiger auf der anderen Seite – wurden auch räumlich sichtbar: Während die Vertrauensverteidigung bei den Angeklagten Platz nehmen konnte, saßen die von den Angeklagten abgelehnten Verteidiger ihnen gegenüber auf der anderen Seite des Saales, neben den Vertretern der Bundesanwaltschaft (s. auch die Skizze in Bakker Schut, Stammheim, 2. Aufl. 2007, S. 185).

192 S. Anm. 38.

193 S. Anm. 166.

194 Die Schlagworte Identität und Bewusstsein bilden zentrale Bestandteile des von Karl Marx (Anm. 118) geprägten Klassenbegriffs. Zur Herausbildung

einer die proletarische Diktatur erkämpfenden Klasse ist es nach Marx notwendig, dass sich die arbeitende Masse zunächst ihrer gemeinsamen Erfahrungen aufgrund ihrer gemeinsamen ökonomischen Situation bewusst wird, d.h. ein Bewusstsein dafür entwickelt, eine Klasse für sich zu sein. Über die Frage, wie Klassen tatsächlich ein kollektives Identitätsbewusstsein entwickeln, herrschte jedoch unter den nachfolgenden Theoretikern der marxistischen Tradition wie Lenin (Anm. 117) und Gramsci (Anm. 121) Uneinigkeit. Aus Sicht von Lenin sollen im Fall der überwiegend bäuerlichen Bevölkerung Russlands Berufsrevolutionäre im Sinne einer Avantgarde das Klassenbewusstsein wecken und in eine Revolution überführen. Bei Gramsci nehmen Intellektuelle, die aus den verschiedenen Schichten einer Bevölkerung hervorgehen, eine ähnliche Rolle ein, indem sie die praktischen Erfahrungen des alltäglichen Lebens artikulieren und in ein eigenes Klassenbewusstsein übersetzen (Esser, »Klasse« und »Klassenbewußtsein«, in Nohlen/Grotz [Hrsg.], Kleines Lexikon der Politik, Band 1: A–M, 4. Aufl. 2010, S. 462 f.; Tuckfeld, Orte des Politischen, 1997, S. 148 ff., 261 f., 272 f., 293 ff.).

195 Die Unschuldsvermutung ist in Art. 6 Abs. 2 EMRK verankert: »Jede Person, die einer Straftat angeklagt ist, gilt bis zum gesetzlichen Beweis ihrer Schuld als unschuldig.« Sie wird auch aus dem Rechtsstaatsprinzip aus Art. 20 Abs. 3 GG hergeleitet, wodurch ihr auch Verfassungsrang zukommt (BVerfG, Beschl. v. 26. 3. 1987 – Az.: 2 BvR 589/79, BVerfGE 74, S. 358, 370).

196 Die Überschrift von § 265 StPO lautete »Umgestaltung der Strafklage« (heute: »Veränderung des rechtlichen Gesichtspunktes oder der Sachlage«). Nach § 265 Abs. 4 StPO »hat das Gericht auf Antrag oder von Amtswegen die Hauptverhandlung auszusetzten, falls dies infolge der veränderten Sachlage zur genügenden Vorbereitung der Anklage oder der Verteidigung angemessen erscheint.«

197 S. Anm. 53.

198 § 244 Abs. 3 bis 6 StPO enthalten abschließend die Gründe, aus denen Beweisanträge abgelehnt werden können. Für Anträge auf Zeugenvernehmung ist insbesondere Absatz drei relevant. Anträge können danach u. a. abgelehnt werden, wenn die zu beweisende Tatsache für die Entscheidung ohne Bedeutung oder schon bewiesen ist.

199 Irrt eine Person über das Bestehen eines tatsächlich nicht existierenden oder über die Grenzen eines anerkannten Rechtfertigungsgrundes (sog. Erlaubnisirrtum bzw. indirekter Verbotsirrtum), ist die Schuld ausgeschlossen, wenn der Irrtum unvermeidbar war. Der hierfür anwendbare § 17 Satz 1 StGB wurde zwar erst zum 1. Januar 1975 durch das Zweite Strafrechtsreformgesetz vom 4. Juli 1969 (BGBl. I, S. 717) in das StGB eingefügt; sein wesentlicher

Regelungsgegenstand war allerdings seit einer Entscheidung des Großen Senats aus dem Jahr 1952 (BGH, Beschl. v. 18.3.1952 – Az.: GSSt 2/51, BGHSt 2, S. 194) anerkannt. Die Anforderungen an die Unvermeidbarkeit werden in der Rechtsprechung aber hoch angesetzt. Unvermeidbar ist ein Irrtum nur, wenn der*die Täter*in trotz der ihm*ihr »zuzumutenden Anspannung des Gewissens die Einsicht in das Unrechtmäßige [des] Tuns nicht zu gewinnen vermochte« (BGH, Beschl. v. 18.3.1952 – Az.: GSSt 2/51, BGHSt 2, S. 194, 201). In der Regel kommt daher nur ein vermeidbarer Verbotsirrtum in Betracht. Nach der bereits zitierten Entscheidung des Großen Senats waren in diesem Fall die in § 44 Abs. 2 und 3 StGB a. F. für die mildere Bestrafung des Versuchs vorgesehenen Grundsätze anzuwenden (BGH a. a. O., S. 211); heute enthält § 17 Satz 2 StGB für diesen Fall die Möglichkeit einer Strafmilderung gem. § 49 Abs. 1 StGB.

200 Inzwischen wurde die Erstreckung der Beweisaufnahme auf präsente Beweismittel von einem vorherigen Beweisantrag abgängig gemacht, welcher in seinen Ablehnungsgründen denen für absente Beweismittel weiter angenähert wurde (§ 245 Abs. 2 StPO).

201 Am 65. Verhandlungstag reklamierte Prof. Dr. Azzola, damals Verteidiger von Ulrike Meinhof, für die Angeklagten den Status von Kriegsgefangenen und beantragte, die Angeklagten in Kriegsgefangenschaft zu überführen (S. 5673 ff. des Protokolls der Hauptverhandlung).

202 Der BGH führte in dieser Entscheidung aus, dass die Beweiserhebung unzulässig (und damit auch für präsente Beweismittel nach § 245 StPO abzulehnen) sei, wenn »ein Beweisangebot bei verständiger Beurteilung die Wahrheitsermittlung schlechterdings nicht beeinflussen« könne: »Auch die Vorschrift des § 245 StPO dient nicht dazu, dem Gericht eine nach Art und Inhalt des Beweisthemas unsinnige und unverständige ›Beweiserhebung‹ aufzunötigen, wie sie Bestrebungen nicht Vorschub leisten will, die nur auf Verfahrensverschleppung oder auf Fortsetzung der Straftat vor Gericht hinauslaufen. Ist eine Behauptung nach vernünftigem Denken keinerlei Beweis zugänglich, dann fehlt dem Beweisantritt die Sachzugehörigkeit; denn die Wahrheitsermittlung ist auf diesem Wege von vornherein ausgeschlossen« (BGH, Urt. v. 12.12.1961 – Az.: 3 StR 35/61, BGHSt 17, S. 28, 30). In der Sache ging es um einen Antrag, Textstellen aus dem Alten Testament sowie aus alten jüdischen Schriften im Wege des Urkundenbeweises zu verlesen, um verschiedene antisemitische Behauptungen des Angeklagten als wahr zu beweisen. Das Gericht führte zum einen aus, diese Behauptungen seien bereits »wegen ihres unsinnigen Inhalts und ihrer uferlosen, begrifflich kaum erfassbaren Verallgemeinerungen [...] widersinnig und unverständig und daher keinem Beweise zugänglich«; zudem seien die Schriftstellen »untaug-

lich, etwas über Moral und Sittlichkeit der in der Bundesrepublik lebenden jüdischen Mitbürger auszusagen, wie es beispielsweise eben so widersinnig wäre, durch die biblische Schöpfungsgeschichte ›beweisen‹ zu wollen, dass heutiges Christentum auf naivem, vordergründigem Märchenglauben beruhe, oder Stellen aus der ›Edda‹ oder dem ›Nibelungenlied‹ zur Rechtfertigung der nationalsozialistischen Rassenverbrechen heranzuziehen« (a. a. O., S. 31 f.).

203 Ein Sperrvermerk kann nach § 96 StPO durch die oberste Dienstbehörde angebracht werden, wenn »das Bekanntwerden des Inhalts dieser Akten oder Schriftstücke dem Wohl des Bundes oder eines deutschen Landes Nachteile bereiten würde« (§ 96 StPO a. F.; entspricht heute § 96 Satz 1 StPO). S. zu den Vorgängen und Vermutungen rund um diese auch als »Geheimakte« bezeichnete Akte 3 ARP 74/75 I Bakker Schut, Stammheim, 2. Aufl. 2007, S. 368 ff. Die Prüfung und Entscheidung darüber, die Sperrerklärung wieder aufzuheben, wurde später der Bundesanwaltschaft anvertraut (s. die Mitteilung des Vorsitzenden Dr. Prinzing am 157. Verhandlungstag, S. 12 215 des Protokolls der Hauptverhandlung). Erst am 158. Verhandlungstag gab die Bundesanwaltschaft schließlich nach erneuter Prüfung einen Großteil der Akte heraus (S. 12 262 des Protokolls der Hauptverhandlung). Am 159. Verhandlungstag wurde schließlich ein Schreiben des Bundesjustizministers bekanntgegeben, in welchem die letzten noch geheimhaltungsbedürftigen Passagen konkretisiert wurden (s. Anlage 2 zum Protokoll vom 9. November 1976, S. 12 306 des Protokolls der Hauptverhandlung, 159. Verhandlungstag).

204 Nach § 57 StPO werden Zeug*innen vor der Vernehmung zur Wahrheit ermahnt und über die strafrechtlichen Folgen einer unrichtigen oder unvollständigen Aussage belehrt, sowie auf die Möglichkeiten der Vereidigung hingewiesen; diese war damals, anders als heute, der Regelfall (§ 59 StPO a. F.). Nach § 55 Abs. 1 StPO steht Zeug*innen ein Auskunftsverweigerungsrecht zu, wenn sie sich selbst oder ihre Angehörigen (§ 52 Abs. 1 StPO) durch die Beantwortung einer Frage der Gefahr aussetzen würden, wegen einer Straftat oder Ordnungswidrigkeit verfolgt werden. Hierüber sind sie zu belehren (§ 55 Abs. 2 StPO).

205 Das Sozialistische Patientenkollektiv (SPK) war eine 1970 gegründete Gruppe von Patient*innen des Heidelberger Arztes Wolfgang Huber. Das SPK übte Kritik an zeitgenössischen Psychiatrieformen und einer als krankmachend empfundenen kapitalistischen Gesellschaft. Dagegen setzte die Gruppe auf antiautoritäre Therapien und Forderungen nach einer revolutionären Umgestaltung der Gesellschaft. Im Sommer 1971 wurden acht Mitglieder des SPK unter dem Verdacht der RAF-Unterstützung und der Beteiligung an ei-

ner kriminellen Vereinigung verhaftet. Ab November 1972 folgten Prozesse u. a. wegen Sprengstoffherstellung und Urkundenfälschung. Besondere Bekanntheit erlangte das SPK darüber hinaus durch den Übertritt einiger seiner Mitglieder in die Reihen der RAF (Brink, in Weinhauer/Requate/Haupt [Hrsg.], Terrorismus in der Bundesrepublik, 2006, S. 134, 137 f.; Forsbach, Die 68er und die Medizin, 2011, S. 90 ff.).

206 Über Axel Achterrath liegen nur wenige Informationen vor. Offenbar war er ein ehemaliges Mitglied des SPK (Anm. 205) und wurde von den Ermittlungsbehörden als »Helfer« der RAF eingeordnet (s. das dpa-Hintergrundmaterial vom 6. Juni 1972 bei Rauball, in von Münch [Hrsg.], Aktuelle Dokumente, 1972, S. 29, 49). Im Februar 1974 wurde er zusammen mit Ekkehard Blenck in Amsterdam festgenommen (Diewald-Kerkmann, Frauen, Terrorismus und Justiz, 2009, S. 116).

207 Bevor Brigitte Mohnhaupt ab Frühjahr 1971 zur ersten RAF-Generation in den Untergrund ging, war sie bereits in verschiedenen linken Organisationen in München wie den Tupamaros (Anm. 256) und der Kommune Wacker Einstein vernetzt. Innerhalb der RAF konzentrierte sie sich gemeinsam mit Bernhard Braun auf Aktivitäten in Berlin, wo sie im Juni 1972 zusammen verhaftet wurden. Am 30. August 1974 wurde sie vom Landgericht Berlin wegen Beteiligung an einer kriminellen Vereinigung, Urkundenfälschung und unerlaubtem Waffenbesitz zu einer Freiheitsstrafe in Höhe von vier Jahren und sechs Monaten verurteilt. Einen Teil ihrer Haftstrafe verbrachte sie zusammen mit den Stammheimer Gefangenen. Diese Nähe zu den führenden Mitgliedern ließ sie nach ihrer Entlassung im Februar 1977 selbst zu einer Führungsperson der zweiten RAF-Generation aufsteigen. Als solche war sie auch für die Gewalttaten während des sog. Deutschen Herbstes 1977 mitverantwortlich. Bis zu ihrer erneuten Festnahme 1982 war sie an weiteren Aktionen der Gruppe beteiligt. Sie blieb bis zum Jahr 2007 in Haft (Diewald-Kerkmann, Frauen, Terrorismus und Justiz, 2009, S. 92 ff.; Sturm, in Weinhauer/Requate/Haupt [Hrsg.], Terrorismus in der Bundesrepublik, 2006, S. 99 f., 105, 111 f., 118 f.; Wunschik, Baader-Meinhofs Kinder, 1997, S. 196 f., 248 ff., S. 367 ff.).

208 Der Kfz-Schlosser Bernhard Braun war seit 1971 Mitglied der RAF. Gemeinsam mit Brigitte Mohnhaupt war Braun vor allem in Berlin aktiv. Im Juni 1972 lösten in einer von ihnen genutzten Wohnung gelagerte Sprengstoffe eine Explosion aus. Eine Woche später wurden sie in West-Berlin festgenommen. Die Polizei konnte in der Wohnung Chemikalien und Anleitungen zur Herstellung von Bomben sicherstellen. Braun wurde, wie Mohnhaupt, wegen Beteiligung an einer kriminellen Vereinigung, Urkundenfälschung und unerlaubtem Waffenbesitz zu einer Freiheitsstrafe in Höhe

von vier Jahren und sechs Monaten verurteilt (Diewald-Kerkmann, Frauen, Terrorismus und Justiz, 2009, S. 54, 92 ff., 250; Stuberger, Die Akte RAF, 2008, S. 112 f.).

209 Ingrid (Ina) Siepmann war Gründungsmitglied der Tupamaros West-Berlin (Anm. 256) und der Bewegung 2. Juni (Anm. 231), in der sie eine führende Rolle einnahm. Siepmann wird aber auch der zweiten RAF-Generation zugerechnet, in der sie u. a. Banküberfälle begangen haben soll. Im Oktober 1973 wurde sie festgenommen und zu einer Freiheitsstrafe in Höhe von zwölf Jahren verurteilt. Am 3. März 1975 wurde sie jedoch in den Südjemen ausgeflogen, nachdem Mitglieder der Bewegung 2. Juni den CDU-Politiker Peter Lorenz entführt und erfolgreich die Freilassung von sechs Gefangenen gefordert hatten (Anm. 237). Anders als die meisten blieb Siepmann daraufhin zusammen mit Gabriele Kröcher-Tiedemann längere Zeit im Jemen. Nach einer kurzen Rückkehr in die BRD im Jahr 1977, wo sie unter anderem an der Entführung des österreichischen Unternehmers Walter Michael Palmers mitgewirkt haben soll, schloss sie sich endgültig dem Kampf der Palästinenser*innen im Nahen Osten an (Diewald-Kerkmann, Frauen, Terrorismus und Justiz, 2009, S. 100 ff.; Korndörfer, in Straßner [Hrsg.], Sozialrevolutionärer Terrorismus, 2008, S. 237, 241 f., 248, 251 ff.). Sie kam mutmaßlich 1982 im Libanon ums Leben (vgl. Kilgus, Deutsche Spuren im Libanon, abrufbar unter https://www.goethe.de/ins/lb/de/kul/sup/spu/20909376.html, zuletzt abgerufen am 23. Juli 2021). Ihr Name wird auf der Liste der RAF-Opfer geführt, die sich am Ende der Auflösungserklärung der RAF vom März 1998 befindet (s. die Abbildung in Kraushaar, Das Ende der RAF, abrufbar unter https://www.bpb.de/geschichte/deutsche-geschichte/geschichte-der-raf/49302/das-ende-der-raf?p=all, zuletzt abgerufen am 23. Juli 2021).

210 Der gelernte Drucker Ralf Reinders politisierte sich im Umfeld verschiedener militanter Gruppen der West-Berliner Subkultur wie der Gammlerbewegung, den Haschrebellen und den Tupamaros West-Berlin (Anm. 256). 1972 gehörte Reinders zu den Gründern der Bewegung 2. Juni (Anm. 231). Obwohl die Bewegung stets betonte, über keine hierarchisch geordnete Führung zu verfügen, gilt Reinders als einer ihrer Köpfe. Nach einer Flucht ins Ausland wurde er im September 1975 festgenommen. Der Prozess gegen ihn und fünf weitere Mitglieder der Bewegung 2. Juni begann im April 1978 vor dem Kammergericht Berlin. Mit Urteil vom 13. Oktober 1980 wurde Reinders für seine Beteiligung an der Lorenz-Entführung (Anm. 237) sowie der Mitgliedschaft in einer kriminellen Vereinigung zu einer Freiheitsstrafe in Höhe von 15 Jahren verurteilt (Korndörfer, in Straßner [Hrsg.], Sozialrevolutionärer Terrorismus, 2008, S. 227, 239, 243 f., 252; Overath, Drachenzähne,

1991, S. 100, 135, 177 f.; Wunschik, in Kraushaar [Hrsg.], Die RAF und der linke Terrorismus, Band 1, 2006, S. 531, 534, 536, 548, 557).

211 Alfred »Shorty« Mährländer war ab 1965 einer der ersten »Gammler« West-Berlins. Da er von der Polizei aufgrund von Zeugenaussagen dem Umfeld der Tupamaros West-Berlin (Anm. 256) zugerechnet wurde, tauchte er im Herbst 1970 zusammen mit Ralf Reinders und Bernhard Braun in Süddeutschland unter. Nachdem sie zunächst von den Tupamaros München (Anm. 256) unterstützt worden waren, schloss sich Mährländer dem Sozialistischen Patientenkollektiv in Heidelberg (Anm. 205) an, Reinders und Braun der RAF. 1971 wurde Mährländer im Rahmen einer Schießerei zwischen SPK-Mitgliedern und der Polizei festgenommen und wegen Mordversuchs angeklagt. Da ihm jedoch eine Tatbeteiligung nicht nachgewiesen werden konnte, wurde er lediglich wegen des Besitzes gefälschter Ausweisdokumente verurteilt (Danyluk, Blues der Städte, 2019, S. 504 f.).

212 Irmgard Möller schloss sich im Sommer 1971 der RAF an. Zuvor hatte sie in der Münchner Kommune Wacker Einstein gelebt, 1969 als Teil der »Rechtshilfe der APO« zum »Knastcamp« aufgerufen und war Mitglied der Tupamaros München (Anm. 256) gewesen. Am 8. Juli 1972 wurde sie verhaftet, am 30. Juni 1975 begann das Verfahren gegen sie und Gerhard Müller vor dem Landgericht Hamburg. Möller wurde mit Urteil vom 16. März 1976 u. a. wegen Urkundenfälschung und dem unerlaubten Führen einer Waffe zu einer Freiheitsstrafe in Höhe von viereinhalb Jahren verurteilt. 1976 erfolgte ihre Verlegung zu den Angeklagten Baader, Ensslin und Raspe nach Stammheim. Dort überlebte sie als Einzige die sog. Todesnacht von Stammheim (Bergstermann, Stammheim, 2016, S. 68; Diewald-Kerkmann, Frauen, Terrorismus und Justiz, 2009, S. 111 ff.; Sturm, in Weinhauer/Requate/Haupt [Hrsg.], Terrorismus in der Bundesrepublik, 2006, S. 99–101).

213 Ilse Stachowiak war ein frühes Mitglied der RAF. Im Sommer 1970 reiste sie im Alter von 16 Jahren mit anderen RAF-Mitgliedern für eine paramilitärische Ausbildung nach Jordanien. Stachowiak wurde zusammen mit Christa Eckes, Helmut Pohl und Eberhard Becker am 4. Februar 1974 in Hamburg verhaftet. Das Landgericht Hamburg verurteilte sie am 28. September 1976 zu einer Jugendstrafe in Höhe von vier Jahren und sechs Monaten. Am 19. Juni 1978 wurde sie aus der Haft entlassen (Diewald-Kerkmann, Frauen, Terrorismus und Justiz, 2009, S. 116 ff.; Stuberger, Die Akte RAF, 2008, S. 277; Peters, Tödlicher Irrtum, 4. Aufl. 2008, S. 835).

214 Die Psychologiestudentin Margrit Schiller war ein ehemaliges Mitglied des Sozialistischen Patientenkollektivs. Sie schloss sich im Laufe des Jahres 1971 der RAF an. Bereits am 22. Oktober 1971 wurde sie zum ersten Mal festgenommen und am 5. Februar 1973 vom Landgericht Hamburg wegen

Unterstützung einer kriminellen Vereinigung, Urkundenfälschung und unerlaubtem Waffenbesitz zu einer Freiheitsstrafe in Höhe von zwei Jahren und drei Monaten verurteilt. Gegen Auflagen wurde sie allerdings aus der Haft entlassen. Daraufhin schloss sie sich erneut der RAF an. Zusammen mit anderen RAF-Mitgliedern wurde sie am 4. Februar 1974 verhaftet. In Anlehnung an das Verhaftungsdatum wurde die Gruppierung als Gruppe 4.2. bezeichnet. Schiller wurde mit Urteil vom 28. September 1976 vom Landgericht Hamburg zu einer Freiheitsstrafe in Höhe von vier Jahren und acht Monaten verurteilt (Diewald-Kerkmann, Frauen, Terrorismus und Justiz, 2009, S. 78 ff., 116 ff.; Peters, Tödlicher Irrtum, 4. Aufl. 2008, S. 357 ff.; Straßner, in Ders. [Hrsg.], Sozialrevolutionärer Terrorismus, 2008, S. 209, 219).

215 Klaus Jünschke war Psychologiestudent und ehemaliges Mitglied des Sozialistischen Patientenkollektivs. In der RAF überfiel er 1971 mit anderen eine Bank in Kaiserslautern. Im Verlaufe des Geschehens wurde der Beamte Herbert Schoner erschossen. Jünschke wurde am 9. Juli 1972 zusammen mit Irmgard Möller in Offenbach verhaftet. Ihm wurde neben den Straftaten im Zusammenhang mit dem Banküberfall auch die Mitgliedschaft in einer kriminellen Vereinigung sowie die Beteiligung an der Herbeiführung der Sprengstoffexplosion in Frankfurt a. M. am 11. Mai 1972 vorgeworfen. Im Hinblick auf die Sprengstoffexplosion wurde er zwar freigesprochen; das Landgericht Kaiserslautern verurteilte ihn am 2. Juni 1977 aber u. a. wegen Mordes zu einer lebenslangen Freiheitsstrafe (Overath, Drachenzähne, 1991, S. 89 ff.; Peters, Tödlicher Irrtum, 4. Aufl. 2008, S. 257, 761 Anm. 59; Pflieger, Die Rote Armee Fraktion, 3. Aufl. 2011, S. 30 ff.; DER SPIEGEL, Ausgabe 24/1977 vom 6. Juni 1977, S. 104).

216 Siegfried Hausner war als Mitglied des Sozialistischen Patientenkollektivs im Juni 1971 nach einer Verkehrskontrolle in eine Schießerei mit der Polizei verwickelt, weshalb er bis zum Sommer 1974 eine Jugendstrafe absaß. Nach seiner Entlassung schloss er sich der RAF an. Er war Teil des Kommando »Holger Meins«, das am 24. April 1975 bei dem Überfall auf die Deutsche Botschaft in Stockholm zwölf Geiseln nahm, zwei Menschen tötete und die Freilassung von 26 RAF-Gefangenen, darunter der Angeklagten Baader, Ensslin und Meinhof, forderte. Aus weiterhin unbekannten Gründen explodierte kurz vor der Stürmung des Gebäudes durch schwedische Spezialkräfte im Inneren der Botschaft ein Sprengsatz, infolgedessen Hausner schwer verletzt wurde. Trotz dieser Verletzungen wurde er wenige Tage später in die Bundesrepublik ausgeliefert und auf die Intensivstation der JVA Stammheim verlegt. Hausner starb dort Anfang Mai 1975 (Aust, Der Baader-Meinhof-Komplex, Neuausg. 2017, S. 512, 515 f.; Forsbach, Die 68er und die Medizin, 2011, S. 95 f.; Peters, Tödlicher Irrtum, 4. Aufl. 2008, S. 766 Anm. 80).

217 Die Fotografin Astrid Proll hatte bereits im Oktober 1967 im Zuge der Vietnam-Demonstration versucht, mit Baader einen Sprengstoffanschlag auf das Berliner Amerikahaus durchzuführen, der jedoch scheiterte. Zusammen mit Baader und Ensslin ging sie 1969 in den Untergrund. Anfang Mai 1971 wurde sie in Hamburg verhaftet. Während ihrer Einzelhaft in der JVA Köln-Ossendorf verschlechterte sich ihr Gesundheitszustand, sodass das Verfahren gegen sie vor dem Landgericht Frankfurt a.M. im Herbst 1973 unterbrochen und sie im Februar 1974 schließlich wegen Haftunfähigkeit entlassen werden musste. Anschließend tauchte sie unter. Im September 1978 wurde sie schließlich in London verhaftet und im Sommer 1979 in die Bundesrepublik ausgeliefert, wo sie zu einer Freiheitsstrafe in Höhe von fünfeinhalb Jahren verurteilt wurde. Da Proll bereits längere Zeit in Untersuchungshaft gesessen hatte, wurde ihr diese Zeit angerechnet und sie wurde auf Bewährung entlassen (Edschmid, Frau mit Waffe, 3. Aufl. 2014, S. 171 f.; Diewald-Kerkmann, Frauen, Terrorismus und Justiz, 2009, S. 41; Kraushaar, Die blinden Flecken der RAF, 2017, S. 47, 150; Riederer, Die RAF und die Folterdebatte der 1970er Jahre, 2014, S. 125 f.).

218 Werner Hoppe wurde am 15. Juli 1971 verhaftet. Dabei soll er versucht haben, sich seiner Festnahme durch mehrere Schüsse auf Polizeibeamte zu entziehen. Hoppe verbrachte circa zehn Monate in Untersuchungshaft in einer isolierten Einzelzelle. Er wurde schließlich durch das Landgericht Hamburg mit Urteil vom 26. Juli 1972 wegen dreifachen versuchten Totschlags zu einer Freiheitsstrafe in Höhe von zehn Jahren verurteilt. Der Vorwurf der Mitgliedschaft in einer kriminellen Vereinigung wurde bereits im Ermittlungsverfahren wegen fehlender Beweise eingestellt. Das Urteil wurde insbesondere für seine Beweiswürdigung stark kritisiert (Overath, Drachenzähne, 1991, S. 54 ff., 62).

219 Die 20-jährige Petra Schelm starb am 15. Juli 1971 in Hamburg. Sie entkam in ihrem Auto zunächst einer Polizeisperre und flüchtete schließlich, nachdem sie durch ein weiteres Polizeifahrzeug gestoppt werden konnte, mit ihrem Begleiter Werner Hoppe zu Fuß vor der Polizei. Bei einem Schusswechsel mit zwei Polizeibeamten wurde sie durch einen Kopfschuss getötet. Sie war das erste Todesopfer aus den Reihen der RAF. Ihr Tod löste nach Angaben von Mitgliedern eine Radikalisierung der Gruppe aus (Aust, Der Baader-Meinhof-Komplex, Neuausg. 2017, S. 312 ff.; Pflieger, Die Rote Armee Fraktion, 3. Aufl. 2011, S. 29; Terhoeven, Die Rote Armee Fraktion, 2017, S. 64).

220 Manfred Grashof war ein frühes Mitglied der RAF und bereits Teil der Gruppe, die im Sommer 1970 für eine paramilitärische Ausbildung nach Jordanien reiste. Später war er u.a. bei dem Kaiserslauterner Banküberfall im De-

zember 1971 beteiligt, in dessen Verlauf der Polizeibeamte Herbert Schoner erschossen wurde. Bei seiner eigenen Festnahme am 2. März 1972 schoss Grashof zwei Mal auf den Polizeibeamten Hans Eckhardt, der schließlich am 22. März 1972 verstarb. Grashof selbst wurde in dem anschließenden Schusswechsel ebenfalls schwer verletzt. Der Prozess gegen ihn sowie Wolfgang Grundmann und Klaus Jünschke fand vor dem Landgericht Kaiserslautern statt. Mit Urteil vom 2. Juni 1977 wurde er zu lebenslanger Haft verurteilt, allerdings im Jahr 1988 begnadigt (Peters, Tödlicher Irrtum, 4. Aufl. 2008, S. 199, 259; Pflieger, Die Rote Armee Fraktion, 3. Aufl. 2011, S. 31 f., 283 f.).

221 Thomas Weisbecker trat im Juli 1971 zusammen mit Angela Luther von den Tupamaros West-Berlin (Anm. 256) zur RAF über. Bereits seit dem 14. Februar 1972 wurde er observiert. Er starb am 2. März 1972 in Augsburg. Die genauen Umstände seines Todes wurden nie geklärt. Bekannt ist nur, dass Weisbecker, der vermutlich bewaffnet war, am Nachmittag des 2. März von zwei Polizeibeamten verfolgt und dann von einem der beiden erschossen wurde. Weisbecker gehörte mit Petra Schelm und Georg von Rauch zu den ersten Opfern der RAF und galt fortan als Ikone der RAF (s. die Beiträge von König und Wunschik in Kraushaar [Hrsg.], Die RAF und der linke Terrorismus, Band 1, 2006, S. 430, 459 f., 464 ff., bzw. S. 531, 546 ff.).

222 Angela Luther war Teil der Tupamaros West-Berlin (Anm. 256). Im Sommer 1971 wechselte Angela Luther gemeinsam mit Thomas Weisbecker zur RAF. Dort soll sie auch an dem Bombenanschlag auf das Hauptquartier der 7. US-Armee und der US-Landstreitkräfte in Europa (USAREUR) am 24. Mai 1972 beteiligt gewesen sein. Angeblich plante Luther nach dem Tod Weisbeckers, zur Bewegung 2. Juni (Anm. 231) zurückzukehren. Im Laufe des Jahres 1972 verschwand sie jedoch unter weiterhin ungeklärten Umständen (Diewald-Kerkmann, Frauen, Terrorismus und Justiz, 2009, S. 246; König, in Kraushaar [Hrsg.], Die RAF und der linke Terrorismus, Band 1, 2006, S. 430, 459 f.; Kraushaar, Verena Becker und der Verfassungsschutz, 2010, S. 31 ff.; Wunschik, in Kraushaar [Hrsg.], Die RAF und der linke Terrorismus, Band 1, 2006, S. 531, 547).

223 Wolfgang Grundmann gehörte der ersten Generation der RAF an. Er wurde am 2. März 1972 in einer Hamburger Wohnung zusammen mit Manfred Grashof verhaftet. Mit Urteil vom 2. Juni 1977 wurde er vom Landgericht Kaiserslautern wegen Mitgliedschaft in einer kriminellen Vereinigung zu einer Freiheitsstrafe in Höhe von vier Jahren verurteilt (Peters, Tödlicher Irrtum, 4. Aufl. 2008, S. 258 f.; Pflieger, Die Rote Armee Fraktion, 3. Aufl. 2011, S. 31 f.; s. zum Prozess vor dem LG Kaiserslautern auch DER SPIEGEL, Ausgabe 24/1977 vom 6. Juni 1977, S. 104).

224 Ingeborg Barz war ein frühes Mitglied der RAF. Zuvor war sie Teil der Schwarze Hilfe, einer Organisation zur Unterstützung inhaftierter linker Aktivist*innen, und bildete u.a. gemeinsam mit Angela Luther, Inge Viett, Verena Becker und Waltraud Siepert eine feministische Gruppe namens Die schwarze Braut. Über Barz' Position in der RAF ist nicht viel bekannt. 1971 soll sie beim Überfall auf eine Bank in Kaiserslautern mitgewirkt haben. Von der Verhaftungswelle 1972 war Barz nicht betroffen, gilt aber wie Angela Luther seitdem als verschwunden. Über ihren Verbleib existieren nur Spekulationen. Unter anderem stand der Verdacht im Raum, dass sie als Spitzel des Verfassungsschutzes enttarnt und von Baader erschossen worden sei (Kraushaar, Verena Becker und der Verfassungsschutz, 2010, S. 31ff., 37f.; Peters, Tödlicher Irrtum, 4. Aufl. 2008, S. 299, 820).

225 S. Anm. 204.

226 Die RAF veröffentlichte 1971 mit dem »Konzept Stadtguerilla« ihre erste Programmschrift. Sie ist abgedruckt in ID-Verlag (Hrsg.), Rote Armee Fraktion. Texte und Materialien zur Geschichte der RAF, 1997, S. 27ff.

227 Am 13. Mai 1968 begannen die Pariser Friedensverhandlungen zur Beendigung des Vietnamkriegs. Die zähen Friedensverhandlungen wurden immer wieder von der Kompromisslosigkeit der amerikanischen Regierung beeinflusst und nahezu weitere fünf Jahre von Kämpfen in Vietnam begleitet. Nordvietnam reagierte am 30. März 1972 auf die schwierigen Friedensverhandlungen in Paris mit der sog. Oster-Offensive, bei der ca. 120 000 Soldaten nach Südvietnam vordrangen. Dies veranlasste wiederum die USA zu schweren Bombardierungen. Am 8. Mai erging eine Anordnung von Präsident Nixon zur Verminung nordvietnamesischer Häfen, um Nordvietnam durch die Unterbrechung des Versorgungswesens weiter unter Druck zu setzen und damit neue Verhandlungen zu erzwingen. Bei der »Operation Linebacker« wurden innerhalb von sechs Monaten Bombenangriffe im Umfang von 155 000 Tonnen geflogen (Frey, Geschichte des Vietnamkriegs, 2016, S. 173ff., 205ff.; Greiner, Krieg ohne Fronten, 2007, S. 72f.).

228 Zum Tod Weisbeckers s. Anm. 221.

229 S. Anm. 176.

230 S. Anm. 177.

231 Die Bewegung 2. Juni gründete sich im Jahr 1972. Sie ging unmittelbar aus den Tupamaros West-Berlin und München (Anm. 256) sowie der Schwarzen Hilfe hervor, bestand jedoch auch aus ehemaligen Mitgliedern anderer Gruppierungen der Berliner Subkultur. Ihren Namen trug die Bewegung in Anlehnung an den Todestag des Studenten Benno Ohnesorg am 2. Juni 1967. Sie machte mit Aktionen auf sich aufmerksam, die ihr teilweise die Bezeichnung als »Spaßguerilla« einbrachten. Allerdings schreckte sie auch

nicht vor Entführungen oder Morden wie im Fall des Kammergerichtspräsidenten Günter von Drenkmann zurück. Im Gegensatz zur RAF operierte die Bewegung jedoch nicht aus dem Untergrund, blieb auf West-Berlin beschränkt und ging bei ihrer Bekämpfung des kapitalistischen Systems weniger planvoll vor. Gleichzeitig bestanden jedoch teils enge, auch personelle Verbindungen zur RAF. Nach einer Verhaftungswelle im Jahr 1975 konnten im Juli 1976 drei Mitglieder der Bewegung aus ihrem Gefängnis in Berlin flüchten und in der Folgezeit noch einmal terroristische Aktivitäten entfalten, darunter die Entführung des österreichischen Unternehmers und Millionärs Walter Michael Palmers (Korndörfer, in Straßner [Hrsg.], Sozialrevolutionärer Terrorismus, 2008, S. 237 ff., 245 ff.; Wunschik, in Kraushaar [Hrsg.], Die RAF und der linke Terrorismus, Band 1, 2006, S. 531 f., 541 ff.).

232 Bei seiner Festnahme am 2. März 1972 schoss Manfred Grashof tatsächlich zwei Mal auf den Polizeibeamten Hans Eckhardt, der schließlich am 22. März 1972 verstarb (Anm. 220).

233 Der Hamburger Justizsenator Ulrich Klug (FDP) entging am 4. Oktober 1974 einem von RAF-Mitgliedern verübten Sprengstoffanschlag auf sein Haus (Terhoeven, Deutscher Herbst in Europa, 2014, S. 200).

234 Am 13. September 1975 explodierte im Hamburger Hauptbahnhof ein Sprengsatz, der elf Menschen verletzte. Schon am 6. Dezember 1974 war es zu einer Explosion im Bremer Hauptbahnhof gekommen. Während des Jahres 1975 gingen neben Hamburg auch in Köln und Nürnberg Bomben in Bahnhöfen hoch. Tageszeitungen wie BILD und »Die Welt« erkannten darin Aktionen der radikalen Linken. Die RAF und andere Gruppen hingegen distanzierten sich ausdrücklich von »Aktionen gegen das Volk«. Die Anschlagsserie blieb unaufgeklärt (Balz, Von Terroristen, Sympathisanten und dem starken Staat, 2008, S. 189 f., 194).

235 Der Präsident des Berliner Kammergerichts Günter von Drenkmann wurde von der Bewegung 2. Juni (Anm. 231) in einem Racheakt für den verstorbenen Holger Meins getötet. Nachdem Meins am 9. November 1974 an den Folgen eines Hungerstreiks gestorben war, versuchte die Bewegung am folgenden Tag, von Drenkmann zu entführen. Als dies aufgrund von Drenkmanns Gegenwehr misslang, wurde er erschossen (Aust, Der Baader-Meinhof-Komplex, Neuausg. 2017, S. 470 f.; Wunschik, in Kraushaar [Hrsg.], Die RAF und der linke Terrorismus, Band 1, 2006, S. 531, 550).

236 Am 24. April 1975 überfiel das RAF-Kommando »Holger Meins« die Deutsche Botschaft in Stockholm und forderte die Freilassung von 26 inhaftierten RAF-Mitgliedern, darunter Andreas Baader, Gudrun Ensslin und Ulrike Meinhof. Dem Kommando gehörten Karl-Heinz Dellwo, Siegfried Hausner,

Hanna Krabbe, Bernhard Rössner, Lutz Taufer und Ulrich Wessel an. Zur Durchsetzung ihrer Forderungen nahmen sie zwölf Geiseln, von denen sie zwei erschossen. Anders als zwei Monate zuvor bei der Entführung des Berliner CDU-Vorsitzenden Peter Lorenz durch die Bewegung 2. Juni (Anm. 237) lehnte die Bundesregierung nun Verhandlungen mit den Geiselnehmer*innen ab. Ihr Ende fand die Geiselnahme durch eine nicht geklärte Sprengstoffexplosion im Inneren des Botschaftsgebäudes, die sich noch vor dem Zugriff schwedischer Sicherheitskräfte ereignete. Bei der Explosion wurde Ulrich Wessel tödlich verletzt. Siegfried Hausner erlag seinen Verletzungen Anfang Mai 1975 in der JVA Stuttgart-Stammheim. Die übrigen vier Geiselnehmer*innen wurden verhaftet und am 20. Juli 1977 zu lebenslangen Freiheitsstrafen verurteilt (Peters, Tödlicher Irrtum, 4. Aufl. 2008, S. 361 ff.; Terhoeven, Die Rote Armee Fraktion, 2017, S. 69).

237 Der CDU-Politiker und Spitzenkandidat bei der Wahl um das Berliner Abgeordnetenhaus Peter Lorenz wurde am 27. Februar 1975 von der Bewegung 2. Juni (Anm. 231) entführt und in einem »Volksgefängnis« in Berlin-Kreuzberg festgehalten. Im Austausch gegen Lorenz wurde die Freilassung von sechs Gefangenen gefordert: Verena Becker, Rolf Heißler, Gabriele Kröcher-Tiedemann, Horst Mahler, Rolf Pohle und Ingrid Siepmann. Die Bundesregierung unter Kanzler Schmidt ging auf die Forderungen ein: Bis auf Horst Mahler, der das Angebot ablehnte, bestiegen am 3. März 1975 die anderen fünf Inhaftierten mit dem ehemaligen West-Berliner Bürgermeister Heinrich Albertz als Vermittler eine Maschine der Lufthansa nach Aden im Jemen. Nach der erfolgreichen Ankunft wurde Lorenz am 4. März freigelassen (Dahlke, in Hürter/Rusconi [Hrsg.], Die bleiernen Jahre, 2010, S. 31, 36 ff.; Korndörfer, in Straßner [Hrsg.], Sozialrevolutionärer Terrorismus, 2008, S. 37, 250 ff.).

238 Die Einführung einer Kronzeugenregelung wurde zum damaligen Zeitpunkt zwar diskutiert, Vorschläge zur Schaffung einer selbstständigen gesetzlichen Regelung konnten sich aber (noch) nicht durchsetzen. Während bereits mit Gesetz vom 28. Juli 1981 (BGBl. I, S. 681) eine Kronzeugenregelung für Betäubungsmitteldelikte geschaffen wurde (§ 31 BtMG), geschah dies erst 1989 auch für terroristische Straftaten (BGBl. I, S. 1059, S. 1061). Diese Regelung trat jedoch zum 1. Dezember 1999 wieder außer Kraft. Erst seit dem 1. September 2009 gibt es im deutschen Strafrecht mit § 46b StGB eine allgemeine Kronzeugenregelung (eingeführt durch das 43. Strafrechtsänderungsgesetz vom 29. Juli 2009, BGBl. I, S. 2288).

239 Der Polizeibeamte Norbert Schmid wurde bei einem Festnahmeversuch des RAF-Mitglieds Margrit Schiller erschossen. Er war das erste Todesopfer der RAF. Der genaue Tathergang, insbesondere die Täterschaft, konnte bis heu-

te nicht aufgeklärt werden. Schiller selbst belastete Gerhard Müller schwer, der mit Urteil vom 16. März 1976 vom Landgericht Hamburg zwar für andere Taten, darunter Mitgliedschaft in einer kriminellen Vereinigung und Beihilfe zum Mord, nicht aber für den Mord an Schmid verurteilt wurde (Diewald-Kerkmann, Frauen, Terrorismus und Justiz, 2009, S. 113 ff.; Pflieger, Die Rote Armee Fraktion, 3. Aufl. 2011, S. 29). Die Verteidigung versuchte zu beweisen, dass der Freispruch Müllers in Bezug auf den Mord an Norbert Schmid Teil einer unzulässigen Absprache mit den Strafverfolgungsbehörden gewesen sei (s. dazu etwa die Beweisanträge in den Anlagen 8 und 12 zum Protokoll vom 20. Juli 1976, S. 10649 f., 10659 des Protokolls der Hauptverhandlung, 128. Verhandlungstag).

240 Da die Frist zur Einlegung einer Revision (eine Woche ab Verkündung des Urteils, § 341 Abs. 1 StPO) für die Staatsanwaltschaft zu diesem Zeitpunkt bereits abgelaufen war und § 358 Abs. 2 StPO ein Verbot der Schlechterstellung im Rahmen der Revision u. a. für den Fall enthält, dass nur der*die Angeklagte Revision eingelegt hat, hatte der Zeuge Müller eine Verschlechterung seiner Situation, etwa durch Erhöhung des Strafmaßes, zu diesem Zeitpunkt kaum noch zu befürchten. Weitere Rechtsmittel stehen gegen ein Urteil des Landgerichts nicht zur Verfügung; ein erneutes Verfahren wegen der abgeurteilten Taten ist nach Art. 103 Abs. 3 GG grundsätzlich ausgeschlossen. Die Möglichkeit der Wiederaufnahme eines Verfahrens zuungunsten des*der Verurteilten besteht nur in eng begrenzten Ausnahmesituationen (§ 362 StPO).

241 Die Soziologiestudentin Brigitte Asdonk gehörte zur ersten Generation der RAF. Im Sommer 1970 reiste sie mit anderen RAF-Mitgliedern zur paramilitärischen Ausbildung nach Jordanien. Zusammen mit Horst Mahler, Ingrid Schubert, Monika Berberich und Irene Goergens wurde sie bereits im Oktober 1970 in einer konspirativen Wohnung in der Berliner Knesebeckstraße verhaftet. Vorgeworfen wurde ihr die Bildung einer kriminellen Vereinigung, die Beteiligung an Banküberfällen und unbefugter Waffenbesitz. Die Hauptverhandlung gegen sie und fünf weitere RAF-Mitglieder (Monika Berberich, Irene Goergens, Ingrid Schubert, Hans-Jürgen Bäcker und Eric Gusdat) begann am 24. November 1972 vor dem Landgericht Berlin und galt zu diesem Zeitpunkt mit über 300 vorgesehenen Zeug*innen und fast 80 geplanten Verhandlungstagen als einer der »umfangreichsten und wahrscheinlich auch längsten Prozesse der deutschen Justizgeschichte« (so die FAZ am 24. November 1972, zitiert nach Diewald-Kerkmann, Frauen, Terrorismus und Justiz, 2009, S. 83). Mit Urteil vom 28. Juni 1974 wurde Asdonk zu einer Freiheitsstrafe in Höhe von zu zehn Jahren verurteilt (Diewald-Kerkmann, a. a. O., S. 83 ff., 167 f.).

242 S. Anm. 224. Zu den Angaben, die Müller in diesem Zusammenhang gemacht haben soll, s. die Ausführungen des damaligen Vernehmungsbeamten am 152. Verhandlungstag (S. 11 855 ff. des Protokolls der Hauptverhandlung).

243 Zu Margrit Schiller s. bereits Anm. 214.

244 § 60 Nr. 2 StPO enthält ein Vereidigungsverbot für den Fall des Verdachts der Tatbeteiligung. S. auch Anm. 101.

245 Gemeint sind Holger Meins, Siegfried Hausner, Katharina Hammerschmidt (Anm. 45) und Ulrike Meinhof.

246 Anfang 1972 plante die RAF die Entführung der drei alliierten Stadtkommandanten von West-Berlin. Der Plan wurde jedoch nie umgesetzt (s. Die Welt vom 26. März 2007, https://www.welt.de/welt_print/article777860/Auf-Bewaehrung.html, zuletzt abgerufen am 3. 2. 2021; Aust, Der Schuss der die Republik veränderte, in: FAZ vom 24. Mai 2009, https://www.faz.net/aktuell/feuilleton/die-akte-kurras-der-schuss-der-die-republik-veraenderte-1803405-p2.html, zuletzt abgerufen am 3. Februar 2021).

247 Zunächst mit dem unmittelbaren Ziel einer Hochschulreform entstand Mitte der 1960er Jahre in Berlin eine studentische Bewegung, die mit Protesten und Demonstrationen auf sich aufmerksam machte und sich rasch auch in anderen westdeutschen Städten formierte. Die Kritik der Studierenden richtete sich bald sowohl gegen den Vietnam-Krieg als auch gegen die mediale Monopolstellung des Axel-Springer-Verlags in West-Berlin, die unterbliebene Auseinandersetzung mit der nationalsozialistischen Vergangenheit und die geplante Notstandsgesetzgebung. Gleichzeitig griffen Studierende tradierte Wertvorstellungen der westdeutschen Gesellschaft an. Als eine der treibenden Kräfte innerhalb der entstehenden APO wurde die Studentenbewegung in den folgenden Jahren zu einer wesentlichen gesellschaftlichen Stimme. Nach einer Radikalisierungswelle in Teilen der Bewegung infolge der Erschießung des Studenten Benno Ohnesorgs am 2. Juni 1967 sowie des Attentats auf den Studentenführer Rudi Dutschke im April 1968 erreichten die Proteste ihren Höhepunkt. In der darauffolgenden Zeit zerfiel die Bewegung jedoch mehr und mehr in verschiedene Splittergruppen (Frei, 1968, 2008, S. 112 ff., 141ff.; Herbert, Geschichte Deutschlands im 20. Jahrhundert, 2014, 849 ff.; Straßner, Historisch-Politische Mitteilungen 14, 2007, S. 99, 102 ff.).

248 Innerhalb der Studentenbewegung nahm die Kritik am Vietnam-Krieg seit 1966/67 an Bedeutung zu. Der Vietnam-Krieg bildete den Ausgangspunkt für weitgreifende Kritik am Imperialismus, aber auch für Hoffnungen auf den Erfolg revolutionärer Befreiungsbewegungen im Kampf gegen den Kapitalismus. Durch diese globale Verknüpfung sahen sich Vertreter*innen

der Studentenbewegung immer mehr als Teil und Unterstützer*innen einer weltweiten Befreiungsbewegung und bauten ihre Verbindungen zu internationalen Gruppen und Organisationen aus. Im Laufe der Jahre 1967 und 1968 bildeten sich auf Grundlage dieser Entwicklungen neue Aktionsformen heraus, die den Schritt vom Protest zum auch militanten Widerstand vollzogen. Dabei entfernten sich diejenigen, die Gewalt als legitimes Mittel der Auseinandersetzung verstanden, zunehmend vom Rest der APO (Klimke/Mausbach, in Kraushaar [Hrsg.], Die RAF und der linke Terrorismus, Band 1, 2006, S. 620, 623 ff.; Kraushaar, Die blinden Flecken der 68er Bewegung, 2018, S. 262 ff.; Schmidtke, Geschichte und Gesellschaft, Sonderheft Vol. 17, 1998, S. 188, 202 ff.; Siegfried, 1968, 2018, S. 163 f., 201 ff.).

249 S. zu Petra Schelm Anm. 219.

250 S. zu Thomas Weisbecker Anm. 221.

251 Am 27. März 1972 ging bei der dpa ein anonymer Brief ein. Darin befand sich das Foto einer Frau, die offenbar mit Teer überschüttet worden war, sowie ein Zettel mit den Worten »Das ist Edelgard G*. Diese Denunziantin steckt mit den Killerschweinen unter einer Decke. Es lebe die RAF!« (zit. nach DER SPIEGEL, Ausgabe 40/2007 vom 30. September 2007, S. 78 [* der Nachname wurde durch die SPIEGEL-Redaktion gekürzt]).

252 Anm. 236.

253 § 178 GVG ermöglicht bei ungebührlichem Verhalten die Verhängung von Ordnungsgeld oder Ordnungshaft.

254 Das INFO war ein Informations- und Kommunikationssystem, das einen Austausch von Rundbriefen, Zeitungsartikeln etc. unter den inhaftierten RAF-Mitgliedern ermöglichte. Über die Verteidigerpost, die im Vergleich zu anderer Post vollzugsrechtlich privilegiert ist (§§ 97 Abs. 1 Nr. 1 StPO, 148 StPO), konnte Material ohne vorherige Zensur ausgetauscht werden. Den Rechtsanwälten Ströbele, Groenewold und Croissant wurde später vorgeworfen, durch die Beteiligung am Info-System dazu beigetragen zu haben, dass die inhaftierten RAF-Mitglieder auch aus der Haft heraus ihre kriminelle Vereinigung hätten fortführen können (Anm. 6). Dabei ging es nicht um das INFO an sich, sondern um die Weiterleitung ganz bestimmter Unterlagen (Bakker Schut, Stammheim, 2. Aufl. 2007, S. 521 ff.; s. auch die Interviews mit Groenewold und Ströbele, in Diewald-Kerkmann/Holtey [Hrsg.], Zwischen den Fronten, 2013, S. 49, 58 f., 70 f. sowie S. 121, 132 f.; Pflieger, Die Rote Armee Fraktion, 3. Aufl. 2011, S. 52).

255 S. Anm. 231.

256 Die Tupamaros München (TM) waren eine militante Gruppe der linken Münchner Szene, die in der Form des auch von der RAF angestrebten Stadtguerilla-Konzepts zwischen 1969 und 1971 Anschläge in München verübte.

Sie entstand kurz nach den Tupamaros West-Berlin (TW) 1969 und wie diese in Anlehnung an die Tupamaros in Uruguay (Anm. 82). Bekannte Mitglieder der TM waren Fritz Teufel, Brigitte Mohnhaupt, Irmgard Möller und Rolf Heißler (Sturm, in Weinhauer/Requate/Haupt [Hrsg.], Terrorismus in der Bundesrepublik, 2006, S. 99ff.). Die TW formierten sich aus zunächst fünf Mitgliedern der »Haschrebellen«, darunter Ina Siepmann, Dieter Kunzelmann und Georg von Rauch. Nachdem sie sich in Jordanien durch Mitglieder der Fatah militärisch ausbilden ließen, verübten sie am 9. November 1969 den ersten Sprengstoffanschlag auf ein jüdisches Gemeindehaus in West-Berlin. Es folgten zahlreiche weitere Anschläge (Kraushaar, in Ders. [Hrsg.], Die RAF und der linke Terrorismus, Band 1, 2006, S. 512, 520f.). Sowohl die TM als auch die TW gingen 1972 in der Bewegung 2. Juni auf (Anm. 231).

257 Zeug*innen sind grundsätzlich zur Aussage vor Gericht verpflichtet (seit 2009 explizit in §48 Abs. 1 Satz 2 StPO geregelt; zuvor war dies bereits als allgemeine staatsbürgerliche Pflicht angesehen, s. BVerfG, Beschl. v. 10.10.1978 – 2 BvL 3/78, BVerfGE 49, S. 280, 284). Nach §70 Abs. 1 StPO können Zeug*innen, die sich ohne gesetzlichen Grund weigern auszusagen, die hierdurch verursachten Kosten auferlegt werden, außerdem wird ein Ordnungsgeld, ersatzweise Ordnungshaft, gegen sie festgesetzt. Nach §70 Abs. 2 StPO kann zur Erzwingung des Zeugnisses auch die Haft von bis zu sechs Monaten angeordnet werden.

258 S. Anm. 81.

259 Nachdem Rechtsanwalt Siegfried Haag untergetaucht war und sich der RAF angeschlossen hatte, versuchte er zusammen mit Roland Mayer und weiteren Unterstützer*innen in der sog. Haag-Mayer-Bande die RAF neu zu formieren. Mit ihrer Festnahme fanden diese Bemühungen im November 1976 jedoch ein jähes Ende. Die bei der Verhaftung beschlagnahmten Haag-Mayer-Papiere enthielten verschlüsselte Anschlagspläne. Die Entschlüsselung der Papiere gelang jedoch erst nach und nach, mitunter erst nach deren Umsetzung durch die zweite RAF-Generation (Kraushaar, Verena Becker und der Verfassungsschutz, 2010, S. 68ff.; Kraushaar, Die blinden Flecken der RAF, 2017, S. 185f., 193ff., 205f.; Peters, Tödlicher Irrtum, 4. Aufl. 2008, S. 371ff.; Pflieger, Die Rote Armee Fraktion, 3. Aufl. 2011, S. 60f.).

260 Rechtsanwalt Jörg Lang wurde im Juli 1972 wegen des Verdachts der Unterstützung einer kriminellen Vereinigung verhaftet, nach vier Monaten in Untersuchungshaft jedoch wieder entlassen. Bevor die Hauptverhandlung gegen ihn eröffnet werden konnte, tauchte er im Jahr 1974 unter (Bakker Schut, Stammheim, 2. Aufl. 2007, S. 71f.; s. auch die dort in Kapitel V, Anm. 4,

S. 569 ff. abgedruckte Presseerklärung). Erst nachdem die Vorwürfe gegen ihn verjährt waren, reiste er – wohl aus dem Libanon – wieder zurück in die Bundesrepublik ein (DER SPIEGEL, Ausgabe 26/1982 vom 28. Juni 1982, S. 78).

261 Rechtsanwalt Eberhard Becker ging Ende 1973 in den Untergrund und schloss sich der RAF an. Am 4. Februar 1974 wurde er zusammen mit Christa Eckes, Helmut Pohl und Ilse Stachowiak in Hamburg verhaftet. Das Landgericht Hamburg verurteilte ihn am 28. September 1976 zu einer Freiheitsstrafe in Höhe von vier Jahren und sechs Monaten (Diewald-Kerkmann, Frauen, Terrorismus und Justiz, 2009, S. 116, 122; Peters, Tödlicher Irrtum, 4. Aufl. 2008, S. 835).

262 S. 12 085 des Protokolls der Hauptverhandlung, 133. Verhandlungstag.

263 1974 entschied das Bundesverfassungsgericht, dass das Recht auf ein faires Verfahren verlange, Zeug*innen grundsätzlich das Recht zuzugestehen, einen Rechtsbeistand des Vertrauens zur Vernehmung hinzuzuziehen, wenn sie es für die Wahrnehmung ihrer prozessualen Befugnisse erforderlich hielten. Insbesondere die Lage derjenigen Zeug*innen, die sich durch ihre Aussage der eigenen Strafverfolgung aussetzen könnten, sei mit der Lage von Beschuldigten in einem Strafverfahren vergleichbar (BVerfG, Beschl. v. 8. 10. 1974 – Az.: 2 BvR 747/73, BVerfGE 38, S. 105, 112 ff.). Inzwischen ist dieses Recht gesetzlich in § 68 b StPO verankert.

264 Jünschke bezieht sich auf das Verbot der Mehrfachverteidigung (§ 146 StPO), das erst zum 1. Januar in Kraft getreten war und in der Folge – nicht zuletzt durch den 2. Strafsenat des OLG Stuttgart – sehr weit ausgelegt wurde. So wurde das Verbot der Mehrfachverteidigung auch auf Beschuldigte in anderen Verfahren ausgedehnt (s. dazu den in diesem Verfahren ergangenen Beschluss des OLG Stuttgart vom 4. November 1975 – Az.: 2 StE 1/74, NJW 1776, S. 157; so kurz darauf auch BGH, Beschl. v. 27. 2. 1976 – 1 BJs 25/75, StB 8/76, BGHSt 26, S. 291, 293 f.); auch die sog. sukzessive Mehrfachverteidigung nach Beendigung eines Mandatsverhältnisses wurde untersagt (OLG München, Beschl. v. 28. 11. 1975 – Az.: 1 Ws 1304/75, NJW 1976, S. 252, 253 f.; später bestätigt durch BGH, Beschl. v. 23. 3. 1977 – Az.: 1 BJs 55/75; StB 52/77, BGHSt 27, S. 154, 155 f.). Da die umstrittenen Auslegungen auch auf den nicht eindeutigen Wortlaut zurückzuführen waren, wurde die Vorschrift durch das StrVÄG 1987 vom 27. Januar 1987 (BGBl. I, S. 475) neugefasst. Der heutige Wortlaut umfasst explizit auch das Verbot, Beschuldigte in Parallelverfahren zu verteidigen, wenn sie wegen derselben Tat beschuldigt sind, nicht jedoch das Verbot der sukzessiven Verteidigung.

265 Der Beschluss befindet sich in Anlage 2 zum Protokoll vom 10. Januar 1977, S. 13 162 ff. des Protokolls der Hauptverhandlung, 171. Verhandlungstag.

266 S. zu diesem Vorgang die Ablehnung im Namen der Angeklagten Ensslin durch Rechtsanwalt Schily, Anlage 1 zum Protokoll vom 10. Januar 1977, S. 13 135 ff. des Protokolls der Hauptverhandlung (171. Verhandlungstag).

267 Der Grund, aus welchem Richter*innen abgelehnt werden, muss nach § 26 Abs. 2 Satz 1 StPO glaubhaft gemacht werden. Eine Tatsache ist glaubhaft gemacht, wenn das Gericht sie für überwiegend wahrscheinlich hält (Schmitt, in Meyer-Goßner/Schmitt, Strafprozessordnung, 63. Aufl. 2020, § 26 Rn. 7). Die Glaubhaftmachung erfordert damit eine geringere Form der Überzeugung als der sog. Vollbeweis. Die Glaubhaftmachung genügt nur dort, wo das Gesetz sie ausdrücklich zulässt. Mittel der Glaubhaftmachung kann auch das Zeugnis des*der abgelehnten Richter*in sein (§ 26 Abs. 2 Satz 3 StPO).

268 S. Anm. 91.

269 Nach Nr. 190 Abs. 1 der Richtlinien für das Strafverfahren und das Bußgeldverfahren (RiStBV) a. F. erhielt eine nicht am Verfahren beteiligte Behörde Akteneinsicht im Falle eines berechtigten Interesses. Entsprechende Regelungen zur Akteneinsicht finden sich heute in den Nrn. 182 – 189 RiStBV, die allerdings ausdrücklich keine Anwendung finden für die Vorlage von Akten an übergeordnete Instanzgerichte (182 Nr. 2 RiStBV).

270 S. etwa den früheren Vermerk des Vorsitzenden Dr. Prinzing, zitiert von Rechtsanwalt Becker am 36. Verhandlungstag, S. 2912 des Protokolls der Hauptverhandlung.

271 Die Revision ist ein Rechtsmittel gegen Urteile, mit welchem Rechtsfehler, d. h. die Nicht- oder Falschanwendung einer Rechtsnorm, gerügt werden können (§ 337 StPO). Zuständig für die Revisionsentscheidung über ein Urteil des 2. Strafsenats des OLG Stuttgart wäre nach dem Geschäftsverteilungsplan der 3. Strafsenat des BGH gewesen (Bundesanzeiger 1975 Beilage 10/75 zu Nr. 46, S. 4), dem auch der hier erwähnte Richter Mayer angehörte. Nach einer Mitteilung des Rechtsanwalts Schily am 171. Verhandlungstag soll RiBGH Mayer unmittelbar nach Bekanntwerden dieser Umstände versetzt worden sein (S. 13 159 des Protokolls der Hauptverhandlung).

272 Diese Bemerkung bezieht sich auf Rechtsanwalt Schily. Das sog. »Ensslin-Kassiber« bezeichnet ein offenbar von Gudrun Ensslin stammendes Schreiben, in dem konkrete Geschehnisse im Zusammenhang mit Ensslins Verhaftung geschildert werden (das Schreiben wird am 59. Verhandlungstag thematisiert, S. 5396 ff. des Protokolls der Hauptverhandlung; Auszüge finden sich im Urteil auf S. 152). Da es nur wenige Tage nach der Verhaftung Ensslins außerhalb der Haftanstalt (bei der Festnahme von Ulrike Meinhof) aufgefunden wurde, wurde der Verdacht geäußert, Rechtsanwalt Schily habe diesen Kassiber im Rahmen eines Anwaltsbesuches illegal aus der

Haftanstalt herausgeschmuggelt. Sichere Beweise hierfür gab es allerdings nicht (s. hierzu Bakker Schut, Stammheim, 2. Aufl. 2007, S. 65 ff.).

273 Der BGH konkretisierte in dieser Entscheidung den Maßstab der Unverzüglichkeit: »›Unverzüglich‹ bedeutet nach dem auch in die Begriffsbestimmung des § 121 BGB eingegangenen Sprachgebrauch ein Handeln ›ohne schuldhaftes Zögern‹ (vgl. auch Grimms Wörterbuch, Band II Abtlg. 3 Sp. 2136), d.h. sobald als möglich, ohne eine nicht durch die Sachlage begründete Verzögerung« (BGH, Urt. v. 10.11.1967 – Az.: 4 StR 512/66, VRS 34, S. 200, 201 (= BGHSt 21, S. 334, 339).

274 Das ist dieselbe Entscheidung wie die bereits von Rechtsanwalt Künzel erwähnte (Anm. 273).

275 Nach § 26a Nr. 3 StPO verwirft das Gericht die Ablehnung als unzulässig, »wenn durch die Ablehnung offensichtlich das Verfahren nur verschleppt oder nur verfahrensfremde Zwecke verfolgt werden sollen«.

276 Richter*innen können durch Selbstanzeige ihre Befangenheit kundtun (§ 30 StPO). Damit ist aber zunächst noch keine Entscheidung getroffen. Über den Ausschluss entscheidet das zuständige Gericht, in diesem Fall der Senat ohne Mitwirkung der anzeigenden Person (§ 27 Abs. 1 StPO) in der vorgeschriebenen Besetzung (drei Berufsrichter*innen, § 122 Abs. 1 GVG).

277 S. Anm. 9.

278 Werner Maihofer (FDP) war von 1974 bis 1978 Bundesminister des Innern.

279 Gegen Ende des Jahres 1975 geriet der Atomphysiker Klaus Traube unter Verdacht, in Kontakt zur RAF zu stehen. Daraufhin wurde seine Wohnung vom Bundesnachrichtendienst verwanzt. Die Abhörung brachte zwar keine Ergebnisse, wurde jedoch nach und nach publik. Traube verlor seinen Managerposten in der Atomenergie-Branche (Aust, Der Baader-Meinhof-Komplex, Neuausg. 2017, S. 662 ff.).

280 Ein Beweisantrag erfordert grundsätzlich die hinreichende Konkretisierung sowohl der zu beweisenden Tatsache als auch des Beweismittels (inzwischen definiert in § 244 Abs. 3 Satz 1 StPO). Ein Beweisermittlungsantrag liegt hingegen vor, wenn entweder die Beweistatsache oder das Beweismittel nicht hinreichend konkretisiert ist. Die Unterscheidung ist deshalb von Bedeutung, da § 244 Abs. 3–6 StPO begrenzte und abschließende Ablehnungsgründe für Beweisanträge enthalten. Liegt keiner dieser Ablehnungsgründe vor, ist dem Beweisantrag zu entsprechen. Beweisermittlungsanträge berücksichtigt das Gericht hingegen nur nach § 244 Abs. 2 StPO im Rahmen seiner allgemeinen Aufklärungspflicht, die Ablehnung eines Beweisermittlungsantrags ist nicht auf die Gründe des § 244 Abs. 3–6 StPO beschränkt.

281 Das Gericht hat zur Erforschung der Wahrheit die Beweisaufnahme von Amts wegen auf alle Tatsachen und Beweismittel zu erstrecken, die für die Entscheidung von Bedeutung sind (§ 244 Abs. 2 StPO). Damit trifft die Aufklärungspflicht das Gericht unabhängig von Anträgen der Verfahrensbeteiligten.

282 Aus § 148 StPO a. F. (»Dem Beschuldigten ist, auch wenn er sich nicht auf freiem Fuß befindet, schriftlicher und mündlicher Verkehr mit dem Verteidiger gestattet«, heute § 148 Abs. 1 StPO) wird der Grundsatz der freien Verteidigung hergeleitet, der grundsätzlich den ungehinderten und unüberwachten Verkehr zwischen Verteidiger*in und beschuldigter Person voraussetzt. Deshalb sind Abhörmaßnahmen, deren Gegenstand das Gespräch zwischen Verteidiger*in und Mandant*in ist, sowohl einfachgesetzlich als auch verfassungsrechtlich unzulässig (BVerfG, Beschl. v. 18.4.2007 – 2 BvR 2094/05, NJW 2007, S. 2749, 2750). Auch Gespräche in der JVA dürfen weder akustisch noch optisch überwacht werden (dies war schon seinerzeit anerkannt, vgl. Nr. 36 Abs. 1 UVollzO; § 27 Abs. 3 StVollzG; Thomas/Kämpfer, in Knauer/Kudlich/Schneider [Hrsg.], Münchener Kommentar zur Strafprozessordnung, Band 1, 1. Aufl. 2014, § 148 Rn. 12). Heute findet sich eine ausdrückliche Regelung zur Unzulässigkeit von Maßnahmen bei zeugnisverweigerungsberechtigten Berufsgeheimnisträgern, zu denen gemäß § 53 Abs. 1 S. 1 Nr. 2 auch Verteidiger*innen gehören, in § 160 a StPO.

283 § 158 Abs. 1 StGB lautet: »Das Gericht kann die Strafe wegen Meineids, falscher Versicherung an Eides Statt oder falscher uneidlicher Aussage nach seinem Ermessen mildern (§ 49 Abs. 2) oder von Strafe absehen, wenn der Täter die falsche Angabe rechtzeitig berichtigt.« Die Berichtigung kann allerdings nach § 158 Abs. 3 StGB auch bei einem anderen Gericht, der Staatsanwaltschaft oder einer Polizeibehörde erfolgen, sodass hierfür die weitere Vernehmung vor dem erkennenden Gericht nicht erforderlich wäre; die Vernehmung ist allerdings verspätet, wenn sie bei der Entscheidung nicht mehr berücksichtigt werden kann (§ 158 Abs. 2 StGB).

284 Rückwirkend.

285 S. Anm. 282.

286 Das Legalitätsprinzip verpflichtet die Anklagebehörde grundsätzlich, wegen jeder ihr mit einem Anfangsverdacht bekannt gewordene Straftat zu ermitteln und bei Vorliegen der Voraussetzungen Anklage zu erheben (sog. Verfolgungs- und Anklagezwang, s. dazu Schmitt, in Meyer-Goßner/Schmitt, Strafprozessordnung, 63. Aufl. 2020, § 152 Rn. 2 ff.). Dieser Grundsatz kommt u. a. in § 152 Abs. 2 StPO zum Ausdruck: Die Staatsanwaltschaft »ist, soweit nicht gesetzlich etwas anderes bestimmt ist, verpflichtet, wegen aller verfolgbaren Straftaten einzuschreiten, sofern zureichende tatsächliche Anhaltspunkte vorliegen.«

287 Nach § 34 StGB (sog. Rechtfertigender Notstand) handelt nicht rechtswidrig, »[w]er in einer gegenwärtigen, nicht anders abwendbaren Gefahr für Leben, Leib, Freiheit, Ehre, Eigentum oder ein anderes Rechtsgut eine Tat begeht, um die Gefahr von sich oder einem anderen abzuwenden […], wenn bei Abwägung der widerstreitenden Interessen, namentlich der betroffenen Rechtsgüter und des Grades der ihnen drohenden Gefahren, das geschützte Interesse das beeinträchtigte wesentlich überwiegt. Dies gilt jedoch nur, soweit die Tat ein angemessenes Mittel ist, die Gefahr abzuwenden.« Ob und in welchem Umfang § 34 StGB auf hoheitliche Handlungen staatlicher Akteur*innen anwendbar ist, ist umstritten. Nicht anwendbar ist § 34 StGB jedenfalls, soweit bestimmte Interessenkollisionen zwischen Staat und Bürger*in in Form von staatlichen Eingriffsbefugnissen bereits durch speziellere Normen geregelt sind. Fehlen entsprechende Eingriffsbefugnisse, oder sind die vorhandenen als nicht abschließend einzustufen, wird ein Rückgriff auf § 34 StGB überwiegend nicht ausgeschlossen (BGH, Beschl. v. 23.9.1977 – Az.: 1 BJs 80/77 – StB 215/77, BGHSt 27, S. 260, 262 f.; Roxin/Greco, Strafrecht Allgemeiner Teil Band 1, 5. Aufl. 2020, § 16 Rn. 103; a. A. Zieschang, in Cirener et al. [Hrsg.], Leipziger Kommentar zum Strafgesetzbuch, Band 3, 13. Aufl. 2019, § 34 Rn. 7 ff.).

288 Die Strafprozessordnung unterscheidet zwischen (kürzeren) Unterbrechungen und der Aussetzung des Verfahrens. Während die Unterbrechung der Hauptverhandlung für einen kürzeren Zeitraum (§ 229 Abs. 1 StPO a. F.: bis zu zehn Tage; heute: 3 Wochen) durch den*die Vorsitzende*n angeordnet werden kann (§ 228 Abs. 1 Satz 2 StPO), ist für die Entscheidung über die Aussetzung sowie über für bestimmte Situationen vorgesehene längere Unterbrechungen (z. B. nach § 229 Abs. 2 StPO) das Gericht – hier wäre das der Senat in voller Besetzung – zuständig (§ 228 Abs. 1 Satz 1 StPO). Eine Aussetzung hat stets die Folge, dass mit der Hauptverhandlung von neuem zu beginnen ist; gleiches gilt für eine die Frist des § 229 Abs. 1 StPO überschreitende Unterbrechung (§ 229 Abs. 3 Satz 1 StPO a. F.; heute Abs. 4 Satz 1 StPO).

289 Nach § 143 StPO a. F. ist die Bestellung der*des Pflichtverteidiger*s*in zurückzunehmen, wenn demnächst ein*e andere*r Verteidiger*in gewählt wird und diese*r die Wahl annimmt. Eine solche Auswechslung ist unter anderem auf Antrag des*der Beschuldigten möglich, wenn das Vertrauensverhältnis zu seinem*seiner Verteidiger*in gestört ist (Thomas/Kämpfer, in Knauer/Kudlich/Schneider [Hrsg.], Münchener Kommentar zur Strafprozessordnung, Band 1, 1. Aufl. 2014, § 143 Rn. 7 ff.).

290 Art. 6 EMRK enthält das Recht auf ein faires Verfahren. Dazu gehören u. a. der Anspruch auf den*die gesetzliche*n Richter*in, die Unabhängigkeit und

Unparteilichkeit des Gerichts, die Öffentlichkeit und Mündlichkeit des Gerichtsverfahrens und der Verkündung des Urteils (Abs. 1), die Unschuldsvermutung (Abs. 2) sowie einige grundlegende Verteidigungsrechte (Abs. 3), darunter, sich durch eine*n Verteidiger*in der Wahl verteidigen zu lassen.

291 Horst Herold wurde am 184. Verhandlungstag als Zeuge vernommen, u. a. zum Inhalt und Umfang der Akten über die Angaben des Zeugen Gerhard Müller. In Bezug auf die Aktengliederung sprach Herold davon, dass die Gliederung eines Falles durch seine Eigengesetzlichkeiten bestimmt werde (S. 13 632 des Protokolls der Hauptverhandlung, 184. Verhandlungstag).

292 Nach § 74 Abs. 1 StGB können Gegenstände, die durch eine vorsätzliche Tat hervorgebracht, oder zu ihrer Begehung oder Vorbereitung gebraucht worden oder bestimmt gewesen sind, eingezogen werden. Die Einziehung war nur zulässig, wenn die Gegenstände zur Zeit der Entscheidung dem*der Täter*in oder Teilnehmer*in gehörten oder zustanden oder von ihnen eine Gefahr (für die Allgemeinheit oder die Begehung weiterer mit Strafe bedrohten Handlungen) ausging (§ 74 Abs. 2 StGB a. F.; heute: § 74 Abs. 3 Satz 1, 74 b Abs. 1 Nr. 2 StGB). Das System der Einziehung wurde zuletzt mit Gesetz vom 13. April 2017 (BGBl. I, S. 872) umfassend reformiert.

293 Im Falle einer Verurteilung sind die Kosten grundsätzlich von den Angeklagten zu tragen (§ 465 Abs. 1 StPO).

294 OLG Stuttgart, Urt. v. 28. April 1977 – Az.: 2 StE 1/74, S. 71 f.; s. ferner S. 148 ff. zur diesbezüglichen Beweiswürdigung.

295 S. zu diesen Ereignissen die Beiträge von Kraushaar und Polzin, in Kraushaar (Hrsg.), Die RAF und der linke Terrorismus, Band 2, 2006, S. 1011 ff., 1026 ff.; Peters, Tödlicher Irrtum, 4. Aufl. 2008, S. 397 ff.

Literaturverzeichnis

Abele, Christiane: Kein kleines Land. Die Kolonialfrage in Portugal 1961–1974, Göttingen, Wallstein, 2017.

Adamec, Ludwig W.: The A to Z of Afghan Wars, Revolutions and Insurgencies, Lanham, Md. Scarecrow Press, 2010.

Arsava, Füsun: Der Zypernkonflikt: eine völkerrechtliche Bewertung, Hamburg, Institut für Friedensforschung und Sicherheitspolitik an der Universität Hamburg, 1997.

Aust, Stefan: Der Baader-Meinhof-Komplex, erweiterte Neuausgabe, Hamburg, Hoffmann und Campe, 2017.

Aust, Stefan: »Der Schuss, der die Republik veränderte«, in: Frankfurter Allgemeine Zeitung vom 24. Mai 2009, https://www.faz.net/aktuell/feuilleton/die-akte-kurras-der-schuss-der-die-republik-veraenderte-1803405-p2.html, zuletzt abgerufen am 30. Juli 2021.

Bakker Schut, Pieter: Stammheim. Der Prozess gegen die Rote Armee Fraktion, 2. Auflage, Bonn, Pahl-Rugenstein, 2007.

Barfield, Thomas: Afghanistan: A Cultural and Political History, Princeton NJ, Princeton University Press, 2012.

Bergstermann, Sabine: Stammheim. Eine moderne Haftanstalt als Ort der Auseinandersetzung zwischen Staat und RAF (Quellen und Darstellungen zur Zeitgeschichte, Band 112), Berlin/Boston, De Gruyter, 2016.

Beyrau, Dietrich: »Die bolschewistische Revolution 1927–1921«, in: Wende, Peter (Hrsg.), Große Revolutionen der Geschichte. Von der Frühzeit bis zur Gegenwart, München, C.H. Beck, 2000, S. 190–207.

Böhme, Jörn/Sterzing, Christian (Hrsg.): Kleine Geschichte des israelisch-palästinensischen Konflikts, 8. Auflage, Frankfurt a. M., Wochenschau, 2018.

Brink, Cornelia: »Psychiatrie und Politik: Zum Sozialistischen Patientenkollektiv in Heidelberg«, in: Weinhauer, Klaus/Requate, Jörg/Haupt, Heinz-Gerhard (Hrsg.), Terrorismus in der Bundesrepublik. Medien, Staat und Subkulturen in den 1970er Jahren (Campus Historische Studien 42), Frankfurt a. M., Campus, 2006, S. 134–153.

Bultmann, Daniel: Kambodscha unter den Roten Khmer: Die Erschaffung des perfekten Sozialisten, Paderborn, Ferdinand Schöningh, 2017.

Bundeskriminalamt (Hrsg.): Festschrift für Horst Herold zum 75. Geburtstag: das Bundeskriminalamt am Ausgang des 20. Jahrhunderts, Wiesbaden, Bundeskriminalamt, 1998.

Buß, Regina: Der Kombattantenstatus. Die kriegsrechtliche Entstehung eines Rechtsbegriffs und seine Ausgestaltung in Verträgen des 19. und 20. Jahrhunderts, Bochum, Brockmeyer, 1992.

Caiani, Ambrogio A.: »Levée en Masse«, in: Institut für Europäische Geschichte (IEG) (Hrsg.), Europäische Geschichte Online (EGO), 2010, Abs. 1ff., abrufbar unter http://www.ieg-ego.eu/caiania-2010-de, zuletzt abgerufen am 1. Februar 2021.

Cirener, Gabriele/Radtke, Henning/Rissing-van Saan, Ruth/Rönnau, Thomas/Schluckebier, Wilhelm (Hrsg.): Strafgesetzbuch. Leipziger Kommentar, Dritter Band: §§ 32 bis 37, 13. Auflage, Berlin/Boston, De Gruyter, 2019.

Clark, Katerina: »Rosa Luxemburg, ›The Russian Revolution‹«, in: Studies in East European Thought, 2018, S. 153–165.

Collins, Robert: Civil Wars and Revolution in the Sudan, Los Angeles, Tsehai Publishers, 2005.

Crawford, Emily/Pert, Alison: International Humanitarian Law, 2. Auflage, Cambridge, Cambridge University Press, 2020.

Dahlke, Matthias: Polizeiarbeit und Krisenstäbe – Kooperation oder Konkurrenz? Von Olympia '72 zur Lorenz-Entführung 1975, in: Hürter, Johannes/Rusconi, Gian Enrico (Hrsg.), Die bleiernen Jahre. Staat und Terrorismus in der Bundesrepublik Deutschland und Italien 1969–1982 (Zeitgeschichte im Gespräch 9), München, Oldenbourg 2010, S. 31–42.

Danzer, Gerhard: »Rosa Luxemburg – Von Beruf Weltverbesserin«, in: Danzer, Gerhard (Hrsg.), Europa, deine Frauen. Beiträge zu einer weiblichen Kulturgeschichte, Berlin/Heidelberg, Springer, 2015, S. 265–276.

Deppe, Frank: Politisches Denken im Kalten Krieg, Teil 2: Systemkonfrontation, Golden Age, antiimperialistische Befreiungsbewegungen, Hamburg, VSA, 2008.

Deppe, Frank: Politisches Denken im 20. Jahrhundert, Band 1: Die Anfänge, korrigierter Nachdruck der 1. Auflage 2003, Hamburg, VSA, 2016.

Deppe, Frank: Politisches Denken im 20. Jahrhundert, Band 2: Politisches Denken zwischen den Weltkriegen, korrigierter Nachdruck der 1. Auflage 2003, Hamburg, VSA, 2016.

Diewald-Kerkmann, Gisela: Frauen, Terrorismus und Justiz. Prozesse gegen weibliche Mitglieder der RAF und der Bewegung 2. Juni, Düsseldorf, Droste, 2009.

Dinkel, Jürgen: »Die Blockfreien/Bündnisfreien«, in: Reichherzer, Frank/Droit, Emmanuel/Hansen, Jan (Hrsg.), Den Kalten Krieg vermessen: über Reichweite und Alternativen einer binären Ordnungsvorstellung, Berlin/Boston, De Gruyter Oldenbourg, 2018, S. 45–56.

Dobringhaus, Sabine: Mao Zedong, München, C.H. Beck, 2008.

Edwards, David: Before Taliban: Genealogies of the Afghan Jihad, Oakland CA, University of California Press, 2002.

Elron, Zeev: »Als Israel den Atem anhielt«, in: Förster, Stig/Pöhlmann, Markus/

Walter, Dierk (Hrsg.), Schlachten der Weltgeschichte. Von Salamis bis Sinai, München, dtv, 2001, S. 374 – 393.
Enzensberger, Hans Magnus/Michel, Karl Markus (Hrsg.): Folter in der BRD. Zur Situation der Politischen Gefangenen, Kursbuch 32, Kursbuch, August 1973.
Epping, Volker/Heintschel von Heinegg, Wolff (Hrsg.): Ipsen, Völkerrecht, 7. Auflage, München, C.H. Beck, 2018.
Esser, Josef: »Klasse« und »Klassenbewusstsein«, in: Nohlen, Dieter/Grotz, Florian (Hrsg.), Kleines Lexikon der Politik, Band 1: A – M, 4. Auflage, München, C.H. Beck, 2010, S. 462 f.
Fischer, Erik: Die USA im Vietnamkrieg, Hamburg, Diplomica, 2009.
Fischer, Thomas: »Die Tupamaros in Uruguay. Das Modell der Stadtguerilla«, in: Kraushaar, Wolfgang (Hrsg.), Die RAF und der linke Terrorismus, Band 2, Hamburg, Hamburger Edition HIS, 2006, S. 736 – 750.
Forsbach, Ralf: Die 68er und die Medizin. Gesundheitspolitik und Patientenverhalten in der Bundesrepublik Deutschland (1960 – 2010), Göttingen, V&R unipress, 2011.
Frei, Norbert: 1968. Jugendrevolte und globaler Protest, München, dtv, 2008.
Frey, Marc: Geschichte des Vietnamkriegs. Die Tragödie in Asien und das Ende des amerikanischen Traums, 10. Auflage, München, C.H. Beck, 2016.
Geßner, Isabell: Die Rolle der Vereinten Nationen bei der multilateralen Terrorismusbekämpfung, Bonn, 2011.
Gleijeses, Piero: »Moscow's Proxy? Cuba and Africa 1975 – 1988«, in: Journal of Cold War Studies, Vol. 8, No. 2, 2006, S. 3 – 51.
Greiner, Bernd: Krieg ohne Fronten. Die USA und Vietnam, Hamburg, Hamburger Edition HIS, 2007.
Gupta, Vija: »The Ethiopian Revolution: Causes And Results«, in: India Quarterly, 1978, S. 158 – 174.
Gürbey, Gülistan: Zypern: Genese des Konlikts; eine Analyse der Konfliktursachen, Pfaffenweiler, Centaurus, 1988.
Hannich, Rolf (Hrsg.): Karlsruher Kommentar zur Strafprozessordnung: StPO mit GVG, EGGVG und EMRK, 8. Auflage, München, C.H. Beck, 2019.
Hardenberg, Simone Gräfin von: Eberhard Schmidt (1891 – 1977). Ein Beitrag zur Geschichte unseres Rechtsstaats, Berlin, Duncker & Humblot, 2009.
Herbert, Ulrich: Geschichte Deutschlands im 20. Jahrhundert, München, C.H. Beck, 2014.
Hill, Alexander: »Review Essay: ›We Carried Out Our (International) Duty!‹: The Soviet Union, Cuito Cuanavale, and Wars of National Liberation in Southern Africa«, in: The Journal Of Slavic Military Studies, 2021, S. 139 – 158.
Hürter, Johannes/Rusconi, Gian Enrico (Hrsg.), Die bleiernen Jahre, Berlin, Oldenbourg, 2010.

Huthöfer, Nina: »Erfolgreicher Terrorismus? Die Tupamaros in Uruguay«, in: Straßner, Alexander (Hrsg.), Sozialrevolutionärer Terrorismus, Wiesbaden, VS Verlag für Sozialwissenschaften, 2008, S. 345 – 362.

ID-Verlag (Hrsg.): Rote Armee Fraktion. Texte und Materialien zur Geschichte der RAF, Berlin, Independent Verlagsgesellschaft, 1997.

Internationale Untersuchungskommission zum Tode Ulrike Meinhofs: Der Tod Ulrike Meinhofs. Bericht der Internationalen Untersuchungskommission, Tübingen, iva verlag bernd polke GmbH, 1979.

Jander, Martin: »Horst Mahler«, in: Kraushaar, Wolfgang (Hrsg.), Die RAF und der linke Terrorismus, Band 1, Hamburg, Hamburger Edition HIS, 2006, S. 372 – 397.

Jansen, Jan/Osterhammel, Jürgen: Dekolonisation. Geschichte, Formen, Folgen, München, C.H. Beck, 2013.

Jeßberger, Florian/Schuchmann, Inga: »Der Prozess gegen Andreas Baader, Ulrike Meinhof, Gudrun Ensslin, Holger Meins, Jan Carl Raspe, Deutschland 1975 – 1977«, in: Groenewold, Kurt/Ignor, Alexander/Koch, Arnd (Hrsg.), Lexikon der Politischen Strafprozesse, https://www.lexikon-der-politischen-strafprozesse.de/glossar/baader-andreas-und-ulrike-meinhof-gudrun-ensslin-holger-meins-jan-carl-raspe/, zuletzt abgerufen am 30. Juli 2021.

Klaus, Alfred: Sie nannten mich Familienbulle: meine Jahre als Sonderermittler gegen die RAF, Hamburg, Hoffmann und Campe, 2008.

Klimke, Martin/Mausbach, Wilfried: »Auf der äußeren Linie der Befreiungskriege«, in: Kraushaar, Wolfgang (Hrsg.), Die RAF und der linke Terrorismus, Band 1, Hamburg, Hamburger Edition HIS, 2006, S. 620 – 643.

Knauer, Christoph/Kudlich, Hans/Schneider, Hartmut (Hrsg.): Münchener Kommentar zur Strafprozessordnung: StPO, Band 1: §§ 1 – 150 StPO, 1. Auflage, München, C.H. Beck, 2014; Band 3/2: GVG, EGGVG, EMRK, EGStPO, EGStGB, ZSHG, StrEG, JGG, G 10, AO, 1. Auflage, München, C.H. Beck, 2018.

Kirchheimer, Otto: Politische Justiz: Verwendung juristischer Verfahrensmöglichkeiten zu politischen Zwecken, Neuwied, Luchterhand, 1965.

Koch, Arnd: »Eberhard Schmidt«, in: Historische Kommission bei der Bayerischen Akademie der Wissenschaften (Hrsg.): Neue Deutsche Biographie, Band 23: Schinzel – Schwarz, Berlin, Duncker & Humblot, 2007, S. 181 f.

Korndörfer, Lutz: »Terroristische Alternative in der BRD: Die Bewegung 2. Juni«, in: Straßner, Alexander (Hrsg.), Sozialrevolutionärer Terrorismus, Wiesbaden, VS Verlag für Sozialwissenschaften, 2008, S. 237 – 256.

Kraushaar, Wolfgang: »Die Tupamaros West-Berlin«, in: Kraushaar, Wolfgang (Hrsg.), Die RAF und der linke Terrorismus, Band 1, Hamburg, Hamburger Edition HIS, 2006, S. 512 – 530.

Kraushaar, Wolfgang: »Der nicht erklärte Ausnahmezustand. Staatliches Handeln während des sogenannten Deutschen Herbstes«, in: Kraushaar, Wolfgang (Hrsg.), Die RAF und der linke Terrorismus, Band 2, Hamburg, Hamburger Edition, 2006, S. 1011 – 1025.

Kraushaar, Wolfgang: Verena Becker und der Verfassungsschutz, Hamburg, Hamburger Edition HIS, 2010.

Kraushaar, Wolfgang: Die blinden Flecken der RAF, Stuttgart, Klett-Cotta, 2017.

Kraushaar, Wolfgang: Die blinden Flecken der 68er Bewegung, Stuttgart, Klett-Clotta, 2018.

Krieger, Martin: Geschichte Asiens. Eine Einführung (Geschichte der Kontinente, Band 2382), Stuttgart, UTB, 2003.

Kruse, Wolfgang: Die Erfindung des modernen Militarismus. Krieg, Militär und bürgerliche Gesellschaft im politischen Denken der Französischen Revolution 1789 – 1799, München, Oldenbourg, 2003.

Kruse, Wolfgang: Die Französische Revolution, Stuttgart, UTB, 2005.

Langemeyer, Ines: »Antonio Gramsci: Hegemonie, Politik des Kulturellen, geschichtlicher Block«, in: Hepp, Andreas/Krotz, Friedrich/Thomas, Tanja (Hrsg.), Schlüsselwerke der Cultural Studies, Wiesbaden, Springer 2009, S. 72 – 82.

Laschitza, Annelies: Rosa Luxemburg. Im Lebensrausch, trotz alledem: Eine Biographie, Berlin, Aufbau, 2000.

Leifer, Michael: »Thammasat University Massacre 1976«, in Leifer, Michael/Liow, Joseph (Hrsg.), Dictionary of the Modern Politics of South-East Asia, 4. Auflage, London, Routledge, 2015, S. 368.

Llanque, Marcus: Politische Ideengeschichte – Ein Gewebe politischer Diskurse (Lehr- und Handbücher der Politikwissenschaft), 2. Auflage, München, Oldenbourg, 2011.

März, Michael: Linker Protest nach dem Deutschen Herbst: eine Geschichte des linken Spektrums im Schatten des »starken Staates«, 1977 – 1979, Bielefeld, transcript, 2012.

Martín Beristain, Carlos/González Hidalgo, Eloísa: The Oasis of Memory: Historical Memory and Human Rights Violations in the Western Sahara, Bilbao, Hegoa – Institute of Development and International Cooperation Studies, University of the Basque Country, 2012.

Martín Beristain, Carlos/Etxeberria Gabilondo, Francisco: Voces del desierto: La resistencia frente al olvido (= Saharako Ahotsak Ahanzturaren Kontrako Erresistentzia), Bilbao, Hegeo – Institute of Development and International Cooperation Studies, University of the Basque Country, 2014, https://publicaciones.hegoa.ehu.eus/es/publications/317, zuletzt abgerufen am 16. August 2021.

Melber, Henning: Understanding Namibia, New York, Oxford University Press, 2014.

Mendia Azkue, Irantzu/Guzmán Orellana, Gloria: In occupied land. Memory and resistances of women in Western Sahara, Bilbao, Hegoa-Institute of Development and International Cooperation Studies, University of the Basque Country, http://publicaciones.hegoa.ehu.es/publications/348, zuletzt abgerufen am 16. August 2021.

Meyer-Goßner, Lutz/Schmitt, Bertram: Strafprozessordnung: StPO. Gerichtsverfassungsgesetz, Nebengesetze und ergänzende Bestimmungen, 63. Auflage, München, C.H. Beck, 2020.

Nalbadidacis, Janis: »Geburtshelfer in der Demokratie. Die Militärdiktatur in Griechenland, 1967 – 1974«, in: Ganzenmüller, Jörg (Hrsg.), Europas vergessene Diktaturen?, Köln/Weimar/Wien, Böhlau, 2018, S. 91 – 112.

Nerb, Tobias: »Angewandte Guerillatheorie: Mao Tse Tung«, in: Straßner, Alexander (Hrsg.), Sozialrevolutionärer Terrorismus, Wiesbaden, VS Verlag für Sozialwissenschaften, 2008, S. 87 – 95.

Osterhammel, Jürgen: »Die chinesische Revolution«, in: Wende, Peter (Hrsg.), Große Revolutionen der Geschichte. Von der Frühzeit bis zur Gegenwart, München, C.H. Beck, 2000, S. 244 – 258.

Overath, Margot: Drachenzähne. Gespräche, Dokumente und Recherchen aus der Hochsicherheitsjustiz, Hamburg, VSA, 1991.

Pabst, Martin: Der Nahostkonflikt: Eine Einführung, Stuttgart, W. Kohlhammer, 2018.

Pearce, Justin: »Control, Politics And Identity In The Angolan Civil War«, in: African Affairs, Vol. 111, No. 444, 2012, S. 442 – 465.

Peters, Butz: Tödlicher Irrtum. Die Geschichte der RAF, 4. Auflage, Berlin, Argon, 2008.

Pflieger, Klaus: Die Rote Armee Fraktion, 3. Auflage, Baden-Baden, Nomos, 2011.

Polzin, Carsten: »Kein Austausch! Die verfassungsrechtliche Dimension der Schleyer-Entscheidung«, in: Kraushaar, Wolfgang (Hrsg.), Die RAF und der linke Terrorismus, Band 2, Hamburg, Hamburger Edition HIS, 2006, S. 1026 – 1047.

Prizzia, Ross: Thailand in Transition, Honolulu, University of Hawai'i Press, 1985.

Rauball, Reinhard: »Die Baader-Meinhof-Gruppe« (Aktuelle Dokumente, hrsg. von Ingo von Münch), Berlin/New York, Walter de Gruyter, 1973.

Richter, Heinz A.: »Historische Hintergründe des Zypernkonflikts«, in: Aus Politik und Zeitgeschichte (ApuZ) 12/2009, S. 3 – 8.

Riederer, Christoph: Die RAF und die Folterdebatte der 1970er Jahre, Wiesbaden, Springer, 2014.

Riegeler, Thomas: Terrorismus. Akteure, Strukturen, Entwicklungslinien, Innsbruck, Studienverlag, 2009.

Rother, Bernd: »Sozialdemokratischer Internationalismus – Die SI und der Nord-Süd-Konflikt«, in: Rother, Bernd (Hrsg.), Willy Brandts Außenpolitik, Wiesbaden, VS Verlag für Sozialwissenschaften, 2014, S. 259 – 334.

Roxin, Claus/Greco, Luís: Strafrecht Allgemeiner Teil Band 1: Grundlagen. Der Aufbau der Verbrechenslehre, 5. Auflage, München, C.H. Beck, 2020.

Sassmannshausen, Felix: »Sozialismus und Kommunismus«, in: Salzborn, Samuel (Hrsg.), Handbuch Politische Ideengeschichte. Zugänge – Methoden – Strömungen, Stuttgart, J. B. Metzler, 2018, S. 183 – 195.

Satzger, Helmut/Schluckebier, Wilhelm/Widmaier, Gunter (Hrsg.): StPO – Kommentar. Strafprozessordnung mit GVG und EMRK, 4. Auflage, Köln, Carl Heymanns, 2020.

Schmidinger, Thomas: Sudan. Unvollendete Revolutionen in einem brüchigen Land, Wien, bahoe books, 2020.

Schmidt-Leichner, Erich: »Strafverfahren 1975 – Fortschritt oder Rückschritt?«, in: Neue Juristische Wochenschrift (NJW) 1975, S. 417 – 422.

Schmidtke, Michael A.: »Revolte oder Revolution? Der Sozialistische Deutsche Studentenbund (SDS) und die Students for a Democratic Society (SDS) 1960 – 1970«, in: Geschichte und Gesellschaft, Sonderheft, Vol. 17, 1968 – Vom Ereignis zum Gegenstand der Geschichtswissenschaft, 1998, S. 188 – 206.

Schulze, Fritz: Kleine Geschichte Indonesiens. Von den Inselkönigreichen zum modernen Großstaat, München, C.H. Beck, 2015.

Siegfried, Detlev: 1968: Protest, Revolte, Gegenkultur, Ditzingen, Reclam, 2018.

Sperling, Ute: Die Nelkenrevolution in Portugal, Köln, PapyRossa, 2014.

Spitz, René : The First Year of Life, Madison, CT, International Universities Press, 1965.

Stedman Jones, Gareth: Das Kommunistische Manifest von Karl Marx und Friedrich Engels, München, C.H. Beck, 2021.

Stöver, Bernd: Geschichte Kambodschas. Von Angkor bis zur Gegenwart, München, C.H. Beck, 2015.

Straßner, Alexander: »Die 68er Bewegung und der Terrorismus in der Bundesrepublik«, in: Historisch-Politische Mitteilungen, Heft 14/2007, S. 99 – 119.

Stuberger, Ulf G.: Die Akte RAF: Taten und Motive; Täter und Opfer, München, Herbig, 2008.

Stuberger, Ulf G.: In der Strafsache gegen Andreas Baader, Ulrike Meinhof, Jan-Carl Raspe, Gudrun Ensslin: Dokumente aus dem Prozess gegen die RAF in der Justizfestung Stammheim, Creative Space Independent Publishing Platform, 5. Auflage, 2014.

Sturm, Michael: »Tupamaros München: ›Bewaffneter Kampf‹, Subkultur und Polizei 1969 – 1971«, in: Weinhauer, Klaus/Requate, Jörg/Haupt, Heinz-Gerhard (Hrsg.), Terrorismus in der Bundesrepublik. Medien, Staat und Subkulturen

in den 1970er Jahren (Campus Historische Studien 42), Frankfurt a. M., Campus, 2006, S. 99–133.
Tenfelde, Christopher: Die Rote Armee Fraktion und die Strafjustiz, Osnabrück, Jonscher, 2009.
Terhoeven, Petra: Die Rote Armee Fraktion, München, C.H. Beck, 2017.
Terhoeven, Petra: Deutscher Herbst in Europa. Der Linksterrorismus der siebziger Jahre als transnationales Phänomen, München, Oldenbourg, 2014.
Tömmel, Till Florain: Bonn, Jakarta und der Kalte Krieg. Die Außenpolitik der Bundesrepublik Deutschland gegenüber Indonesien von 1952 bis 1973, München, Oldenbourg, 2018.
Tuckfeld, Manon: Orte des Politischen: Politik, Hegemonie und Ideologie im Marxismus, Wiesbaden, Deutscher Universitätsverlag, 1997.
Tzortzis, Ioannis: Greek Democracy and the Junta: Regime Crisis and the Failed Transition of 1973, London, B. Tauris & Company, 2020.
Wächter, Lars: »Marx, Karl«, in: Wächter, Lars (Hrsg.), Ökonomen auf einen Blick, 2017, Wiesbaden, Springer, 2017, S. 169–176.
Wandscher, Christiane: Internationaler Terrorismus und Selbstverteidigungsrecht, Berlin, Duncker & Humblot, 2006.
Weber, Hermann (Hrsg.): Der Gründungsparteitag der KPD. Protokoll und Materialien, Hamburg, Europäische Verlagsanstalt, 1993.
Weber, Hermann/Herbst, Andreas: Deutsche Kommunisten: Biographisches Handbuch 1918 bis 1945, 2. Auflage, Berlin, Dietz, 2008.
Weis, Toni: »The Politics Machine: On the Concept of ›Solidarity‹ in East German Support for SWAPO«, in Journal of Southern African Studies, 2011, S. 351–367.
Werning, Robert: »Der Archipel Suharto. Vor einem Jahrzehnt endete in Indonesien die Ära eines vom Westen in Zeiten des Kalten Krieges hofierten Despoten«, in: Oberbürgermeister der Stadt Osnabrück/Präsident der Universität Osnabrück (Hrsg.), Osnabrücker Jahrbuch Frieden und Wissenschaft XV, Sonderdruck: Konflikte auf Dauer? Rechtsradikalismus, Integrations-, Europa- und Nahostpolitik, Osnabrück, V&R unipress, 2008, S. 183–199.
Wunschik, Tobias: Baader-Meinhofs Kinder: die zweite Generation der RAF, Opladen, Westdeutscher Verlag, 1997.
Young, John: Peasant Revolution in Ethiopia. The Tigray People's Liberation Front, 1975–1991, Cambridge, Cambridge University Press, 1997.
Zimmerman, Robert F.: »Student ›Revolution‹ in Thailand: The End of the Thai Bureaucratic Polity?«, in: Asian Survey, Vol. 14, No. 6, 1974, S. 509–529.

Interview mit Kurt Groenewold, in: Diewald-Kerkmann, Gisela/Gilcher-Holtey, Ingrid (Hrsg.), Zwischen den Fronten: Verteidiger, Richter und Bundesanwälte im Spannungsfeld von Justiz, Politik, APO und RAF. Gespräche, Berlin, Duncker & Humblot, 2013, S. 49 – 74.

Interview mit Hans-Christian Ströbele, in: Diewald-Kerkmann, Gisela/Gilcher-Holtey, Ingrid (Hrsg.), Zwischen den Fronten: Verteidiger, Richter und Bundesanwälte im Spannungsfeld von Justiz, Politik, APO und RAF. Gespräche, Berlin, Duncker & Humblot, 2013, S. 121 – 138.

Interview mit Siegfried Buback, »Der Rechtsstaat auf dem Hackklotz«, in: DER SPIEGEL, Ausgabe 8/1976 vom 15. Februar 1976, S. 30 – 38.

»Früher hätte man sie als Hexen verbrannt«, in: DER SPIEGEL, Ausgabe 19/1977 vom 1. Mai 1977.

»Überlegen und flexibel«, in: DER SPIEGEL, Ausgabe 24/1977 vom 6. Juni 1977.

»Dummheit des Staates«, in: DER SPIEGEL, Ausgabe 43/2002 vom 20. Oktober 2002.

»RAF-Serie (IV): Im Untergrund. Verräter und Verschwundene«, in: DER SPIEGEL, Ausgabe 40/2007 vom 30. September 2007.

Abkürzungsverzeichnis

a. A.	andere/r Ansicht
a. a. O.	am angegebenen Ort
Abs.	Absatz
Abtlg.	Abteilung
a. F.	alte Fassung
Angekl.	Angeklagte*r
Anl.	Anlage(n)
Anm.	Anmerkung
APO	Außerparlamentarische Opposition
APuZ	Aus Politik und Zeitgeschichte
Art.	Artikel
Aufl.	Auflage
Az.	Aktenzeichen
B 52	Boeing B-52 (Langstreckenbomber)
BA, B. Anwalt	Bundesanwalt
B. Anwaltschaft	Bundesanwaltschaft
BBG	Bundesbeamtengesetz
Bd.	Band
Beschl.	Beschluss
BGBl.	Bundesgesetzblatt
BGH	Bundesgerichtshof
BGHSt	Entscheidungen des Bundesgerichtshofs in Strafsachen (amtliche Sammlung)
BGS	Bundesgrenzschutz
BKA	Bundeskriminalamt
BLKA	Bayerisches Landeskriminalamt
Bl.	Blatt
BRAGO	Bundesgebührenordnung für Rechtsanwälte
BRAO	Bundesrechtsanwaltsordnung
B. Repbulik/BRD	Bundesrepublik (Deutschland)
BT-Drs.	Bundestags-Drucksache
BtMG	Betäubungsmittelgesetz
BVerfG	Bundesverfassungsgericht
BVerfGE	Entscheidungen des Bundesverfassungsgerichts (amtliche Sammlung)
bzw.	beziehungsweise
ca.	circa
CDU	Christlich Demokratische Union Deutschlands

CIA	Central Intelligence Agency
CSU	Christlich-Soziale Union in Bayern
DDR	Deutsche Demokratische Republik
dergl.	dergleichen
Ders.	Derselbe
DGB	Deutscher Gewerkschaftsbund
d.h.	das heißt
DKP	Deutsche Kommunistische Partei
dpa	Deutsche Presse-Agentur
EMRK	Europäische Menschenrechtskonvention
et al.	et alii (und andere)
etc.	et cetera (undsoweiter)
evtl.	eventuell
FDP	Freie Demokratische Partei
f., ff.	folgende, fortfolgende
GA	Goltdammer's Archiv für Strafrecht
gem.	gemäß
gesch.	geschiedene
GG	Grundgesetz
ggf.	gegebenenfalls
GSG	Grenzschutzgruppe
GVG	Gerichtsverfassungsgesetz
Hessisches BG	Hessisches Beamtengesetz
Hrsg.	Herausgeber*in
insbes.	insbesondere
i.S.d.	im Sinne des*der
i.V.m.	in Verbindung mit
JVA	Justizvollzugsanstalt
KHK	Kriminalhauptkommissar*in
KPD	Kommunistische Partei Deutschlands
krit.	kritisch
Krs.	Kreis
LG	Landgericht
lit.	litera(e)
MP	Military Police
m.w.N.	mit weiteren Nachweisen
NATO	North Atlantic Treaty Organization
NJOZ	Neue Juristische Online-Zeitschrift
NJW	Neue Juristische Wochenschrift
No.	Number

NPD	Nationaldemokratische Partei Deutschlands
Nr./Nrn.	Nummer(n)
NSDAP	Nationalsozialistische Deutsche Arbeiterpartei
NStZ	Neue Zeitschrift für Strafrecht
NSU	Nationalsozialistischer Untergrund
O.	Ordner
o. ä.	oder ähnliches
OLG	Oberlandesgericht
OStA	Oberstaatsanwalt
RA, RA'in, Rain, RAe	Rechtsanwalt, Rechtsanwältin, Rechtsanwälte
RAF	Rote Armee Fraktion
Reg. Dir.	Regierungsdirektor
Res.	Resolution
RiBGH	Richter*in am Bundesgerichtshof
Rn.	Randnummer
RVG	Rechtsanwaltsvergütungsgesetz
S.	Seite(n) oder Siehe
s.	siehe
Sachverst.	Sachverständige*r
SDS	Sozialistischer Deutscher Studentenbund
sog.	sogenannt*e*er*es
Sp.	Spalte
SPD	Sozialdemokratische Partei Deutschlands
SPK	Sozialistisches Patientenkollektiv
StGB	Strafgesetzbuch
Stgt.	Stuttgart
StPO	Strafprozessordnung
StraFo	Strafverteidiger Forum (Zeitschrift)
StVollzG	Strafvollzugsgesetz
StV	Strafverteidiger (Zeitschrift)
u.	und
u. a.	unter anderem
u. ä.	und ähnliches*r*s
u. dergl.	und dergleichen
UN	United Nations (Vereinte Nationen)
Urt.	Urteil
US(A)	United States (of America)
usw.	und so weiter
UVollzO	Untersuchungshaftvollzugsordnung
v.	von, vom

VA	Vollzugsanstalt
vgl.	vergleiche
Vol.	Volume (Band)
Vors.	Vorsitzender
VRS	Verkehrsrechts-Sammlung
z. A.	zur Ausbildung
z. B.	zum Beispiel
Ziff.	Ziffer
zit.	zitiert
z. T.	zum Teil
z. Zt.	zur Zeit

Abbildungsverzeichnis